Sper-
longa
Gaeta
Benevento
Capua
Napoli
Cuma
Pozzuoli
Ercolano
Pompei
Capo
Miseno
Paestum
Taranto
Metaponto
Sibari
Palermo
Segesta
Selinunte
Agrigento
Taormina
Siracusa

Anita Rieche
Das antike Italien aus der Luft

Anita Rieche

Das Italien

Gustav Lübbe Verlag

antike
aus der Luft

Mit 58 Karten und Plänen
von Ulrike Hess

Schutzumschlag: Arno Häring, Bensberg
Reproduktion: Druckhaus Koblenz
Satz: Friedrich Pustet, Regensburg
Druck: Druckhaus Lübbe,
Bergisch Gladbach
Einband: Lüderitz & Bauer, Berlin

Printed in Germany 1978.
ISBN 3-7857-0223-X

◁ Sirmione *(Sirmio)* am Gardasee. Römische Villa (1. Jh. vor Chr./1. Jh. nach Chr.), vielleicht Landsitz des Dichters Catull.

▷ Carsulae

Inhalt

× mit templum Vestae

Vorwort

Der Wunsch des Menschen, sich vom Erdboden zu erheben, um eine weitere und zugleich umfassendere Sicht über ein größeres Gebiet zu gewinnen, ist uralt und kommt in antiken Sagen zum Ausdruck, wie in jener von Dädalus und Ikarus. Man kann in diesem Verlangen den eigentlichen Ausgangspunkt der Kartenkunde sehen. Ein erster für uns faßbarer Ausdruck dieser Darstellungsform sind Landschaftswiedergaben aus hellenistischer Zeit, wie zum Beispiel das berühmte Mosaik aus Palestrina, das, gleichsam aus der Vogelschau, eine Gesamtübersicht von Ägypten sein soll. Aus der römischen Kaiserzeit wären etwa einige Szenen der Trajanssäule zu erwähnen, die ihrerseits auf Triumphalmalerei der republikanischen Zeit zurückgeführt werden können.

Die technische Möglichkeit jedoch, den alten Traum zu verwirklichen, war erst in moderner Zeit gegeben: es ist offenkundig, daß die eigentliche Luftaufnahme und ihre breitere Anwendung von der Entwicklung der Flugtechnik und der Erfindung der Fotografie, im besonderen der Vervollkommnung der Fotogrammetrie, abhingen. Ein Zusammentreffen dieser Elemente kam erst im 19. Jahrhundert zustande. So wurde die erste wirkliche Luftaufnahme 1858 in Paris hergestellt; die früheste Verwendung solcher Fotografien zu archäologischen Zwecken geschah erst im Jahre 1879, ausgeführt von einem Deutschen namens Stolzr über den Ruinen von Persepolis. Den entscheidenden Schritt zur Entwicklung der archäologischen Luftaufnahme als wissenschaftlicher Methode verdanken wir vermutlich dem italienischen Forscher Giacomo Boni, der Ende des 19. Jahrhunderts mittels eines Luftballons das *Forum Romanum* aus einem vertikalen Blickwinkel fotografierte. Diese hervorragenden ersten Luftaufnahmen führten unter anderem zur Entdeckung der großen Inschrift des Praetors L. Naevius Surdinus auf dem Plattenbelag des Forums, einer Inschrift, die zuvor als zusammenhängender Text unbekannt war.

Die systematische Verwendung von Luftbildern als wissenschaftliches Hilfsmittel der Archäologie ist natürlich viel jüngeren Datums. Für die Zwischenkriegszeit ist im besonderen die geplante Erforschung des römischen Limes in der syrischen Wüste zu erwähnen, ein Projekt, das von einem der ersten Spezialisten, dem Franzosen Poidebard realisiert wurde.

Besondere Aufmerksamkeit wurde dieser Technik allerdings erst nach dem zweiten Weltkrieg geschenkt. Im Fall Italiens wurde während des Krieges von den Alliierten eine so große Anzahl von Luftaufnahmen hergestellt, daß ein erheblicher Teil des Territoriums des gesamten Landes damit erfaßt werden kann. Seit Kriegsende werden diese wertvollen Dokumente immer häufiger von Archäologen verwendet, um Spuren antiker Siedlungen zu entdecken.

Die einzelnen Techniken wurden zunehmend vervollständigt und ihre Auswertungsmöglichkeiten verfeinert – so etwa die Anwendung von paarweisen stereometrischen Fotografien (Fotogrammetrie), mit deren Hilfe sogar völlig unscheinbare Erhebungen und Senkungen des Erdbodens sichtbar gemacht werden können. Andere Techniken sind die Aufnahme aus einem schrägen Blickwinkel oder das Infrarotbild.

Es wurde schon recht bald entdeckt, daß das Luftbild nicht nur die Fähigkeit hatte, die sichtbaren Zeugnisse auf der Erdoberfläche wiederzugeben, sondern es ermöglichte, auch die verborgenen und auf Bodenhöhe nicht wahrnehmbaren Strukturen zum Vorschein zu bringen. Die Gründe dafür sind vielfältig, und es ist hier nicht der Ort, alle aufzuzählen. Die auf den Fotos ablesbaren Unterschiede werden häufig nur durch Feuchtigkeit des Erdreiches und Unregelmäßigkeiten des Entwicklungsprozesses der

Vegetation, zum Beispiel geringeres Wachstum gewisser Pflanzenarten oder Farbveränderungen, verursacht, die auf Spuren menschlichen Wirkens zurückgeführt werden können, die unter der Oberfläche versteckt sind. Beispielsweise ist über einer Mauer die Humusschicht dünner, der Pflanzenwuchs entsprechend spärlich. Daher zeichnet sich diese Stelle im Foto als heller Fleck ab. Bei günstigen Umständen können sogar die Grundrisse der unter der Erdoberfläche liegenden Strukturen zum Vorschein gebracht werden. Die Auswertung dieser zeit- und arbeitsintensiven Methode erfordert die Teilnahme von Spezialisten aus verschiedenen Wissenschaftsgebieten und ist ein äußerst wertvolles Hilfsmittel für weitere technische und geophysikalische Sondierungen. Diese Zusammenarbeit von Technikern, Naturwissenschaftlern und Geisteswissenschaftlern ist zugleich eines der fruchtbarsten Ergebnisse interdisziplinärer Forschung im weitesten Sinn. Die einzelnen Detailuntersuchungen und die zeitliche, kulturelle, historische Einordnung sind hinterher natürlich Sache der Archäologen.

Luftaufnahmen werden zunehmend interessant, nicht nur für die Spezialisten, sondern für einen größeren Kreis, und ihre Ausnützung geht über eine rein wissenschaftliche Verwertung hinaus. Eine der wertvollsten Eigenschaften liegt in der Möglichkeit, bei Aufnahmen aus großer Distanz ein gesamteinheitliches Bild einer Gegend oder einer Stadt zu erstellen, wodurch allgemeine Wesenszüge und einheitliche Ansichten in Erscheinung treten, die aus einer normalen Sicht niemals gewonnen werden können. Diese lebendigen fotografischen Eindrücke verhelfen zu einer leichteren Faßbarkeit und einem klareren Verständnis großer landschaftlicher oder urbanistischer Zusammenhänge als gezeichnete Karten.

Zu den eindrücklichsten Beispielen gehören die Aufnahmen befestigter vorgeschichtlicher Siedlungen in Apulien oder die Wiedergaben der griechisch-etruskischen Stadt Spina am Adriatischen Meer. Die Luftaufnahmen der Nekropole von Tarquinia klärten die Frage nach ihrer Ausdehnung und der genauen Lokalisierung einzelner Gräber. Dank dieser Untersuchungen konnte die berühmte Totenstadt von Tarquinia systematisch erforscht werden, wobei Dutzende von reich bemalten Gräbern entdeckt wurden.

Von großer Bedeutung ist das Flugbild auch für das Studium der Urbanistik. Häufig ist das antike Straßennetz, das in den meisten Fällen auch von den mittelalterlichen Städtebauern noch berücksichtigt wurde, klar erkennbar. Erhaltung und Veränderungen dieses urbanistischen Gepräges ist in vielen Luftbildern recht genau ablesbar – Forschungen dieser Art wurden vor allem für Neapel, Capua und das Marsfeld in Rom unternommen, letzteres reich bebildert in diesem Band.

Besonders ertragreiche Ergebnisse sind wohl im Gebiet der Erforschung der antiken territorialen Einteilung und Grenzziehung gemacht worden, einem Wissenschaftszweig, der ohne die Entdeckung dieser Methode kaum Fortschritte erzielen konnte. Die Archäologen verdanken ihr einen großen Teil der Kenntnisse antiker Kanalsysteme (Spina) und Zenturiationen (Metapont).

Noch weiträumigere Übersichten erlauben die Satellitenaufnahmen, die heute bereits an der Tagesordnung sind. Mit ihrer Hilfe werden z. B. Streuung und Intensität antiker und moderner Besiedlung großer Gebiete sichtbar.

Bleiben wir jedoch in einem bescheideneren Rahmen, der Fotografie aus weit geringerer Höhe, so ist festzustellen, daß trotz einer hochentwickelten Technologie im Gebiet der Luftbildanwendung und -auswertung noch viele Möglichkeiten bis heute unausgeschöpft blieben. Es fehlte bisher zum Beispiel für das archäologisch so reiche Italien eine Publikation von Luftbildern, wie sie für Griechenland bereits vorlag. Der hier präsentierte Band mit einer reichen Auswahl von Farbaufnahmen antiker Stätten, der einem weiten Publikum den Zugang öffnen soll, ist daher nicht nur eine begrüßenswerte

Neuheit, sondern füllt auch eine Lücke, die von einem wissenschaftlichen Publikum stark empfunden wurde.
Bei der Durchsicht der Bilder überrascht die neue, völlig unbekannte Wirkung altbekannter und berühmter Orte, von denen man glaubte, jeden Aspekt zu kennen. Außerdem werden hier auch weniger bekannte und teils erst vor kurzer Zeit ausgegrabene Stätten gezeigt.
Diese Ausgabe dient also nicht nur als eindrucksvolle Übersicht für eine breite Leserschaft, sondern ist zugleich ein äußerst nützliches Hilfsmittel für den Gelehrten, der darin eine in vielen Fällen bis dahin mangelnde, wertvolle Dokumentation findet. Die eigens für diesen Band ausgeführten Pläne (die zuvor mancherorts überhaupt fehlten) erlauben Einzelheiten zu identifizieren, die auf den Fotografien sichtbar sind, wodurch eine vollkommene Lesung der Dokumente ermöglicht wird.

Rom, August 1978 Filippo Coarelli

Einführung

Schon lange stehen moderne naturwissenschaftliche und technische Hilfsmittel und Methoden im Dienste der Altertumsforschung: chemische Analysen geben Aufschluß über Alter und Herkunft antiker Materialien, exakte Vermessungsmethoden und technische Aufnahmeverfahren ermöglichen Dokumentation und Auswertung von Ausgrabungen; mit diesen modernen Hilfsmitteln kann das Alter einer Holzplastik bestimmt, die Herkunft eines Marmorblocks aus einem genau benennbaren Steinbruch wahrscheinlich gemacht werden, kann das Aussehen eines Gebäudes zu einer bestimmten Zeit aus spärlichsten Resten rekonstruiert oder ein vom Verfall bedrohtes Gemälde konserviert werden. Kaum eine dieser Methoden, die im Dienste der Archäologie stehen, verbindet ästhetischen Reiz und wissenschaftlichen Nutzen in solcher Weise wie die Luftfotografie. Kaum eine andere Methode auch kann das spontane Interesse und unmittelbare Verständnis eines Betrachters so lebhaft erregen wie die Luftbildarchäologie.

Eigentlich handelt es sich bei der Luftfotografie um zwei technische Errungenschaften, die mit glücklichstem Ergebnis miteinander kombiniert sind: das Fliegen und die Fotografie. Dabei können mit unterschiedlichen Techniken und unter Hinzuziehung anderer Verfahren vielfältige neue Ergebnisse bei der Erforschung antiker Stätten erzielt werden.

Der erste und unmittelbar verständliche Vorteil der Luftfotografie liegt ganz einfach zunächst in der Perspektive, die einen Überblick über größere Flächen gestattet, Grundriß und Aufbau einer antiken Stadt oder eines antiken Gebäudes deutlich macht und die Lage des antiken Orts in der umgebenden Landschaft sichtbar werden läßt, alles Aspekte, die für den auf dem Boden sich nähernden Betrachter schwer vorstellbar oder gar nicht nachvollziehbar sind. Bilder dieses Charakters sind es, die am optisch ansprechendsten sind und die auch den größten Teil der in diesem Buch vorgestellten Fotos ausmachen.

Da während des Fluges der glücklichste Moment für den ›Schuß‹ gewählt werden muß, der günstigste Aufnahmewinkel getroffen und der richtige Bildausschnitt gewählt werden muß, ist es ideal, wenn der Pilot in jeder Hinsicht fachkundig und in der Lage ist, Flugzeug und Kamera zugleich zu bedienen. Viele der Fotos in diesem Buch sind so entstanden.

Sie sind eine Auswahl aus zahlreichen, mit großem technischem Aufwand und großer Kennerschaft aufgenommenen Fotos.

Hier muß und möchte ich vor allem Comandante Dott. Sergio Sostegni nennen, der seine Fähigkeiten und Erfahrungen als ältester noch aktiver Pilot Italiens und sein Engagement als Kenner und Liebhaber etruskischer Kunst und Kultur diesem Buche zugute kommen ließ. Er selbst pflegt aus seinem kleinen zweisitzigen Sportflugzeug im Alleinflug zu fotografieren.

Aber er ist nicht nur an der fotografischen Dokumentation bereits ausgegrabener archäologischer Stätten maßgeblich beteiligt, sondern auch an der Entdeckung antiker Ruinen in der Umgebung Roms und dem südlichen Etrurien. Ein Beispiel dafür ist seine Entdeckung des Amphitheaters von *Lucus Feroniae* (S. 236). Der Ausgräber R. Bartoccini hatte S. Sostegni um seine Hilfe gebeten. Und schon nach einem Beobachtungsflug konnte Dott. Sostegni Erfolg melden. Diese Begebenheit verdeutlicht einen weiteren Vorteil der Luftfotografie, die sie im Dienste der Archäologie so nützlich macht.

Schwache Bodenerhebungen, die vom Erdboden aus nicht wahrzunehmen sind, werden aus größerer Höhe sichtbar, sei es, daß sich bei einem solchen Überblick scheinbar amorphe Formen zu erkennbaren Umrissen

wie etwa dem Oval eines Amphitheaters zusammenschließen, sei es, daß die Bodenerhebungen so schwach sind, daß sie überhaupt nur aus dem Flugzeug und bei schrägem Sonneneinfall auszumachen sind. Da die klimatischen Gegebenheiten eine Rolle spielen und der Sonnenstand für das Erkennen ganz schwacher Reliefierung des Bodens durch darunterliegende Mauerreste entscheidend ist, die Spuren also unter Umständen nur ganz selten überhaupt sichtbar sind, ist es besonders wichtig, einen solchen Moment fotografisch festzuhalten. Die Luftfotografie kann aber auch noch andere Veränderungen des Erdbodens sichtbar festhalten, die von antiker Bebauung zeugen. Diese Fotos sind oft weniger attraktiv als die Luftaufnahmen bereits ausgegrabener Stätten, sind aber zur Entdeckung, Erforschung und Kartierung antiker Anlagen von ungeheurer Bedeutung. Die künstliche, von Menschenhand verursachte Störung des Erdbodens kann eine sichtbare Verfärbung zur Folge haben, die wie die Reliefierung im Luftfoto festgehalten wird und deren Verlauf über die Lage antiker Bebauung Aufschluß gibt. Neben diesen beiden Arten gibt es als dritte Gruppe von Merkmalen die Veränderungen im Pflanzenwuchs, auch sie verursacht durch die Störung des natürlichen Untergrundes. Da über Mauerresten die Humusschicht dünner und daher der Pflanzenwuchs spärlicher ist, zeichnen sich Mauerzüge als helle Linien ab; Gräben und Kanäle, längst verschüttet und im Niveau dem Erdboden gleich, verursachen üppigeren Pflanzenwuchs und erscheinen daher als dunklere Linien. Für beide Erscheinungen finden sich Beispiele in diesem Buch (*Vulci*, S. 62, *Spina*, S. 77). Dergleichen Aufnahmen werden für die weitere Forschung ausgewertet, aber nicht immer schließen sich unmittelbar Ausgrabungen an. Vor allem werden die neuen Entdeckungen kartiert, d. h. die gefundenen Überreste antiker Bebauung müssen in ihrer Lage und Form ganz exakt in einer Karte festgehalten werden. Technische und mathematische Verfahren ermöglichen es, die oft aus sehr flachem Aufnahmewinkel aufgenommenen Fotos zu entzerren, sie in ein planimetrisches Bild zu verwandeln. Zudem können mit Hilfe eines Computers die oft schemenhaften Spuren verstärkt und lesbar gemacht werden.
Planimetrische Aufnahmen größerer Gebiete, deren Herstellung und Montage mit einigem technischem Aufwand verbunden ist, bieten die beste Möglichkeit, das Bild des Geländes mit der Karte zu vergleichen. Bei solchen großflächigen Aufnahmen werden zum Beispiel die Spuren antiker Landvermessung und -verteilung sichtbar. Diese Übereinstimmung zwischen Foto und Karte macht das Foto ›lesbar‹. Daher haben wir uns für dieses Buch entschlossen, allen Fotos, soweit irgend möglich, einen Plan beizugeben, der dem Foto in Orientierung, Ausschnitt und Größe entspricht, das auf dem Foto Sichtbare erläutert und, soweit nötig, ergänzt. Die Pläne hat Dipl. Ing. Ulrike Hess gezeichnet und mit den Fotos abgestimmt, und ich möchte ihr an dieser Stelle für ihr Engagement danken. Als Vorlagen dienten die jeweils jüngsten Publikationen der Ausgrabungen, soweit sie mir zugänglich waren.
Die Pläne erläutern also, wie gesagt, das Foto. Doch kann umgekehrt auch das Luftfoto eine Hilfe sein für denjenigen, der sich anhand eines oft zu abstrakten Planes im archäologischen Gelände zurechtfinden will: mit einem Wort, ich habe die Hoffnung, daß dieses Buch auch als Reiseführer von Nutzen sein kann.
Bei einigen antiken Monumenten und Orten war es möglich, dem Luftfoto nicht nur einen Plan, sondern auch ein Modell der archäologischen Ausgrabungszone gegenüberzustellen. Die Modelle sollen einen Eindruck davon vermitteln, wie die antiken Bauten vor ihrer Zerstörung oder vor ihrem Verfall ausgesehen haben. Wenn irgend möglich, wurde für Modell und Luftfoto wiederum die gleiche Blickrichtung gewählt.
Die Beschäftigung mit der modernen Luftbildarchäologie lenkt den Blick auf ein anderes Thema, das in diesem Buch in einigen Abbildungen eher angedeutet als ausgeführt

wird: es gibt antike Architekturabbildungen, die wie aus der Vogelperspektive aufgenommen scheinen. Diese Darstellungen im Vergleich mit den Luftaufnahmen, die ihr Entstehen technischen Einrichtungen verdanken, zeigen, daß der Blick aus der Luft, das Fliegen, schon immer in der Vorstellungskraft des Menschen lebte.

Ich konnte nicht alle Fachliteratur aufzählen, die ich benutzt habe und aus der ich Fakten gelernt und Anregungen dankbar übernommen habe. Vor allem sollten an dieser Stelle diejenigen italienischen Kollegen erwähnt sein, die heute mit der Methode der Luftbildarchäologie arbeiten, unter ihnen S. Adamesteanu in Unteritalien, G. Schmiedt vor allem bei der Erforschung antiker Hafenanlagen, L. Quilici in Lazio, die-Lericistiftung vor allem in Tarquinia. In Deutschland ist es vor allem I. Scollar vom Rheinischen Landesmuseum in Bonn, der seit nunmehr fast zwanzig Jahren Luftbildarchäologie betreibt und die Methoden der Aufnahme und Auswertung ständig verfeinert.

Die Anregung zu diesem Buch gab nicht zuletzt der wunderbare Band ›Das antike Griechenland aus der Luft‹ von R. Schoder, und wie Italien sich von Griechenland unterscheidet, so mußte sich auch dieses Buch von seinem Vorgänger unterscheiden.

Das vorliegende Buch wäre nicht entstanden ohne die großzügige Unterstützung des Deutschen Archäologischen Instituts Rom, die freundlich gewährte Hilfe der Fototeca Unione, Rom, und die Mithilfe zahlreicher deutscher und italienischer Freunde und Kollegen. Vor allem danke ich A. Allroggen-Bedel, F. Coarelli, H. Eschebach, C. v. Hayek, H. Kammerer-Grothaus, G. Lahusen, Ch. Moustafa, Ch. Rossa, Th. Schäfer, S. Storz und J. Weber. Ch. Puschel danke ich für ihre Geduld und Hilfsbereitschaft.

Bad Breisig, August 1978 Anita Rieche

▷ Griechische Städte in Italien

DIE GRIECHEN
in Italien

Magna Graecia, Μεγάλη Ἕλλας, Großgriechenland: dieser Name bezeichnet Unteritalien, jenes Gebiet, das seit dem 8. Jahrhundert vor Chr. Ziel griechischer Siedler und seither das Land blühender griechischer Kolonien war. Die Städte des griechischen Stammlandes sandten ihre Bürger auch nach Sizilien, Südfrankreich, Nordafrika und Zypern.

Die Abgesandten der Griechen gründeten an dem vorher bestimmten Ort eine neue Stadt, die als Kolonie (ἀποικία) in enger Verbindung zur Mutterstadt stand. Häufig lag der Grund für eine solche Neugründung eher in der Überbevölkerung der Mutterstädte als in politischem oder militärischem Machtstreben. Die Kolonien waren ursprünglich landwirtschaftlich orientierte Gemeinwesen, doch bald kam der Handel, oft Fernhandel, als wichtiger Erwerbszweig hinzu. Zahlreiche Städte des griechischen Mutterlandes nahmen an dieser Aktion teil und gründeten als *Metropoleis* (Mutterstädte) Kolonien in Unteritalien, die dann ihrerseits wieder durch Aussenden von Siedlern Kolonien errichteten.

Auf Sizilien waren es vor allem Korinther und Bürger von Euböa, die sich hier im 8. bis 6. Jahrhundert vor Chr. niederließen. Den archäischen Städten der nördlichen Peloponnes und wiederum Euböa unter anderen verdanken zahlreiche Kolonien auf dem unteritalischen Festland ihr Entstehen zu jener Zeit. Die nördlichste griechische Kolonie in Italien war die euböische Gründung *Kyme (Cumae)*. In anderen Städten, auch noch weiter im Norden, bestanden griechische Handelsniederlassungen, wie zum Beispiel in *Spina* (S. 77), *Pyrgoi* (S. 46) und *Graviscae* (S. 71).

Die politische Verbindung der Kolonie zur Mutterstadt und die gegenseitig zu gewährende militärische Hilfe waren zwar insofern freiwillig, als die Siedler sich *de jure* aus ihrem alten Staatsverbund lösten. Doch waren diese Verbindungen in den meisten Fällen sehr eng und für die Kolonien oft lebenswichtig. Es kamen sogar ›Adoptionen‹ vor, das heißt, eine Kolonie wählte sich eine Patenstadt, welche die Pflichten einer Metropole übernahm.

In religiöser und kultureller Hinsicht brachten die Koloniegründer natürlich ihre Bräuche und ihr Können, ihre Maßstäbe und ihren Geschmack mit in die neue Heimat, und das bewirkte eine fortschreitende Hellenisierung des kolonisierten Gebiets und band die neuerschlossenen Länder fester an das alte Vaterland.

So entstanden in Sizilien und Unteritalien Tempel, die zu den eindrucksvollsten erhaltenen Werken griechischer Baukunst gehören. Die räumliche Trennung vom Mutterland erlaubte aber, daß einheimische Formen Einfluß gewannen, und so entwickelte sich in der Magna Graecia ein eigener Stil, der, obwohl griechisch, in verschiedenen Zügen und Nuancierungen typisch und eigentümlich ist. Die kulturelle Entwicklung blieb jedoch lange eng mit dem Mutterland verknüpft.

Da die Ansiedlung meist friedlich vor sich ging und die Griechen oft mit der einheimischen Bevölkerung nicht nur in Handelsbeziehungen standen, sondern sie, zumindest im wirtschaftlichen Bereich, mit in ihr Gemeinschaftsleben aufnahmen, standen auch Kunst und Kultur in ständigem Austausch, wobei der griechische Anteil der weitaus überwiegende und der griechische Einfluß stärker war als umgekehrt. Auch Rom verdankt dem griechischen Einfluß viel bei der Synthese eigener, italischer, etruskischer Kultur, bis es dann aufgrund militärischer Stärke und politischer Überlegenheit auch der Magna Graecia und schließlich der ganzen antiken Welt seinen Stempel aufdrückte.

Weiterführende Literaturhinweise:

E. Langlotz, Die Kunst der Westgriechen, München 1963.

Atlante Aerofotografico delle Sedi Umane in Italia, Florenz 1970.

E. Peterich, Sizilien, München 1974.

G. Gruben, Die Tempel der Griechen, München 1976.

K. Gallas, Sizilien, DuMont Kunst-Reiseführer, Köln 1978.

Festland

Paestum / *Poseidonia*

Die griechischen Tempel von *Paestum* haben schon die Italienreisenden voriger Jahrhunderte begeistert. Und in der Tat gehören sie zu den am besten erhaltenen griechischen Denkmälern in Italien und sind für den von Norden Kommenden die ersten monumentalen Zeichen griechischer Kultur. Ihre Zahl, ihre Lage und ihre Schönheit haben sie berühmt gemacht.
Poseidonia als griechische Stadt war eine Gründung der Kolonie *Sybaris* am Golf von Tarent, also gewissermaßen eine Enkelin der achäischen Mutterstädte von Sybaris. Der Sage nach soll jedoch Jason, der Anführer der Argonauten, *Poseidonia* gegründet haben. Doch ist die griechische Epoche nicht die einzige bedeutende in der Geschichte der Stadt. Jüngere Grabungen und Forschungen haben Entdeckungen und Funde aus späterer Zeit, die den früheren Epochen an Bedeutung kaum nachstehen, in das Blickfeld des Interesses gerückt.
Die Sybariten fanden bei ihrer Landung im 7. Jahrhundert vor Chr. nahe der Flußmündung des Sele nicht völlig unkultiviertes Gebiet vor. Es gibt Nachweise einer prähistorischen Siedlung. Weiter dem Meer zu, an der Mündung, liegt ein altes Heiligtum der Hera von Argos. Der Haupttempel, dessen Fundamente noch heute erhalten sind, stammt zwar aus dem Ende des 6. Jahrhunderts, doch war das Heiligtum älter, wie zum Beispiel die Überreste eines etwas entfernt gelegenen kultischen Gebäudes (wahrscheinlich eines Schatzhauses) zeigen, die in die erste Hälfte des 6. Jahrhunderts zu datieren sind. Von beiden Bauten sind prächtige Metopen mit plastischen Darstellungen aus der griechischen Mythologie erhalten, die heute in dem neuerbauten Museum (11) von Paestum aufbewahrt werden.
Von der frühen Zeit zeugen außer einer Nekropole des 7./6. Jahrhunderts vor Chr. auch ein unterirdisches Heiligtum mitten im Stadtgebiet, ein hausförmiger Bau (4), in dem man vielleicht ein Heroon zu sehen hat, das Grab eines mythischen Helden.
Die drei großen griechischen Tempel liegen in der Mitte des von einer Stadtmauer umgebenen Gebietes des antiken Orts, fast in einer Reihe und alle mit ihrer Eingangsfront nach Osten ausgerichtet, wie es bei griechischen Tempeln üblich ist.
Der älteste, um 550 vor Chr. entstandene Tempel erhebt sich im Süden. Es ist die sogenannte Basilika, der man ihren Namen gab, bevor entdeckt wurde, daß der Bau der Göttin Hera als Tempel geweiht war.
Auf dem Farbfoto ist seine weite Ringhalle aus einheimischem porösem Muschelkalk gut zu erkennen. Im Gegensatz zum kanonischen Aufbau eines griechischen Tempels wird die Schmalseite der Ringhalle von einer ungeraden Zahl von Säulen gebildet, nämlich neun, während die Längsseite aus 18 Säulen besteht. Dadurch wird das Zentrum der Front nicht von einer Öffnung zwischen zwei Säulen eingenommen, die sonst wie ein monumentaler ›Eingang‹ wirkt, sondern von einer Säule. Diese ungewöhnliche Anordnung wird noch dadurch verstärkt, daß die Jochweiten an den Schmalseiten enger sind als an der Längsseite, ganz im Gegensatz zur üblichen Praxis (vgl. S. 37, Selinunt C). Die Betonung der geschlossenen, nicht begehbaren Mittelachse setzt sich auch in der inneren Gestaltung des Baus fort. Die von geschlossenen Mauern umgebene Cella wird von einer mittleren Säulenreihe in zwei Schiffe geteilt. Diese Säulenreihe trug das Dach. Daher ist der Raum nicht durch einen zentralen, sondern durch zwei seitliche Eingänge zugänglich, die vom Pronaon, dem Vorraum des Tempels – dessen Mitte ebenfalls durch eine Säule verstellt ist – in die eigentliche Cella führen. Das Kultbild der Hera stand vermutlich zwischen den beiden letzten Säulen der inneren Säulenstellung, deren Zwischenraum etwas erweitert ist.

Der Tempel folgt der dorischen Ordnung; seine Säulen verjüngen sich nach oben hin sehr stark, besitzen aber zusätzlich eine starke Entasis, das heißt, eine im unteren Teil der Säule weniger starke Verjüngung, die optisch den Eindruck von Schwellung hervorruft. Unter den flachen, gequetschten Echinoi (›Kissen‹) der Kapitelle ist der Säulenschaft zu einer Hohlkehle zusammengezogen. Der Übergang zwischen Schaft und Kapitell ist mit verschiedenen Ornamenten, meist Blütenranken, geschmückt. Vom Gebälk, dem Giebel und dem Dach blieb am Bau kaum etwas erhalten. Reiche Funde geben eine Vorstellung von dem farbigen Terrakottaschmuck, der den Bau zierte.

Quer vor der Ostfront liegt der große Altar, an dem die kultischen Handlungen in Anwesenheit der Gläubigen stattfanden, während der Tempel selbst nur von den Priestern betreten werden durfte.

Der Tempel neben dem Heratempel (1) wurde früher der namensgebenden Hauptgottheit der Stadt, Poseidon, zugeschrieben. Die Tatsache jedoch, daß auch er im Heiligen Bezirk *(temenos)* der Hera steht, hat die Vermutung aufkommen lassen, dieser sei ebenfalls, hundert Jahre nach dem früheren Tempel, der Hera geweiht gewesen, und man gab ihm den Namen Heratempel II (2). Doch aufgrund der Verwandtschaft des Tempels mit dem wenig früher entstandenen Zeustempel in Olympia ist in jüngerer Zeit auch die Zuschreibung an Zeus, den obersten Gott und Heras göttlichen Gemahl, vorgeschlagen worden, der mit vollem Recht seinen Tempel im selben *temenos* hätte beanspruchen können.

Dieser jüngste der drei großen Tempel in *Paestum* ist viel besser erhalten als die ›Basilika‹. Von jedem Bauteil ist soviel Substanz vorhanden, daß der Aufbau des Tempels vollständig und in allen seinen Einzelheiten zu ergänzen ist.

Auch dieser Tempel ist in der dorischen

▷ *Paestum.* Temenos der Hera. Heratempel (sog. Basilika) und sog. Poseidontempel (rechts)

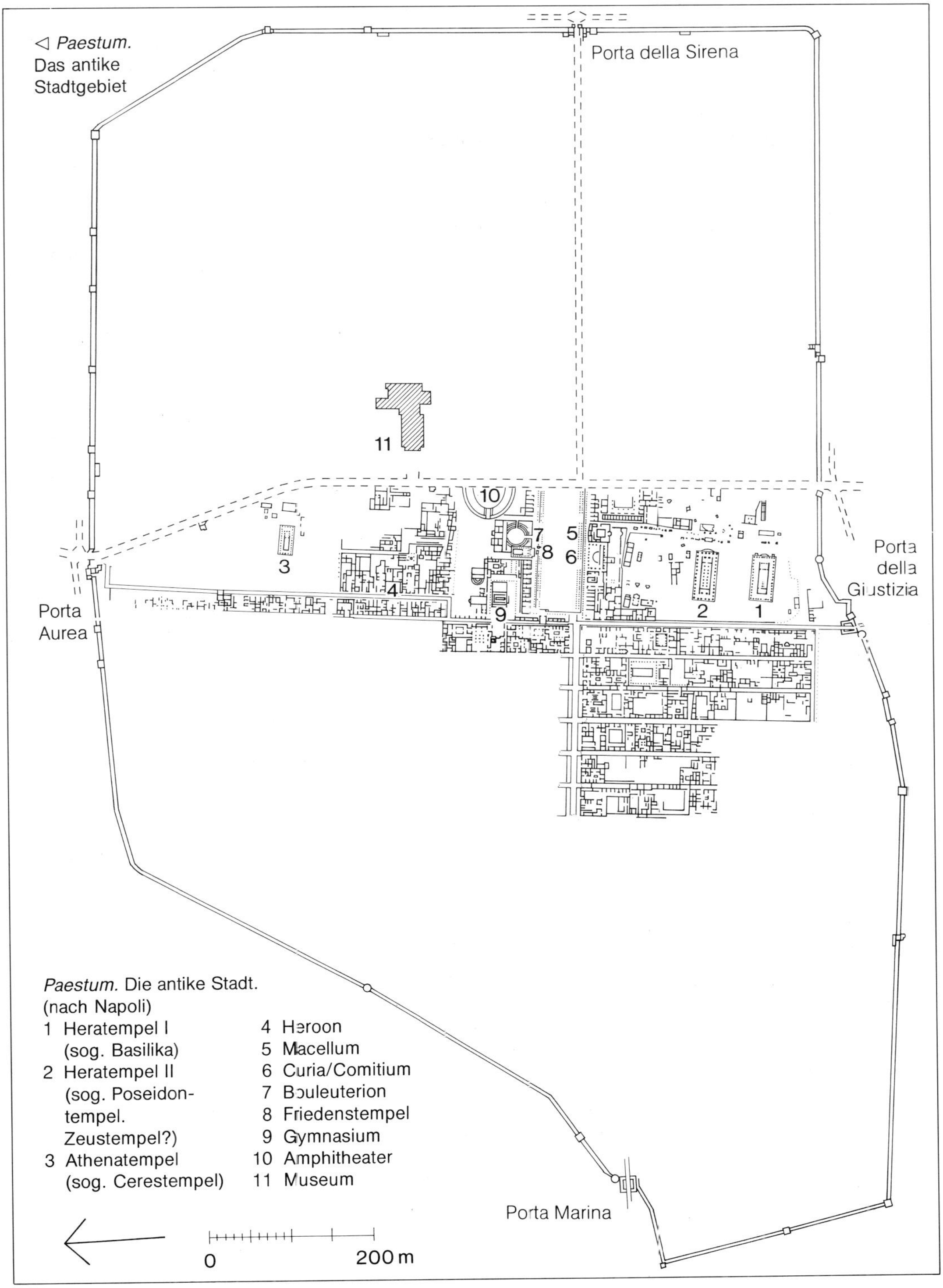

◁ *Paestum.* Das antike Stadtgebiet

Paestum. Die antike Stadt. (nach Napoli)

1 Heratempel I (sog. Basilika)
2 Heratempel II (sog. Poseidontempel. Zeustempel?)
3 Athenatempel (sog. Cerestempel)
4 Heroon
5 Macellum
6 Curia/Comitium
7 Bouleuterion
8 Friedenstempel
9 Gymnasium
10 Amphitheater
11 Museum

Ordnung erbaut, doch im Vergleich zum Heratempel I in reiferer, vollkommener Form. Die warme Farbe des Gesteins gibt allerdings nicht den antiken Eindruck wieder; die lebhafte Farbigkeit des Tempels im ursprünglichen Zustand ist für den heutigen Betrachter schwer vorstellbar.

Die Cella ist durch zwei doppelstöckige Säulenreihen in drei Schiffe geteilt. Diese Anordnung und zahlreiche Details in Aufbau und Proportionen verbinden den Tempel mit seinem großen Vorbild in Olympia, obwohl Elemente in den Proportionen auf einen einheimischen Baumeister hinweisen.

Im *temenos* der Hera standen zahlreiche weitere Altäre – allein zwei, ein älterer und ein jüngerer, vor dem Heratempel II –, Tempel, Kultbauten und Schatzhäuser.

Weiter nördlich, jenseits des Forums (s. u.) liegt der Heilige Bezirk der Athena mit dem ihr geweihten Tempel (3), (früher »Cerestempel« genannt, was durch jüngere Forschungen revidiert wurde). Er ist in der Zeit zwischen den beiden Tempeln des Hera-Bezirks, gegen 500 v. Chr., entstanden und hat das klassische Verhältnis von 6 zu 13 Säulen in der äußeren Ringhalle (Peristasis). Auffallend ist das besonders tiefe, aufwendig erbaute Pronaon ionischer Ordnung. Beiderseits des Eingangs zur Cella erlaubten Treppenhäuser den Zugang in das umlaufende Obergeschoß und zum Dachgebälk, in der Hauptsache wohl für Instandhaltungsarbeiten.

Über hundert Jahre lang, Mitte des 6. bis Mitte des 5. Jahrhunderts vor Chr., besaß *Poseidonia* als griechische Stadt mit weitreichenden Handelsbeziehungen außerordentliche Bedeutung, und in dieser Zeit entstanden auch die drei großen griechischen Tempel.

Begräbnisplätze, in denen korinthische Keramik aus dem 7. Jahrhundert vor Chr. gefunden wurde und vor allem das berühmte, in jüngster Zeit entdeckte Grab des Tuffatore (benannt nach dem Hauptbild eines von einem Sprungturm ins Wasser springenden Mannes) mit prächtigen Malereien aus dem 5. Jahrhundert, sind bedeutende Zeugen dieser frühen Epochen der Stadt.

Gegen Ende des 5. vorchristlichen Jahrhunderts war die griechische Vorherrschaft beendet, denn die einheimischen Lukaner – ein italischer Volksstamm, der sich teilweise angepaßt, zum Teil aber auch ins Binnenland zurückgezogen hatte – übernahmen die Herrschaft über die Stadt und hielten sie für die nächsten 130 Jahre.

Der Übergang vollzog sich wohl ohne größere gewaltsame Auseinandersetzungen, zumal Lukaner schon immer neben den Griechen in der Stadt gelebt haben dürften. In der lukanischen Zeit entstand die Stadtmauer unter Einbeziehung älterer Mauerteile und vermutlich in annähernd demselben Verlauf, den die frühere Mauer besaß. Auf dem Foto ist die Stadtbegrenzung mit den vier Toren gut zu erkennen.

Auch zur Zeit der lukanischen Vorherrschaft stand das künstlerische Leben in der Stadt in hoher Blüte. Keramik, Münzprägekunst und vor allem Grab-Malerei brachten bemerkenswerte Werke hervor.

Das Forum stammt in seiner Anlage aus dem 3. Jahrhundert vor Chr., als die Stadt, nun unter dem Namen *Paestum,* in Anlehnung an den lukanischen Namen *›Paiston‹,* römische Kolonie war (seit 273 vor Chr.). Der Forumsbereich gehörte in den vorhergegangenen Jahrhunderten offenbar zum Heiligtümer-Bezirk. Denn unter dem später entstandenen Macellum (5) an der Südseite des Forums konnten die Fundamente eines hellenistischen Tempels freigelegt werden.

Auch das runde Gebäude gegenüber (7) stammt aus früherer Zeit. Es handelt sich um einen Bau, der Versammlungen diente, möglicherweise um das Bouleuterion (Ratsgebäude). Dieses Gebäude wurde teilweise überbaut, als die Römer sofort nach der Übernahme der Stadt mit dem Bau eines großen Tempels (8) begannen. Er war ursprünglich als Tempel für die Kapitolinische Trias, Jupiter, Juno und Minerva, geplant und sollte deshalb wie üblich drei Cellae enthalten. Aus dieser frühesten Bauphase stam-

men auch die reliefverzierten Metopen italisch-hellenistischen Stils. Um 80 vor Chr. wurde der Tempel umgebaut oder möglicherweise auch erst dann als Friedenstempel fertiggestellt.
Der rechteckige Forumsplatz liegt an der Kreuzung der beiden Hauptachsen der Stadt, Decumanus Maximus und Cardo Maximus. Dieser Planungsentwurf ist typisch für eine etruskisch-römische Stadt. *Paestum* aber hat sicher schon in der griechischen Zeit ein rechtwinkliges Straßennetz besessen, welches seit Hippodamos von Milet und seinen griechischen Stadtanlagen geläufig war.
Ein mehrreihiger Portikus (Säulenhalle) umgibt das Forum. Dahinter öffnen sich zum Platz hin zahlreiche kleine Räume, die in ihrer Mehrzahl Läden beherbergten. Einige dienten als öffentliche Verwaltungs- und Kultgebäude. Außer dem Tempel, dem Bouleuterion und dem Macellum ist hier vor allem der neben letzterem liegende Bau (6) interessant. Auch dieses Gebäude diente öffentlichen Versammlungen, wie das Halbrund der Sitzstufen anzeigt und ebenso die Vorrichtungen für Holztribünen. Es handelt sich um das Comitium, das Wahllokal der Stadt.
In der Nähe der Forums, hinter der nordwestlichen Reihe von *tabernae*, finden wir das Gymnasium (9), einen großen Hof für gymnastische Übungen, umgeben von Nebenräumen. In deren Mitte liegt ein großes Schwimmbecken mit einem kleinen Podium für den Schiedsrichter an der Ostseite.
An der einen Schmalseite des Bassins finden sich ungewöhnliche Einbauten, die eine Art Tribüne getragen haben mögen. Man denkt hier an eine Bühne für Aufführungen im Wasser.
Das Amphitheater (10) wird durch die moderne Straße zerschnitten.
Ein Blick auf das Foto und den Plan zeigt, daß erst ein kleiner Teil des Stadtgebietes ausgegraben ist (wobei das Foto noch ein früheres Stadium zeigt als der im Plan dokumentierte Zustand). Das rechtwinklig-regelmäßige Straßennetz ist gut zu erkennen. Die ausgegrabenen Wohnhäuser aus verschiedenen Jahrhunderten zeugen in ihrer Ausstattung vom Reichtum der Bürger.
Seit der frühen Kaiserzeit ging es mit *Paestum* bergab, die Stadt verlor an Bedeutung. Dafür war in erster Linie die Versumpfung des Gebiets verantwortlich, die Bewohner waren gezwungen, sich vor der Feuchtigkeit auf die höhergelegenen Bezirke der Stadt zurückzuziehen und schließlich der Malariagefahr zu weichen. Auch die Ausgräber und Besucher noch zu Anfang dieses Jahrhunderts mußten bei Sonnenuntergang den Ort verlassen, um ihre Gesundheit nicht zu gefährden.

Weiterführende Literaturhinweise:
M. Napoli, Paestum, Novara 1970 (dt.).
F. Krauss, Paestum, Die griechischen Tempel, Berlin 1941. Nachdruck Studio-Reihe Gebr. Mann Verlag, Berlin 1977.

Sizilien

Taormina / *Tauromenion*

Im Vergleich zu anderen Städten Siziliens war *Tauromenion* eine junge Stadt. Ihre frühe Geschichte scheint, zumindest in der Überlieferung, ein wenig verwirrend. So gibt es zwei Gründungsphasen und damit auch zwei Gründungsdaten für Taormina.
Im Jahre 396 vor Chr. sollen die Sikuler, ein in Sizilien heimischer Volksstamm, die Stadt gegründet haben. Die Stelle, an der die neue Stadt entstand, war aber sicher schon früher besiedelt gewesen. Die Gründung von 396 vor Chr. soll auf eine Schenkung des Tyrannen von Syrakus, Dionysios I., zurückgehen, der die nahegelegene griechische Stadt *Naxos* im Jahre 403 vor Chr. besiegt und die griechischen Einwohner vertrieben hatte. *Naxos* war die älteste griechische Kolonie auf Sizilien und schon im Jahre 757 vor Chr. gegründet worden. Die Siedler waren aus *Chalkis* auf Euböa und von der Kykladeninsel *Naxos* gekommen; sie hatten der neuen Stadt den Namen ihrer alten Heimat gegeben. Nun, nach dem Sieg der Syrakusaner über *Naxos,* kam das Land an die Sikuler, die Taormina gründeten. Aber die Sikuler fielen wenig später bei Dionysios in Ungnade und wurden zwei Jahre später, im Jahre 394/3 vor Chr., von ihm in ihrer neuen Stadt belagert. Taormina widerstand der Belagerung, geriet aber schließlich doch unter die Herrschaft der Syrakusaner, als diese sich 392 vor Chr. in einem Friedensschluß mit den Karthagern auf eine vertraglich abgesicherte Abgrenzung ihrer territorialen Interessen einigten.
Zum zweiten Mal wurde Taormina, mit griechischem Namen *Tauromenion,* im Jahre 358 vor Chr. gegründet. Doch die Gründer waren keine Fremden: die griechischen Flüchtlinge aus *Naxos,* von Dionysios vertrieben, hatten sich gesammelt, und unter der Führung des Andromachos (er war der Vater des Historikers Timaios) siedelten sie sich hier an.
Tauromenion war zwar eine der kleineren und wirtschaftlich weniger bedeutenden griechischen Städte auf Sizilien, spielte aber in der Geschichte des Landes eine große Rolle. Der Anführer Andromachos galt als Vertreter des demokratischen Prinzips. Kein Wunder also, daß Timoleon, den die Bürger von Syrakus aus Korinth zu Hilfe gerufen hatten und der die Städte Siziliens von den Tyrannen befreite und demokratische Regierungsformen einführte, hier einen wichtigen Stützpunkt fand.
Tauromenion schlug sich im zweiten Punischen Krieg rechtzeitig auf die Seite der Römer. Mehrmals war der Ort Schauplatz bedeutender kriegerischer Ereignisse. So stationierte z. B. Pompeius hier seine Flotte und brachte Octavian im Jahre 36 vor Chr. in den Gewässern vor Taormina eine empfindliche Niederlage bei. Dann wendete sich das Kriegsglück, und Octavian richtete seinerseits hier einen Stützpunkt ein. Nach seinem endgültigen Sieg besiedelte er die Stadt neu und verhalf ihr zu Ansehen und Reichtum.
Taormina ist vor allem seiner einzigartig schönen landschaftlichen Lage wegen berühmt. Vom sogenannten griechischen Theater aus, dem einzigen großen freiliegenden Bau der Antike in Taormina, öffnet sich der Blick weit über das Meer, die Küste und den Ätna.
Das Theater in der heute erhaltenen Form stammt nicht aus der griechischen Epoche, sondern aus römischer Zeit. Doch bestand an derselben Stelle schon zu hellenistischer Zeit, im 3. Jahrhundert vor Chr., ein Vorgängerbau. Das römische Theater, ein Ziegelbau, der üblicherweise ›griechisches Theater‹ genannt wird, ist gut erhalten, vor allem das Bühnengebäude steht noch bis zu einer beträchtlichen Höhe aufrecht. Das untere Geschoß der mehrstöckigen *scaenae frons* besaß wie üblich drei Türen, die beiden äußeren sind noch zu sehen. Zwischen den kleinen Nischen stehen Säulen.

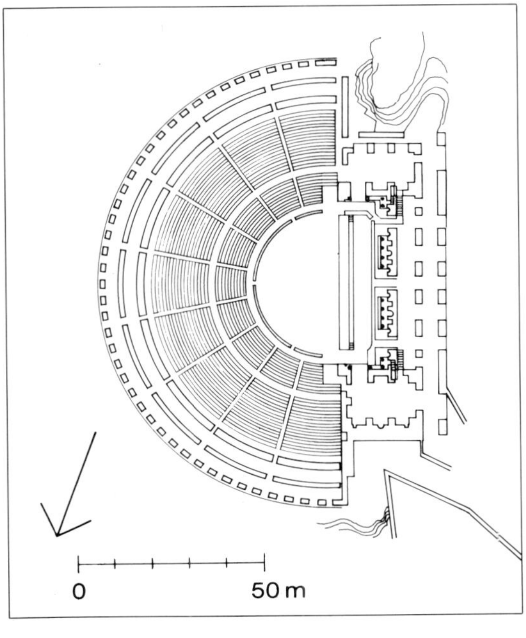

△ Taormina. Theater

◁ Taormina. Römisches Theater (nach Santangelo)

Der Bau stammt in dieser Form aus dem 1. Jahrhundert nach Chr., wurde aber in der späteren Kaiserzeit umgebaut. Wie dies auch an anderen Orten Italiens zu beobachten ist, sollte der Umbau das Theater auch für die beliebten Tierhetzen nutzbar machen. Dazu mußte die Orchestra vergrößert werden; die unteren Zuschauerreihen der Cavea und ein Teil des Bühnensockels *(pulpitum)* mußten weichen. Die unter der Orchestra angelegten Gänge stammen ebenfalls aus dieser Umbauphase. Das Theater konnte wahrscheinlich bis zu 10000 Zuschauern Platz bieten und wird auch heute noch bisweilen für Aufführungen genutzt. Oberhalb der in den Hang eingebetteten Cavea verlief ein Porti-

△ Taormina. Theater

kus, dessen mit Nischen geschmückte Rückwand zum Teil noch erhalten ist. Fragmente des ornamentalen Schmucks werden in dem kleinen Museum am Eingang des Theaters aufbewahrt.
Taormina unterscheidet sich im Charakter von den anderen sizilianischen Städten, denn während fast überall auf Sizilien überwiegend die Hinterlassenschaft der griechischen Epoche den Eindruck prägt, sind in Taormina fast ausschließlich Reste der römischen Zeit erhalten. Unter ihnen ist das Theater das weitaus am besten konservierte Gebäude.
Ein weiterer kleiner Theaterbau, ein Odeion, war in römischer Zeit auf den Resten eines griechischen Tempels erbaut worden. Dieser Tempel war in hellenistischer Zeit entstanden und dem griechisch-ägyptischen Gott Serapis geweiht gewesen.
Im Zentrum Taorminas wurden außerdem Thermen entdeckt, große öffentliche Badeanlagen, wie sie in keiner römischen Stadt fehlen konnten.

Weiterführende Literaturhinweise:
M. Santangelo, Taormina und Umgebung, 1966.

Siracusa / *Syrakusai*

Auf Sizilien haben sich nur wenige große Bauwerke der römischen Epoche erhalten, und obwohl die Insel Bestandteil des römischen Reiches und eines seiner fruchtbarsten Gebiete war, erreichte sie nie wieder die Macht, den Reichtum und die Prachtentfaltung, die sie im 6. bis 4. Jahrhundert vor Chr. ausgezeichnet hatten. In den letzten drei Jahrhunderten vor Chr., als Sizilien zunächst im Mittelpunkt der Kämpfe zwischen Römern und Karthagern stand, Schauplatz der Sklavenkriege war und schließlich von den Römern unterworfen wurde, hatte das Land schwer gelitten, es war ausgeblutet, und die Plünderungen, nicht zuletzt die Kunstraubkampagnen eines Verres, taten ein übriges. Über die Affäre Verres, der sein Amt als Propraetor mißbraucht hatte, um sich zu bereichern, ist aus den Reden des Cicero einiges bekannt, der im Prozeß als Ankläger des Verres auftrat und dafür in Sizilien recherchiert hatte.

Seit der Unterwerfung im 3. Jahrhundert vor Chr. diente die Provinz Sizilien als Kornkammer der Römer, die Städte waren in unterschiedlichem Grade – je nach Wohlverhalten – tributpflichtig. Erst spät in der Kaiserzeit erhielten die Sizilianer das römische Bürgerrecht.

In Syrakus nun liegen das griechische Theater (1) und das römische Amphitheater (4) nah beieinander. Zusammen mit dem sog. griechischen Theater in Taormina, einem Bau aus der frühen Kaiserzeit, gehört das Amphitheater von Syrakus zu den wenigen erhaltenen Großbauten der römischen Epoche auf Sizilien. Es entstand im 3. Jahrhundert nach Chr. Das griechische Theater von Syrakus wurde im 3. Jahrhundert vor Chr. gebaut. Dieses räumlich enge Nebeneinander der beiden Bauten, die ein zeitlicher Abstand von 500 Jahren trennt, ist bezeichnend für Syrakus, denn die Geschichte dieser mächtigsten aller Griechenstädte auf Sizilien erstreckt sich über viele Jahrhunderte ohne Unterbrechung, und beispiellose militärische Erfolge begründeten ihre Vormachtstellung.

Für die Entwicklung einer mächtigen Metropole war schon die geografische Lage ausgesprochen günstig: *Ortygia*, die Wachtelinsel, die nur durch einen schmalen Wasserlauf vom Festland getrennt ist, und die südlich angrenzende Küste umschließen in weitem Bogen eine Bucht, die einen idealen natürlichen Hafen bildet. Nördlich der Insel lag eine weitere geschützte Landestelle, der sog. kleine Hafen. Auf der Insel gab es mehrere Süßwasserquellen, unter ihnen die berühmte *Arethusa*, die von Papyrusstauden umstanden ist. Im Westen begann das fruchtbare Hinterland.

Bei so günstigen Bedingungen ist es nicht verwunderlich, daß die Insel schon lange von einheimischen Sikanern bewohnt war, bevor im Jahre 734 vor Chr. griechische Siedler aus Korinth die Kolonie *Syrakusai* gründeten. Bald darauf wurden die ersten Bauvorhaben in Angriff genommen. Vor allem drei große Tempel entstanden im 6. und 5. Jahrhundert vor Chr.: der Apollon- und der Athenatempel auf der Insel (der Athenatempel ist im Dom verbaut) und der Zeustempel auf dem Festland am Fluß *Anapos*.

Die Geschichte der Stadt Syrakus bis zur römischen Eroberung ist die Geschichte Siziliens; bei jedem großen politischen und militärischen Ereignis der griechischen Epoche war Syrakus Anführer und Vorreiter. Der Tyrann Gelon von Syrakus schlug, gemeinsam mit seinem Schwiegervater Theron von *Akragas*, im Jahre 480 vor Chr. die Karthager in der Schlacht bei *Himera*. Sein Nachfolger Hieron, dem die Stadt bedeutende kulturelle Leistungen verdankt, gewann die entscheidende Schlacht gegen die Etrusker: die griechischen Städte auf dem italischen Festland hatten unter den Machtbestrebungen der Etrusker zu leiden; Hieron, der sich

△ Griechisches Theater ▷ Römisches Amphitheater

offenbar nicht nur für die Situation auf Sizilien interessierte, sondern sich gleichermaßen für die Westgriechen überhaupt verantwortlich fühlte, besiegte die Etrusker in einer Seeschlacht vor *Kyme (Cumae)* im Jahre 474 vor Chr. und sicherte den Griechen damit die Kontrolle über das Tyrrhenische Meer.
Die zunehmende Macht und militärische Kräftedemonstration der Syrakusaner beunruhigte die Athener und veranlaßte sie zum Eingreifen. Als Vorwand diente der Hilferuf Segestas (S. 34f.), das sich in Grenzauseinandersetzungen von *Selinus* (S. 38) bedroht fühlte. In einer verlustreichen Seeschlacht unterlagen die Athener, die Syrakusaner konnten einen glänzenden Sieg feiern. Doch waren auch sie so geschwächt, daß die Karthager mit Erfolg eine griechische Stadt nach der anderen angreifen und einnehmen konnten. Nur Syrakus selbst widerstand. Der Tyrann Dionysios I. konnte die Stadt erfolgreich verteidigen, vor allem mit Hilfe neuer Festungsanlagen.
Nach Jahrzehnten der Tyrannei unter Dionysios und seinen Nachfolgern sandte die Mutterstadt Korinth den Syrakusanern auf ihre Bitte hin Timoleon, der in Syrakus selbst, aber außerdem in mehreren anderen Städten Siziliens, demokratische Regierungsformen einführte, den Wiederaufbau betrieb und verlassene, geplünderte Städte wieder besiedelte.
Nach weiteren Phasen schwerer Auseinandersetzungen mit den Karthagern schloß sich Syrakus unter Hieron II. im ersten Punischen Krieg den Römern an; seit dem Sieg waren sie diesen dann tributpflichtig. Im zweiten Punischen Krieg wechselte Syrakus die Fronten, verlor mit den Karthagern und wurde römische Provinz.

Weiterführende Literaturhinweise:
S. Ciancio, Siracusa, 1971.
G. Gruben, Die Tempel der Griechen, München 1976, 265.
K. Gallas, Sizilien, DuMont Kunst-Reiseführer, Köln 1978, 351ff.

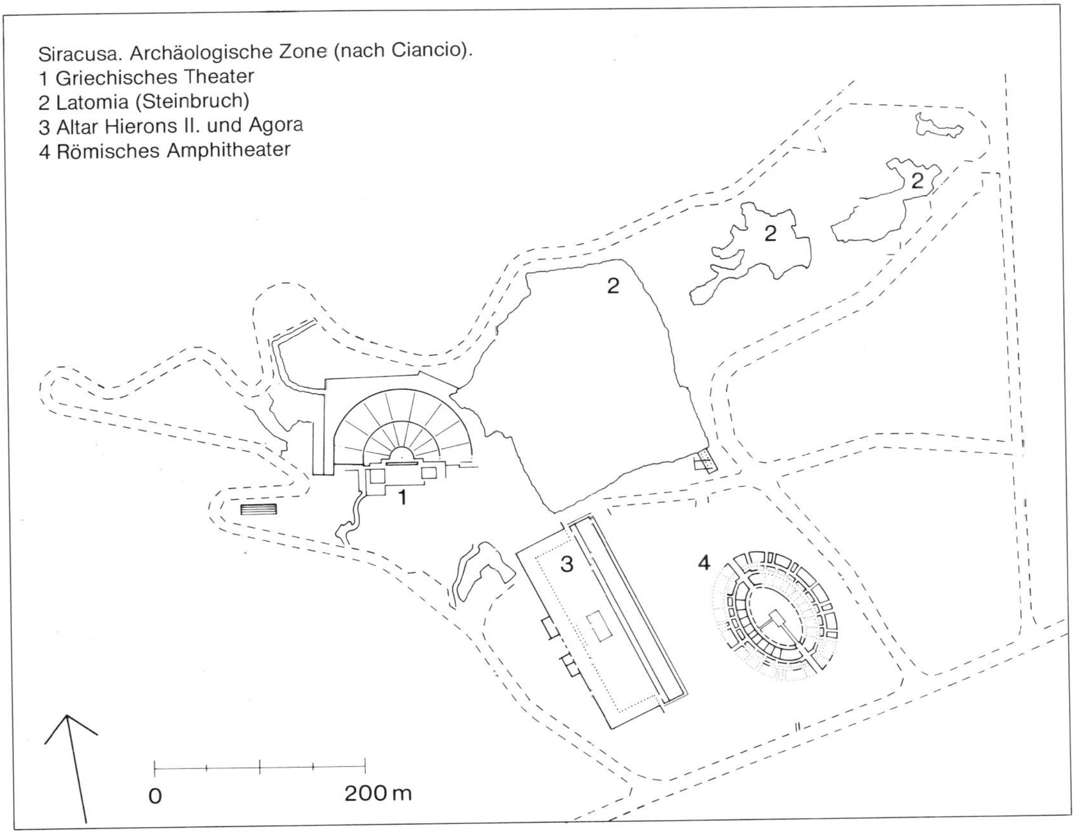

Siracusa. Archäologische Zone (nach Ciancio).
1 Griechisches Theater
2 Latomia (Steinbruch)
3 Altar Hierons II. und Agora
4 Römisches Amphitheater

Agrigento / *Akragas*

Akragas wurde im Jahre 581 vor Chr. von Siedlern aus *Gela* gegründet. *Gela* war eine Kolonie von Siedlern aus Rhodos, und so fanden in der Neugründung die spezifischen Züge rhodischer Kultur Eingang. Auch für die Hauptgötter von Rhodos entstanden in *Akragas* Heiligtümer; ein Tempel der *Athena Lindaia*, der Gottheit aus *Lindos* auf Rhodos, liegt heute unter der Kirche Santa Maria dei Greci. Ein Tempel des *Zeus Atavyrios* lag vielleicht an der Stelle des Domes, hat aber bisher nicht nachgewiesen werden können.

Die Entstehungsgeschichte beider Tempel ist mit ähnlichen innenpolitischen Ereignissen verbunden. Phalaris, dem von Bürgern der noch jungen Kolonie die Aufsicht über den Bau des Tempels für den rhodischen Zeus übertragen worden war, benutzte diese Vertrauensstellung, um die Macht an sich zu bringen, die bis dahin in Händen der beiden Anführer der Kolonisten gelegen hatte, die die Expedition geleitet hatten. Phalaris verschanzte sich mit seinen Bauleuten auf der Akropolis und befestigte die Baustelle, angeblich zum Schutz gegen Diebe. Beim Fest der Thesmophorien überfielen er und seine Truppe mit Waffengewalt die arglosen Bürger, und Phalaris trat seine fünfzehnjährige Herrschaft als Tyrann an. Unter seiner Regierung wurde die Stadt ausgebaut, vielleicht entstand bereits zu dieser Zeit das rechtwinklige Straßensystem in seinen Grundzügen. Unter den zur Zeit des Phalaris konzipierten und begonnenen Tempelbauten nimmt der Tempel des olympischen Zeus, der nicht wie der des rhodischen Zeus auf der Akropolis lag, einen besonderen Platz ein. Als größter dorischer Tempel überhaupt übertraf er noch den Tempel G in Selinunt. Doch hatte dieser Tempel ganz anders werden sollen – auch er blieb unvollendet – als jeder andere konventionelle dorische Tempelbau. Die gewöhnlich offene Ringhalle, die die Cella umgibt, war geschlossen. Die mächtigen Säulen – sie dürften eine Höhe von mehr als 18 m gehabt haben – waren als Halbsäulen einer Wand vorgeblendet, eine Lösung, die schon im Tempel F von Selinunt durch die halbhohen Schranken zwischen den Säulen vorbereitet war. In den Zwischenräumen trat die Wand im oberen Teil zurück, und in den sich bildenden Nischen standen riesenhafte Atlanten, die mit den Schultern das Gebälk zu tragen schienen.

Eine weitere Phase reger Bautätigkeit erlebte *Akragas* zur Zeit des Tyrannen Theron.

▷ *Akragas*, ›Tempel der Juno Lacinia‹

▽ *Akragas*, ›Tempel der Juno Lacinia‹ (nach Bayet-Villard, Sicile greque)

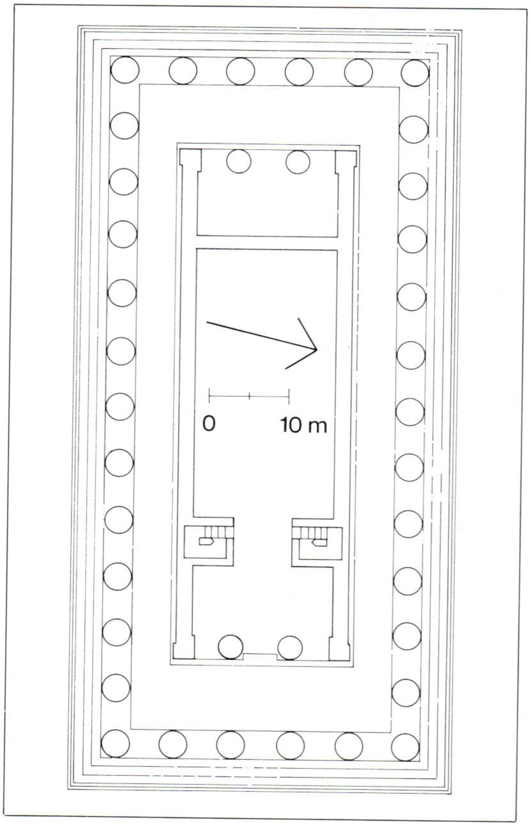

Theron war auf ganz ähnliche Weise wie vor ihm der Tyrann Phalaris an die Macht gekommen. Er nahm den Bau des Athenatempels zum Anlaß für einen Staatsstreich und regierte *Akragas* im ersten Viertel des 5. Jahrhunderts vor Chr. Dem Tyrannen von Syrakus, Gelon, gab er seine Tochter Demarete zur Frau und begründete damit eine Allianz zwischen den beiden reichen und mächtigen Griechenstädten. In der Schlacht bei *Himera* (480 vor Chr.), die mit einem Sieg der sizilischen Griechen über die Karthager endete, bewährte sich diese Verbindung.

Der Zeustempel und mehrere andere Tempel lagen nicht auf der Akropolis, sondern säumten den Südhang des Stadtplateaus entlang der Stadtmauer. Zwei der Tempel, Tempel D und F, entstanden nach der Zeit des Theron. Zwischen dem Bau der beiden Tempel lagen sicher 25 Jahre, dennoch gleichen sie sich in ihren Grundzügen: dieselbe Säulenzahl, fast die gleichen Proportionen, fast die gleiche Größe. Das zeigen auch die beiden Grundrisse. Sie sind viel kleiner als der riesige Zeustempel und weichen von dieser völlig ungewöhnlichen, hybriden Erfindung ab, in dem sie ganz im Gegenteil den klassischen Gesetzen der dorischen Ordnung in ihrer reifen und späten Form folgen. Der Tempel F ist mit dem Tempel C in Selinunt der späteste dorische Peripteraltempel.

Tempel D ist um die Mitte des 5. Jahrhunderts vor Chr. entstanden. Welcher Gottheit er geweiht war, ist unbekannt. Er wird ›Tempel der Juno Lacinia‹ genannt, aber diese Benennung entbehrt jeder Berechtigung. Das jüngere Pendant trägt den Namen Concordiatempel, aber auch diese Bezeichnung stimmt nicht. Der Tempel war zu einer christlichen Kirche umgebaut worden und ist daher gut erhalten.

Ein weiteres Detail verbindet die beiden Bauten. Beiderseits der Cellatür liegen schmale Treppenhäuser, die in den Dachstuhl führen. Auch der Athenatempel in *Paestum* (S. 22) besitzt solche Treppenhäuser.

Die beiden Tempel, die sich in so vielen Einzelheiten wie Zwillinge gleichen, teilen eine weitere Eigentümlichkeit. Beiden Tempeln war an der östlichen Eingangsseite je eine zehnstufige Treppe vorgelagert. Beim Tempel der ›Juno Lacinia‹ sind deren Reste noch gut sichtbar, beim ›Tempel der Concordia‹ ist die Treppe nicht mehr zu erkennen.

Diese deutliche Betonung der Front, die dem allseitig gleich ›körperlich‹ ausgebildeten dorischen griechischen Tempel eigentlich fremd ist, ist eine Eigenart der sizilischen Ausprägung der griechischen Architektur, wie sie später auch im Mutterland auftrat.

Vor dem Tempel der ›Juno Lacinia‹ sind noch die Reste des mächtigen Altars zu sehen, der in seiner Breite den Tempel übertraf. Er war durch eine weitere Treppe zugänglich. Vom Altar des ›Concordiatempels‹ sind keine Reste erhalten.

Akragas war eine wohlhabende Stadt, und der Reichtum seiner Bürger war sprichwörtlich. Die antiken literarischen Quellen überliefern Anekdoten und Berichte über diesen sagenhaften Reichtum, dessen Hauptquelle die Pferdezucht gewesen zu sein scheint.

Nichts kennzeichnet die Stadt besser als der Satz des Empedokles, der im 5. Jahrhundert vor Chr. als Arzt und Staatsmann in *Akragas* wirkte: »Die Agrigentiner schwelgen, als würden sie morgen sterben; sie bauen, als würden sie ewig leben.« Obwohl die Stadt längst untergegangen ist, illustrieren die erhaltenen Ruinen diesen Ausspruch in glaubwürdiger Weise.

Seine Blütezeit erlebte *Akragas* im 6. und 5. Jahrhundert vor Chr. Mit der Einnahme und Zerstörung der Stadt durch die Karthager im Jahre 406 vor Chr. endete diese glänzende Epoche. Als Timoleon die sizilischen Griechenstädte im 4. Jahrhundert zu demokratischen Regierungsformen zurückführte, erholte sich *Akragas* noch einmal. In den nächsten Jahrzehnten wurde es noch mehrmals erobert und geplündert, schließlich im ersten Punischen Krieg von den Römern unterworfen und im Jahre 210 v. Chr. endgültig von den Römern vereinnahmt.

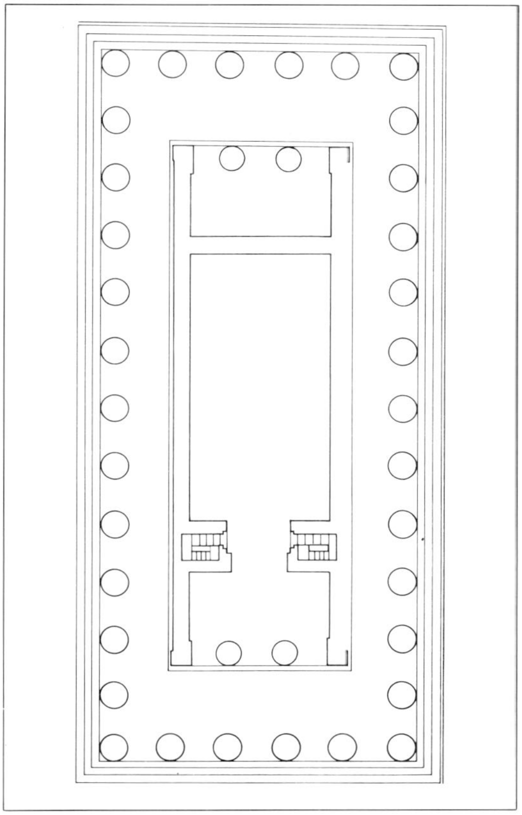

Bis in die späte Kaiserzeit spielte *Agrigentum* als Handelsplatz der Römer eine Rolle, für die das reiche Sizilien – als Kornkammer des Reiches – von besonderer Wichtigkeit war.

Weiterführende Literaturhinweise:

G. Gruben, Die Tempel der Griechen, München 1976, 296ff.

K. Gallas, Sizilien, DuMont Kunst-Reiseführer, Köln 1978, 124ff.

◁ *Akragas,* ›Concordiatempel‹
(nach Bayet-Villard, Sicile greque)

▽ *Akragas,* ›Concordiatempel‹

Segesta / *Egesta*

Völker aus allen Ländern rund um das Mittelmeer waren in die Neue Welt, das fruchtbare Sizilien eingewandert, unter ihnen auch die Elymer. Der Darstellung des griechischen Historikers Thukydides (6,2) zufolge, waren es Flüchtlinge aus Troja, die nach langer Irrfahrt in Sizilien landeten; unterwegs, in Nordafrika, schlossen sich ihnen noch Mitglieder anderer Volksgruppen an. Als ›Elymer‹ gründete diese heterogene Gruppe im nordwestlichen Sizilien mehrere Städte, darunter Segesta.
Da die Stadt im karthagisch beherrschten Gebiet der Insel lag, war sie auf Bündnisse mit den Karthagern angewiesen, dennoch hat sie sich im Verlauf der Geschichte nicht völlig dieser einen Schutzmacht unterworfen. Im Gegenteil, sie wechselte die Bündnispartner, wie es die Sicherheit und das Überleben der Stadt erforderten.
Hauptgegenspieler Segestas war Selinunt (S. 36ff.). Die Auseinandersetzungen zwischen den beiden Städten waren durch Grenzstreitigkeiten ausgelöst, denn die Selinunter gestatteten sich immer wieder Übergriffe auf das an ihr Gebiet angrenzende Territorium Segestas. In diesen Auseinandersetzungen trafen die Interessenbereiche der beiden großen Machtblöcke in Sizilien unmittelbar aufeinander.
Im ersten schweren Gefecht zwischen Griechen und Karthagern stand Segesta auf Seiten der Karthager; ein Sieg der Griechen bei *Himera* unter Theron von *Akragas* und Gelon von *Gela* und Syrakus beendete im Jahre 480 vor Chr. diese Runde. Segesta schloß sich dem mutterländisch-griechischen Lager an. Gegen Ende des 5. Jahrhunderts, im Jahre 416 vor Chr., bewirkte die Stadt Segesta ein Engagement der Athener in Sizilien. Segesta benötigte Unterstützung gegen die Übergriffe aus *Selinus* und spiegelte der athenischen Gesandtschaft mit zusammengeliehenem Goldgeschirr vor, im Besitz unermeßlicher Reichtümer zu sein, um die Athener um so sicherer zum Eingreifen zu ihren Gunsten bewegen zu können. Den Athenern aber diente dieser Hilferuf eher als Vorwand, denn ihr eigentliches politisches Ziel lag in der Beschränkung der zu mächtigen Syrakusaner. Die Expedition (415–413 vor Chr.) wurde zum Fehlschlag, die Athener erlitten eine empfindliche Niederlage und mit ihnen ihre Verbündeten. Da aber die Karthager den Augenblick gekommen sahen, das durch die Bruderkämpfe geschwächte griechische Sizilien endgültig zu besiegen, fand Segesta in ihnen neue Verbündete gegen *Selinus.*
Segesta stand auch weiterhin im Brennpunkt der Auseinandersetzungen zwischen Griechen und Karthagern. Zu Beginn des ersten Punischen Krieges schließlich schloß die Stadt sich den Römern an, wobei wiederum realpolitische Überlegungen entscheidend gewesen sein dürften. Diodor (13,5) berichtet, die Erinnerung an den gleichen Ursprung sei der tiefere Grund für diese Allianz gewesen, denn wie die Elymer aus Troja nach Sizilien eingewandert waren, so war auch Rom von Aeneas, dem Flüchtling aus Troja, gegründet worden.
Segesta wurde von den Vandalen zerstört.
Der große dorische Tempel erhebt sich auf einer sanften Anhöhe im Westen des Stadtberges, des Monte Barbaro, und steht noch aufrecht. Mit dem Bau des Tempels, der dem Entwurf eines griechischen Architekten zuzuschreiben ist, hatte man im letzten Viertel des 5. Jahrhunderts vor Chr. begonnen.
Der Tempel ist ausgesprochen gut erhalten, darum sind die zahlreichen Merkmale gut zu erkennen, die beweisen, daß der Bau nie vollendet worden ist. Die weite Ringhalle (Peristase) um gibt keine Cella. Offenbar baute man von außen nach innen, und die Arbeiten wurden unterbrochen, als eben erst die Fundamente für die Cella gelegt worden waren.

△ Segesta. Tempel und Theater

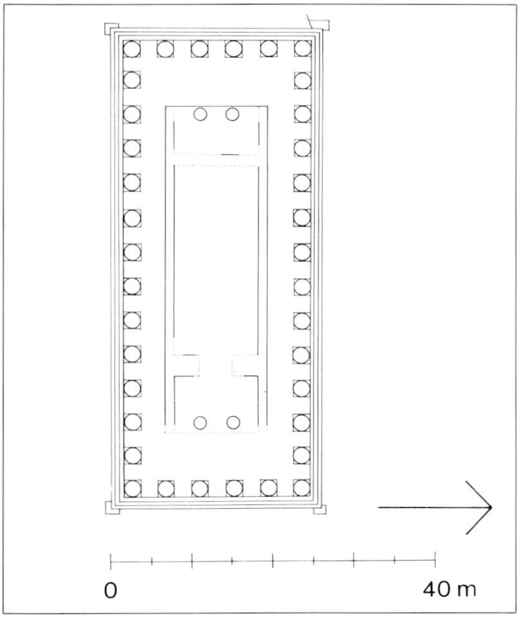

△ Segesta. Tempel (nach Mertens)

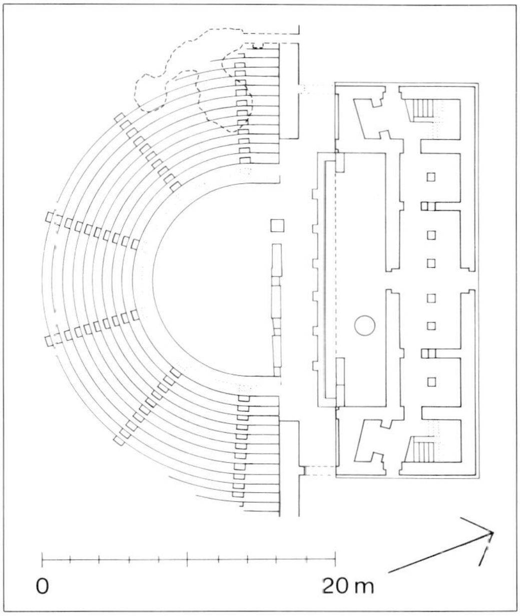

△ Segesta. Theater (nach v. Gerkan, Festschrift Rumpf)

Auf Reste dieser Fundamente stieß man bei jüngeren Untersuchungen.
Zwei Jahrhunderte später als der Tempel entstand das Theater. Es wurde aber bereits im 1. Jahrhundert vor Chr. durch römische Umbauten beträchtlich verändert.

Weiterführende Literaturhinweise

D. Mertens, Der Tempel von Segesta, 1975.

Selinunte / *Selinus*

Die Stadt *Selinus* teilte ihren Namen mit dem nahegelegenen Flüßchen, das heute Modione heißt. Das griechische Wort σέλινον bezeichnet den Eppich, die wilde Selleriepflanze, die in dieser Gegend üppig wächst.
Selinus wurde im Jahre 628 vor Chr. von Kolonisten aus *Megara Hyblaia* gegründet, von Griechen also, die bereits in Sizilien ansässig waren. Deren Mutterstadt *Megara* ›adoptierte‹ die neue Gründung, und *Selinus* übernahm auch den Kult der Hauptgottheit von *Megara*, den Kult der Demeter.
Selinus war die am weitesten westlich, also im karthagischen Einflußgebiet gelegene Griechenstadt. Sie pflegte Handelsbeziehungen mit den Karthagern, ja kämpfte sogar im Jahre 480 vor Chr. auf deren Seite in der Schlacht bei *Himera*. Die Griechen, Theron von *Akragas* und Gelon von *Gela* und Syrakus, verzichteten als Sieger aber auf eine Bestrafung der Stadt, und so konnte *Selinus* weiter in Wohlstand existieren. *Selinus* war nämlich eine reiche Stadt. Über zwei Häfen an den Flußmündungen westlich und östlich der Stadt wurde ein ausgedehnter Handel mit griechischen Städten rund um das Mittelmeer abgewickelt.
Vom ehemaligen Reichtum zeugen noch

▽▷ Selinunte. Östliche Tempelgruppe
(nach Hulot-Fougères)
1 Tempel E; Heratempel
2 Tempel F; Demetertempel (?)
3 Tempel G; Apollontempel

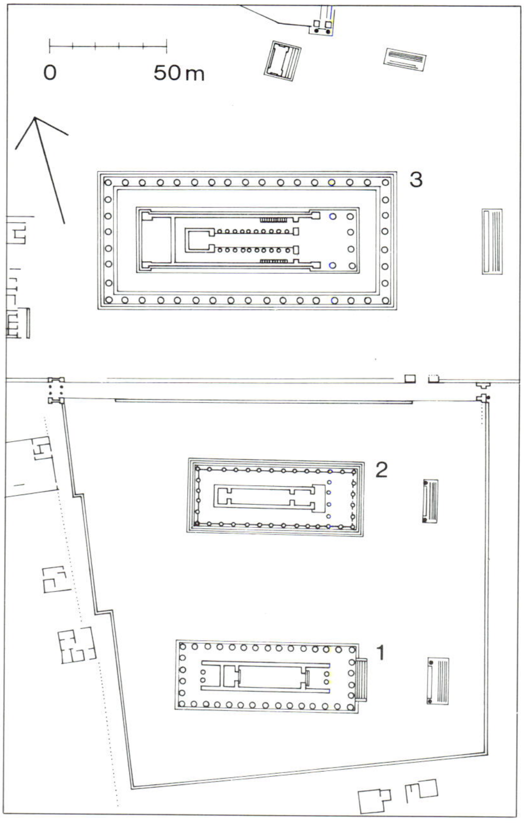

heute die Ruinen zahlreicher prächtiger Tempel; die A, B, C, D und O benannte Tempelgruppe liegt auf der Akropolis waren von Wohnquartieren umgeben; rechtwinklig sich kreuzende Straßen gliedern den Stadtteil. Dieses urbanistische Prinzip ist als das ›hippodamische System‹ bekannt, weil seine Erfindung dem milesischen Architekten Hippodamos zugeschrieben wurde. Die Anlage in *Selinus* aber stammt schon aus dem 6. Jahrhundert, ist also älter als die Erfindung des Hippodamos. Möglicherweise war das Prinzip, das auf italischem Boden von den Etruskern in ähnlicher Weise entwickelt wurde, den vorgriechischen Einwohnern Siziliens bereits vertraut (vgl. Marzabotto S. 76).
Bereits kurz nach der Mitte des 6. Jahrhunderts vor Chr. entstand der größte Tempel auf der Akropolis, Tempel C; die nördliche Säulenreihe seiner Ringhalle steht noch aufrecht. Berühmt sind die Metopen des Tempels mit ihren mythologischen Darstellungen. Etwas später als Tempel C entstand in demselben *temenos* Tempel D. Die kleineren Tempel A, B und O sind durch die Straße und eine Temenosmauer von den beiden größeren Tempeln getrennt. Wem die einzelnen Tempel geweiht waren, ist nicht mit Sicherheit festzustellen.
Außerhalb der Stadt, jenseits des Tales, das im Osten die Stadt begrenzt, liegt ein weiterer heiliger Bereich. Die drei Tempel dieser Zone entstanden in den Jahren 530 bis 450 vor Chr. Interessant ist vor allem der Tempel F, dessen Peristase durch halbhohe steinerne Schranken zwischen den Säulen geschlossen war. Tempel E, ein Heratempel, entstand um die Mitte des 5. Jahrhunderts und damit zu dem Zeitpunkt, als nach fast

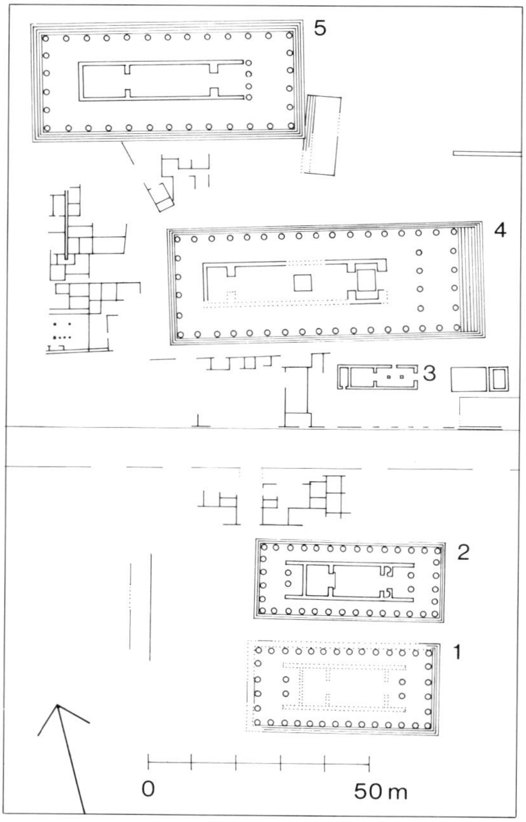

◁△ Selinunte. Akropolis (nach Hulot-Fougères)

1 Tempel O
2 Tempel A
3 Tempel B
4 Tempel C; Heraklestempel (?)
5 Tempel D

über fünfzigjähriger Bauzeit die Arbeiten am riesigen Apollontempel G eingestellt wurden, ohne daß der Tempel vollendet gewesen wäre.

Die Zahl der monumentalen Tempel und ihre repräsentative Lage machen deutlich, daß *Selinus* mit dem Bau dieser Heiligtümer weit mehr tat, als für die religiösen Bedürfnisse der kleinen Handelsstadt notwendig gewesen wäre.

Nach häufigen Grenzauseinandersetzungen mit Segesta wurde *Selinus* im Jahre 409 vor Chr. von den Karthagern zerstört, die Einwohner wurden verschleppt. Die Stadt, in der sich ein Grüppchen Überlebender niederließ, gewann nie mehr die alte Größe und den früheren Reichtum zurück.

Weiterführende Literaturhinweise:

G. Hulot – I. Fougères, Sélinunte, Colonie Dorienne en Sicile, Paris 1910.

G. Gruben, Die Tempel der Griechen, München 1976, 274ff.

DIE ETRUSKER

Es ist der Altertumsforschung bis heute nicht gelungen, zwei Probleme zu lösen, ohne deren Erklärung wir uns schwer die Kenntnis eines Volkes, ein Verständnis seiner Geschichte und seiner Kultur vorstellen können: das Problem seiner Herkunft und das seiner Sprache.

Über den Ursprung der etruskischen Kultur gibt es zwei konträre Auffassungen. Die eine besagt, die Etrusker seien in mehreren Wellen bis etwa zum Jahre 700 vor Chr. in Italien eingewandert, hätten die autochthone Bevölkerung unter ihren Einfluß gebracht und ihre eigene Kultur etabliert. Die andere hält die Etrusker für autochthon und betont die Gemeinsamkeiten, welche die etruskische Kultur mit der vorwiegend in Mittelitalien vorherrschenden Villanova-Kultur aufweist. Die erste Anschauung wird, zumindest teilweise, durch den griechischen Schriftsteller Herodot unterstützt, der berichtet (I 94), um 1300 vor Chr. habe ein Teil des Volkes der Lyder wegen einer Hungersnot auswandern müssen. Sie seien, unter ihrem Anführer Tyrrhenos, schließlich in Italien gelandet. Daher trugen die Etrusker bei den Griechen den Namen Tyrrhenoi.

Auch neuere Entdeckungen stützen die These von der Einwanderung der Etrusker aus dem Osten, denn auf der griechischen Insel Lemnos fand man im Jahre 1885 eine Inschrift, die in einer dem Etruskischen ähnlichen Sprache verfaßt ist.

Ein gewichtiges Argument für die Theorie der Autochthonie ist hier die Kontinuität vom Stil der Villanova-Kultur bis in die etruskische, wobei die bedeutenden Veränderungen durch die ausgedehnten Handelsbeziehungen in jener Zeit, der Phase des orientalisierenden Stils, erklärt werden können.

Die Sprache der Etrusker ist zwar noch unbekannt, doch ist ihre Schrift längst lesbar. Zahlreiche etruskische Eigennamen, Bezeichnungen von Verwandtschaftsverhältnissen und Zahlen wurden entziffert.

Natürlich gehören Herkunft und Sprache zu den wichtigsten Problemen der Etruskerforschung. Doch sollte man sie nicht überbewerten: es ist keine Literatur überliefert, die mit einem Schlag das Selbstbild der Etrusker zu erhellen verspräche, und außerdem bietet die dingliche Hinterlassenschaft der Etrusker, bieten ihre Städte und Nekropolen, ihre Tempel und Häfen, die importierten und einheimischen Gebrauchsgegenstände und Kunsterzeugnisse ein reiches, vielgestaltiges Bild ihrer Kultur, das noch weiter interpretiert und gedeutet werden will. Hinzu kommen die griechischen und die lateinischen Schriftquellen, wobei besonders letztere über die Etrusker Wesentliches mitteilen, wenn es um die eigene römische Frühgeschichte und ihre kulturellen Ursprünge geht.

Seit dem 7. Jahrhundert vor Chr. erlebte die Kultur der Etrusker, und damit gleichzeitig ihre politische Macht, einen beispiellosen Aufstieg. Sie beherrschten die See- und Landwege in Mittelitalien, auch bedeutende Teile von Nord- und Süditalien. Sie betrieben Handel mit allen Teilen der Alten Welt. Ihr Verhältnis zu Rom ist teilweise von Bündnispolitik bestimmt gewesen, teilweise von kriegerischen Auseinandersetzungen. Schließlich, nachdem die Etrusker sogar auf eine bedeutende Phase der Herrschaft über Rom zurückblicken konnten, mußten sie sich nach und nach den Römern unterwerfen, ihr Land wurde römisch, die Etrusker selbst schließlich römische Bürger. Doch blieben ihr Einfluß und Anteil an der römischen Kultur auch den Römern selbst bewußt. Ihre Kunst, ihre Architektur, besonders aber ihre Religion sind aus der Entwicklung des Römerstaates nicht wegzudenken.

Weiterführende Literaturhinweise:

L. Banti, Die Welt der Etrusker, Stuttgart 1960.

Atlante Aerofotografico delle Sedi Umane in Italia, Florenz 1970.

M. Pallottino, Etruscologia, Milano 1972 (7. Auflage).

F. Boitani, M. Cataldi, M. Pasquinucci, M. Torelli, F. Coarelli (Hrsg.), Die Städte der Etrusker, Freiburg 1974.

J. Heurgon, Die Etrusker, Stuttgart 1977 (2. Auflage).

M. Sprenger, G. Bartolini, Die Welt der Etrusker, München 1977.

Cerveteri / *Caere*

Bereits im 16. Jahrhundert war bekannt, daß sich der italienische Name Cerveteri vom lateinischen *Caere Vetus* ableitet, hier also jene berühmte und bedeutende Etruskermetropole gelegen haben mußte, die aus den römischen Schriftquellen wohlbekannt war. Dennoch dauerte es noch fast zwei Jahrhunderte, bis der Architekt und Archäologe Luigi Canina die etruskische Stadt und ihre Nekropolen identifizieren und lokalisieren konnte. Die etruskische Siedlung lag auf der Anhöhe, auf der sich heute Cerveteri erhebt, nur war sie wahrscheinlich viel größer.

Die frühesten Zeugnisse für eine Besiedlung weisen in das 9. und 8. Jahrhundert vor Chr. Die Gräber der Frühzeit finden sich im Süden und Norden der Stadt. Aus den Grabbeigaben zu schließen, war *Caere* zu jener Zeit weniger reich, weniger bedeutend als Tarquinia (S. 64ff.), das es aber bald überflügeln sollte. Im 7. Jahrhundert, begründet wahrscheinlich durch Besitz und Ausbeutung der Erzvorkommen im Gebiet um Tolfa, setzte für *Caere* die Phase blühenden Reichtums ein. Wie so oft, kommen der Reichtum der Stadt und vor allem die ausgedehnten Handelsbeziehungen am deutlichsten in den Grabfunden zum Ausdruck. Das berühmte, nach seinen Entdeckern benannte Regolini-Galassi-Grab mit den einheimischen und importierten Schmuckstücken aus Gold und Silber, den Elfenbeinschnitzereien, Bronzegefäßen und Keramiken zeugt davon. Seit dem 7. Jahrhundert vor Chr. wurde die Sorbo-Nekropole südlich der Stadt, in der die Tomba Regolini-Galassi noch gelegen ist, nach und nach zugunsten der Banditaccia-Nekropole aufgegeben, die sich auf einem Höhenrücken westlich des alten *Caere* erstreckt. Die hier entstandene und vorwiegend vom 7. bis 5. Jahrhundert vor Chr. belegte Nekropole ist die größte und die berühmteste Cerveteris. Und hier prägte sich auch, nach den früheren einfachen Kammergräbern mit falschem Gewölbe, der Typus der mehrräumigen Gräber, die sich vor allem durch die Nachbildung von Architekturelementen in Tuff auszeichnen.

Die Wohnungen der Toten können ein Spiegelbild der Häuser der Lebenden sein. Wie die mehrstöckigen Grabhochhäuser auf dem römischen Friedhof Campo Verano in Rom mit ihren Treppenhäusern und Aufzügen, Gängen, Innenhöfen und Gärten verblüffend modernen Wohnblocks gleichen, so spiegeln die Gräber bei Cerveteri in Grundriß und ›Möblierung‹ die Wohnungen der Lebenden. Die Grabkammern wurden in den weichen Tuff geschnitten. Ein Gang *(dromos)* führte in ein Vestibül hinab, von dem beiderseits Nebenkammern abgingen. An der Stirnseite schloß sich die zentrale Hauptkammer an. In Tuff, den hölzernen Formen nachgebildet, sieht man Dachbalken, Pfeiler, Klinen (Ruhebetten), Sessel und Schemel. Zunächst war es eine Vermutung, diese Gräber könnten die übliche Form eines etruskischen Hauses wiedergeben, denn nur wenige etruskische Siedlungen hatten lokalisiert werden können, und zudem pflegten die Etrusker ihre Wohnhäuser nicht für die Ewigkeit zu bauen: sie bestanden meist aus vergänglichen Materialien wie Holz oder Lehmziegeln. Die neuen Ausgrabungen in Acquarossa (s. Ferento S. 95) und Marzabotto jedoch (s. S. 76) konnten die Vermutung bestätigen und die Übereinstimmung zwischen Gräbern und Häusern belegen.

Ein Blick auf die Banditaccia-Nekropole aus der Luft vermittelt allerdings keineswegs den Eindruck von gebauter Architektur. Sichtbar ist wenig mehr als die größeren oder kleineren überwachsenen Grabhügel. Der Tuffsockel, in dem die Grabkammern lagen, wurde zu einem gleichmäßigen Rund geschnitten oder ein solcher Tambour auch aus im Ring aufgestellten Tuffplatten gebaut. Dieser Unterbau wurde von einem Tumulus aus Erde bedeckt.

Neben den Tumulusgräbern, die ein Grab oder mehrere Familiengräber beherbergen konnten, gab es auch rechteckige Würfelgräber sowie einfach in eine aufragende Felswand geschnittene Grabkammern.
Alle diese Grabtypen waren die Grabstätten der reichen adligen Familien von *Caere,* während einfache Steinkisten daneben den ärmeren Bürgern als Gräber dienten.
Wie das einzelne Grab Übereinstimmung mit dem Wohnhaus zeigt, so spiegelt auch die Anlage des Friedhofs einen ›Stadtplan‹. Es ist zu beobachten, daß im Verlauf des 6. Jahrhunderts vor Chr., nachdem zunächst Tumuli immer größeren Ausmaßes regellos verstreut, ohne Beziehung zueinander, angelegt worden waren, offenbar das Bestreben aufkam, der Totenstadt durch rechtwinklig sich kreuzende Straßen und Plätze einen regelmäßigen Plan zu geben. Allerdings verhinderten die Gegebenheiten eine umfassende Systematisierung der Nekropole.
Die Gräber und die Grabbeigaben spiegeln den Reichtum der Stadt. Sie spiegeln aber auch dessen Nachlassen. Der Wohlstand von *Caere* hatte sich bis ins 5. Jahrhundert vor Chr. überwiegend auf den Handel gegründet. Drei Häfen standen der mehrere Kilometer im Binnenland liegenden Metropole zur Verfügung, deren bedeutendster *Pyrgoi* war (s. S. 46). In aufreibende und kostspielige Kämpfe mit Rom, wie die anderen etruskischen Städte (unter ihnen besonders Tarquinia und Veji), war *Caere* nicht verwickelt; im Gegenteil, Bündnisse sicherten den Frieden, und es ist überliefert, daß im 4. Jahrhundert vornehme Bürger ihre Söhne zur Vervollkommnung ihrer Studien nach *Caere* schickten.
Nur einmal, im Jahre 354 vor Chr., verbündete sich *Caere* mit Tarquinia gegen die Römer, gab aber diesen Vorstoß bald auf und schloß erneut Frieden. Dennoch verlor *Caere* seit dem Ende des 5. Jahrhunderts an Bedeutung, das heißt zunächst an Reichtum. Da dieser auf dem Seehandel beruhte, muß die

◁ Cerveteri. Banditaccia-Nekropole

Veränderung der Machtverhältnisse im Tyrrhenischen Meer nach der Schlacht bei *Cumae* (474 vor Chr.) sich auf die wirtschaftliche Stellung der Stadt ausgewirkt haben. Die Gräber bestanden im 4. Jahrhundert – obwohl zum Teil noch prächtig ausgestattet, wie etwa die Tomba dei Rilievi – nur noch aus einem einzigen Raum, waren nicht mehr reine Familiengräber und wurden über einen langen Zeitraum immer wieder belegt.
Nachdem die Römer schon in den Jahren 273 und 245 vor Chr. in dem Gebiet von *Caere* Kolonien errichtet hatten, mußte die Stadt gegen Ende des 3. Jahrhunderts ihre nur noch geduldete Selbständigkeit ganz aufgeben.
Caere, einst mächtiger Partner der Phönizier und reichste Stadt Mitteletruriens, verlor, nunmehr rein auf landwirtschaftliche Produktion angewiesen, immer mehr an Bedeutung.
Seiner Blütezeit werden zahlreiche importierte korinthische Vasen, höchst qualitätsvolle einheimische Keramiken und Metallarbeiten verdankt, die in allen Museen der Welt zu finden sind, dazu berühmte etruskische Sarkophage und Terrakotta-Plastiken.

Weiterführende Literaturhinweise:
M. Pallottino, La necropoli di Cerveteri, Roma 1960.
F. Boitani, M. Cataldi, M. Pasquinucci, M. Torelli, F. Coarelli (Hrsg.), Die Städte der Etrusker, Freiburg 1974, 159ff.
F. Prayon, Frühetruskische Grab- und Hausarchitektur, Heidelberg 1975.
M. Moretti, Cerveteri, Novara 1977.

▷▷ Cerveteri. Gebiet der etruskischen Stadt, Banditaccia-Nekropole

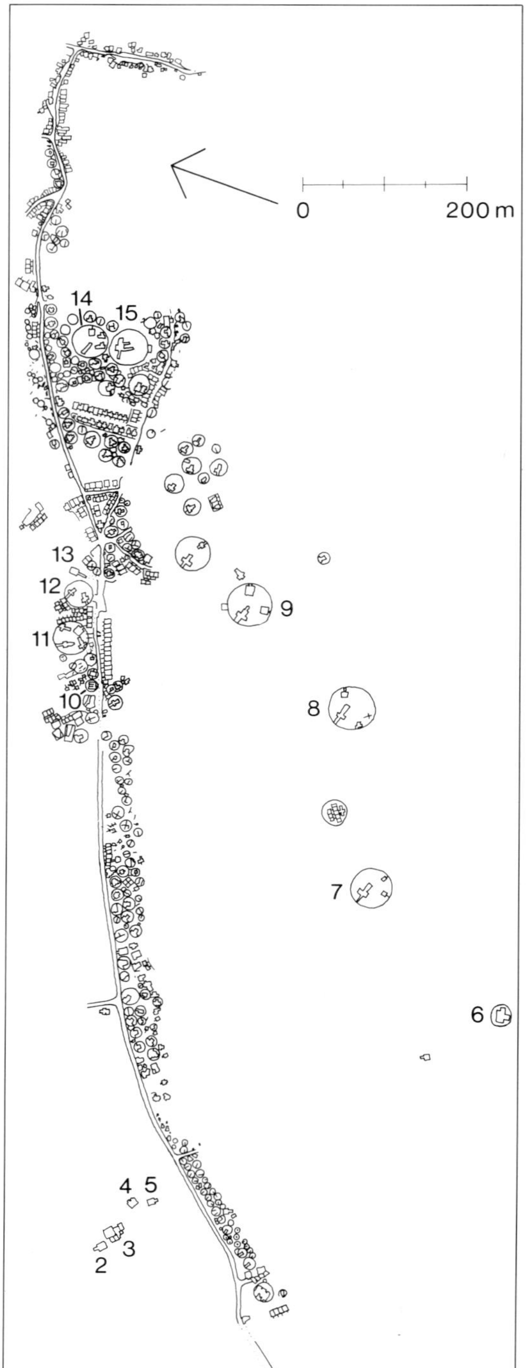

▷ Cerveteri. Banditaccia-Nekropole (nach Moretti)
1 Tomba delle Cinque Sedie
2 Tomba dell' Alcova
3 Tomba dei Tarquini
4 Tomba dei Sarcofagi
5 Tomba del Triclinio
6 Tomba del Tablino
7 Tumulo della Nave
8 Tumulo degli Animali Dipinti
9 Tumulo degli Scudi e delle Sedie
10 Tumulo dei Capitelli
11 Tumulo II
12 Tumulo I
13 Tomba dei Rilievi
14 Tumulo del Colonnello
15 Tumulo Mengarelli

S. Severa / *Pyrgoi*

Die bedeutende etruskische Stadt *Caere* (s. S. 41) besaß drei Häfen, *Alsium, Punicum* und als berühmtesten *Pyrgoi.* Die Funde spiegeln seine internationale Bedeutung, blühendes kulturelles Leben und beträchtlichen Reichtum. Im Museo di Villa Giulia in Rom befinden sich die Terrakotta-Plastiken von den Tempeln und die berühmten goldenen Inschriften-Täfelchen. Weitere Funde beherbergt das kleine, vor wenigen Jahren eröffnete Antiquarium nahe beim Kastell Santa Severa, in dem außerdem durch Schautafeln und Rekonstruktionen die Ergebnisse der Ausgrabungen bemerkenswert klar und ausführlich dokumentiert sind.
Pyrgoi, ›Türme‹, ›Festung‹, lautet der griechische Name der etruskischen Stadt, und er allein ist überliefert: in diesem Fall vielleicht ein hübsches Symbol für die Internationalität des Hafens. *Pyrgoi* war mit seiner Hauptstadt *Caere* durch eine 13 km lange Straße verbunden und erstreckte sich vom Bereich des Kastells Santa Severa die Küste entlang bis knapp über das ausgegrabene Heiligtum hinaus. Im Laufe der Jahrhunderte hat das Meer einen Streifen des Landes überspült, und einige Reste der antiken Bauten, vor allem Blöcke aus Tuff-Stein, sind unter dem Wasserspiegel sichtbar. Insgesamt aber hat sich von den Aufbauten der etruskischen Stadt nicht viel erhalten, denn sie bestanden fast ganz aus ungebrannten, an der Luft getrockneten Lehmziegeln.
Seine Blüte erlebte *Pyrgoi* im 7. und 6. Jahrhundert vor Chr., wie es überhaupt das politische Schicksal von *Caere* teilte, zu dessen Gebiet es gehörte.
In der Antike war *Pyrgoi* berühmt wegen eines Heiligtums der Leukothea, einer weiblichen Meeresgottheit, die mit Hera und Aphrodite verschmolzen zu sein scheint.
Das ausgegrabene Tempelgebiet, wenige hundert Meter vom Kastell entfernt gelegen, konnte als dieses literarisch überlieferte Heiligtum identifiziert werden.

▽ *Pyrgoi.* Heiligtum

Innerhalb einer Mauer, die den sakralen vom profanen Bereich trennte, lagen zwei Tempel. Von ihnen haben nur Reste der Fundamentierung ausgegraben werden können und nur wenige Tuffblöcke vom unteren Teil des aufgehenden Mauerwerks, da auch hier die Aufbauten aus Lehmziegeln bestanden. Zudem stehen die Ruinen je nach Jahreszeit manchmal monatelang unter Wasser, was die Untersuchungen erschwerte und für den Besucher die Besichtigung oft zu einem nicht ganz einfachen Unternehmen macht, zumal auch das umliegende Gelände feucht und voller Schlangen ist.

Der kleinere der beiden Tempel (Tempel B; 1) ist der ältere. Er stammt vom Ende des 6. Jahrhunderts vor Chr. Seine Fundamentierung erlaubt die Rekonstruktion seiner Form. Danach handelte es sich um einen Bau mit einer Cella, die von einer umlaufenden Säulenstellung umgeben war. So ähnelte der Tempel in seinem Grundriß einem griechischen Peripteros.

Der zweite, größere Tempel (Tempel A; 2) entstand noch vor der Mitte des 5. Jahrhunderts vor Chr. Er wurde später als Tempel B erbaut. Die Benennung A erhielt er, weil er früher als der andere ausgegraben wurde. Er unterschied sich – wiederum schon nach den Fundamenten zu urteilen – nicht nur in den Ausmaßen, sondern auch in der Grundrißgestaltung ganz erheblich von dem früheren Bau. Drei Cellae lagen hinter einer tiefen Vorhalle: der Typus ist vom normalen etruskischen Tempel her (wie etwa auch dem ersten Tempel des *Iuppiter Capitolinus* auf dem Kapitol in Rom, s. S. 138) bekannt. Unter den zahlreichen Terrakotten und Fragmenten, die von den Tempeln und anderen, vielleicht noch früheren Gebäuden, stammen, befindet sich eine fast vollplastische Statuengruppe, die eine mythologische Kampfszene wiedergibt. Sie stammt aus dem Giebel dieses jüngeren Tempels.

Zwischen den beiden großen Bauten lagen weitere, kleine sakrale Gebäude, ein Altar und eine Opfergrube (3). Sensationell war der Fund der berühmten drei Goldblätter, die aus diesem Bereich stammen. Eines berichtet in einem phönizischen Text von der Weihung eines Tempels durch einen etruskischen König von *Caere* (Cerveteri, s. S. 41) an die Göttin Astarte, die der etruskischen *Uni* gleichgesetzt wurde. Der Text auf den

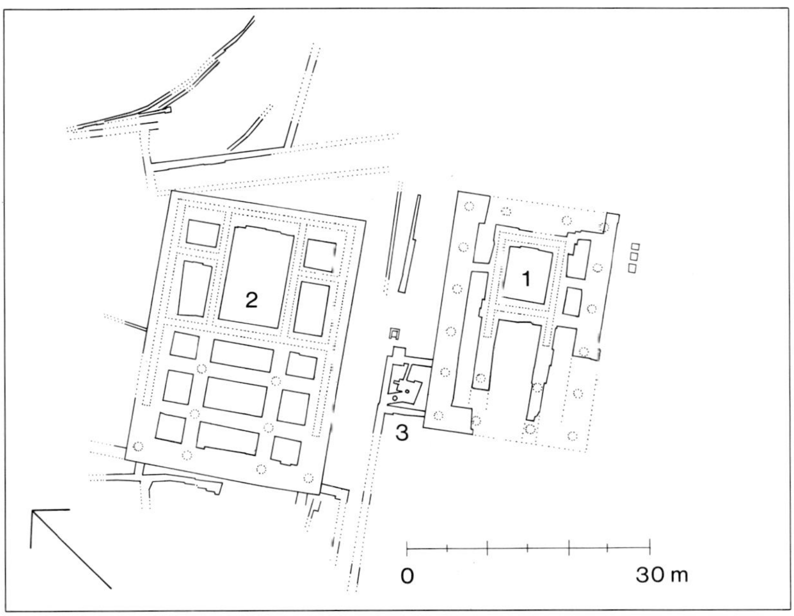

▷ Kastell Santa Severa

◁ *Pyrgoi.* Heiligtum (Nach Notizie degli Scavi)
1 Tempel B
2 Tempel A
3 Heiliger Bezirk mit Altar und Opfergrube

beiden anderen Blättern ist in etruskischer Sprache abgefaßt. Der längere der etruskischen Texte entspricht in seinem Inhalt dem lesbaren phönizischen Text. Und obwohl es sich offenbar nicht um eine wörtliche Übersetzung des phönizischen Textes handelt, der Fund also nicht die für die Kenntnis der etruskischen Sprache ersehnte Bilingue darstellt, eröffnen doch diese inhaltlich übereinstimmenden Schriftstücke eine Möglichkeit, das Verständnis der etruskischen Sprache zu erweitern, da einige wichtige Worte identifiziert werden konnten. Die Übersetzung des phönizischen Textes lautet etwa: »Der Herrin Astarte hat Tiberius Velanas, der über *Kisrie (Caere)* herrscht, diesen heiligen Ort errichtet und geweiht als Geschenk im Monat des Sonnenopfers; und ich habe ihn erbaut, weil Astarte ihrem Getreuen im Monat Karar am Tage des Begräbnisses der Gottheit (Adonis) geholfen hat; und mögen die Jahre der Statue der Gottheit in ihrem Tempel so zahlreich sein wie die Sterne.« (nach Heurgon S. 391)

Im Etruskischen lautet der Name des Stifters Thefarie Velianas; seinen Titel, der dem hohen Titel *lucumon* (König) im Phönizischen nicht genau entsprochen haben kann, hat man nicht identifizieren können. Vielleicht hatte er eher den Charakter eines Beamtentitels.

Auch der Name der Göttin und einige Zeitbestimmungen konnten im etruskischen Text identifiziert werden.

Die Goldblätter wurden in gerolltem Zustand aufgefunden, doch zeigen die Löcher am Rand der rechteckigen Blätter und die dazugehörigen Nägel, daß sie ursprünglich lesbar im Heiligtum, vielleicht an einer Tempeltür, angebracht waren. Sie stammen aus dem 6. oder 5. vorchristlichen Jahrhundert. Ob der jüngere Tempel A (2) mit dem geweihten Bau, der im Text erwähnt ist, zu identifizieren ist, oder ob der Tempel der Astarte in einem kleineren Bau im Heiligtum gesehen werden muß, ist noch nicht geklärt.

Die Verwendung der phönizischen Sprache und Schrift und die offensichtlich große Bedeutung der Weihung beweisen die engen wirtschaftlichen, aber auch politisch-militärischen Beziehungen der caeretaner Etrusker zu den Phöniziern (Karthagern), eine Allianz, die zeitweise ein lebensnotwendiges Gegengewicht gegen die Stärke der Griechen war.

Da die Etrusker nach der Schlacht bei *Cumae* im Jahre 474 vor Chr. die Kontrolle über die tyrrhenische Küste hatten abtreten müssen, verlor *Pyrgoi* seine vorrangige Bedeutung als Hafenstadt. Im Jahre 384 vor Chr. nahm Dionysios von Syrakus die Stadt ein und zerstörte das Heiligtum.

Eine neue Blütezeit erlebte *Pyrgoi* mit der Einrichtung einer römischen Kolonie im 3. Jahrhundert vor Chr. Diese römische Hafenstadt nahm nicht das gesamte Stadtgebiet des etruskischen Ortes ein, sondern beschränkte sich auf den Teil, über dem sich heute das Kastell Santa Severa erhebt. Ein rechteckiger Mauerring umfaßte die Stadt. Die Reste der Hafenanlage sind vor dem Kastell im Wasser noch zu sehen. Das Kastell ist noch heute bewohnt. In den Gärten aufgestellt und in den mittelalterlichen Häusern verbaut, zeugen Inschriftensteine und Fragmente von Bauornamenten von der einstigen römischen Stadt.

Weiterführende Literaturhinweise:
Pyrgoi, Notizie degli Scavi 24, 1970, Suppl. 2, 1.
F. Boitani, M. Cataldi, M. Pasquinucci, M. Torelli, F. Coarelli (Hrsg.), Die Städte der Etrusker, Freiburg 1974, 175ff.

Monte Soratte / *Soracte*

Unvermittelt erhebt sich aus der nur sanft hügeligen Lava-Landschaft nördlich Roms der mächtige Rücken des *Soracte.* Der römische Dichter Horaz (*Carmina* I 9,1) hat ihn besungen und seine schneebedeckte Kuppe beschrieben – ein Anblick, der nur äußerst selten zu genießen ist.

Der Berg galt schon den vorrömischen Bewohnern der Gegend als heilig. Auf seiner Spitze, wo heute das Kloster S. Silvestro liegt, bestand ein Heiligtum des *Apollo Soranus.* Über die Entstehung des Kults berichtet der römische Schriftsteller Servius in seinem Kommentar zu Vergils *Aeneis* (XI 785 ff.): Hirten seien bei der Verfolgung von Wölfen, die ihnen Opfergaben geraubt hatten, an eine Höhle gekommen, welcher pesterregende Dämpfe entstiegen seien. Als Sühne für ihren Frevel, nämlich die Verfolgung der Wölfe, mußten sie fortan selber wie Wölfe als Priester der Gottheit leben. Am unbewohnbaren Osthang des Berges hat man Höhlen entdeckt, die möglicherweise die Legende begründet haben, zumal Ablagerungen darauf hinweisen, daß hier früher schweflige Gase entwichen.

Weiterführende Literaturhinweise:
G. D. B. Jones, Capena and the Ager Capenas, Part II, in: Annuals of the British School in Rome 31 (N. S. 18), 1963, 125 ff.

▽ Der Soracte mit dem Ort S. Oreste

Civita Castellana / *Falerii*

Der Volksstamm der Falisker bewohnte, nachweisbar seit dem 9. und 8. Jahrhundert vor Chr., ein Gebiet nördlich von Rom, nordöstlich des Braccianer Sees. Die Falisker unterscheiden sich ethnisch deutlich von den Etruskern. Auch ihre Sprache war nicht das Etruskische, sondern ein Dialekt des frühen Lateinischen, der Sprache Latiums.
Die Funde aus ihrem Gebiet, die der voretruskischen Epoche entstammen, vor allem die Gebrauchskeramik, weisen in ihrem Dekor ebenfalls auf eine Verwandtschaft mit der Urbevölkerung Latiums hin.
Das Land der Falisker gehörte zum Territorium der Etrusker, und sie waren politisch ganz in deren Herrschaftsbereich einbezogen. Im wesentlichen teilten sie deren kulturelle Entwicklung, wenn auch mit eigenen Merkmalen und typischen Schwerpunkten.
Falerii war die Hauptstadt der Falisker. Sie lag an der Stelle des mittelalterlichen und des modernen Ortes Civita Castellana.
Die Lage von *Falerii*, das zur Unterscheidung vom späteren Ort den Namen *Falerii Veteres* erhielt, auf einem Tuffplateau zwischen tief eingeschnittenen Flußläufen, war in strategischer Hinsicht außerordentlich günstig und machte die Stadt für jeden Feind so gut wie uneinnehmbar.
Das bekamen vor allem die Römer zu spü-

▽ S. Maria di Falleri und Ausgrabungen von Falerii Novi

ren, als sie das Faliskerland ihrer Herrschaft unterwerfen wollten.
Bereits im 5. Jahrhundert vor Chr. fochten die Falisker an der Seite der Etrusker die ersten Kämpfe gegen Rom aus. Während die nahegelegenen faliskischen Städte *Sutri* (s. S. 54) und Nepi schon zu Beginn des 4. Jahrhunderts vor Chr. den Römern unterlagen und mit der Ansiedlung römischer Kolonisten in ihrem Stadtgebiet endgültig unter römische Herrschaft gerieten, konnte *Falerii* sich trotz stärkster Bedrängung halten und schloß nach einjähriger Belagerung einen Friedensvertrag mit Rom.
Um die Mitte des 4. Jahrhunderts vor Chr. brachen die Falisker den Vertrag und stellten sich an der Seite der Tarquinier erneut gegen Rom. Selbst nach einer weiteren Niederlage erhoben sie sich immer wieder gegen die römische Herrschaft. Um den erbitterten Widerstand der Einwohner endgültig zu brechen und ihm die strategische Grundlage zu entziehen, siedelten die Römer im Jahre 241 vor Chr. die gesamte Einwohnerschaft von *Falerii* zwangsweise in der Ebene an, einige Kilometer von ihrer alten Stadt entfernt, und sicherten sich damit die Kontrolle über diesen Volksstamm.
Die neue Stadt erhielt den Namen *Falerii Novi* im Gegensatz zum alten *Falerii*, das nun den Namen *Falerii Veteres* trug. Kurz darauf wurde in der neuen Stadt eine römische Kolonie gegründet, bevor sie nach dem Bundesgenossenkrieg schließlich römisches Municipium wurde.
Eine Stadtmauer aus *opus quadratum* umgab die neue Stadt. Von ihren vier Toren sind vor allem zwei bemerkenswert, da die Schlußsteine der Archivolte bei ihnen plastisch ausgebildet und gut erhalten sind: der eine als Haupt des Jupiter, der andere als Stierkopf.
Die Aussichten für die Ausgrabungen in *Falerii Novi* sind günstiger als im alten Ort, denn das Stadtgebiet wurde später nicht wieder überbaut. Aufrecht steht nur die Ruine einer mittelalterlichen Kirche, S. Maria di Falleri, in deren Nähe die neuesten Ausgrabungen stattfinden.
Bereits im letzten Jahrhundert wurde das römische Theater in der Stadt entdeckt und soviel vom Straßennetz, daß die Anlage der Stadt mit ihrem rechtwinkligen, nach den vier Himmelsrichtungen orientierten Straßensystem erschlossen werden konnte. Auch die neuen Ausgrabungen zeigen deutlich die gepflasterten Straßen, die sich rechtwinklig kreuzen.
Im Mittelalter wurde die Stadt von ihren Einwohnern verlassen, da die Ebene keinen Schutz während der Barbareneinfälle bot. Sie zogen sich wieder auf die für Angreifer unzugängliche Anhöhe von *Falerii Veteres* zurück und gründeten dort die neue Stadt Civita Castellana.
Aus den Nekropolen und von mehreren Tempeln in und um *Falerii Veteres* stammen zahlreiche Funde, die das hohe kulturelle Niveau des faliskischen Ortes zur Zeit der Etrusker belegen, gleichzeitig aber auch zeigen, daß er im Handel mit ausländischen Kunstzentren zum weniger gut belieferten Hinterland der etruskischen Küstenstädte gehörte. Die älteren Nekropolen des 8. und 7. Jahrhunderts vor Chr. lagen im Norden der Stadt, die jüngeren hingegen im Westen. Sie wurden vom 6. Jahrhundert bis zur Aufgabe von *Falerii Veteres* benutzt. Bemerkenswert sind vor allem die bemalten Keramikgefäße und Terrakotta-Plastiken von den Tempeln, die heute im Museo di Villa Giulia in Rom aufbewahrt werden.
Der früheste Tempel stammt aus dem 6. Jahrhundert vor Chr., die jüngsten Terrakotta-Plastiken konnten in das 1. Jahrhundert vor Chr. datiert werden. Die Terrakotten, besonders die des 5. und 4. Jahrhunderts vor Chr., zeigen im Vergleich zur zeitgleichen etruskischen Plastik eine besonders enge Verbindung zur griechischen Kunst.

Weiterführende Literaturhinweise:
F. Boitani, M. Cataldi, M. Pasquinucci, M. Torelli, F. Coarelli (Hrsg.), Die Städte der Etrusker, Freiburg 1974, 275ff.

Sutri / *Sutrium*

Die antike Stadt *Sutrium* lag, gegen Angreifer weitgehend geschützt, auf einem Tuffplateau zwischen zwei Flußtälern; die strategisch günstige Lage verhinderte jedoch nicht die Einnahme der Stadt durch die Römer. Der mittelalterliche Ort erhebt sich an derselben Stelle, so daß von der etruskisch-faliskischen Siedlung und römischen Kolonie (seit 383 vor Chr.) nur noch wenige Reste zeugen.
Im 6. und 5. vorchristlichen Jahrhundert hatte Sutri zum Gebiet der Falisker (s. S. 52) gehört. Aus dieser Epoche stammen die faliskisch-etruskischen Kammergräber entlang der *Via Cassia* unterhalb der Stadt.
Ebenfalls an der *Via Cassia* liegt das am besten erhaltene antike Gebäude von Sutri, das Amphitheater, welches aus dem 1. Jahrhundert vor Chr. stammt, also in jener Zeit entstand, als Sutri römische Stadt war und seine Bürger das römische Bürgerrecht besaßen (seit 87 vor Chr.).
Das Amphitheater ist zu seinem größten Teil in den Tuff gehauen, was aufwendige Aufbauten ersparte. In der Längsachse mißt es etwa 50 m. Eine christliche Kapelle in der Nähe ist der Madonna del Parto geweiht, diente aber im 3. Jahrhundert nach Chr. als Heiligtum des Mithras und war möglicherweise noch früher als Kammergrab in den Fels gehauen worden.

Weiterführende Literaturhinweise:
F. Boitani, M. Cataldi, M. Pasquinucci, M. Torelli, F. Coarelli (Hrsg.), Die Städte der Etrusker, Freiburg 1974, 284f.

▷ Sutri. Stadt und römisches Amphitheater

Vulci

Wenn die etruskische Stadt Vulci weniger bekannt ist als die etruskischen Metropolen *Caere* und *Tarquinii*, dann liegt das nicht daran, daß Vulci tatsächlich soviel weniger bedeutend gewesen wäre als jene: Vulci muß im Kräftespiel der etruskischen Stadtstaaten einen wichtigen Platz eingenommen haben. Dafür spricht schon, daß Vulci zur Zeit seiner Blüte ein großes Gebiet von der Küste bis weit ins Landesinnere beherrschte.

Der geringere Bekanntheitsgrad des Ortes ist wohl auf zweierlei zurückzuführen: erstens ist bei den antiken Historikern über Vulci nicht viel zu erfahren; und zweitens hat von der antiken Stadt und ihren Nekropolen noch recht wenig systematisch ausgegraben werden können.

▽ Vulci und Umgebung

Reiche Funde, vor allem zahllose Vasen aus Vulci, sind auf die Museen und Sammlungen in aller Welt verteilt, daher ist es kaum mehr möglich, aus ihnen ein einheitliches informatives Bild ihres Herkunftsortes zusammenzusetzen. Schon seit mehr als anderthalb Jahrhunderten nämlich werden die Nekropolen ihrer schönsten und historisch bedeutsamsten Schätze beraubt. Es waren Schatzsucher mit archäologischem oder finanziellem Interesse.

Nachdem schon viele Funde aus dem Gebiet von Vulci in den Kunsthandel und an das interessierte Publikum gelangt waren, unternahm Lucien Bonaparte, Fürst von Canino, zu dessen Besitz Vulci gehörte, die ersten gezielten Ausgrabungen in den Nekropolen. Bis zu dieser Zeit hatte sich das Interesse auch der Altertumsforscher fast ausschließlich auf den Fund – die prächtige Vase oder die schöne Bronzefigur – gerichtet, weniger auf den Fundzusammenhang und die Dokumentation der Fundlage.

Gerade in dieser Epoche aber entwickelte sich die Archäologie als methodische Wissenschaft. Leider konnten auch die systema-

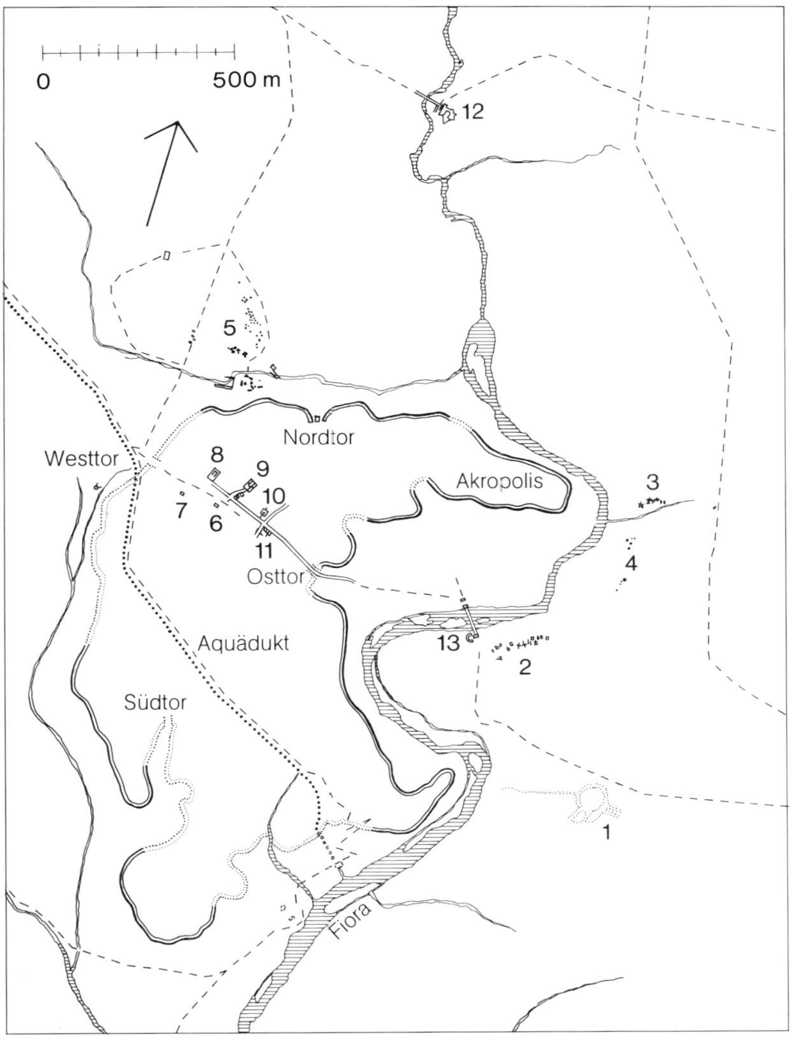

◁ Vulci und Umgebung (nach Bartoccini)
1 ›Cuccumella‹
2 François-Nekropole
3 Cavalupo-Nekropole
4 Villanova-Nekropole
5 Nekropole dell' Osteria
6 Herkules-Tempel (?)
7 Kaiserzeitliches Gebäude
8 Tempel
9 *Domus*
10 Atrium-Haus
11 Nymphäum
12 Ponte della Badia und Kastell
13 Ponte Rotto

tische Erforschung des Bodens und die methodischen Untersuchungen nicht verhindern, daß Grabräuber den Befund störten, die Gräber ausplünderten, die Funde verschleppten.

Doch gab es auch solche Fälle wie den des Bauern, der vor langer Zeit beim Pflügen – so erzählt man – eine große wertvolle griechische Vase fand, sie auf seinen Karren lud und nach Rom brachte, um sie dem Papst zum Geschenk zu machen. Der Papst belohnte ihn mit dem Titel eines Marchese di Vulci. Später, so berichtet die Fama weiter, habe ein glücklicherer, skrupelloser Nachbar dem völlig verschuldeten Bauern mit seinem Besitz auch den Titel genommen.

Die Funde, um die es ging und geht, waren vor allem griechische und einheimische Keramikgefäße sowie Bronzegegenstände. Für beides, Keramik und Metallarbeit, muß es in Vulci bedeutende Werkstätten gegeben haben.

Das eigentliche Stadtgebiet von Vulci lag auf einem unregelmäßig begrenzten Hochplateau, an dessen östlicher Seite in mehreren Windungen der Fluß Fiora (mit antikem Namen *Armentae*) fließt. Über Zeitraum, Entwicklung und wirtschaftliche Bedeutung der Stadt zur Zeit der Etrusker geben, wie meistens, die Funde aus den Nekropolen Nachricht, die im Norden und Osten der Stadt liegen. Schon aus dem 9. Jahrhundert vor Chr. stammen die frühesten Bestattungen, noch nach der Art und mit den typischen Beigaben der voretruskischen Villanova-Kultur.

Die orientalisierende Phase der etruskischen Kultur am Anfang des 7. Jahrhunderts vor Chr. hat in Vulci nicht so bedeutende Spuren hinterlassen wie etwa in *Caere* (Cerveteri, s. S. 41). Vom 6. Jahrhundert an aber ist in Vulci ein merklicher wirtschaftlicher Aufschwung zu verzeichnen. Importierte griechische Vasen, aber auch unzählige Nachahmungen, die zum Teil auch von eingewanderten griechischen Künstlern hergestellt wurden, zeugen davon. Einzelne Funde weisen auf Handel mit Sardinien und Ägypten hin.

Wie in Cerveteri und Tarquinia haben auch die Gräber in Vulci ihre lokal-typischen Merkmale. Der übliche Typ ist das Grab a cassone, eine schlichte Grabkammer ohne Malerei oder Nachahmung von Holzkonstruktionen. Den Grabeingang flankierten Skulpturen von Tieren oder Fabelwesen als Grabwächter. Ausgemalte Gräber wie in Tarquinia oder Tumulus-Gräber wie in Cerveteri fehlen fast ganz, jedoch gehören die vereinzelten Ausnahmen zu den berühmtesten und großartigsten Vertretern der jeweiligen Gattung. Die sog. Cuccumella (1), jenseits der Fiora gelegen, ist der größte bekannte etruskische Grabtumulus. Doch sind die Grabkammern geplündert, die Gänge zerstört und die umgebende Steinsetzung des Tambours und sein figürlicher Schmuck bis auf einen kleinen Teil verschleppt. Weiter südlich liegt ein kleinerer Tumulus, die Cuccumelletta.

In der François-Nekropole (2), die ihren Namen nach dem Entdecker trägt, befindet sich die Tomba François, die vor allem wegen ihrer prächtigen Wandmalereien aus dem 4. Jahrhundert vor Chr. berühmt ist. Sie zeigen historische und mythologische Szenen. Die Malereien wurden abgenommen und werden heute in der Villa Albani in Rom aufbewahrt.

Systematische Ausgrabungen unter modernen Gesichtspunkten wurden in Vulci seit 1956 durchgeführt. Der damalige Ausgräber R. Bartoccini zog zur Erkundung des Stadtgebietes auch Forscher heran, die mit der Herstellung und Auswertung von Luftaufnahmen die Ausgrabungen wesentlich fördern konnten, unter ihnen auch S. Sostegni. Die im antiken Stadtgebiet ausgegrabenen Gebäude und Funde reichen nicht weiter zurück als bis in das 4. vorchristliche Jahrhundert, obwohl die etruskische Stadt vorher schon an derselben Stelle gelegen haben muß.

◁ Vulci. Römisches Haus

▷ Vulci. Ponte della Badia

Ein Mauerring mit vier Toren nach den vier Himmelsrichtungen, von denen man zwei sicher hat lokalisieren können, umgab die Stadt. Die antiken Historiker berichten, daß die Etrusker von Vulci um das Jahr 280 vor Chr. von den Römern besiegt wurden. Im Jahre 273 gründeten diese die Kolonie *Cosa* (S. 87ff.), die auf dem Boden des ehemaligen Stadtstaates von Vulci lag. Dies teilen auch die antiken Schriftsteller mit, deren Nachricht so verstanden wurde, als habe an derselben Stelle eine etruskische Stadt gelegen. Die Ausgrabungen in *Cosa* selbst konnten diese These widerlegen. Vulci mußte also einen großen Teil seines Territoriums aufgeben, büßte aber vor allem seine Selbständigkeit ein.
Zu einem großen Teil konnte der Decumanus Maximus, die ost-westlich verlaufende Hauptstraße der Stadt, freigelegt werden. Die Reste zweier Gebäude stehen noch aufrecht: ein Gebäude, vielleicht ein Tempel des Herkules (6), aus *opus incertum* mit einer inneren Verkleidung im späteren *opus reticulatum*, und ein Ziegelbau (7), der aus der römischen Kaiserzeit stammen muß.
Direkt am Decumanus Maximus lag ein großer Tempel aus der etruskischen Epoche (8), dessen Podium aus Tuffsteinblöcken gut erhalten ist. Beiderseits vor der Tempelfront befinden sich zwei tiefe Schächte für Weihgaben, wie sie auch in ganz ähnlicher Lage in *Pyrgoi* (Tempel A, s. S. 47) zu beobachten sind.
Neben dem Tempel wurde in jüngster Zeit ein Privathaus (9) ausgegraben, das wohl aus dem 1. Jahrhundert vor Chr. stammt und mit seinen Ausmaßen und Einrichtungen auf einen wohlhabenden Besitzer schließen läßt. Die Eingangsfront am Decumanus wurde von einem etwas höheren Portikus eingenommen, der nur von den Seiten her zugänglich war. Ähnliche Häuserfronten kommen auch in Pompeji vor. Der Hauptteil des Hauses bestand aus mehreren axial hintereinander angeordneten Trakten. Die Mosaikfußböden der kleineren und größeren Räume sind meist gut erhalten. Ein kleiner Hof mit Apsis und Wasserspielen beschließt den Wohntrakt. Links neben den Wohnräumen verläuft eine private Zufahrt, die zur Straße hin mit einer Tür verschlossen werden konnte. Hier lagen, auch von den Wohnräumen aus zugänglich, die Baderäume, deren doppelte Fußböden für die Warmluftheizung noch deutlich zu sehen sind. Dahinter schlossen sich Vorratsräume an, die an den großen, in den Boden eingelassenen Vorratsfässern aus Ton zu erkennen sind. In einem anderen Raum fand man eine kleine Mühle.
Auch die noch nicht ganz ausgegrabenen Räume hinter dem Wohnhaus scheinen zum Wirtschaftstrakt gehört zu haben. Rechts befinden sich zwei gegenläufige Rampen, die in das Untergeschoß hinabführen.
Ein großer Teil der Villa war offenbar unterkellert. Hier befand sich vor allem die große Zisterne, die mit Wasser aus der Fiora gespeist wurde. Neben den Eingängen zum unterirdischen Teil des Hauses, am Ende eines langen Korridors von der Straße, lag ein Raum, der ein Nymphäum beherbergte.
Die Mauertechnik *(opus incertum)* läßt sich gut mit einigen Teilen der Villa der Volusii Saturnini bei *Lucus Feroniae* vergleichen (S. 237ff.). Auch die Mosaiken und Fragmente von Bauornamenten stützen die Datierung des Hauses in das 1. Jahrhundert vor Chr.
Neben diesem Haus war schon vorher das Atrium eines anderen Stadthauses (10) ausgegraben worden. Daß dieses prächtige Haus nicht isoliert war, zeigen vor allem die Luftaufnahmen. Als helle Linien im gemähten Feld zeichnen sich deutlich die Spuren umgebender Bauten ab. Besonders gut oben links im Foto zu sehen, zeigen diese Linien exakt den Verlauf der antiken Mauern. Denn – ähnlich wie in *Spina* (s. S. 77f.) – werden hier aus größerer Höhe die Unterschiede im Pflanzenbewuchs sichtbar, da über den erhabenen Mauerresten die Pflanzen spärlicher und niedriger wachsen.
Weitere ausgegrabene Gebäude in der Kreuzung des Decumanus und der Straße zur Akropolis enthielten u. a. ein Nymphäum (11).

△ Archi di Pontecchio bei Vulci

● Nördlich der Stadt führt eine antike Brücke (12) über die Fiora. Ihr Name Ponte della Badia (oder Ponte dell'Abbadia) bezieht sich auf das kleine mittelalterliche Kastell, in dem sich zeitweise eine Abtei befand. Heute ist hier ein kleines Antiquarium mit Funden aus Vulci eingerichtet. Bis vor nicht allzu langer Zeit war die antike Brücke der einzige Übergang über die Fiora, dann wurde die neue Brücke ein wenig entfernt davon angelegt.

Im Kern ist der Ponte della Badia vielleicht etruskischen Ursprungs. Seine heutige Gestalt aber stammt aus dem Beginn des 1. Jahrhunderts vor Chr., als die Römer schon längst die Vormachtstellung über Vulci besaßen und es im Zuge des Bundesgenossenkrieges mit dem Status eines Municipiums endgültig zu einer Stadt des römischen Staates machten. Über die nördliche, im Foto abgewandte Brüstung war eine Wasserleitung geführt. Das mineralhaltige Wasser verursachte unterhalb der Brüstung bizarre Ablagerungen, die wie riesige Bärte herabhängen. Am östlichen Aufgang zur Brücke ist im Mauerwerk die Aussparung für die Wasserführung noch zu sehen.

Weiter südlich befand sich noch eine antike Brücke (13), die aber völlig zerstört ist und daher den Namen Ponte Rotto führt. Über die Senke an einem Bach, der in die Fiora mündet, weiter dem Meer zu, führen die Bögen einer römischen Wasserleitung, die sogenannten Archi di Pontecchio.

Weiterführende Literaturhinweise:

R. Bartoccini, Vulci, Storia-Scavi-Rinvenimenti, Roma 1960 (Atti del VII Congresso Internazionale di Archeologia Classica, Roma 1959).

M. Torelli, Vulci, in: Enciclopedia dell'Arte Antica, classica e orientale, 1966.

F. Boitani, M. Cataldi, M. Pasquinucci, M. Torelli, F. Coarelli (Hrsg.), Die Städte der Etrusker, Freiburg 1974, 217ff.

Tarquinia / *Tarquinii*

Die etruskische Stadt, Vorgängerin des modernen Ortes Tarquinia, trug den Namen *Tarchuna* oder *Tarchna.* Sie lag nicht genau an der Stelle des heutigen Ortes, sondern auf einem Hügel weiter nordöstlich. Der Fosso Savino trennt die beiden Höhenrücken. Obwohl der Höhenzug, der einstmals das etruskische *Tarchuna* (lateinisch *Tarquinii)* trug, heute unbebaut ist, bewahrt doch sein Name Pian di Civita die Erinnerung an die ehemals hier gelegene städtische Ansiedlung.

▽ Tarquinia. Pian di Civita

In strategischer Hinsicht war die Lage ideal, denn das Hochplateau fällt an drei Seiten steil ab. Das erlaubte die militärische Verteidigung der Stadt mit geringstmöglichem Aufwand. Sicher war dies mit ein Grund für den enormen Aufstieg Tarquinias zum politischen und wirtschaftlichen Zentrum im etruskischen Städtebund. Der Stadtstaat besaß ein außerordentlich großes Gebiet, das im Norden an den Einflußbereich Vulcis (S. 56) grenzte. *Caere* (Cerveteri, s. S. 41) war der Nachbar im Süden.

Der Reichtum Tarquinias gründete sich auf den Handel mit Metallen. Phönizische, ägyptische und griechische Erzeugnisse in den Gräbern von Tarquinia belegen die weitgespannten wirtschaftlichen Beziehungen.

Wie auch die anderen großen etruskischen Metropolen Cerveteri, Vulci und Veji lag

Tarquinia im Landesinneren. Der nahegelegene Fluß Marta war damals schiffbar und diente als Verkehrs- und Transportweg. Für den Seehandel, der ja für die Wirtschaft Tarquinias eine Schlüsselrolle spielte, stand der Hafen bei *Graviscae* (s. S. 71) zur Verfügung.
Die Gründungslegende schreibt die Entstehung der Stadt dem Heros Tarchon zu, welcher als Bruder des Lyders Tyrrhenos, der die Tyrrhener (Etrusker) nach Italien geführt haben soll, dem von ihm gegründeten Ort seinen Namen gab *(Tarchuna)*.
Aus der Frühzeit der Stadt berichtet eine literarische Quelle eine weitere Legende, die auch in bildlichen Darstellungen der Etrusker eine Rolle spielt. Die Sage erzählt, Tages, ein Knabe, der die Weisheit eines Greises besaß, sei aus einer Ackerfurche aufgestiegen und habe die Tarquinier die prophetischen Künste der Beobachtung des Vogelflugs und der Eingeweideschau an den Opfertieren gelehrt.
Diese Geschichte weist auf zwei wesentliche Punkte hin: hier wird die Vorrangstellung der Tarquinier unter den Etruskern deutlich und zudem ihre Bedeutung für die Römer, welche gerade diese Weissagungspraktiken der etruskischen Religion als wichtigen Bestandteil in ihren Kult übernahmen.
Eine enge Beziehung zwischen Tarquinia und Rom bestand schon lange vor jener Zeit, als Rom sich schließlich nach langen kriegerischen Auseinandersetzungen die Herrschaft über die etruskischen Städte aneignete. Schon im 7. und 6. Jahrhundert vor Chr., zur römischen Königszeit, als Tarquinia bedeutender war als Rom, herrschten auch etruskische Könige aus Tarquinia über Rom. Die Namen Tarquinius Priscus und Tarquinius Superbus verraten ihre Herkunft.
Die Stadt war sehr alt. Die Funde in den Villanova-Nekropolen gehen bis in das 9. Jahrhundert vor Chr. zurück. Entdeckungen in den Nekropolen an den Hängen der umliegenden Hügel beweisen, daß Tarquinia schon seit dem 8. Jahrhundert vor Chr. ausgedehnte Handelsbeziehungen pflegte.
Das 7. Jahrhundert ist die Zeit des orientalisierenden Stils. Neben östlichen Importen macht sich in Etrurien der neue Stil bemerkbar. Die einheimischen Hersteller übernehmen Ornamente und Darstellungen der östlichen Produkte.
Diese Epoche der etruskischen Kunst ist, wie gesagt, an allen entsprechenden Fundplätzen nachzuweisen. Tarquinia hat aber insofern eine Sonderstellung inne, als ein Fund aus einem tarquinischen Grab die Chronologie der orientalisierenden Kunst mit einem fixen Datum versieht. Die Datierung nach der stilistischen Entwicklung, die zwangsläufig Unsicherheiten und Ungenauigkeiten enthält – zumal bei Nachahmungen mit einem ›Verzögerungseffekt‹ zu rechnen ist – konnte so an ein festes Datum ›angebunden‹ werden.
In dem sog. Bocchoris-Grab fand man eine importierte ägyptische Vase, auf welcher in Hieroglyphen der Name des Pharao Bocchoris zu lesen ist. Nach der exakten ägyptischen, durch griechische Geschichtsschreiber ergänzten und bestätigten Chronologie läßt sich mit den Regierungsdaten dieses Herrschers (715 bis 709 vor Chr.) ein festes Datum auch für das Grab in Tarquinia, die in ihm gefundenen Gegenstände und damit für die gesamte Chronologie der etruskisch-orientalisierenden Kunst gewinnen.
Im 7. und 6. Jahrhundert macht sich in den Kunsterzeugnissen ein aus Korinth kommender Einfluß bemerkbar. Eine Legende besagt, der Korinther Demaratos sei zu dieser Zeit nach Tarquinia gekommen und habe die Etruskerin Tanaquil geheiratet. Ihr Sohn Tarquinius Priscus wurde als fünfter etruskischer König Herrscher in Rom, und die tarquinische Dynastie hielt sich bis über die Mitte des 6. Jahrhunderts hinaus.
Seit dem Ende des 6. Jahrhunderts verlor Tarquinia einen Teil seiner Macht und auch seiner wirtschaftlichen Bedeutung; ein neuer Aufschwung ist dann im 4. Jahrhundert zu verzeichnen. Die Auseinandersetzungen und Kriege mit den Römern endeten um die Mitte des 4. Jahrhunderts mit einem befristeten vorläufigen Friedensvertrag.

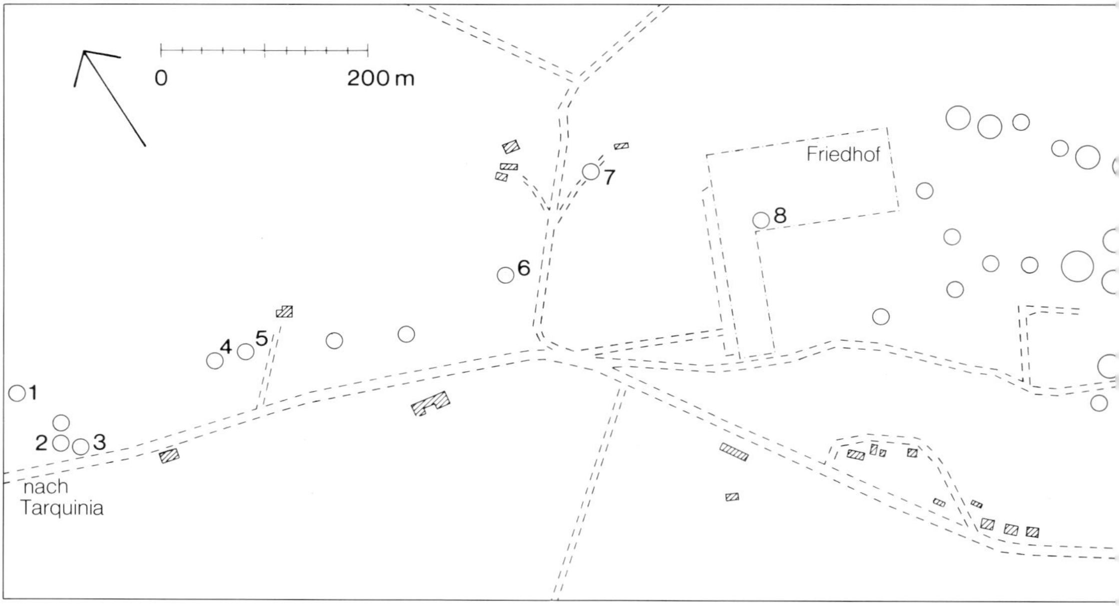

△ Tarquinia. Monterozzi-Nekropole
(nach Moretti und Lerici)
(Die Kreise markieren die größten sich abzeichnenden Tumuli und die wichtigsten Gräber, unabhängig von ihrer Form)

1 Tomba Bartoccini
2 Tomba del Letto Funebre
3 Tomba dei Leopardi
4 Tomba del Morto
5 Tomba del Tifone
6 Tomba degli Scudi
7 Tomba del Cardinale
8 Tomba dell'Orco
9 Tomba del Topolino
10 Tomba della Scrofa nera
11 Tomba Giustiniani
12 Tomba del Barone

▽ Tarquinia. Monterozzi-Nekropole

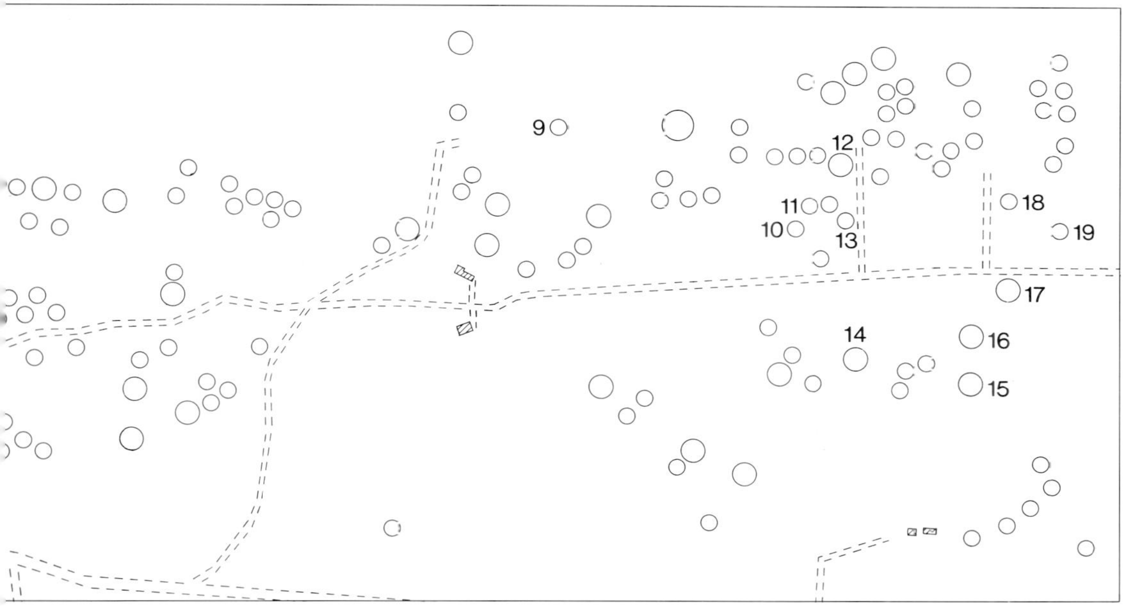

13 Tomba Giglioli
14 Tomba delle Bighe
15 Tomba del Mare
16 Tomba 1646
17 Tomba della Nave
18 Tomba dei Tori
19 Tomba dei Leoni Rossi

Gegen Ende desselben Jahrhunderts mußte Tarquinia sich nach weiteren Auseinandersetzungen Rom beugen, war in der folgenden Zeit tributpflichtig (so lieferte Tarquinia z. B. die Segel für die Ausrüstung der Flotte zum Krieg gegen Karthago), mußte 181 vor

Chr. eine römische Kolonie in der Hafenstadt *Graviscae* aufnehmen (s. S. 71) und wurde 90 vor Chr. endgültig dem römischen Staat einverleibt. In der römischen Kaiserzeit hatte Tarquinia mäßige Bedeutung und verfiel im 4. Jahrhundert nach Chr. nach schweren Zerstörungen durch die einfallenden Goten.

Die antike Stadt auf dem Hügel La Civita ist nur zu einem geringen Teil ausgegraben. Bekannt und interessant ist vor allem der sog. Altar der Königin (Ara della Regina), der am linken Bildrand zu sehen ist. Es handelt sich um das Podium eines Tempels aus der Mitte des 4. Jahrhunderts vor Chr. Der Tempel konnte in einigen wesentlichen Zügen rekonstruiert werden. Danach besaß er eine mittlere Cella und zwei seitliche *alae* (›Flügel‹), schmale Räume zwischen weiter vorgezogenen Seitenmauern. Dieser Typ ist neben dem Tempel mit drei Cellen in Etrurien sehr verbreitet gewesen. An einer Ecke der Fronttreppe lag eine Opfergrube, in der zahlreiche Votivgaben gefunden wurden, die jetzt im Museum aufbewahrt sind. In *Pyrgoi* (S. 47) und Vulci zum Beispiel konnten die Opfergruben der Tempel an derselben Stelle festgestellt werden.

Am Fuß der Treppe fand man ein Hochrelief aus Terrakotta, das vermutlich zum Giebelschmuck des Tempels gehört hat. Es stellt ein Gespann zweier geflügelter Pferde dar. Das Relief ist heute zum touristischen Wahrzeichen der Gegend geworden.

Auch dieser Fund wird im Museum aufbewahrt, welches sich im mittelalterlichen Zentrum Tarquinias befindet. Der Ort hieß bis zum Jahre 1922 Corneto. Der Palazzo Vitteleschi, in dem 1924 das Museum eingerichtet wurde, stammt aus dem 15. Jahrhundert. Neben den Funden von den Ausgrabungen am antiken Stadthügel sowie zahlreichen Beigaben und Sarkophagen aus den Nekropolen sind dort auch die sog. Kulttreppen zu sehen: reliefverzierte Verschlußplatten, wie sie in dieser Form nur aus Tarquinia bekannt sind. Zwischen den Relieffeldern, in denen Fabelwesen im orientalisierenden Stil dargestellt sind, liegen treppenartige Vertiefungen, die diesen Platten aus Nenfro oder Kalkstein ihren Namen gaben.

Berühmter als die bisher ausgegrabenen architektonischen Denkmäler der antiken Stadt sind die Nekropolen von Tarquinia. Sie nehmen die rundum liegenden Hügel ein. Die bedeutendste Nekropole erstreckt sich mit ihren ausgemalten Gräbern auf dem Höhenrücken Monterozzi, auf dem auch der mittelalterliche und der moderne Ort liegen. Hier, inmitten der antiken Nekropole, befindet sich auch der heutige Friedhof. Die etruskischen Gräber sind zumeist in der Form unterirdischer Grabkammern angelegt und über eine ins Erdreich führende Treppe zugänglich. Viele von ihnen waren von einem Erdtumulus, einer hügelartigen Aufschüttung, bekrönt. Noch im letzten Jahrhundert muß sich eine Vielzahl dieser Tumuli deutlich sichtbar in den Feldern erhoben haben. Heute sind sie zum größten Teil eingeebnet, und nur einige wenige kann man noch als schwache Bodenerhebungen erkennen. Doch zeigen die Luftaufnahmen ganz deutlich ihre Lage und Zahl, obwohl längst nicht alle in einem einfachen Luftbild auszumachen sind.

Bei der Entdeckung und Erforschung der Gräber spielt seit mehr als zehn Jahren gerade die Luftfotografie eine große Rolle. Die Unternehmungen der Lerici-Stiftung des Polytechnikums in Mailand haben bei der Auffindung noch unentdeckter Gräber durch die Anwendung und Auswertung der Luftfotografie große Erfolge verzeichnen können. Diese optische Aufnahmetechnik wurde mit der Messung des elektromagnetischen Widerstandes kombiniert, die jede künstliche Veränderung des Erdbodens anzeigt. Die gewonnenen Werte können in einem Plan grafisch dargestellt und ausgewertet werden. Ein mit Hilfe dieser Methoden lokalisiertes Grab wird dann weiter untersucht, ohne daß es gleich ausgegraben wird. Durch ein Loch, möglichst genau über einer Grabkammer,

▷ Tarquinia. Monterozzi-Nekropole

wird eine Fotosonde in den Hohlraum eingeführt, deren Bilder Informationen über die Grabkammer und eventuelle Wandmalereien liefern. Die Ergebnisse entscheiden dann über das weitere Vorgehen, die eventuelle Ausgrabung und ihre Mittel und Methoden.

Diese Untersuchungsmethode hat sogar dort noch zu überraschenden Erfolgen geführt, wo ein Gebiet als mit traditionellen Mitteln erschöpfend erforscht galt. So wurden etwa im Jahre 1958 die bemalten Gräber Tomba della Nave (17) und Tomba delle Olimpiadi entdeckt.

Die Gräber der Monterozzi-Nekropole sind vor allem wegen ihrer Wandmalereien berühmt. Mehrere tausend Gräber, unter ihnen 150 ausgemalte Grabkammern, sind bisher entdeckt worden.

Seit der Mitte des 6. Jahrhunderts vor Chr. bis ins 2. Jahrhundert vor Chr. ließen reiche tarquinische Familien ihre Gräber mit farbenprächtigen Szenen aus dem Alltagsleben, mit Festgelagen, Sport und Spielen, Tanzdarstellungen und Jagdszenen ausmalen, seltener auch mit mythologischen Themen.

Die wichtigsten Gräber sind auf dem Plan verzeichnet. Die Malereien bedeuten für die Kunstgeschichte der Antike außerordentlich viel, zumal sonst kaum Zeugnisse der vorrömischen Malerei auf uns gekommen sind. Außerdem vermitteln sie ein anschauliches Bild des etruskischen Lebens. Wahrscheinlich sollten diese Darstellungen, ein Spiegel des festlichen Lebens im Diesseits, das Wohlleben im Jenseits darstellen.

Der Stil der Gemälde, oft in Freskotechnik auf Stuck gemalt, veränderte sich im Laufe der Jahrhunderte, oft ist die mehr oder weniger starke Beziehung zu Griechenland, die Abhängigkeit von der griechischen Kunst abzulesen, von der leider Malereien dieser Gattung und Größe bis auf eine Ausnahme nicht erhalten sind (s. S. 22).

Bereits zu Beginn des letzten Jahrhunderts haben die Gräber Tarquinias Forscherdrang und Begeisterung der archäologisch interessierten, gelehrten Reisenden geweckt und beschäftigt. Otto Magnus Baron Stackelberg war einer der ersten, der intensive Forschungen betrieb und in mehreren Gräbern die Wandmalereien auf durchsichtiges Papier übertrug. Diese Zeichnungen sind unschätzbare Zeugnisse, nicht nur wegen ihrer Bedeutung als Dokument für die Geschichte der Archäologie, sondern in mehreren Fällen auch als einzig getreue Aufnahme von inzwischen durch Witterungseinflüsse und Bodenfeuchtigkeit beschädigten oder zerstörten Wandmalereien.

Zum Schutze der archäologischen Denkmäler, zur Unterstützung weiterer archäologischer Forschungen, zur Erhaltung noch unzerstörter Naturgebiete und zur Dokumentation für die Besucher besteht seit einigen Jahren ein langfristiges Programm, Tarquinia und seine Umgebung in einen archäologischen Naturpark zu integrieren – ähnlich wie es im Rheinland und auch in Italien an mehreren historisch interessanten Orten vorgesehen ist. Eine Gruppe von italienischen und englischen Archäologen entwikkelte einen detaillierten Plan für dieses Projekt. Mit dem Argument, daß Tarquinia zu den archäologisch bedeutsamsten Orten des Mittelmeerraums gehöre, aber durch Umwelteinflüsse zunehmend gefährdet sei, wollen die Planer in einem künftigen Naturpark die Grünzonen erhalten, und damit industrieller Erschließung, verkehrstechnisch bedingter Verschmutzung und der durch ungehemmte Zersiedlung bedingten Zerstörung der Landschaft entgegenwirken. Gleichzeitig sollen die bisher bekannten, berühmten Altertümer geschützt und für die weitere wissenschaftliche Erforschung wichtige Bereiche erhalten und erschlossen werden.

Weiterführende Literaturhinweise:

R. Bartoccini, Die etruskischen Malereien von Tarquinai, Milano 1969.

Comitato per la Attività Archeologiche nella Tuscia, Proposta per un Parco Archeologico-Naturale in Tarquinia, Roma 1971.

F. Boitani, M. Cataldi, M. Pasquinucci, M. Torelli, F. Coarelli (Hrsg.), Die Städte der Etrusker, Freiburg 1974, 181ff.

Porto Clementino / *Graviscae*

Die Entdeckung von *Graviscae*, der Hafenstadt des etruskischen Tarquinia, ist auf den erfolgreichen Einsatz der Luftbildarchäologie zurückzuführen und verdient daher in unserem Zusammenhang besonderes Interesse. Bevor man mit Hilfe von Luftaufnahmen den antiken Ort überraschend klar hat lokalisieren und identifizieren können, war über diese Gegend am Porto Clementino und nahe dem Badestrand von Tarquinia wenig bekannt gewesen. Allerdings wußte man aus antiken literarischen Quellen, daß die Römer im Jahre 181 vor Chr. hier eine Kolonie mit Namen *Graviscae* gegründet hatten. Luftaufnahmen zeigten dann, was jedem Archäologen, der zu Fuß das Gelände erforschte, entgehen mußte: das regelmäßige

▽ *Graviscae.* Heiligtum der Hera und Umgebung

Straßennetz der römischen Kolonie war aus großer Höhe an dem unterschiedlichen Bewuchs sichtbar. Ähnlich wie in *Spina* (s. S. 77) zeigt die Veränderung des Pflanzenwuchses die unter dem Boden liegenden Bauten.

Die systematischen Ausgrabungen begannen 1969, als die Gefahr drohte, daß dieses Gebiet als Bau-Erschließungsland für die archäologische Forschung innerhalb kurzer Frist verlorengehen könnte. Die Funde gaben den Erwartungen und der Eile der Archäologen recht; ja, sie übertrafen an Bedeutung bei weitem jede Vermutung.

Zunächst konzentrierten sich die Untersuchungen, den literarischen Quellen folgend, auf die 181 vor Chr. gegründete römische Kolonie nahe dem Porto Clementino. Der Verlauf der Straßenzüge, die sich rechtwinklig schneiden, konnte für das Stadtgebiet gesichert werden.

Bei den bisher ausgegrabenen Gebäuden handelt es sich überwiegend um Privathäuser. Doch wurden auch die für eine Hafenstadt typischen und unerläßlichen Lagerräume *(horrea)* gefunden. Weitere Ausgrabungen, welche über die Schicht unter dem römischen Niveau Aufschluß geben sollten, brachten – und hierin liegt ihre besondere Bedeutung – auch Reste einer etruskischen Siedlung ans Licht. Sie reichen bis in das 6. Jahrhundert vor Chr. zurück.

Nicht weit entfernt von dem Zentrum der etruskisch-römischen Stadt befindet sich die bedeutsamste Ausgrabung von *Graviscae.* Hier wurde ein Heiligtum aus der vorrömischen Epoche entdeckt, das allerdings nicht einer etruskischen Gottheit geweiht war, sondern der griechischen Göttin Hera, der Frau des Zeus. Das geht aus den Inschriften auf den zahlreichen geweihten Gefäßen hervor, die man im Bereich des Heiligtums gefunden hat.

Die Keramik ist aber nicht nur der inschriftlichen Weihungen wegen wichtig: anhand der verschiedenen datierbaren Gefäßformen und ihrer jeweils für eine Epoche und ihre Herkunft typischen Dekoration konnte auch festgestellt werden, daß das Heiligtum schon spätestens seit der Mitte des 6. Jahrhunderts vor Chr. bestand. Im 4. Jahrhundert vor Chr. wurde das alte Heiligtum offenbar durch einen Neubau ersetzt.

Die Luftaufnahme zeigt das Heiligtum im Hintergrund des Ausgrabungsgebiets rechts. Es bestand aus einem offenen Hof sowie zwei langgestreckten nebeneinanderliegenden Kulträumen und Nebenräumen.

Wenn schon das Heiligtum selbst, seine Form und die Keramikfunde auf eine griechische Gründung und damit auf die – sicher nicht nur vorübergehende – Anwesenheit von Griechen schließen lassen, so weist ein anderer Fund noch viel stärker und eindeutiger in diese Richtung. An die Außenwand des Gebäudes gelehnt, fand man einen nach oben in einer leicht gebogenen Spitze zulaufenden, 1,30 m hohen Pfeiler mit einer griechischen Inschrift. Aus ihr geht nicht nur hervor, daß in diesem Stein ein Kultbild des Apollon von Ägina zu sehen sei, also ein nicht-menschengestaltiges Bildnis eines griechischen Gottes, auch der Dialekt, in dem die Inschrift abgefaßt ist, und die verwendeten Buchstabenformen weisen in dieselbe Richtung. Als Stifter des Steines nennt die Inschrift Sostratos, einen Griechen, der vielleicht mit jenem bedeutenden Kaufmann identisch ist, den der griechische Historiker Herodot erwähnt: die Griechen besaßen also in *Graviscae,* ähnlich wie in *Spina,* eine feste Handelsniederlassung. Das alte griechische Heiligtum wurde später von einem einheimischen Heiligtum eingenommen und überbaut.

Die römische Kolonie *Graviscae* bestand als Hafenstadt bis in die Kaiserzeit, verlor aber um die Wende vom 1. zum 2. Jahrhundert nach Chr. durch den Bau des modernen Hafens von *Centumcellae* (Civitavecchia, s. S. 94) an Bedeutung.

Weiterführende Literaturhinweise:

M. Torelli, Il Santuario di Hera a Gravisca, in: La Parola del Passato 26, 1971, 44ff.

F. Boitani, M. Cataldi, M. Pasquinucci, M. Torelli, F. Coarelli (Hrsg.). Die Städte der Etrusker, Freiburg 1974, 215ff.

Orvieto / *Urbs Vetus*

Orvieto erhebt sich auf einem bis zu 50 m hohen ovalen Tuffplateau. Zahlreiche Überreste hauptsächlich aus dem 6. bis 3. Jahrhundert vor Chr., zeugen von einer bedeutenden Siedlung der Etrusker: mehrere Tempel sind in ihren Grundmauern noch nachzuweisen, und ihre bemalten Terrakotta-Dekorationen zeigen hohen künstlerischen Rang; zahlreiche Gräber wurden gefunden, vor allem die beiden wichtigen etruskischen Nekropolen der Stadt, die Nekropole des Crocifisso di Tufo und die Canicella-Nekropole. Unter den Namen der Bestatteten finden sich neben etruskischen Namen auch zahlreiche lateinische – ein Hinweis darauf, daß im Ort auch Fremde wohnten.

Der etruskische Name der Stadt, welche in römischer Zeit *Urbs Vetus* hieß (hiervon leitet sich der italienische Name her), ist unbekannt. In jüngerer Zeit wurde der Versuch unternommen, Orvieto mit dem alten etruskischen *Velsna* zu identifizieren, das bestand, bevor eine jüngere Nachfolgerstadt, *Volsinii,* am Lago di Bolsena gegründet wurde. Doch stehen hier endgültige Beweise noch aus.

Weiterführende Literaturhinweise:
F. Boitani, M. Cataldi, M. Pasquinucci, M. Torelli, F. Coarelli (Hrsg.), Die Städte der Etrusker, Freiburg 1974, 270 ff.

▽ Orvieto

Marzabotto

▽ Marzabotto
(nach Mansuelli)
1 Akropolis
2 Nekropole
3 Cardo Maximus
4 Decumani
5 Unbebaute Insula

▷ Marzabotto

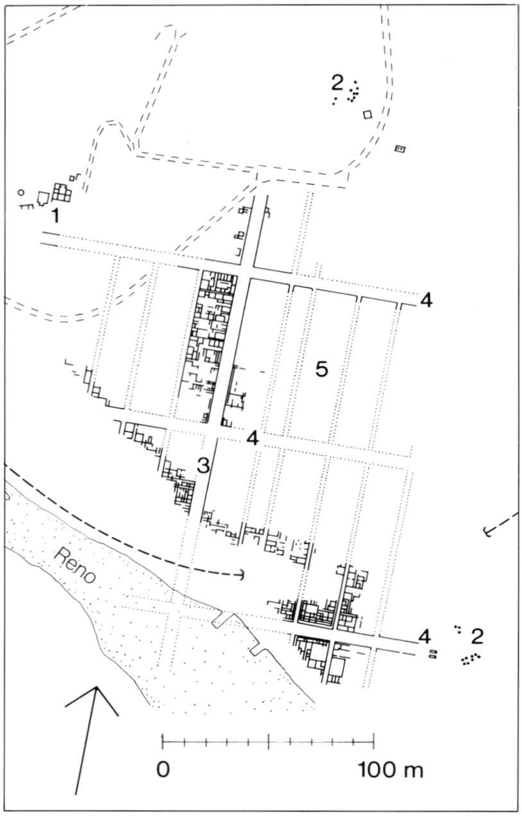

Die etruskische Stadt in der Nähe des kleinen modernen Ortes Marzabotto, wirft Fragen auf, die für die Etruskerforschung von ganz besonderem Interesse sind. Der normale etruskische Tempel und die etruskische Stadtplanung: beides sind Probleme von zentraler Bedeutung. Da die Hochebene, auf der die Stadt entdeckt wurde, Pian di Misano heißt, hat man versucht, die Stadt mit dem etruskischen *Misa* zu identifizieren, das als eine der Städte im etruskischen Zwölfstädtebund der Po-Ebene literarisch überliefert ist. Doch muß diese Benennung hypothetisch bleiben. Die Erforschung des etruskischen Marzabotto ist also ganz auf den archäologischen Befund angewiesen, auf die Interpretation der Gebäude und Funde.

Bereits im letzten Jahrhundert wurden in Marzabotto Ausgrabungen durchgeführt. Das Museum, in dem die wertvollen Funde jener frühen Ausgrabungen aufbewahrt wurden, ist im Ersten Weltkrieg zerstört worden. In den Jahren 1950 bis 1970 fanden intensive Ausgrabungen statt, die in jüngster Zeit erneut aufgenommen wurden. Auch ein Museum wurde wieder eingerichtet.

Aus den Ergebnissen der bisherigen Ausgrabungen läßt sich die Geschichte Marzabottos in großen Zügen folgendermaßen rekonstruieren: Schon seit dem Neolithikum gab es in der Umgebung und an der Stelle der späteren Stadt Siedlungen. Von einer Siedlungskontinuität in Marzabotto kann dennoch nicht gesprochen werden. Eine richtige Stadt wurde im 6. Jahrhundert vor Chr. gegründet. Doch schon im 4. Jahrhundert vor Chr. ging Marzabotto infolge der Einnahme und Zerstörung durch die Gallier zugrunde.

Die Akropolis (1) liegt nordwestlich der Stadt auf der Anhöhe Misanello. Hier wurden mehrere Tempel und Altäre freigelegt. Von ihnen ist nur wenig mehr als das Fundament erhalten, wie bei den meisten etruskischen Tempeln, da ihr Aufbau aus vergänglichem Material bestand, entweder aus Holz oder luftgetrockneten Lehmziegeln (vgl. *Pyrgoi* S. 46). Von einem Tempel jedoch (Tempel A) ist ein kleiner Teil der Verkleidung des aufgehenden Mauerwerks aus Travertinplatten erhalten.

Tempel C ist das interessanteste Bauwerk der Akropolis. Er stammt aus der Frühzeit der Stadt. Seine Fundamentmauern sind so angelegt, daß man nach ihnen einen Tempel

mit drei Cellae rekonstruieren könnte, der in allem mit dem übereinstimmt, was der römische Architekt und Autor Vitruv in seiner Abhandlung *de architectura* (IV 7,1) über den etruskischen Tempel, seinen Grundriß und die Maßverhältnisse sagt. Doch – und dies ist die Gegenmeinung – die erhaltenen Reste lassen eine so eindeutige Deutung und sichere Rekonstruktion nicht zu, und so bleibt sie zumindest umstritten.

Alle Tempel der Akropolis sind mit ihrer Front nach Süden ausgerichtet. Diese Orientierung ist kein Zufall. Schon ein erster Blick auf die Luftaufnahme zeigt die strenge Rechtwinkligkeit der Mauern und des Straßennetzes der Stadt, die zudem genau mit der Windrose verlaufen. Da von den etruskischen Zentren meist nur die Nekropolen erhalten und ausgegraben, die Städte und Wohnhäuser aber noch weitgehend unbekannt sind, wurde die Entdeckung der Stadtanlage von Marzabotto als geradezu sensationell empfunden, scheint sie doch eine für die Entwicklung des Städtebaus in der Antike bedeutsame Überlieferung zu bestätigen. In der römischen Literatur über die Struktur findet sich die Beschreibung der Gründung und Weihung ihrer Städte als religiöser Ritus nach der *disciplina etrusca.* Dazu gehörte vor allem die Vermessung der Stadt von einem zentralen Punkt aus, von dem mittels eines Meßgeräts *(groma)* ein rechtwinkliges Achsenkreuz, den Himmelsrichtungen entsprechend, die Hauptstraßen der Stadt, Cardo und Decumanus, markierte.

In Marzabotto nun schien das Ideal dieser Stadtplanung, ungestört auch von hindernden Bodenerhebungen, vorzuliegen. Doch neue Grabungen haben ergeben, daß das Straßennetz in dieser Form nicht bei der Gründung der Stadt im 6. Jahrhundert vor Chr. angelegt wurde, sondern erst im 5. Jahrhundert. Zu jener Zeit aber war die rechtwinklige Straßenanlage als urbanistisches Prinzip (das als ›hippodamisches System‹ nach dem Architekten Hippodamos von Milet benannt ist) auch im griechischen Raum bereits entwickelt. Nach diesen Ergebnissen verlor das Planungssystem von Marzabotto insofern an Originalität, als es möglicherweise nicht auf rein etruskischen Ursprung, sondern ebenso auf griechischen Einfluß zurückgeführt werden konnte, eine völlig unabhängige Entwicklung dieser Prinzipien durch die Etrusker also nach wie vor nicht durch eine entsprechend frühe Stadtanlage bewiesen werden kann (vgl. aber die Nekropole von Cerveteri S. 41ff.).

Die bisherigen Ausgrabungen haben zwar zahlreiche private Wohnhäuser und Wohnstätten, außerdem ein Quellheiligtum aus der frühen Phase der Stadt ans Licht gebracht, nicht aber mit Sicherheit zu identifizierende öffentliche Bauten. Auch ein Forum hat man bisher nicht gefunden. Zwar blieb eine ungewöhnlich breite Insula (5) im Osten des Cardo unbebaut, doch fehlen hier Spuren einer monumentalen Ausgestaltung, ohne die ein Forum nicht denkbar ist. Vielleicht war diese Insula in der Planung für spätere Bebauung vorgesehen oder wurde, wie etwa auch in Pompeji, landwirtschaftlich genutzt.

Die ausgegrabenen Wohnhäuser bestehen meist aus einem kleinen Hof (Atrium), um den sich in nicht festgelegter Ordnung die Räume gruppieren. Metallaufbereitung und Keramikherstellung waren die wichtigsten Industriezweige in Marzabotto, Häuser und Werkstätten lagen im Stadtgebiet nebeneinander, womit auch das besonders ausgedehnte Kanalisationsnetz zu erklären ist. Die Kanäle verliefen entlang der Straßen und wurden an den Kreuzungen überdeckt geführt.

Weiterführende Literaturhinweise:

G. A. Mansuelli, Marzabotto: Dix Années de Fouilles et de Recherches, in: Mélanges de l'École Française de Rome 84, 1, 1972 110ff.

Spina

Die Luftaufnahmen des antiken Ortes *Spina* geben nicht, wie in den meisten hier vorgestellten Fällen, Reste von Gebäuden wieder, sondern zeigen nur ein System von Verfärbungen des Bodens und seinen unterschiedlichen Bewuchs. Dennoch – oder gerade deshalb – sind sie von außerordentlicher Bedeutung. Fotos dieser Art nämlich waren und sind bei der Erforschung und Identifizierung *Spinas* ein wichtiges Hilfsmittel.

Die etruskische Stadt an der südlichen Po-Mündung soll der Legende zufolge von dem homerischen Helden Diomedes gegründet worden sein. Literarische Quellen, griechische wie auch römische, erhellen ihre Geschichte vom 5. Jahrhundert vor Chr. bis ins 5. Jahrhundert nach Chr. *Spina* war wichtiger Handelshafen und Umschlagplatz für den griechischen Export nach Etrurien und gewann nach der Schlacht bei *Cumae* (474 vor Chr.), als die Etrusker die Kontrolle über das Tyrrhenische Meer an die Syrakusaner hatten abtreten müssen, noch an Bedeutung. Bedrängt durch die Galliereinfälle, verlor *Spina* zu Beginn des 3. Jahrhunderts vor Chr. an Bedeutung.

Die Ausgrabungsstätte liegt im Po-Delta, nördlich von Ravenna.

Das Hinterland, welches jetzt durch ein Netz von Entwässerungskanälen nutzbar gemacht ist, war in der Antike eine einzige große Lagune. Die Nekropolen lagen auf leichten Bodenerhebungen wenige hundert Meter vom Meer entfernt. Doch Ablagerungen an den Mündungsarmen des Po schoben im Laufe der Jahrhunderte die Küste immer weiter vor, und *Spina* verlor seine günstige Lage am Meer, was seinen Niedergang verursachte.

Nördlich der Straße, die von Westen nach Comacchio führt, wurde in den Jahren 1922–1935 die erste der beiden Nekropolen, Valle Trebba, mit 1213 Gräbern ausgegraben. Auf gleicher Höhe südlich der Straße dann 1953–1960 Valle Pega, wobei 2523

▽ *Spina*. Valle Pega

△ *Spina.* Valle Pega

Gräber entdeckt wurden. Sarkophage und architektonische Grabausstattung fehlen fast ganz, was sich durch den Mangel an Steinmaterial in dieser Küstengegend erklärt; um so reichlicher sind die Grabbeigaben. Neben einheimischer Keramik, Schmuck und Metallgegenständen etruskischer Produktion, Bernstein von der Ostsee und Glaspasten aus Ägypten kam vor allem eine riesige Anzahl griechischer Vasen ans Licht: attische Gefäße, die überwiegend aus dem 5. und 4. Jahrhundert vor Chr. stammen, wobei ab 470 eine Zunahme zu verzeichnen ist, die die Blütezeit der Stadt illustriert. Die Vasen werden im Museum von Ferrara aufbewahrt.
Im Zuge der modernen Entwässerungsarbeiten, die teilweise gleichzeitig mit der Ausgrabung der Nekropolen vorgenommen wurden, durchzog man auch jenes Gebiet mit Drainage-Kanälen, in dem man die antike Wohnstadt vermutete. Es schließt sich westlich an die Nekropole Valle Pega an.
In erster Linie waren es die Luftaufnahmen, die den Beweis dafür lieferten, daß hier die Stadt gelegen hat. Unter dem hellen Liniennetz der Entwässerungskanäle zeichnet sich ein annähernd regelmäßiges System dunkler Linien ab. Hierbei handelt es sich um die antiken Kanäle, die wie Straßen die Stadt durchzogen. Die Verfärbung entsteht, weil der Bewuchs an der Stelle der längst verschütteten Wasserläufe dichter und höher ist als auf dem Boden dazwischen.

Weiterführende Literaturhinweise:
N. Alfieri – P. N. Arias, Spina, Die neuentdeckte Etruskerstadt und die griechischen Vasen ihrer Gräber, 1958.
G. Uggeri – S. Uggeri Patitucci, Topografia e Urbanistica di Spina, in: Studi Etruschi 42, 1974, 69ff.

DIE RÖMER

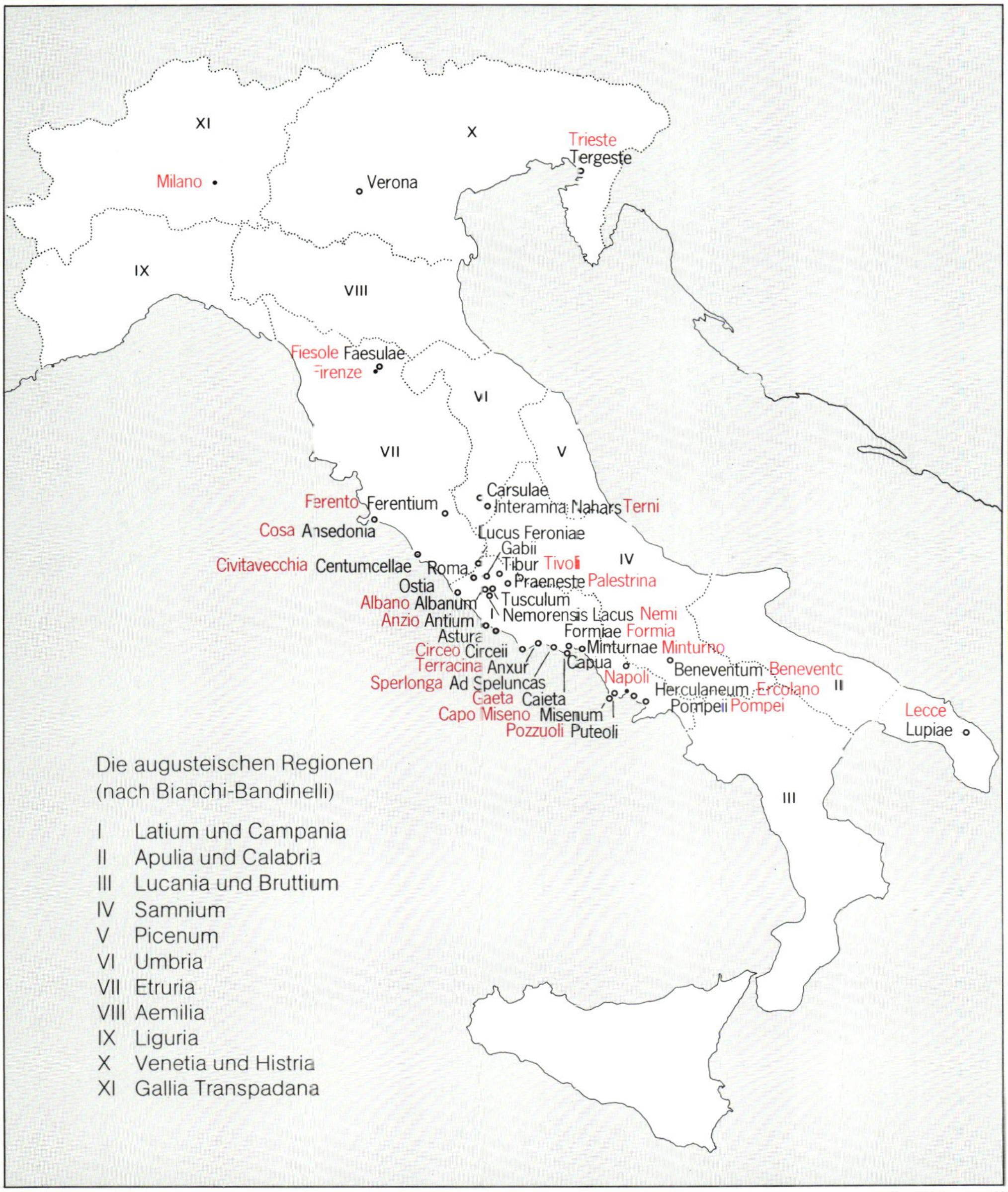

Die augusteischen Regionen
(nach Bianchi-Bandinelli)

I Latium und Campania
II Apulia und Calabria
III Lucania und Bruttium
IV Samnium
V Picenum
VI Umbria
VII Etruria
VIII Aemilia
IX Liguria
X Venetia und Histria
XI Gallia Transpadana

Die politische und kulturelle Situation Italiens war bis ins 5. vorchristliche Jahrhundert hinein geprägt von dem spannungsreichen Kräfteverhältnis zwischen den einheimischen Völkern, den Etruskern und den Griechen. Nachdem die Römer, zunächst nur ein Volksstamm unter vielen in Italien ansässigen Stämmen, die Vorrangstellung unter ihren latinischen Stammesgenossen und den Italikern errungen, die Etrusker in wechselvollen Kämpfen besiegt und der griechischen Herrschaft über Süditalien und Sizilien ein Ende bereitet hatten, nachdem sie die Gallier zurückgeworfen und schließlich in den Punischen Kriegen auch die Karthager besiegt hatten, stand der römischen Herrschaft über Italien nichts mehr im Wege.

Sie erschlossen das Land durch ein ausgedehntes Straßennetz und sicherten ihre Macht durch verschiedene militärische und politische Maßnahmen. An strategisch wichtigen Punkten errichteten sie Militärkolonien zur Sicherung ihres Gebietes, entsandten ehemalige römische Bürger in entferntere Gegenden zur Gründung neuer Städte oder zur Ansiedlung in bestehenden Gemeinwesen und nahmen Gemeinden – meist mit eingeschränkten Bürgerrechten für die Einwohner – als Municipien in den römischen Staatsverband auf. Die Bundesgenossen erkämpften sich in den Jahren 91 bis 89 vor Chr. das römische Bürgerrecht, und um die Jahrhundertmitte war Italien ein einheitlicher Staat mit der Hauptstadt Rom.

Die unterschiedliche Entstehungsgeschichte der römischen Städte Italiens läßt sich an den erhaltenen Bauten oft gut erkennen. Im Zuge der Romanisierung wurde die einst griechisch-lukanische Stadt *Poseidonia* zum römischen *Paestum.* In Fiesole und Sutri zum Beispiel sind die etruskischen Ursprünge noch erkennbar. Neugründungen wie *Ostia* (197ff.) als *colonia romana* oder *Cosa* als *colonia latina* stehen Städte mit alter nichtrömischer Tradition gegenüber, wie z. B. Pompeji oder *Tusculum*, ein Municipium, das als Vollbürgergemeinde eingerichtet wurde.

Mit der politischen Einigung Italiens ging die kulturelle Hand in Hand. Das Lateinische, die Sprache der Römer, wurde zunächst im Kernland Latium und den römischen Kolonien gesprochen, während sonst in Italien neben dem Etruskischen und Griechischen zahlreiche andere Sprachen in Gebrauch waren. Nach Verleihung des römischen Bürgerrechts an alle Bundesgenossen war das Lateinische als Amts- und Schriftsprache vorherrschend, nur in einigen Gegenden Italiens blieben die alten Sprachen und Dialekte als Umgangssprache in Gebrauch.

Mit dem Vordringen ihrer Herrschaft hatten die Römer nicht nur ihre Rechts- und Verwaltungsformen in die neuen Städte getragen, sondern auch ihre Religion etabliert. So erhielt jede Kolonie vor allem ein Capitolium als Abbild des Haupttempels in Rom (S. 138ff.). Später trat dann der Kaiserkult als politisch einigendes religiöses Element hinzu, ebenso die Verehrung der Göttin Roma, meist zusammen mit der des vergöttlichten Augustus.

Architektur und bildende Kunst hatten sich in Rom selbst in einer Synthese einheimischer, etruskischer und hellenistisch-griechischer Elemente und Einflüsse entwickelt. Mit Erweiterung ihres Einflußbereichs war stets auch eine rege Bautätigkeit der Römer in den neuerworbenen Gebieten verbunden. Und obwohl sich in vielen Gegenden Italiens landschafts-typische Stilerscheinungen bis in die Kaiserzeit bewahrten, verbreiteten sich einheitliche römische Kunstformen durch die römischen Siedler als Auftraggeber, durch die römischen Architekten und Künstler als Lehrmeister der einheimischen Baumeister und durch die Werke der offziellen staatlichen Kunst, wie z. B. das Kaiserporträt oder das historische Relief, als Vorbilder.

Weiterführende Literaturhinweise:

Atlante Aerofotografico delle Sedi Umane in Italia, Florenz 1970.

R. Bianchi-Bandinelli, Rom. Das Zentrum der Macht, München 1970.

R. Bianchi-Bandinelli, Rom. Das Ende der Antike, München 1971.

B. Andreae, Römische Kunst, Freiburg 1973.

Nordregionen

Trieste / *Tergeste*

Trieste, das antike *Tergeste*, lag auch in der Antike am äußersten Ostzipfel des Staatsgebiets. Die Einwohner Istriens, der Landschaft mit dem lateinischen Namen *Histria*,

▽ Trieste. Römisches Theater

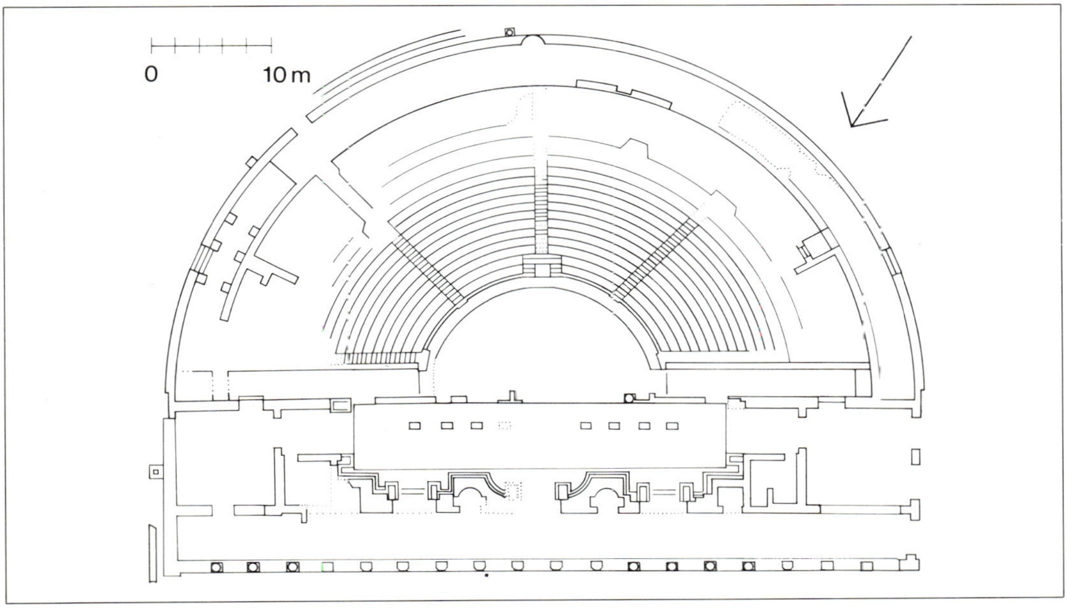

hatten seit dem 3. Jahrhundert vor Chr. in Auseinandersetzungen mit den Römern gestanden und wurden im 2. Jahrhundert vor Chr. schließlich von ihnen unterworfen. Einen ersten Sieg errangen die Römer bereits 178/177 vor Chr., als die Histrier sich gegen die Gründung der römischen Kolonie *Aquileia* im Jahre 181 vor Chr. wehrten. Aber die Histrier gaben sich nicht geschlagen, und so dauerte der Krieg an. 129 vor Chr. wurden die Einwohner der istrischen Halbinsel endgültig von den Römern besiegt, die unter der Führung des Konsuls Caius Sempronius Tutidanus kämpften. Doch erst nach der Neuorganisation und Grenzverschiebung im Jahr 42 vor Chr. unter Octavian, dem späteren Kaiser Augustus, wurde *Histria* dem italischen Stammland angeschlossen und bildete mit Venetien zusammen die X. Region Italiens.

Spätestens damals wurde *Tergeste* römische Kolonie.

Im Jahre 33 vor Chr. siedelte Octavian hier Veteranen an. Gleichzeitig wurde die Kolonie mit einer Stadtmauer umgeben, von der aber heute nur noch spärliche Reste nachzuweisen sind. Besser erhalten und damit ältestes Monument des römischen *Tergeste* ist eines der Stadttore. Der sog. Arco di Riccardo stammt aus dieser ersten Phase der Befestigung der Kolonie. Die Straßen der Stadt folgen zum Teil noch heute dem Verlauf der antiken Cardines und Decumani, wie sie bei der Koloniegründung angelegt wurden.

Obwohl von der Stadtmauer wenig erhalten ist, läßt sich ihr Verlauf rekonstruieren. Und aus den zahlreichen Funden an mehreren Stellen der Stadt läßt sich ablesen, daß die Kolonie schon recht bald nach ihrer Gründung über diese erste Begrenzung hinauswuchs.

Das Zentrum der antiken Stadt, ihr Forum, konnte zu einem großen Teil ausgegraben werden. Hier fand man auch den Kapitolstempel, den Tempel für den Staatskult der Kapitolinischen Trias Jupiter, Juno und Minerva. Für den Bau des Capitolium war Publius Papellius Clodius Quirinalis, ehemals Präfekt der ravennatischen Flotte, verantwortlich.

Neben den Resten einiger Heiligtümer, etwa dem der *Bona Dea* und einem Tempel der Göttermutter Kybele, konnten auch Überreste einiger Privatbauten ans Licht gebracht werden. Ebenso fand man Spuren der antiken Thermen. Vor allem aber ist das Theater als das am besten erhaltene Gebäude der antiken Stadt interessant. Es stammt aus der Kaiserzeit, genauer aus der trajanischen Epoche, als *Tergeste* schon längst durch die *Via Flavia* mit *Pola* im Süden der Halbinsel verbunden und somit *Histria* völlig erschlossen und dem Straßennetz des römischen Reiches angegliedert war. *Tergeste* hat offenbar in jener ersten Phase der mittleren Kaiserzeit seine Blüte erlebt.

Quintus Petronius Modestus ist aus Inschriften, die beim Theater gefunden wurden, als dessen Stifter bekannt, und eine Panzerbüste im Museum von Trieste, die zum Schmuck der Bühnenwand gehörte, stellte wahrscheinlich ihn dar. Wie üblich stand eine untere, abgeteilte flache Stufe der Cavea den Honoratioren zur Verfügung, die hier in ihren Tragesesseln Platz nehmen konnten. Darüber erhoben sich die normalen Zuschauerränge, deren untere durch Treppen von der Orchestra direkt zugänglich waren. Die oberen erreichten die Besucher durch zwei überwölbte Gänge *(vomitoria)* vom äußeren Umgang aus.

Vielleicht ist Trieste die Stadt, welche auf dem Reliefband der Trajanssäule in Rom (s. S. 133) als Landehafen der römischen Flotte zu Beginn des zweiten Feldzuges gegen die Daker dargestellt ist (Szene 60–64).

Trieste hatte in der Spätantike und dem Mittelalter ein bewegtes Schicksal. Zeitweise von Goten und Langobarden unterworfen, gehörte es zum byzantinischen Reich, bis es sich im 11. Jahrhundert zum selbständigen Stadtstaat entwickelte.

Weiterführende Literaturhinweise:

V. Scrinari, Tergeste (Trieste), Italia Romana, Municipi e Colonie, Regio X, Roma 1951.

Verona

Ganz in der Nähe einer früheren Siedlung einheimischer Bevölkerung gründete Pompeius Strabo, Vater des Pompeius Magnus, im Zuge der Romanisierung des nördlichen Italien die Kolonie Verona.
Unter Caesar, im Jahre 49 vor Chr., erhielt die Kolonie Verona den Status eines Municipiums. Die Stadt besaß seit ihrer Gründung ein rechtwinklig angelegtes Straßennetz. Aus der zweiten Phase, als Verona Municipium war, stammen die Stadtmauer und die Tore, von denen zwei noch gut erhalten sind.
Zu den gut erhaltenen antiken Bauwerken Veronas gehören vor allem das Theater und das Amphitheater. Sie befinden sich an einander gegenüberliegenden Seiten am äußersten Rande des ursprünglichen Stadtgebiets. Das Theater, innerhalb der Stadtmauer liegend und in seiner Anlage mit dem Gesamtplan eng verbunden, entstand wohl zur Zeit der späten Republik. Dagegen wurde das Amphitheater außerhalb der Stadtumfriedung vermutlich in der frühen Kaiserzeit gebaut, als ein die Mauer überragendes Gebäude keine Schwächung der Verteidigung mehr bedeutete (weil es dieser nicht mehr bedurfte) und als Frieden und Wohlstand einen solchen aufwendigen Bau gestatteten.
Vor den zweigeschossigen Arkaden lag ursprünglich noch ein weiterer Mauerring mit drei Stockwerken. Von ihm ist nur ein kleiner Abschnitt erhalten (im Foto links hinten zu sehen). Man kann aber noch erkennen, daß über den Arkaden der untersten Ordnung die Nummer des Eingangs eingemeißelt war, mit deren Hilfe die Besucher – das Amphitheater faßte wahrscheinlich bis zu 30 000 – ihre Plätze finden konnten.
Auch in nach-antiker Zeit war die Arena ein Zentrum des kulturellen Lebens der Stadt, und noch heute ist sie Schauplatz alljährlich stattfindender Festspiele.

Weiterführende Literaturhinweise:
F. Ccarelli – L. Franzoni, Arena die Verona. Venti secoli di storia, Verona 1972.

▽ Verona. Amphitheater

Etruria

Fiesole / *Faesulae*

Der Ort *Faesulae* ist etruskischen Ursprungs. Die Anfänge der Stadt reichen zwar in noch frühere Jahrhunderte zurück, doch lassen sich größere Reste von Architektur erst für das 4. und 3. vorchristliche Jahrhundert nachweisen. Seit dem 3. Jahrhundert vor Chr. war die Stadt von einem annähernd drei Kilometer langen Mauerring umgeben. Aus etwa derselben Zeit wie die Stadtmauer stammen die Überreste eines Tempels (1), der später durch einen Neubau ersetzt wurde.

Der ältere Tempel bestand aus einer Cella, welche von seitlichen *alae* (Flügeln) flankiert war. Man fand auch Reste des aufgehenden Mauerwerks aus Lehmziegeln, allerdings nur wenige, denn der Tempel war durch Brand zerstört und seine erhaltenen Grundmauern als Fundamente für den Nachfolgerbau wiederverwendet worden.

Brand und Neubau, die nach dem archäologischen Befund im 1. Jahrhundert vor Chr. stattgefunden haben dürften, lassen sich mit der ereignisreichen Geschichte dieses Zeitraums in Zusammenhang bringen.

Nach einer frühen Phase der Unabhängigkeit stand *Faesulae* im Krieg gegen Hannibal (2. Punischer Krieg, 219–202 vor Chr.) auf seiten der Römer, stellte sich aber während des Bundesgenossenkrieges, in dem die bisher Rom alliierten Italiker das römische Bürgerrecht erkämpften, gegen Rom (91–89 vor Chr.) und wurde wegen Verrats zu Feuer und Schwert verdammt. Das bedeutete die Zerstörung des Ortes.

Da die Stadt für seinen Gegner Marius Partei ergriffen hatte, siedelte der siegreiche römische Diktator Sulla im Jahre 70 vor Chr. in *Faesulae* eine Veteranenkolonie an; diesem

▷ Fiesole. Römisches Theater und Tempel

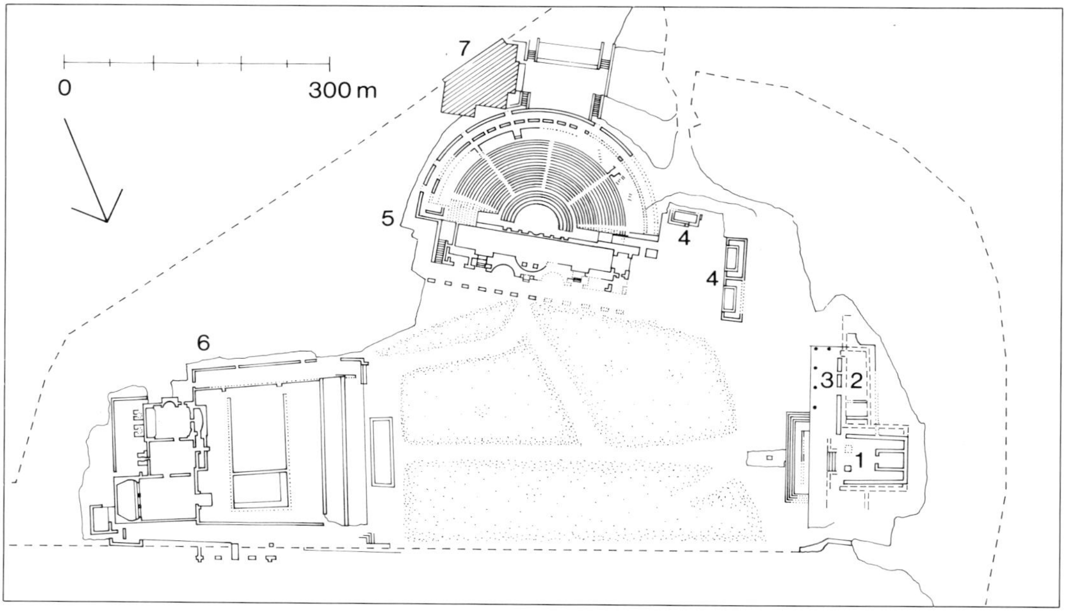

△ Fiesole. Ausgrabungsgebiet (nach Studi Etruschi)

1 Tempel
2 Kultraum
3 Portikus
4 Statuenbasis
5 Theater
6 Thermen
7 Museum

Ereignis ist wohl der Wiederaufbau, nunmehr ganz als römische Anlage, zu verdanken.

Der jüngere Tempel auf den Ruinen des etruskischen Baus war etwas größer als der ältere, hatte eine imposante vorgelagerte Freitreppe und beim daneben liegenden Kultraum einen neuen Portikus, folgte aber im Aufbau völlig dem Schema des Vorgängerbaus. Welcher Gottheit der Tempel geweiht war, läßt sich nicht mit Sicherheit feststellen. Wegen der angrenzenden Räume, der Halle für den Aufenthalt der Gläubigen vor allem, könnte man eine Heilgottheit vermuten, zu deren Kult möglicherweise auch Therapie gehört hätte. Dazu passen auch gut die zahlreichen Weihgaben in Form von menschlichen Körperteilen, die man beim Tempel gefunden hat. Aus dem Fund einer bronzenen Eule unter den Votivgaben (Weihgeschenken) schloß man auch auf die etruskische Minerva.

Die übrigen Gebäude, welche im Zentrum der antiken Stadt entdeckt und ausgegraben wurden, sind in den ersten Jahrzehnten der Kaiserzeit entstanden, abgesehen nur von drei älteren großen Basen für Kultstatuen oder Ehrendenkmäler (4).

Das Theater (5) ist so an den Hang gebaut, daß nur die seitlichen Teile der Cavea auf Gewölbekonstruktionen errichtet werden mußten, der mittlere Teil aber der Steigung des Hügels folgt.

In der späteren Zeit wurden am Theater leichte bauliche Veränderungen vorgenommen. So stammen z. B. die Reliefs, welche das *pulpitum,* den Sockel der Bühne, schmückten und nun im Museum aufbewahrt werden, aus der Zeit des Kaisers Claudius.

Hinter der Bühnenwand *(scaenae frons),* die mit ihren drei Türen dem klassischen Schema folgte, befand sich ein Wandelgang.

Dem Tempel gegenüber, auf dem Foto nur zu einem kleinen Teil sichtbar, befinden sich die Thermen (6).

Weiterführende Literaturhinweise:

G. Caputo, G. Maetzke, Presentazione del rilievo di Fiesole antica, in: Studi Etruschi 27, 1959, 41 ff.

A. De Agostino, Fiesole, Roma 1964 (dt.).

Ansedonia / *Cosa*

Der Monte Argentario, auf dem der bekannte Badeort Porto S. Ercole liegt, ist nur durch zwei schmale Landstege mit dem Festland verbunden. Zwischen ihnen ragt eine Landzunge in die Lagune, von der aus man heute die Insel über eine Brücke erreicht. Auf der Landzunge, an der Stelle des modernen Ortes Orbetello, befand sich seit dem 8. Jahrhundert vor Chr. eine etruskische Ansiedlung, die wegen ihrer strategisch und wirtschaftlich günstigen Lage sicher eine wohlhabende Hafenstadt war. Das bezeugen Funde aus der nahegelegenen Nekropole.

▽ *Cosa.* Der Stadthügel. Im Hintergrund die Lagune von Orbetello

Wenige Kilometer von Orbetello entfernt, auf einem 114 m hohen Vorgebirge, an dessen Hang heute moderne Villen liegen, gründeten die Römer im Jahre 273 vor Chr. eine Kolonie latinischen Rechts, die Stadt *Cosa.* Der Mauerring aus polygonalem Mauerwerk, der die Stadt umgibt, ist kurz nach der Koloniegründung entstanden. Er ist fast 1,5 km lang, hat 3 Tore (1–3) und 18 Türme. Ein zusätzlicher Durchlaß in der Stadtmauer (*posterula,* 4) führt im Südwesten in die Stadt hinein bis zur *arx* (Burg), der Akropolis von *Cosa.* Dieser Bezirk ist durch einen weiteren Mauerzug vom übrigen Stadtgebiet getrennt.

Auf der Hügelkuppe erhebt sich das Capitolium (5). Wie im Haupttempel in Rom (s. S. 138) wurden hier Jupiter, Juno und Minerva verehrt. Und wie das Vorbild besaß auch dieser Tempel drei Cellae. Der Bau stammt aus dem 2. Jahrhundert vor Chr. Trotz des unebenen Geländes, auf dessen

△ *Cosa.* Forum

Gegebenheiten die Stadtmauer in ihrem Verlauf Rücksicht nimmt, ist das Straßennetz völlig regelmäßig. Die mit Kalkstein gepflasterten Straßen schneiden sich rechtwinklig. Am Nordwesttor erhob sich auf einer weiteren Hügelkuppe ein Tempel (6), der in seinen Ausmaßen etwa dem Capitolium entsprach, während die anderen Tempel der Stadt wesentlich kleiner sind. Doch ist bisher über den Aufbau und die Benennung dieses Baus, der doch sicher einer bedeutenden Gottheit geweiht war, Näheres nicht bekannt.

Am Schnittpunkt der beiden wichtigsten Straßen der Stadt, die vom Nordwest- und vom Nordosttor kommen, bildete ein Bogen (11) den Eingang zum Forum. Von den drei Durchgängen sind noch die Grundmauern und herabgestürzte Gewölbeteile der Tore zu sehen.

Gut erhalten sind die Bauten an der Nordostseite des Forums; hier dominiert die Basilika (12), der Raum für juristische Beratungen, Gerichtsverhandlungen und Geldgeschäfte.

Neben der Basilika liegen zwei kleinere Gebäude (9, 10). Der im Foto gut sichtbare runde Einbau mit ansteigenden Stufen erinnert an das Comitium in *Paestum* (s. S. 23). Auch hier handelt es sich um einen Bau gleichen Zwecks, ein Gebäude für Versammlungen und Wahlen der städtischen Beamten. Ein Gebäude mit besonders dicken Mauern noch weiter östlich könnte das Aerarium (13) gewesen sein, die Schatzkammer der Stadt. Bei dem sich anschließenden Bau handelt es sich vielleicht um das Marktgebäude (14).

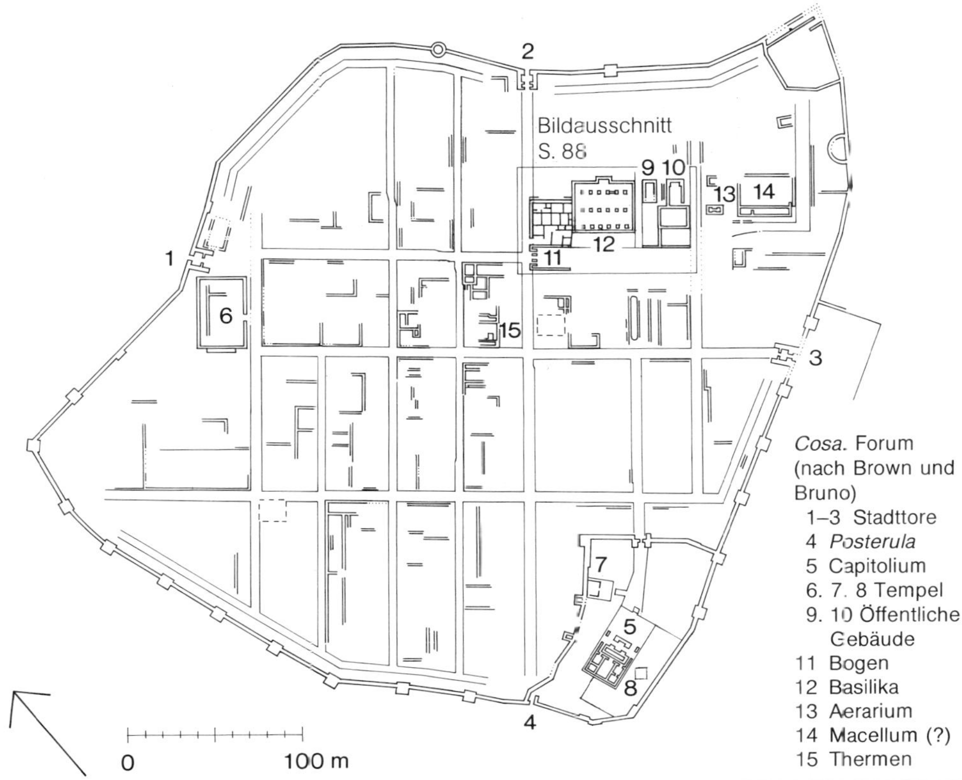

Cosa. Forum (nach Brown und Bruno)
1–3 Stadttore
4 *Posterula*
5 Capitolium
6. 7. 8 Tempel
9. 10 Öffentliche Gebäude
11 Bogen
12 Basilika
13 Aerarium
14 Macellum (?)
15 Thermen

In der Insula (Wohnblock) südwestlich des Eingangsbogens zum Forum liegen die Thermen (15) mit einer Zisterne, die die Wasserversorgung regelte.

Die Ausgrabungen der American Academy in Rom beschränken sich nicht auf die öffentlichen Gebäude.

Im 1. Jahrhundert nach Chr. wurde die Stadt verlassen, wenn auch der Kapitolstempel noch weitere zwei Jahrhunderte in Benutzung blieb. Einige der alten Einwohner von *Cosa* gründeten unterhalb des Hügels an der *Via Aurelia* den Ort *Succosa.* Westlich einer langgestreckten Lagune, die in der Antike bis an den Fuß des Vorgebirges reichte, lag der Hafen. Zwei in den Fels geschnittene Kanäle (Emissare) sorgten für den Ausgleich des Wasserstandes zwischen Lagune und Meer und erlaubten die Zufahrt für Schiffe in das innere geschützte Hafenbecken. Der ältere, Spacco della Regina, wurde teilweise durch einen natürlichen Felsspalt gebildet; der größere, die sog. Tagliata, wurde später künstlich angelegt.

Der Ort *Cosa* verfiel in der Spätantike rasch. Der Kapitolstempel wurde zur Kirche umgebaut und im 13. Jahrhundert dann Bestandteil des mittelalterlichen Kastells Ansedonia.

Weiterführende Literaturhinweise:

F. E. Brown, Cosa I, History and Topography, Memoires of the American Academy in Rome 20, 1951.

F. E. Brown u. a., Cosa II, The Temples of the Arx, Memoires of the American Academy in Rome 26, 1960.

V. J. Bruno, A Town House at Cosa, in: Archaeology 23, 1970, 233ff.

F. Boitani, M. Cataldi, M. Pasquinucci, M. Torelli, F. Coarelli (Hrsg.), Die Städte der Etrusker, Freiburg 1974, 120ff.

Civitavecchia / *Centumcellae*
(Terme Taurine)

Ein Stier habe heftig auf den Boden gestampft, und augenblicklich sei an dieser Stelle eine Quelle heilkräftigen Thermalwassers entsprungen. Der Stier aber sei in Wirklichkeit Zeus-Jupiter, der oberste Gott des antiken Götterhimmels, gewesen, welcher in vielen Verwandlungen und Gestalten auftrat und, ebenfalls als Stier, die phönizische Königstochter Europa nach Kreta entführt hatte.
Diese Entstehungslegende überliefert der römische Schriftsteller Rutilius Claudius Namantianus (*de reditu suo* 237 ff.). Er hatte auf seiner Fahrt, möglicherweise im Herbst 416 nach Chr., den Ort besucht. Die Thermalquelle sprudelt noch heute, ihr Wasser läuft durch das Becken im prächtigsten Saal der antiken Thermen.
Die Terme Taurine (Stierthermen) liegen etwa vier Kilometer landeinwärts von der Hafenstadt Civitavecchia. Die Quelle war wohl schon sehr früh, d. h. in prähistorischer und etruskischer Zeit bekannt. Darauf weist auch der Name einer nahegelegenen antiken Ortschaft, *Aqua Tauri,* hin.
Als Rutilius Namantianus Civitavecchia besuchte, bestanden die Thermen bereits seit vielen Jahrhunderten. Im erhaltenen Baukomplex lassen sich zwei wesentliche Phasen unterscheiden, eine republikanische und eine der mittleren Kaiserzeit.

▽ Civitavecchia. Terme Taurine. Nördlicher Teil

Verschiedene Einbauten bezeugen, daß die Thermen die gesamte römische Antike hindurch in Betrieb waren. Eine kurze neue Blüte erlebten sie unter Theoderich. Doch auch später noch wurde das heilkräftige Wasser geschätzt und benutzt.

Im 18. Jahrhundert begannen die ersten Ausgrabungen, und Mitte des 19. Jahrhunderts wurde erwogen, die Thermalquelle an der gleichen Stelle wieder für ein großes Publikum nutzbar zu machen; man entschloß sich dann aber für den Bau einer Badeanstalt in der Stadt, die inzwischen durch Kriegseinwirkung zerstört ist. In Grabungskampagnen in den zwanziger Jahren und wieder seit 1954 wurden die Terme Taurine systematisch ausgegraben und restauriert.

Die moderne Straße von Civitavecchia nach Tolfa teilt die antiken Thermen in zwei Teile: der südliche Teil zeigt Reste von nur geringer Höhe und ist zudem wegen der nach-antiken Überbauung nicht ganz ausgegraben. Im nördlichen Teil haben sich die wichtigsten Räume bis zu beträchtlicher Höhe, teilweise bis zum Obergeschoß, erhalten.

Der größte Teil des älteren Komplexes, die republikanischen Thermen, liegt nördlich der Straße. Sie hatten einen annähernd rechtwinkligen Grundriß. Die einzelnen Räume liegen an der Schmalseite des großen Peristyls (1), dessen Säulen aus einem Ziegelkern mit rundem Querschnitt bestehen; verkleidet waren sie mit einem achteckigen Stuck-Mantel. Für die Feinheiten an ihren roh gearbeiteten Travertinkapitellen verwendete man ebenfalls Stuck.

Der Benutzer des Bades betrat zunächst das Apodyterium (2), den Umkleideraum; hier wurde in einer späteren Bauphase ein Badebecken eingebaut, das eine Verbindung zum danebenliegenden Caldarium (3) besaß. Die eigentlichen Baderäume sind das runde Schwitzbad (Laconicum, 4), das Tepidarium (Warmbad, 5) und das Caldarium (3), das Heißwasserbad. In diesem Raum sind zwischen den Säulen rund um das Becken kleinere Waschbecken eingelassen, die die Funktion von Überlaufbecken haben. In flavischer Zeit ersetzte man die Säulen durch kräftige Pfeiler, da über dem Dach eine begehbare Terrasse lag. Wände, Pfeiler und Decke waren mit Marmorplatten verkleidet und im oberen Teil mit ornamental verziertem Stuck geschmückt. Der Boden bestand teils aus farbigem Marmor, teils aus weißgrauem Mosaik. In der Mitte der Apsis war eine rechteckige Nische eingebaut. Hier war die Statue einer Wassergottheit aufgestellt. Nach Süden schließt sich ein kleines Frigidarium (6) an, welches in dieser Form vermutlich aus flavischer Zeit stammt und mit dem Caldarium durch einen Wasserüberlauf verbunden ist.

Die gegenüberliegenden Räume dienten als Ruhe- und Massagezimmer; bei einigen läßt sich am Fußbodenbelag noch ablesen, wie die Ruhebetten standen.

Der große Raum mit Apsis (7) war wohl als Gesellschaftszimmer gedacht, zumal die antiken Thermen nie nur dem Bade, der Säuberung dienten, sondern stets auch Stätte der Begegnung waren.

Schräg zur Richtung der Gesamtanlage erlaubte eine Terrasse (8) den Blick in die Ebene.

In der mittleren Kaiserzeit, nach dem Urteil der Ausgräber in der hadrianischen Epoche (was auch durch die Inschrift eines Freigelassenen des Hadrian wahrscheinlich gemacht wird), wurden die Thermen wesentlich erweitert, wobei der ältere Trakt aber noch in Gebrauch blieb.

Der Neubau erstreckt sich in nord-südlicher Richtung längs des großen Peristyls und darüber hinaus. Da in einigen Räumen des südlich der Straße gelegenen Teils noch republikanisches Mauerwerk gefunden wurde, handelte es sich auch hier nicht um einen völligen Neubau. Nach der Erweiterung betrat der Besucher der Thermen durch einen Gang das Balneaticum im Osten des Komplexes, den Empfangsraum oder Kassenraum (9). Er durchschritt einige Räume, welche der Gewöhnung an die Temperatur (das Thermalwasser hatte über 40 Grad) dienten sowie für Massagen und die Anwendungen genutzt

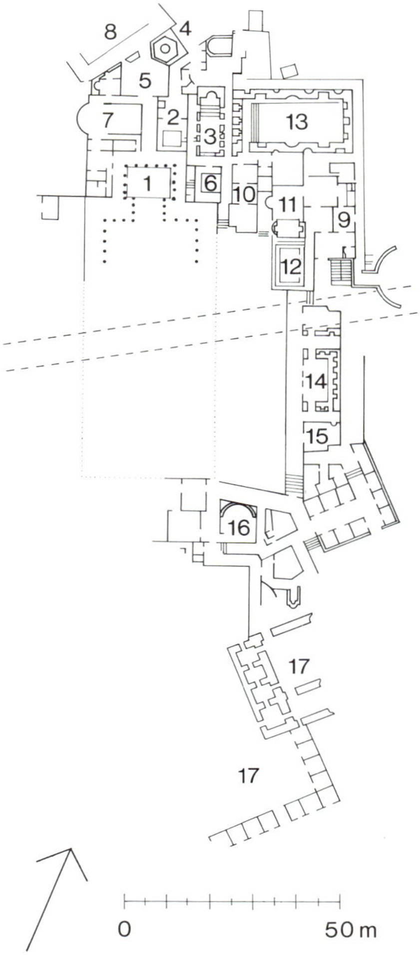

Civitavecchia. Terme Taurine (nach Bastianelli)

Republikanischer Trakt:
1 Peristyl
2 Apodyterium
3 Caldarium
4 Laconicum
5 Tepidarium
6 Flavisches Frigidarium
7 ›Exedra‹. Konversationsraum
8 Terrasse

Kaiserzeitlicher Trakt:
9 Balneaticum
10 Apodyterium und Nebenräume
11 Tepidarium
12 Frigidarium
13 Caldarium
14 Bibliothek
15 Lesesaal
16 ›Exedra‹. Konversationsraum
17 Aufenthalts- und Ruheräume

wurden, und gelangte ins Apodyterium (10). Neben dem mit der Apsis versehenen Tepidarium (11), welches nicht mit Thermalwasser, sondern erwärmtem normalem Wasser versorgt wurde, das wie bei einer Dusche in gewisser Höhe aus der Wand kam, und dem ungedeckten Frigidarium (12) war das große neue Caldarium (13) der wichtigste Saal in den kaiserzeitlichen Thermen. Es war mehr als 23 m lang und über 10 m breit. Das Bekken nahm fast den ganzen Raum ein, Nischen und Säulen schmückten die Wände. Der Raum war von einem Kreuzgewölbe überdacht und die Decke mit figürlicher Stuckverkleidung verziert. Zahlreiche Fenster, deren kleine Glasscheiben in Holzgitter oder Bleiverguß eingefügt waren, sorgten für ausreichende Helligkeit.

Auch die Räume zur Beheizung und Bewirtschaftung der Anlage sind erhalten. Treppen führten zum Obergeschoß, wie einige Reste bezeugen. Es scheint aber nur ein Teil der Räume zweigeschossig gewesen zu sein. Oben befanden sich eine Aussichtsterrasse und Aufenthaltsräume.

Ebenfalls noch auf dieser Seite der Straße sind Reste der Vorrichtungen für Wasserversorgung und -entsorgung erhalten.

Von den südlich der Straße liegenden zahlreichen Räumlichkeiten hat man bisher nur einen kleinen Teil sicher identifizieren können. Am interessantesten ist hier die Bibliothek (14), erkennbar durch die Nischen zur Aufbewahrung der Buchrollen. Beiderseits der Bibliothek lagen zwei weitere Räume, einer davon war vermutlich die Latrine, der andere Lese- und Aufenthaltszimmer (15). Ein reichgeschmückter Raum mit Apsis diente als Konversationsraum (16). In einer späteren Phase wurde sein Fußboden für den Einbau einer Heizung höhergelegt. Zahlreiche weitere Räume, Aufenthalts- und Ruhezimmer (17) gruppieren sich um weitläufige Höfe und Gärten. Einige Räume für die Wasserversorgung, unterirdische Gänge und Zugänge zu einer Terrasse ergeben einen vielgestaltigen Grundriß.

Civitavecchia, mit antikem Namen *Centumcellae*, war eine bedeutende Hafenstadt; wie *Ostia* und Terracina verdankt der Ort den Ausbau des Hafens dem Kaiser Trajan. Über den Bau des Hafens berichtet der Schriftsteller Plinius der Jüngere in einem seiner Briefe (VI 31). Nach seiner Beschreibung muß der Hafen damals gerade im Bau gewesen sein, eine Mole war schon fertig, die andere im Entstehen begriffen. Plinius erzählt von einem Besuch in der Villa Trajans. Man hat versucht, die Terme Taurine als Teil dieser kaiserlichen Villa zu erklären. Doch geht aus der Beschreibung des Plinius hervor, daß die Villa sicher näher am Hafen lag als die Thermen. Zudem wäre es ungewöhnlich, wenn der Kaiser seine Villa an eine bestehende öffentliche Badeanstalt angebaut hätte.

Weiterführende Literaturhinweise:

Associazione Archeologica ›Centumcellae‹, Civitavecchia, Pagine di Storia e di Archeologia, 1961, 24ff. (S. Bastianelli, Terme Taurine)

S. Bastianelli, Il Caldarium di età repubblicana, in: Boll. Inf. Centumcellae II 1, 1961, 3ff.

Ferento / *Ferentium*

Wenige Kilometer nördlich von Viterbo liegen, nicht weit voneinander entfernt, zwei wichtige Ausgrabungsstätten. Die eine, Acquarossa, benannt nach dem nahegelegenen Flußlauf, stammt aus etruskischer Zeit.
In den sechziger Jahren haben hier die Ausgrabungen der Schwedischen Akademie unter dem Protektorat König Gustav VI. Adolf von Schweden (der persönlich an den Grabungen teilnahm) eine etruskische Stadt ans Licht gebracht und durch die Auswertung ihrer Funde neue, wichtige Aufschlüsse über den etruskischen Hausbau gewonnen.
Die frühesten Hütten bestanden aus Zweiggeflecht, das mit Lehm oder Ton verschmiert war. Ihr Boden war leicht vertieft angelegt und hatte ovale oder annähernd rechteckige Form.
Die späteren Häuser aus der Blütezeit der Stadt besaßen unterschiedlichen Grundriß. Entweder lagen zwei oder mehr Räume nebeneinander oder waren, ebenfalls nebeneinander, hinter einem quergelagerten offenen Frontraum angeordnet. Dieser zweite Haustyp entspricht auch dem mit dem ›Haus des Königs‹, der *Regia* auf dem *Forum Romanum* (S. 122) überlieferten Typus. Er kommt außerdem bei etruskischen Gräbern vor. Es scheint sich also um eine weitverbreitete Form gehandelt zu haben, die dem später üblichen Atriumhaus vorausging, das ebenfalls etruskischen Ursprungs ist, wie die Entdeckungen seiner Vorformen in Marzabotto (S. 76) beweisen.
Reiche Funde von Terrakotta-Schmuck erlaubten auch die Rekonstruktion des Aufbaus der Häuser in Ferento.
Diese etruskische Siedlung wurde im 8. Jahrhundert vor Chr. gegründet. Nach einigen Jahrzehnten der Hochblüte (Ende des 7. Jahrhunderts bis Mitte des 6. Jahrhunderts) begann der Niedergang, und um 500 vor Chr. wurde die Stadt zerstört. Da kein Wiederaufbau stattgefunden hat, ist der archäologische Befund dort ungestört.
Als Nachfolgeort der etruskischen Ansiedlung ist das in römischer Zeit entstandene *Ferentium* zu betrachten. Die Stadt liegt auf einem schmalen Hochplateau, das nach Norden steil abfällt. Bis auf die Thermen und das Theater sind nur wenige Reste der Stadt ausgegraben. Daß man dennoch ihre Lage, Ausdehnung und die prinzipielle Anlage ihres Straßensystems kennt, ist, wie schon so häufig, ein Verdienst der Luftfotografie. Einige wenige Reste der Stadtmauer sind erhalten. Die Ausdehnung *Ferentiums* orientierte sich ziemlich genau an den geografischen Gegebenheiten der Hochebene.
Die Untersuchungen und Grabungen haben ihren Schwerpunkt im westlichen Teil; im östlichen sind die Erhebungen des verfallenen und von Erde bedeckten Amphitheaters zu sehen. Die Luftaufnahme läßt auch einen Teil des Straßennetzes erkennen. Dabei zeigt sich eine rechtwinklige Anlage der Straßen in Ausrichtung auf die *Via Ferentana*, welche die Stadt als Längsachse in west-östlicher Richtung durchzieht.
Die Stadt Ferento wurde in der Mitte des 2. vorchristlichen Jahrhunderts Kolonie und nach dem Bundesgenossenkrieg Municipium.
Eine der bekanntesten Persönlichkeiten, die aus Ferento stammten, war Flavia Domitilla, die Frau Vespasians und Mutter des Titus.
Die Ausgrabungen des Theaters begannen am Anfang unseres Jahrhunderts. Besonders eindrucksvoll sind die noch aufrechtstehenden Bögen, die aus großen Steinblöcken gefügt sind.
Die Cavea, der halbrunde Stufenbau mit den Zuschauerrängen, besteht aus dreizehn Stufen, die in der Antike mit Peperinplatten verkleidet waren und heute in Zement restauriert sind. Die siebenundzwanzig Bögen aus Peperinquadern werden von Pfeilern getragen, deren einfache quadratische Plinthen und schlichten Kapitelle archaisch anmuten;

so gelangte man zunächst zu einer zu frühen Datierung. Diese Reihe von Bögen diente als Auflager für eine Holzkonstruktion, so daß das Theater wesentlich mehr Zuschauer aufnehmen konnte, als es nach der erhaltenen Bausubstanz den Anschein hat. Treppenstufen zwischen gemauerten Sitzstufen und den Bögen, von denen noch Reste erhalten sind, erlaubten den Zugang zu diesen oberen Rängen. Um die Orchestra, das Halbrund im Inneren, verlief eine Wasserrinne, die seitlich in die unterirdisch verlegte Kanalisation mündete.

Die *scaenae frons,* die Bühnenrückwand, war 40 m lang und ihr mittlerer Teil 9 m hoch. Drei Türen führten auf die Bühne, und die dazugehörigen Nischen waren reich mit farbigen Marmorplatten und Ornamenten geschmückt. Hier wie auch in den Nischen des Obergeschosses waren Statuen aufgestellt. Reste dieser Skulpturen, darunter eine Kopie des *Pothos* des griechischen Bildhauers Skopas, und Fragmente von Musenstatuen können heute im Museum von Florenz bewundert werden. Neben und hinter der *scaenae* lagen die Garderoben für die Schauspieler. Zwischen Orchestra und *scaenae* öffnet sich heute ein Graben. In der Antike wurde er während der Aufführungen mit Holzplatten abgedeckt *(proscaenium).* Darunter konnten sich Schauspieler und Personal ungesehen bewegen.

Wie bereits angedeutet, war die Datierung des Theaters lange umstritten. Der berühmte italienische Archäologe und Architekt Luigi Canina hatte bereits im letzten Jahrhundert aufgrund von Münzfunden die Zeit des Otho als wahrscheinliche Entstehungszeit für das Theater angenommen. Spätere Archäologen befaßten sich erneut mit dem Bau und stellten neue Theorien auf. Sie erklärten das Theater für sullanisch oder glaubten zumindest, es sei unter Verwendung früherer Reste erbaut, weil die Arkaden in *opus quadratum* so altertümlich wirkten. In der Tat aber wurde diese Mauertechnik bis weit ins 1.

◁ Ferento. Römisches Theater

△ Ferento. Römisches Theater und Thermen

nachchristliche Jahrhundert verwendet. Das Theater dürfte in augusteischer Zeit erbaut worden sein oder wenig später, wofür auch der inschriftlich überlieferte Ausbau des Forums im Osten der Stadt Argumente liefert, der in augusteischer Zeit stattfand. Restaurierungen und Änderungen stammen aus severischer Zeit; ebenso die erhaltenen Statuenreste, z. B. die Statue des *Pothos*. Östlich neben dem Theater liegen Thermen

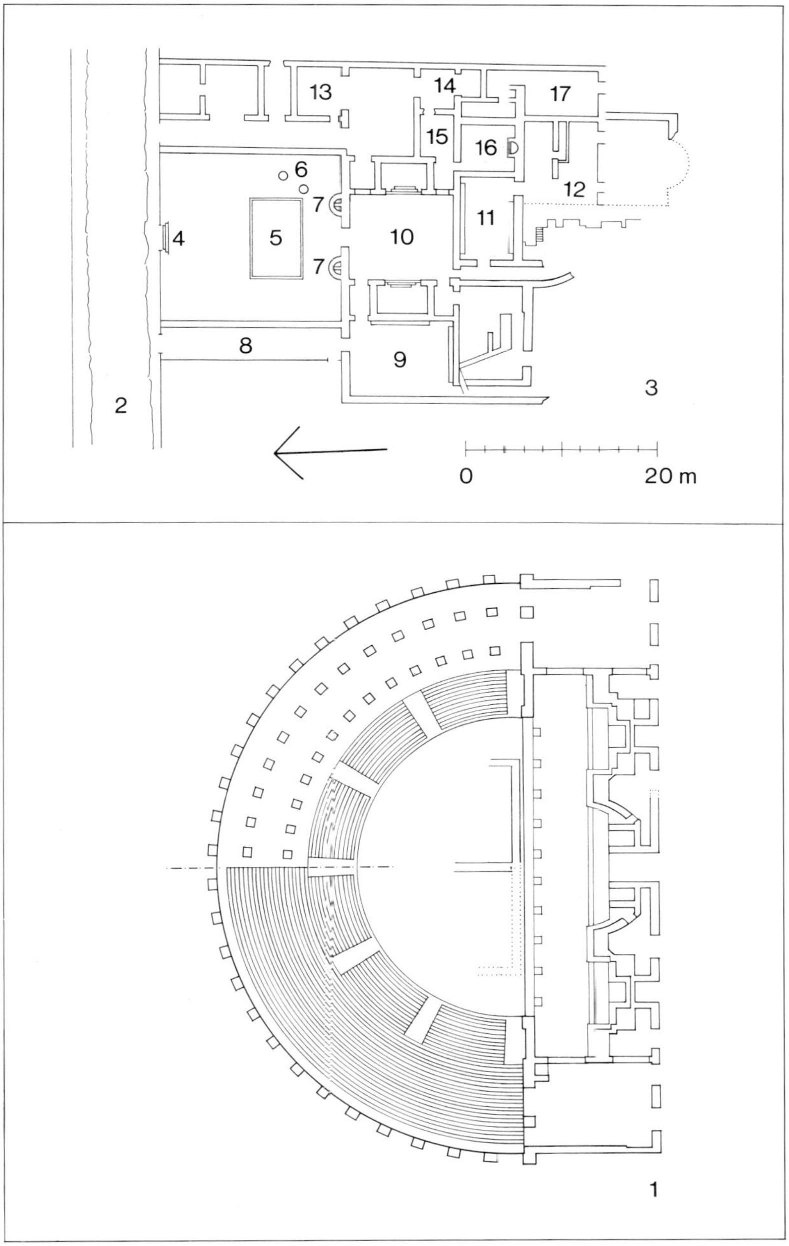

◁ Ferento. Theater und Thermen (nach Giannini)

1 Theater
2 *Via Ferentana*
3 Thermen

4 Eingang
5 Schwimmbecken
6 Spätantike Gräber
7 Brunnen
8 Kryptoportikus
9 Apodyterium
10 Frigidarium
11 Tepidarium
12 Caldarium

Frauentrakt:
13 Apodyterium
14 Frigidarium
15 Tepidarium
16 Caldarium
17 Heizräume

(3), die etwas später ausgegraben wurden. Von der *Via Ferentana* (2), die hinter dem Theater verläuft und deren Pflasterung noch gut erhalten ist, betrat der Besucher ein Atrium mit einem Schwimmbecken (5), welches auch in der Luftaufnahme gut zu erkennen ist, obwohl das Foto S. 98 noch vor den letzten Ausgrabungen aufgenommen wurde. Zwei Stufen führen hinab, denn das Niveau der Straße ist höher als das der Thermen. In dem Atrium liegen beiderseits des Zugangs zum nächsten Raum zwei Brunnen (7),

die aber nicht zum ursprünglichen Bau gehören, sondern später eingebaut wurden.
In der insgesamt nahezu rechteckigen Thermenanlage lassen sich zwei Komplexe unterscheiden, die mit getrennten Heizungssystemen versorgt wurden. Der Hauptteil der Thermen, ihre großen repräsentativen Räume, standen nach der Interpretation der Ausgräber ausschließlich den Männern zur Verfügung, während der kleinere Teil als Frauenbad diente.
Nicht in allen römischen Thermen gab es getrennte Baderäume für Männer und Frauen. Manche Thermen waren nur für Männer oder nur für Frauen zugänglich, oder es gab bestimmte Badezeiten für die Geschlechter. Aus der römischen Literatur sind jene Aufschreie moralischer Entrüstung erhalten, die darauf schließen lassen, daß zu gewissen Zeiten auch das gemeinsame Bad gar nicht ungewöhnlich war.
In den Frauentrakt, welcher den östlichen Teil der Thermen einnimmt, gelangte der Besucher (d. h. die Besucherin) entweder durch einen Eingang von der Hauptstraße oder durch einen seitlich gelegenen Einlaß. Beide Zugänge führen durch einen Kryptoportikus in den Umkleideraum, das Apodyterium (13). Von dort setzt sich der Weg fort durch das Frigidarium (14), das Kaltbad, zum Tepidarium (15), dem Warmbad, und dem Caldarium (16), dem Heißbad, welches an der Stirnseite ein gemauertes Becken besitzt.
Das Männerbad ist außer durch das große Atrium auch durch den westlichen Kryptoportikus zu betreten. Dieser Gang führt in den Männerumkleideraum. Von dort erreicht man das Frigidarium (10), das auch direkt vom Atrium aus zugänglich ist. Beiderseits liegen Badebecken von erheblicher Größe, zu denen Treppen hinabsteigen. Ein weiterer Gang führt dann in einen Raum unbestimmten Zwecks und zum Tepidarium (11). Von dort gelangt der Besucher ins Caldarium (12), das rechts und links von Heißräumen flankiert ist, die von den Baderäumen aus nicht zugänglich sind.
Aus dem Caldarium führen zwei Türen in einen Raum mit Exedra, dessen genaue Bestimmung noch nicht erkannt ist, der aber vielleicht als Gemeinschafts- und Ruheraum diente.
Die Bestimmung der Räume gründet sich auf die beobachteten Heizeinrichtungen, hinzu kommt die Kenntnis der üblichen Abfolge der Räume. Ihre Wände waren prachtvoll mit farbigem Marmor verkleidet. Im Tepidarium heizte nicht nur die bekannte Fußbodenheizung den Raum, bei der Warmluft durch einen von kleinen Ziegelsockeln *(suspensurae)* unter dem Fußboden gestützten Hohlraum strich, sondern darüber hinaus gab es noch eine nach demselben Prinzip funktionierende Wandheizung; hier strömte die heiße Luft durch Ziegelröhren. An der Wand befanden sich Sitzbänke.
Der archäologische Befund der antiken Thermen aus der Zeit ihrer Benutzung ist gestört durch einige spätere Gräber (6), wie sie etwa im Frigidarium und im Atrium zu erkennen sind. Nach der Mauertechnik haben die Ausgräber die Thermen in augusteische Zeit datieren können.
Ungelöst ist aber noch das Problem, woher die Thermen das in reichem Maße notwendige Wasser bezogen. Bleirohre zur Wasserzufuhr sind zwar im Bereich des Decumanus Maximus, den die *Via Ferentana* bildet, gefunden worden, aber woher das Wasser kam, ist ungeklärt. Eine Erweiterung der Thermen soll aus der ersten Hälfte des 1. Jahrhunderts nach Chr. stammen.

Weiterführende Literaturhinweise:
L. Rossi Danielli, Gli Etruschi del Viterbese, I Ferento, Viterbo 1959.
P. Giannini, Ferento, Città dai Tre Volti, Viterbo 1971.

Umbria

Terni / *Interamna Nahars*

Terni trug in der Antike den Namen *Interamna Nahars* oder *Nahartium* und lag – daher leitet sich der Name ab – zwischen Wasserläufen, *inter amnes*. Einer der Flüsse war der *Nar* (heute Nera). Die Stadt gehört zur augusteischen Region VI *Umbria*, die im wesentlichen das Kerngebiet jenes großen Bereiches war, in dem seit dem Beginn des 1. Jahrtausends vor Chr. der italische Volksstamm der Umbrer beheimatet war. Plinius d. Ä. (*Naturalis Historia* III, 5, 50) berichtet, sie seien dann von den Etruskern verdrängt worden. Nachdem die Umbrer vorher ein Gebiet von Küste zu Küste beherrscht hatten, bildete schließlich der Tiber die Grenze ihres Einflußbereichs, während im Westen die Etrusker an Macht gewannen.

Eine wesentlich später, nämlich in der frühen Kaiserzeit entstandene Inschrift besagt, Terni sei im Jahre 672 vor Chr. gegründet worden. Prähistorische Funde zeugen von noch früheren Epochen der Stadt.

Am Ende des 4. Jahrhunderts vor Chr. begannen die Auseinandersetzungen zwischen den Römern und den Umbrern, die sich zeitweise mit den Etruskern gegen den mächtigen Feind verbündeten. Dennoch gewannen die Römer schnell die Oberhand und gründeten bereits im Jahre 299 vor Chr. in einem Nachbarort Ternis eine Kolonie mit Namen *Narnia* (Narni), indem sie ehemalige römische Bürger dort ansiedelten. Terni hingegen war Municipium, hier fand also keine organisierte Ansiedlung statt.

Die Romanisierung in ganz Umbrien schritt rasch voran, und im zweiten Punischen Krieg unterstützten die umbrischen Städte Rom gegen Hannibal. Terni erhielt im Jahre 90 vor Chr. das römische Bürgerrecht, zu einer Zeit also, in der andere Städte und Stämme noch um dieses Recht zu kämpfen hatten.

Die umbrisch-römische Stadt lag genau an der Stelle des heutigen Terni und hatte, wie die erhaltenen Teile der Stadtmauer zeigen, etwa die Ausdehnung des mittelalterlichen Ortes. Von der römischen Wasserleitung und einigen öffentlichen Gebäuden des Forums sind noch Reste auszumachen, ebenso von Gräbern und Brücken. Ein Theater ist inschriftlich bezeugt.

Das am besten erhaltene Gebäude aus der römischen Epoche aber ist das Amphitheater. Die erwähnte Inschrift mit dem Gründungsdatum der Stadt wurde hier gefunden. Sie war im Jahre 32 nach Chr. verfaßt worden, also zur Regierungszeit des Kaisers Tiberius, und datiert auch den Bau des Amphitheaters selbst in diese Epoche. Von dem mächtigen Gebäude sind nur noch Teile der überwölbten Räume erhalten, welche die ansteigenden Zuschauerränge trugen und in denen die Zugänge und Treppen lagen, über die die Besucher zu ihren Plätzen gelangen konnten.

Doch auch diese Mauerreste sind in der Luftaufnahme nur zu einem kleinen Teil zu erkennen; das meiste ist von kleinen Wohnhäusern überbaut. Wie in Italien so häufig (vgl. das Pompeiustheater in Rom S. 160 ff.) folgt die Überbauung völlig der Form der antiken Ruine und läßt so Gegenwart und Vergangenheit gleichzeitig sichtbar werden. In der Arena, in welcher einst Gladiatorenkämpfe und Tierhetzen stattfanden, erkennt man heute die Tore eines provisorischen Fußballplatzes.

Weiterführende Literaturhinweise:

Pauly-Wissowa, Realenzyklopädie, Supplement 9, 1962, 1745 ff. (Radke).

Problemi di Storia e di Archeologia dell' Umbria – Atti del I Convegno di Studi Umbri, Gubbio 26.–31. Mai 1963, Perugia 1964.

Enciclopedia dell'Arte Antica VII, Roma 1966, 721 ff.

M. Verzar, Zeugnisse aus Umbrien, in: Hellenismus in Mittelitalien, Kolloquium in Göttingen 1974, Göttingen 1976 (Hrsg. P. Zanker) I 116 ff.

▷ Terni. Amphitheater

Carsulae

Im satten Grün der Umgebung zeichnen sich die hellen Grundmauern des Zentrums der antiken Stadt *Carsulae* klar ab, fast wie in einer Grundriß-Skizze. Der Ort, seine Geschichte und auch der archäologische Befund der Ausgrabungen verdanken zahlreiche ihrer Eigentümlichkeiten den geophysikalischen Gegebenheiten dieses Landstrichs und sind durch sie geprägt.
Die Lage der Stadt ähnelt der auf einem Balkon: im Osten lehnt sich der Ort an den Hang des Monte Torre Maggiore und liegt auf einem von dort sich vorschiebenden Travertin-Plateau, welches nach drei Seiten freien Ausblick ins Land gewährt. Auf die besonders günstige Lage der Stadt weist auch der römische Schriftsteller Tacitus hin. In einem seiner Berichte über die Kämpfe nach dem Ende der julisch-claudischen Epoche bemerkt er: »Nach ihrer Ankunft in Carsulae gönnten sich die Heerführer der [flavianischen] Partei einige Tage Ruhe, bis die Adler und Feldzeichen der Legionen nachkämen. Es sagte ihnen auch der dortige Lagerplatz zu, weil er einen weiten Ausblick bot, die Lebensmittelzufuhr gesichert war und blühende Landstädte im Rücken lagen.« (*Historiae* III, 60, Übers. J. Borst).
In der Spätantike wurde die Stadt von ihren Einwohnern verlassen. Die Bewohner übersiedelten in den Ort San Gemini. Wahrscheinlich zerstörte ein Erdbeben das Zentrum und vertrieb die Überlebenden.
Daraus ergab sich für Historiker und Archäologen bei den Ausgrabungen der Vorteil, daß nur wenige der antiken Reste durch spätere Überbauungen verdeckt wurden.
Da aber nach dem Fall der Stadt ihre Gebäude im Mittelalter als Materiallager ausgebeutet wurden, sind die in ihrem Grundriß fast ohne Schwierigkeit rekonstruierbaren Bauten nur bis zu einer geringen Höhe, wenig mehr als 1 Meter, erhalten. In dieser Weise jedoch sind nicht nur die Reste der heute freigelegten wichtigen öffentlichen Bauten der Stadt erhalten, sondern es liegt offenbar die gesamte antike Stadt noch unter dem Boden. So hatte also das Erdbeben seine direkte Auswirkung auf den Grabungsbefund und auch auf die Ausgrabungsgeschichte. Denn bereits vor Beginn der Ausgrabungen 1951 waren die knapp unter der Grasnarbe liegenden Gebäude als reliefartige Erhebungen sichtbar, und in einer alten Luftaufnahme sind fast alle der heute ausgegrabenen Gebäude unter der Erdoberfläche erkennbar.
Doch nicht nur die Ausgrabungsgeschichte, auch die Anlage der Stadt selbst läßt sich in wesentlichen Teilen auf die Bodenbeschaffenheit zurückführen. Auffällig an der Anordnung der Bauten des Stadtzentrums ist die axiale Anlage von Theater und Amphitheater. (Eine Parallele findet sich in der norditalienischen Stadt Aosta.) Was hier zunächst als kühner und ungewöhnlicher Entwurf eines Architekten wirkt, ist in erster Linie die geschickte Ausnutzung der Bodenformation.
Das Theater (1) schmiegt sich mit der Cavea an den Hang des Monte Torre Maggiore. Das Amphitheater (2), dessen Zuschaueroval mit den ansteigenden Sitzreihen ebenfalls gut ansteigende Wandungen ausnutzen konnte, liegt in einer Senke, die als Folge eines Dolineneinbruchs entstanden war: die Verkarstung des Bodens läßt unterirdische Hohlräume entstehen, über denen das Erdreich schließlich einstürzt.
Für den Bau des Amphitheaters war das von Nutzen und erlaubte, die unteren Sitzreihen in die Wände der Senke zu ›schneiden‹.
An einer anderen Stelle der Stadt hat eine kleine Doline Zerstörungen angerichtet. Ein Stück der antiken Straße, welche von der *Via Flaminia* zum Amphitheater führt, ist, kurz bevor sie die moderne Straße schneidet, abgesunken (3). Auch die Gebäude an dieser Stelle wurden in Mitleidenschaft gezogen.

Heute noch ist die Stelle deutlich zu erkennen, wo die Straße in der Antike von Bauarbeitern repariert wurde. Man erkennt das an der Pflasterung, deren abgerutschter Teil in seiner Lage verblieb. Bei der Reparatur wurde das alte, mit dem weißen Steinmaterial gebaute Straßenstück mit dem für *Carsulae* typischen rötlichen Kalksteinmaterial ausgebessert.

Carsulae ist eine relativ junge Stadt. Zwar fand man auch Überreste früher Siedlungen in der näheren Umgebung – etwa die eisenzeitliche Nekropole bei Portapalazzo oder die polygonalen Mauern aus dem 5. und 4. vorchristlichen Jahrhundert bei S. Erasmo und Cesi –, doch stammen die Überreste der Stadt *Carsulae* selbst aus wesentlich späterer Zeit. Die Lage und Ausführung der Bauten des Zentrums scheinen einem einheitlichen Entwurf ihr Entstehen zu verdanken. In der Nähe des Forums, direkt neben dem Podium des westlichen der beiden Zwillingstempel auf dem Forum, gibt es Überreste von Bauten aus spätrepublikanischer Zeit. Ansonsten sind die meisten Gebäude in der frühen Kaiserzeit entstanden. Dieses plötzliche Aufblühen der Stadt ist kein Zufall; der Ort verdankt dies der großen Verkehrsader, der *Via Flaminia.* Diese Straße verband Rom und Rimini, und *Carsulae* konnte als Versorgungsstation und Umschlagplatz zu einigem Wohlstand kommen.

Carsulae war anscheinend von jeher Municipium, besaß also unter der Herrschaft Roms kommunale Selbstverwaltung. Ihre Blüte erlebte die Stadt in der frühen Kaiserzeit, der julisch-claudischen und der flavischen Epoche. Aus den Inschriften ist bekannt, daß sich die Bautätigkeit bis in das 3. nachchristliche Jahrhundert fortsetzte. Wie bereits bemerkt, stammen aber die wichtigen ausgegrabenen öffentlichen Gebäude aus einer ziemlich kurzen Zeitspanne. Alle wichtigen Gebäude des Stadtzentrums sind auf die *Via Flaminia,* also auf den Cardo Maximus, die Lebensader der Stadt, ausgerichtet. Sie können das allerdings nur, soweit es die Bodenverhältnisse erlauben. Westlich der Straße bilden zwei monumentale *Quadrifrontes* (4), vierseitige Bögen, die Zugänge zum Forum. Zum Ausgleich des Bodenniveaus enthält der südliche Bogendurchgang 12 Stufen, während der nördliche fast ebenen Zutritt zum Forum gewährt.

An der süd-östlichen Ecke des Forums liegen zwei Tempel (5), die sich in ihrem Grundriß und vermutlich auch im Aufbau sehr ähnlich sind. Sie bestanden jeweils aus einer Cella mit Vorhalle auf je einem Podium.

Das östliche Podium öffnet sich zur Straße hin in *tabernae,* überwölbten Räumen, die vermutlich als Läden dienten. Die Front der Tempel wurde wahrscheinlich von je vier Säulen gebildet.

Unter und hinter dem Podium fanden sich die Reste eines möglicherweise republikanischen Portikus. Da die beiden Tempel sich so gleichen, liegt die Vermutung nahe, sie seien als Pendants gebaut. Doch ihre Bedeutung und Benennung ist unklar. Ausschließen kann man wohl, daß es sich bei ihnen um den Kapitols-Tempel der Stadt gehandelt habe. Sowohl ihre Lage an der Längsseite des Forums als auch ihre Form wäre ungewöhnlich. (Vgl. den Kapitols-Tempel in Pompeji S. 283). Der Tempel für die Kapitolinische Trias pflegt üblicherweise in drei Cellen eingeteilt zu sein, in denen Jupiter, Juno und Minerva verehrt wurden. Das trifft hier nicht zu. Auch die Vermutung, die beiden Tempel seien für den Kaiserkult gebaut gewesen, etwa der Verehrung der Roma und des Augustus, oder den beiden Kaisern Vespasian und Titus gewidmet, kann kaum zutreffen, denn an der gegenüberliegenden Seite des Forums befindet sich das Gebäude, das mit größerer Wahrscheinlichkeit dem Kaiserkult diente (6). Leider fehlen Funde, die bei der Deutung der Tempel helfen könnten, doch scheint mir die Zuschreibung der beiden Tempel an das göttliche Brüderpaar Castor und Pollux am ehesten zuzutreffen. Als römische Schutzgötter werden die Dioskuren verehrt, und zwei gleichartige Tempel schei-

▷ *Carsulae*

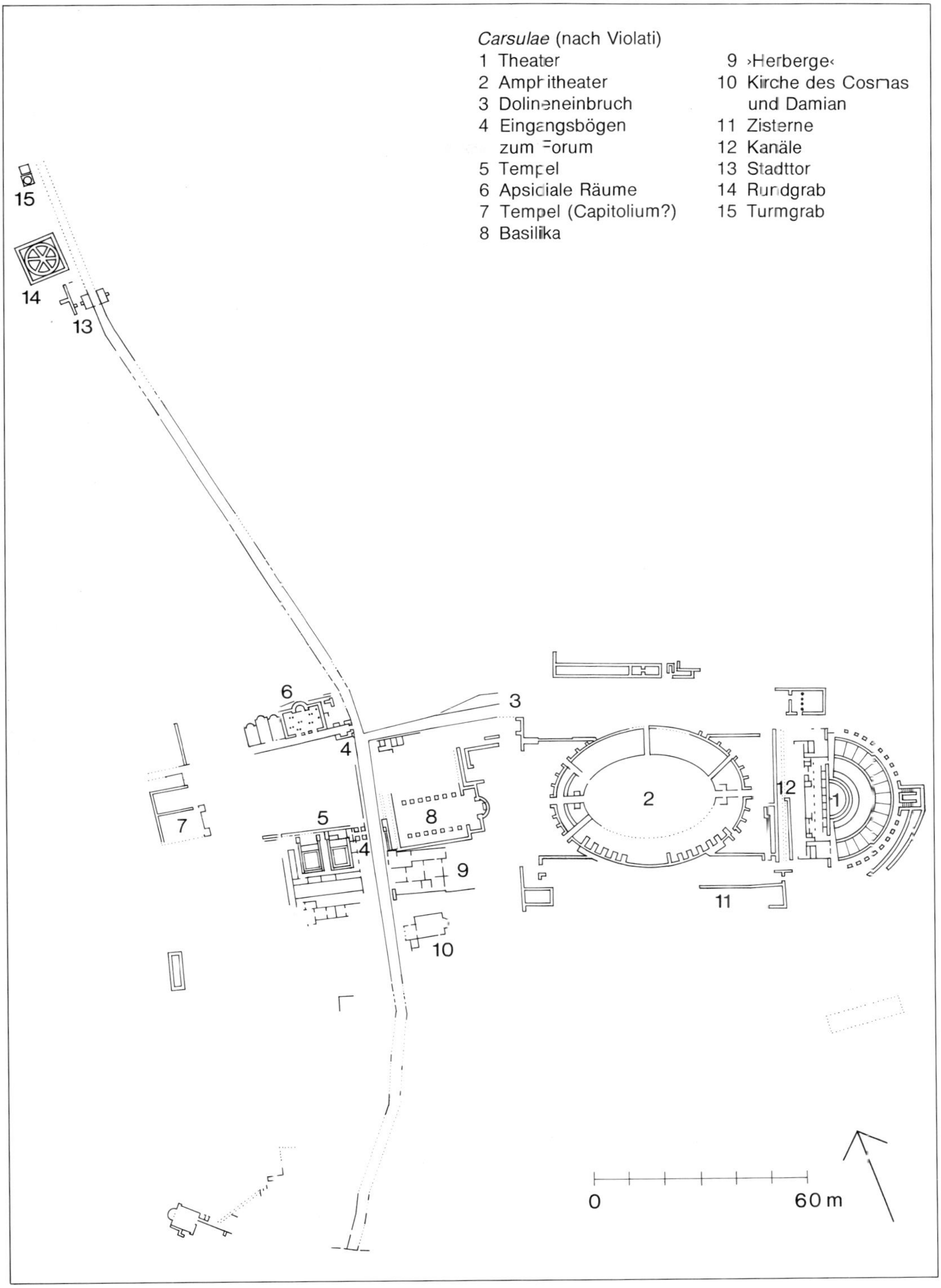
Carsulae (nach Violati)
1 Theater
2 Amphitheater
3 Dolineneinbruch
4 Eingangsbögen zum Forum
5 Tempel
6 Apsidiale Räume
7 Tempel (Capitolium?)
8 Basilika
9 ›Herberge‹
10 Kirche des Cosmas und Damian
11 Zisterne
12 Kanäle
13 Stadttor
14 Rundgrab
15 Turmgrab
0
60 m

nen dem Zwillingspaar angemessen, wenn auch ungewöhnlich (vgl. den Dioskurentempel in Rom S. 124).
Ein weiteres Argument mag für diese Deutung sprechen: die in der Nähe liegende mittelalterliche Kirche (s. u.) ist den Heiligen Cosmas und Damian geweiht, einem Brüderpaar, deren Verehrung auch an anderen Orten als Fortführung des heidnischen Kultes der Dioskuren zu interpretieren sein könnte, da die religiöse Vorstellung des Volkes beim Übergang vom heidnischen zum christlichen Glauben sich nicht unter völliger Aufgabe jahrhundertealter Traditionen änderte. Vielmehr wurde sie oft nur in der neuen Weise modifiziert. Doch auch diese Deutung der beiden Tempel muß unsicher bleiben, solange nicht neue Funde und Forschungsergebnisse sie beweisen.
Auf der anderen Seite des Forums, den beiden Tempeln gegenüber, liegen nebeneinander vier Räume unterschiedlicher Größe, die alle an ihrer Stirnseite durch eine Apsis ausgezeichnet sind. Im ersten, größten Raum (6) wurde die Apsis später durch eine verputzte Ziegelmauer geschlossen, eine Veränderung, deren Anlaß und Zweck unbekannt sind. Alle diese Räume sind mit Marmor ausgekleidet, seine Profile schließen die Wände zum Fußboden hin ab. Die Lage wie die Ausstattung der Räume sprechen dafür, daß es sich um öffentliche Gebäude handelt. Ihr Zweck aber ist nicht ganz klar. Wollte man Versammlungsräume oder den Sitz der Stadtverwaltung in ihnen sehen, müßte das Fehlen von Sitzstufen, wie etwa in einer Curia, stutzig machen. Doch besteht eine Ähnlichkeit mit den entsprechenden Bauten in Pompeji (s. S. 281 f.). Aber es bietet sich mit einiger Wahrscheinlichkeit eine andere Deutung zumindest eines dieser Räume an.
In der Nähe, den Fundberichten zufolge eben an der Nordseite des Forums, fand man eine überlebensgroße, kopflose Sitzstatue sowie einen Porträtkopf des Kaisers Claudius. Man vermutet, daß beide Funde zusammengehören.
Mit einem frühkaiserzeitlichen, weiblichen Porträt und weiteren Statuenfragmenten zusammen scheinen diese Funde darauf hinzuweisen, daß die Apsidensäule dem Kaiserkult diente. Ähnliche Einrichtungen sind aus Otricoli *(Ocriculum)* und *Lucus Feroniae* (s. S. 235) und zahlreichen anderen Orten des römischen Reiches bekannt.
An der Westseite des Forumsplatzes wurden die Reste eines kleinen Tempels ausgegraben (7), von dessen Ausstattung noch Fragmente des Gebälks und des ornamentalen Schmucks zeugen. Noch ist das Forum nicht ganz ausgegraben, und zur Deutung und Benennung der einzelnen Gebäude erhofft man noch weitere Ergebnisse.
Jenseits der *Via Flaminia* fällt ein großes Gebäude durch seinen interessanten Grundriß auf. Im Westen und Osten ist diese Basilika (8) bis zum Fußbodenniveau erhalten, sonst nur in ihren Fundamenten. Der Bau hatte im Osten eine Apsis. Säulen oder Pilaster, deren Plinthen teilweise erhalten und in der Luftaufnahme gut sichtbar sind, teilten den Raum in drei Schiffe. Dieser Bau diente in der Antike als Gerichtsraum, Börse und Handelszentrum.
Unweit der Basilika befindet sich die schon erwähnte kleine Kirche der Heiligen Cosmas und Damian (10). Sie ist auf antiken Resten erbaut, und ihre Vorhalle entstand unter Verwendung zahlreicher antiker Spolien. Bei einer Mauer der Kirche handelt es sich möglicherweise überhaupt um die noch insgesamt einbezogene, aufrechtstehende Wand eines antiken Gebäudes. Sie bestand aus Arkaden, die dann später mit einer Ziegelfüllung versehen wurden. Schon wegen der Lage des Gebäudes in der Nähe des Forums wurde die Vermutung vorgebracht, es habe sich bei diesem Bau um das Macellum, das Marktgebäude, gehandelt.
Über die Lage von Theater und Amphitheater wurde schon im Zusammenhang mit der Planung der Stadt berichtet. Wie die meisten anderen Gebäude der Stadt dürfte auch das Amphitheater im 1. nachchristlichen Jahrhundert entstanden sein; die angewandte Mauertechnik erlaubt diese Datierung. Das

Amphitheater (2) ist mit 86,5 mal 62 m recht groß für einen so kleinen Ort wie *Carsulae* und bestätigt damit, daß diese junge, verkehrsgünstig gelegene Stadt eine gewisse Bedeutung für die umliegenden Ortschaften hatte und Theater und Amphitheater für Besucher aus einem größeren Einzugsbereich Platz bieten mußten.
Im Norden und Süden, parallel zur Längsachse also, ist das Amphitheater durch Stützmauern gesichert. Daneben sind die Reste einer Zisterne (11) freigelegt. Zwischen Amphitheater und Theater sind die Kanäle (12) so angelegt, daß die Arena für die beliebten Naumachien – Aufführungen von Seeschlachten – unter Wasser gesetzt werden konnte.
Leicht verschoben aus der Achse des Amphitheaters, liegt in östlicher Richtung das sich anschließende Theater.
Was die Anordnung in der Luftaufnahme so eindrucksvoll macht, ist die Klarheit des Bezuges der beiden Gebäude aufeinander im Grundriß. Dies war im unzerstörten Zustand der beiden Bauten nicht sichtbar. Die hochragende Bühnenwand des Theaters verwehrte den Blick in den Zuschauerraum.
Vom oberen Abschlußgebälk der *scaenae frons* sind große Blöcke erhalten und heute auf der Bühne des Theaters aufgestellt. Die Cavea hat einen Durchmesser von 62 m. Im Scheitel der Cavea liegt noch ein kleiner Anbau, welcher eine zweizügige Treppe enthält. Früher glaubte man, es habe sich um einen gesonderten Anbau oder um den Unterbau eines Theatertempels (s. S. 163) gehandelt. Wahrscheinlicher aber und mit dem übrigen Befund besser zu vereinbaren ist eine andere Lösung: es handelt sich um den einzigen größeren Rest des äußersten Rings der Cavea, welcher die obersten Sitzreihen trug. An der Durchgangsstraße liegt neben der Basilika ein Bau, der vielleicht eine Herberge (9) für Durchreisende war.
Die Stadt *Carsulae* besaß keine Stadtmauern, ihre Lage, Funktion und Entstehungszeit machten eine solche Befestigung überflüssig. Dennoch war das Stadtgebiet begrenzt, und zwar durch zwei Tore über der *Via Flaminia*, durch welche der Besucher die Stadt betrat. Vom nördlichen Tor (13) ist noch der mittlere von drei Bögen recht gut erhalten. Die beiden seitlichen Durchgänge waren, wie es an den Fundamenten und Resten zu sehen ist, schmaler und niedriger. Daß die Eingrenzung der Stadt allein durch die Bögen doch ihre Bedeutung hatte, zeigen die Gräber, die, wie sonst auch üblich, außerhalb der Stadt, also vor dem Tor liegen.
Auffallend ist vor allem das erste Grab, ein Rundgrab (14), welches aus einem Tambour von 17 m Durchmesser auf quadratischem Postament bestand. Da der Aufbau zerstört ist, die Zinnenbekrönung und der darauf aufgeschüttete Erdtumulus fehlen, erlaubt die Luftaufnahme einen Blick ins Innere des Grabes. Von einem mittleren Kern gehen sechs Mauern aus, die radial zur Grabwand führen. Sie dienten dazu, die Erdeinschüttung zu halten. Das Grab war mindestens 11 m hoch. Eine *tabula*, eine Inschriftentafel mit Nennung der *gens* (Familie) Furia, gehörte wohl zum Grab, denn sie hat die passende Krümmung und ist in die Außenwand des Tambours eingelassen. So ist also auch der Name der Familie bekannt, der das Grab gehörte.
Unter den anderen Gräbern an der Straße ist noch ein weiteres erwähnenswert. Es ist nach demselben Prinzip erbaut: quadratischer Sockel und runder Aufsatz. Nur sind die Proportionen wesentlich gestreckter. Es handelt sich hierbei um ein sog. ›Turmgrab‹ (15), das in der späten Republik oder zu Beginn der Kaiserzeit entstanden sein dürfte, wie die stilistische Untersuchung des skulpierten Metopen-Triglyphen-Frieses ergeben hat. In den Metopen sind Waffen, Tiere und ornamentale Figuren dargestellt.

Weiterführende Literaturhinweise:

A. Becatti, Tuder-Carsulae Forma Italiae VI 1., Roma 1938.

A. Violati, V. Ciotti u. a., San Gemini und Carsulae, Milano–Roma 1976.

Roma

▽ Roma

→120

Rom wurde am 21. April 753 vor Chr. gegründet. Dieses aus dem Schulunterricht vertraute Datum geht zwar auf antike Quellen zurück (der Schriftsteller Varro überliefert das Jahr 753), doch existieren auch andere Angaben über das Gründungsdatum, die alle nur das eine gemeinsam haben, daß sie fiktiv sind und von einem bestimmten Datum aus zurückgerechnet wurden. So hat sich die antike römische Zeitrechnung unterschiedlicher Fixdaten zur Zählung der Jahre bedient, darunter auch der *ab urbe condita,*

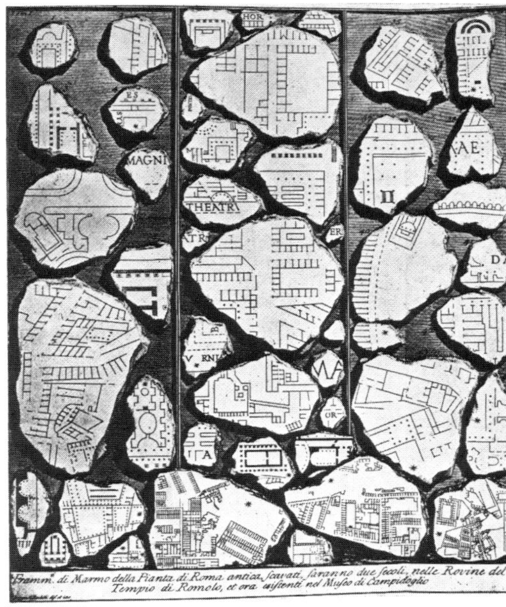

△ *Roma. Forma Urbis.* Stich von Piranesi

›seit der Stadtgründung‹. Diese Zählung wurde dann im Humanismus von der Altertumswissenschaft übernommen und seither beibehalten. Der 21. April, der Palilientag, Festtag einer Palatinischen Gottheit, wurde und wird bis heute traditionell als Tag der Gründung Roms gefeiert.

Die bekannten Legenden über die Gründung Roms sind wie die Daten erfunden. Romulus und Remus, die von einer Wölfin gesäugten Söhne des Mars und der *Rhea Silvia,* hätten die Stadt gegründet, seien um die Herrschaft in Streit geraten, und Romulus habe seinen Bruder getötet. Romulus sei der erste König gewesen. Mit dieser Legende wurde eine weiter zurückliegende Begebenheit verknüpft. Der trojanische Held Aeneas sei mit seinem Vater Anchises und seinem Sohn Ascanius auf der Flucht aus seiner zerstörten Heimat in Latium gelandet. Er habe die Stadt *Lavinium*, sein Sohn *Alba Longa* gegründet, wo das frühe Hauptheiligtum der Stämme des Latinischen Bundes errichtet wurde, bis Rom die unumstrittene Führung besaß. Ascanius galt unter dem Namen Iulus als Stammvater des julisch-claudischen Herrscherhauses.

Die Sagen in ihren vielfältigen Varianten enthalten teilweise einen Kern historischer Wahrheit. So mag die Herkunft des Aeneas die Erinnerung an den griechischen Einfluß auf Rom bewahren. Beziehungen zur griechischen Welt sind für die Frühzeit Roms spätestens seit dem 8. Jahrhundert durch neuere Funde nachgewiesen, die belegen, daß die Stadt damals schon Handelsbeziehungen mit den eben gegründeten frühesten griechischen Kolonien auf dem Boden Italiens pflegte. Doch reichen die ersten Berührungen sicher noch weiter zurück, bis ans Ende des 2. Jahrtausends vor Chr., als die dorische Völkerwanderung griechische Ureinwohner immer weiter nach Westen trieb.

Später wurden die Sagen ausgeschmückt und nach Bedarf in der einen oder anderen Färbung tradiert, wie es die Sicht der zeitgenössischen Geschichte und die politischen Machtverhältnisse wünschenswert erscheinen ließen. Bestes Beispiel hierfür ist die Propaganda unter Caesar und Augustus (s. S. 127 ff.).

Die Entstehung der Stadt Rom zog sich über mehrere Jahrhunderte hin. Nach dem archäologischen Befund stammt die früheste Ansiedlung auf dem Kapitol bereits aus dem 14. Jahrhundert vor Chr. Die geographische Lage begünstigte das Heranwachsen einer Stadt. An der Tiberfurt beim späteren *Forum Boarium* (s. S. 178f.) lag ein Verkehrsknotenpunkt, hier schnitten sich die Hauptverbindungsstraße von Norden nach Süden und der Wasserweg, der Tiber. So entwickelte sich ein Markt für die verstreut in kleineren Siedlungen lebenden Einwohner verschiedener Stämme. Das wachsende Rom war über Jahrhunderte hinweg ein Schmelztiegel verschiedener Volksstämme und unterschiedlicher kultureller Einflüsse. Und vielleicht hängen der Aufstieg Roms und die beispiellose Dauerhaftigkeit seiner Größe auch damit zusammen.

Der Römer der Antike schätzte die schöne Aussicht von einem erhöhten Punkt aus auf

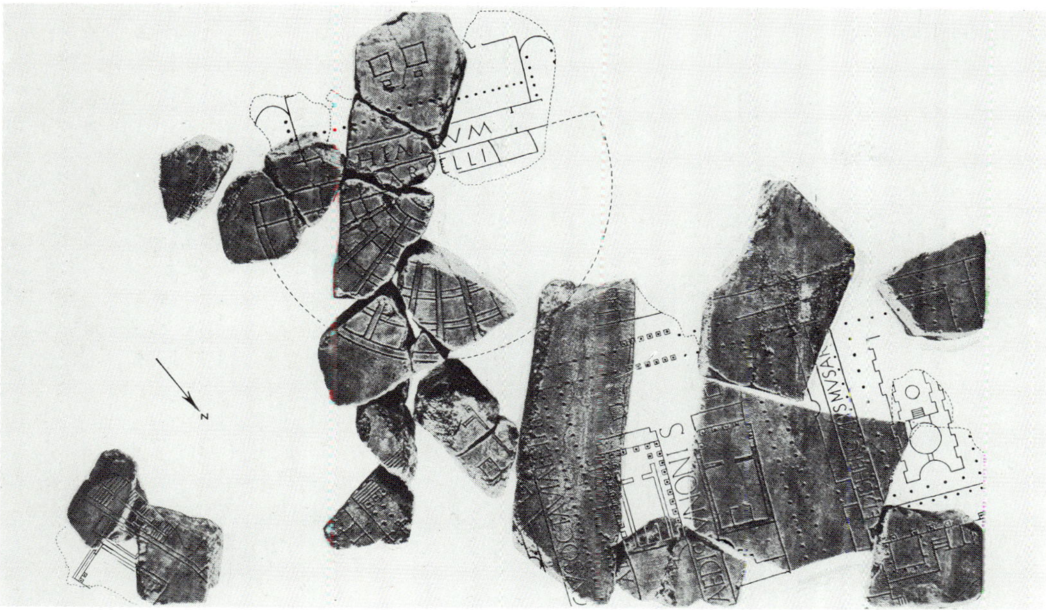

△ *Roma. Forma Urbis.* Foto

die Stadt oder in die Landschaft ebenso, wie der heutige Besucher Roms einen Blick vom Gianicolo oder Pincio über die Dächer der Stadt genießt. Der Blick aus der Luft und die fotografische Dokumentation aber waren dem antiken Römer natürlich nicht möglich.

Dennoch gab es in der Antike durchaus Landkarten und Stadtpläne. Unter den römischen Landkarten ist besonders die sog. Peutingersche Tafel zu nennen. Es handelt sich bei dieser in Wien aufbewahrten Weltkarte um eine Kopie, die im 12./13. Jahrhundert nach einer Vorlage aus dem 3. Jahrhundert nach Chr. hergestellt wurde.

Diese Karte gab jedoch die Länder nicht in der uns aus modernen Atlanten vertrauten planimetrischen, formgetreuen Art wieder, die Karte war vielmehr ganz auf die Bedürfnisse des Reisenden zugeschnitten: die Kontinente sind zu schmalen Streifen zusammengezogen, Verbindungslinien zwischen den einzelnen Orten bezeichnen die Straßen, und die Entfernungen sind in Meilen angegeben.

Doch kannte man auch Karten, die mehr unseren heutigen Vorstellungen entsprechen und die geografischen Formen, etwa im Verlauf einer Küste, nachzeichnen.

Daß es außerdem Grundrißpläne von einzelnen Gebäuden und ganze Stadtpläne gab, überrascht bei dem hochentwickelten Stand der römischen Architektur und Vermessungstechnik nicht.

Erstaunlicher ist da schon die Tatsache, daß ein solcher Plan nicht nur als Entwurf, sondern als exakter Stadtplan eines dichtbesiedelten Gebiets und für den Zustand einer ganz bestimmten Zeit existierte, der offenbar auch vom Nichtfachmann gelesen werden konnte. Für Stadtpläne, Landkarten und Katasterpläne benutzte man auch in der Antike meist vergängliches Material, Papier oder Pergament, daher sind sie nicht erhalten. Aber literarische Quellen über Landvermessung, Straßenbau oder Wasserversorgung zum Beispiel lassen auf detaillierte und exakte Ausführung schließen. Beispiel eines solchen Stadtplans von Rom, in Ritzung auf eine Marmorplatte übertragen, ist die *Forma Urbis.*

Sie war in einem Raum zwischen dem *Tem-*

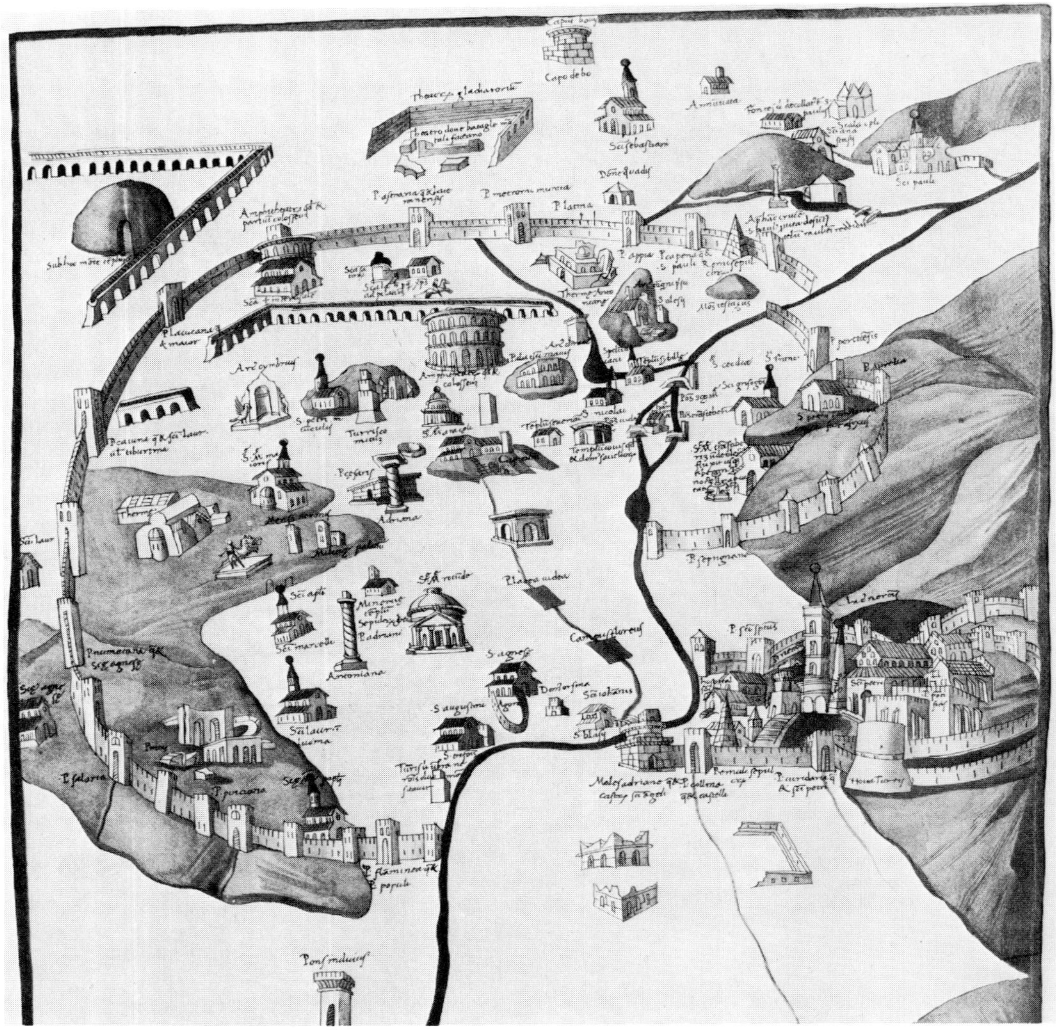

△ *Roma.* Stadtplan 16. Jahrhundert

pel (s. S. 132) und einem Bibliotheksraum auf dem *Forum Pacis* angebracht. Dieses Forum wurde unter Kaiser Vespasian angelegt und nach einem Brand im Jahre 192 nach Chr. von Kaiser Septimius Severus wieder aufgebaut (s. S. 132). Im Zuge der Restaurierung fertigte man wohl auch den Plan an; denn die Wand bei der Kirche SS. Cosma e Damiano, an der der Plan angebracht war, läßt sich nach der Art des Ziegelmauerwerks in die Zeit des severischen Wiederaufbaus datieren. Die dargestellten Gebäude verweisen in die Zeit zwischen den Jahren 203 und 211 nach Chr. und zeigen den damaligen aktuellen Stand der Bebauung Roms.

Obwohl der Plan stark zerstört und in viele kleine und kleinste Stückchen zerbrochen ist, von denen nur ein Bruchteil gefunden wurde, sind die Maße des Gesamtplans bekannt. Er war aus 151 Platten gefügt und maß 18,10 m in der Breite und 13 m in der Höhe (Maßstab etwa 1:250). Noch heute kann man die regelmäßig angebrachten Löcher für die Stifte sehen, die den Plan einst hielten.

△ *Roma.* Marsfeld

Leider ist, wie gesagt, bei weitem nicht der ganze Plan erhalten. Die ersten Fragmente wurden im 16. Jahrhundert gefunden. Seitdem beschäftigen sich Forscher mit der Identifikation der dargestellten Bauten und der Rekonstruktion des Gesamtplans. An einer Wand im Innenhof des Konservatorenpalastes auf dem Kapitol gibt es eine Rekonstruktion, in welche die Archäologen Lanciani und Hülsen zu Beginn dieses Jahrhunderts die zugewiesenen Fragmente eingepaßt haben. Durch neuere Forschungen, vor allem durch die Gesamt-Publikation von 1960 und spätere Einzeluntersuchungen, ist sie aber inzwischen überholt.

Wie schon aus den wenigen hier abgebildeten Fragmenten hervorgeht, entspricht der Plan im großen und ganzen dem Stil einer modernen architektonischen Bauaufnahme. Obwohl die nachprüfbaren Maße und Proportionen auf dem Marmorplan nicht hundertprozentig mit der Wirklichkeit übereinstimmen, darf man das für die Vorlage doch annehmen. Mauern, Basen, Säulen und Treppen sind im Grundriß deutlich erkennbar und ähnlich dargestellt wie auf modernen Plänen. Die wichtigsten Gebäude wurden mit ihren Namen bezeichnet, leider ist als Folge der Zerstörung auch die Beschriftung unvollständig.

Die *Forma Urbis* ist nicht der einzige erhaltene Marmorplan. Aus *Aguntum* in Osttirol zum Beispiel und mehreren italienischen Städten sind Fragmente von Stadtplänen oder einzelne Gebäudeumrisse bekannt. Dennoch ist die *Forma Urbis* als Monument einzigartig. Vielleicht diente sie dem antiken Touristen zur Orientierung, und sicher war

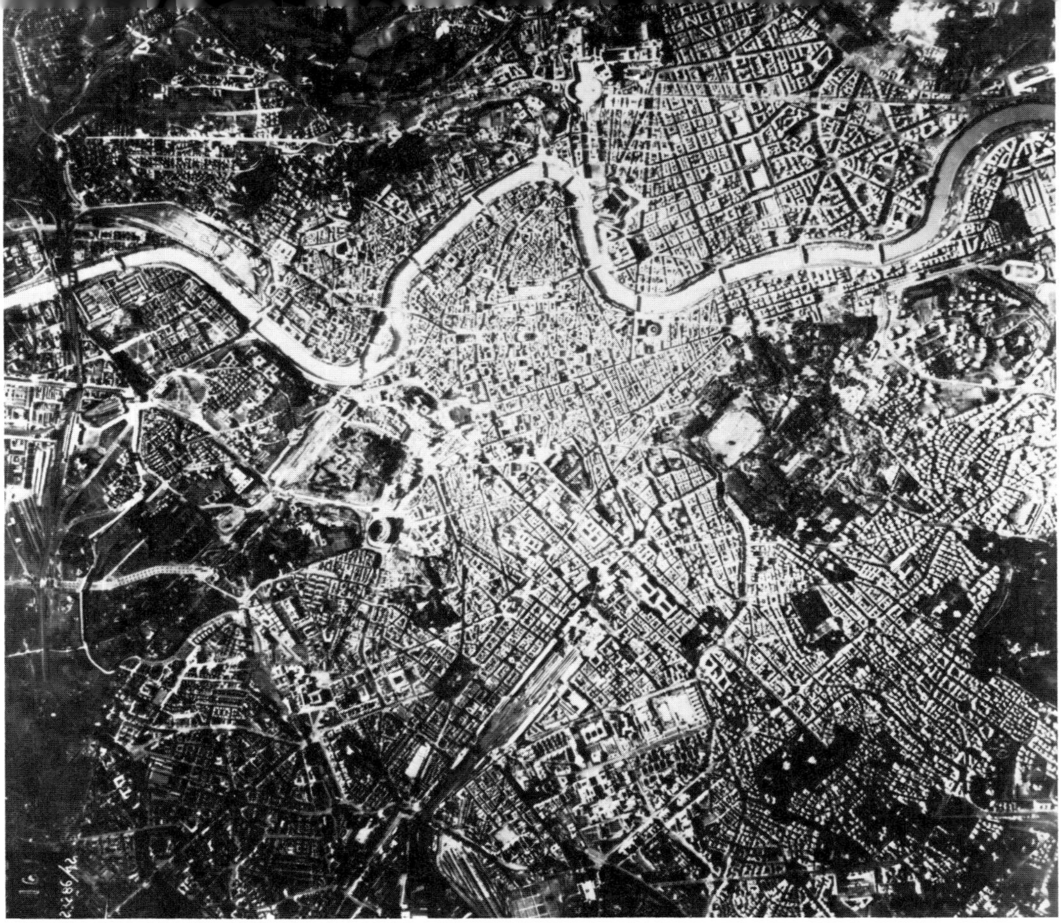

△ *Roma.* Gesamtansicht

sie ein Propagandamittel, das dem Besucher Größe und Pracht Roms vor Augen führen sollte.

Im Vergleich zu der kaiserzeitlichen *Forma Urbis*, diesem ›modernen‹, auf Grundlinien reduzierten Plan, wirkt der mittelalterliche Rom-Plan wie ein Rückschritt. Ausgewählte Monumente der Stadt sind in einem durch Tiber, Stadtmauer und Hügel topografisch eher sparsam gekennzeichneten Bereich nicht in Aufsicht, wie es dem Stil einer Karte entspräche, sondern in Ansicht dargestellt – so wie sie der Betrachter vom Erdboden aus sieht. Die aus Ansicht und Aufsicht ›gemischte‹ Darstellungsweise ist keine neue Erfindung, sie steht ganz in spätantiker Tradition und kann, da sie auf die Bindungen der einen oder der anderen Form verzichtet, informativer sein als eine reine Karte. Sie ist ganz auf den Reisenden und Pilger zugeschnitten, der nach Rom kommt. Da er normalerweise die Stadt im Norden durch die *Porta Flaminia* (Porta del Popolo) betrat, ist auch die Karte von Norden nach Süden orientiert. Sie nimmt keine Rücksicht auf tatsächliche Maße und Größenverhältnisse, sondern gibt nur grob die Lage der ausgewählten Monumente wieder, Straßen fehlen, Vollständigkeit wurde nicht angestrebt. Der Plan zeigt nur eine Auswahl der wichtigsten Monumente Roms, vor allem die für den christlichen Pilger interessanten, und der Vatikan nimmt unverhältnismäßig viel Raum ein.

Im Gegensatz zur *Forma Urbis* wurden keine mechanisch-technischen Mittel zur Herstellung dieses Plans angewandt. Durch die Projektion der Gebäude-Hauptansichten in die

Fläche, ohne Rücksicht auf ihre tatsächliche Orientierung, enthält er im Hinblick auf seine Zielgruppe – Pilger oder den fern von Rom Studierenden – mehr Informationen als ein einfacher, auf den Grundriß reduzierter Plan wie die *Forma Urbis* oder ein moderner Stadtplan. Er wirkt ›erzählend‹. Es gibt übrigens auch moderne Stadtpläne, die Panoramapläne für Rom-Touristen, die in ganz ähnlicher Weise die Ansichten der interessantesten Gebäude wiedergeben.

Die Luftfotografie nun eröffnet hier Möglichkeiten, die sowohl dem Wunsch nach Genauigkeit wie nach Lesbarkeit gerecht werden. Das senkrecht aufgenommene planimetrische Foto gibt die korrekte Aufsicht der Gebäude wieder, aber ohne sie auf ihre linearen Grundrisse zu reduzieren. Ein Plan ist objektiv durch die rein technische Weise seiner Herstellung. Beim planimetrischen Foto sind alle Einzelheiten in ihrem tatsächlichen topografisch-geografischen Zusammenhang zu sehen.

Außerdem kann ein aus der Luft aufgenommenes Foto auch eine Schrägansicht wiedergeben, wie das bei den meisten in diesem Buch vorgestellten Fotos der Fall ist. Dann liefern sie zusätzliche Informationen, zum Beispiel über Höhenunterschiede, die bei dem planimetrischen Foto nicht zu erkennen sind, und auch über das Aussehen einzelner Gebäude. Sie vermitteln eine räumliche Vorstellung. Hier gibt es dann, ähnlich wie bei dem mittelalterlichen Stadtplan, die Möglichkeit der Auswahl, denn die Wahl des Aufnahmewinkels und des Ausschnitts kann gezielt eingesetzt werden, um Details und zusätzliche Informationen über einen Bau oder einen Ausgrabungskomplex darzustellen.

Die großen planimetrischen Luftfotos der Stadt Rom sind aus vielen Einzelaufnahmen zusammengesetzt; so werden Störungen durch Wolken oder Luftschichten und die Randverzerrungen vermieden. Das Luftfoto gibt jeweils den aktuellen Stand der Bebauung wieder. Gerade bei den Fotos der Stadt Rom aber sagt die Luftaufnahme gleichzeitig viel über die Geschichte der Stadt aus. Man erkennt die antike Stadtmauer, die großen Ausgrabungskomplexe wie Forum und Palatin und einzelne hervorragende antike Bauten wie das *Colosseum*. Doch darüber hinaus sind urbanistische Prinzipien der Antike noch in der späteren Bebauung sichtbar, weil in Rom seit Jahrtausenden an derselben Stelle jede Epoche ihre Bauwerke hinterließ, spätere Bauten oft auf alten Fundamenten errichtet wurden oder ein früher bestehendes Straßensystem berücksichtigten. So kann man in der Via del Corso noch den Verlauf des alten Cardo ausmachen. Daß das Straßennetz Roms nicht dem griechischen wie auch etruskisch-römischen Prinzip der Rechtwinkligkeit folgt, ist einerseits auf das Alter der Stadt, andererseits auf die geografischen Gegebenheiten zurückzuführen. Zwischen Tiber und Pincio war für den Eintritt in die Stadt kaum eine andere Straßenführung möglich.

Im Vergleich mit der Karte des antiken Rom werden sogleich noch weitere Beispiele für die Kontinuität der Bebauung sichtbar: das Marcellus-Theater, das Pompeius-Theater, die Piazza Navona etc.

Diese Feststellung ermöglicht es der archäologischen Forschung umgekehrt, die Luftaufnahmen nach Anhaltspunkten des antiken Rom zu untersuchen, um bisher nur literarisch überlieferte oder unzureichend bekannte antike Bauten und Gebäudekomplexe zu lokalisieren. In Verbindung mit der *Forma Urbis*, dem antiken Stadtplan, hat dieses Verfahren gerade in jüngerer Zeit Erfolge gebracht.

Weiterführende Literaturhinweise:

C. Carettoni, A. M. Colini, L. Cozza, C. Gatti, La pianta marmorea di Roma antica, Roma 1960.

E. Nash, Topographie des antiken Rom, 2 Bände, Tübingen 1961/62.

F. Coarelli, Rom. Ein archäologischer Führer, Freiburg 1975 (für Rom insgesamt und alle folgenden Einzelkapitel).

E. Rodriguez – Almeida, Forma Urbis, Nuovi elementi di analisi e nuove ipotesi di lavoro, in: Mélanges de l'École Française de Rome, 89, 1977, 219ff.

F. Coarelli, Il Campo Marzio occidentale. Storia e Topografia. in: Mélanges de l'École Française de Rome, 89, 1977, 807ff.

Forum und Kaiserfora

Die Senke zwischen Kapitol und Palatin war in der Frühzeit der Stadt Rom im Gegensatz zu den Hügeln nicht bewohnt, denn das Tal war sumpfig und daher kaum zu nutzen. Zwischen dem 9. und dem Ende des 7. Jahrhunderts vor Chr. diente ein Teil des Gebie-

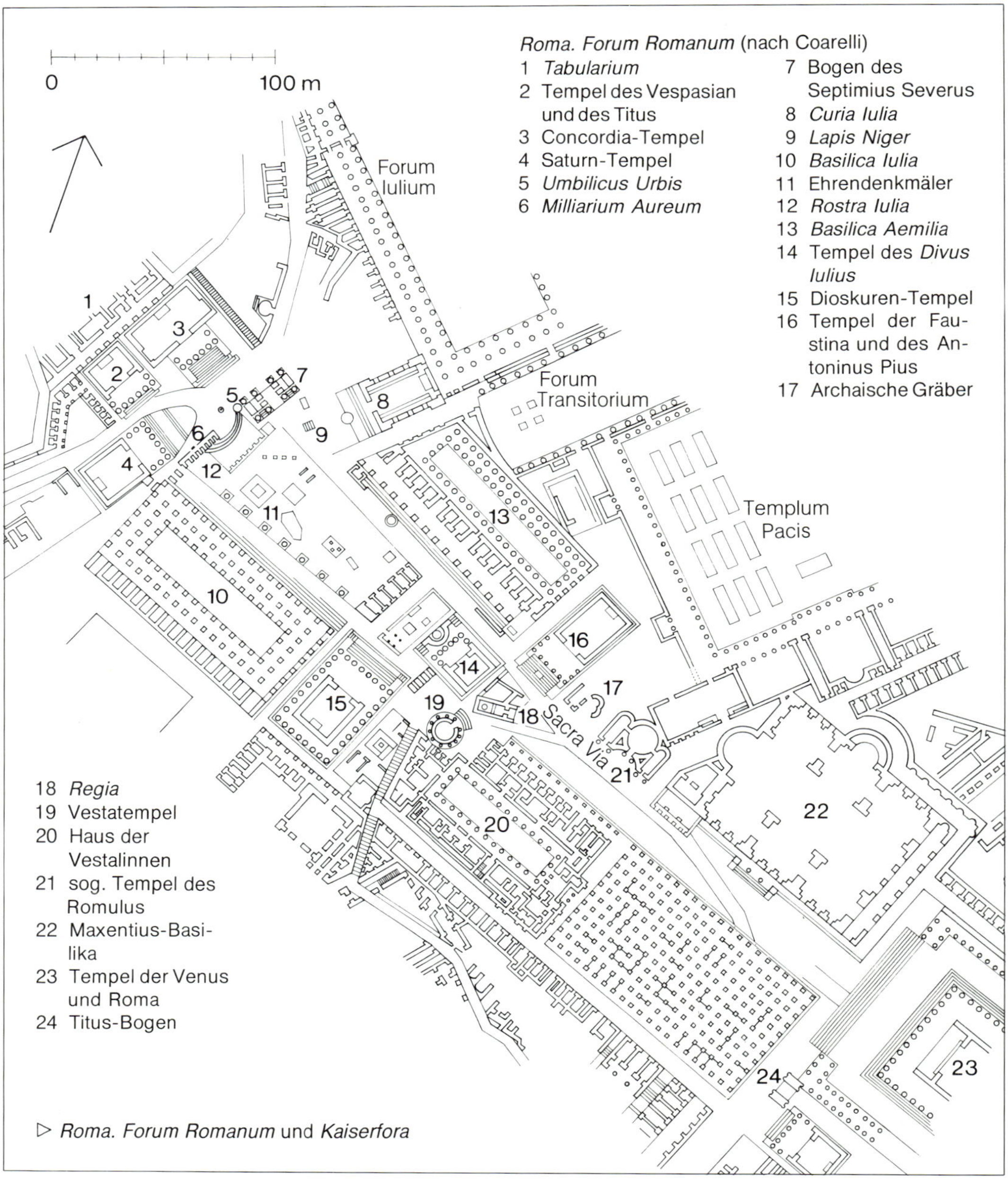

▷ *Roma. Forum Romanum* und *Kaiserfora*

→136!

tes als Begräbnisplatz. Neben dem Tempel der Faustina (16) hatte sich eine ganze Anzahl archaischer Gräber (17) gefunden; ihre Lage und Form ist heute in der Bepflanzung des Erdbodens angegeben, denn die Grabung selbst wurde wieder geschlossen.
Mit dem Beginn der Königszeit und der Herrschaft der etruskischen Könige über Rom hat sich das Tal als Teil der aus dem Zusammenschluß der einzelnen vorgeschichtlichen Siedlungen entstehenden Stadt gleichzeitig zu deren Zentrum entwickelt. Durch eine erste Kanalführung, die zum Teil auch heute noch in ihrem Verlauf zu verfolgende *Cloaca Maxima*, wurde die Senke trockengelegt. Danach wurde der Platz zum ersten Mal gepflastert.
Dieses war der Anfang einer Entwicklung, in deren Verlauf das Forum zum politischen und wirtschaftlichen Zentrum der wachsenden Großstadt und schließlich zum Mittelpunkt, zur Schaltstelle des römischen Weltreichs wurde. Zwei Monumente auf dem Forum symbolisieren diese Funktion: der *Umbilicus Urbis* (5) und das *Milliarium Aureum* (6). Beide liegen an der westlichen Schmalseite des Forums. Der *Umbilicus Urbis* (der ›Nabel der Stadt‹) – ein kleines Rundmonument aus severischer Zeit – bezeichnet den Mittelpunkt Roms, wie es aus griechischen Städten bekannt ist. Das von Augustus errichtete *Milliarium Aureum* – eine Säule, auf der die Entfernungen zu wichtigen Städten angegeben waren – bezeichnet jenen Punkt, an dem sich alle Straßen des römischen Weltreichs schneiden sollen (›Alle Wege führen nach Rom‹).
Das Forum entwickelte sich vom Marktplatz mit zunächst ländlichen Heiligtümern, den Bauten der organisierten Priesterschaften sowie Versammlungs- und Amtsgebäuden der staatlichen Organe zum repräsentativen Platz, dessen grundsätzliche Gestaltung unter Caesar und Augustus vorgenommen und später nicht mehr wesentlich geändert wurde; doch kamen zahlreiche immer größere, immer prächtigere Bauten hinzu. Und so bildete das Forum zu jeder Epoche ein Spiegelbild der politischen Verhältnisse und der Bedeutung der Stadt.
Interessant sind zunächst die alten traditionellen Heiligtümer, die bis in die Spätzeit gepflegt und benutzt wurden. Ein sakrales Gebäude, das auf diese frühe Epoche zurückgeht, liegt in der Nähe des archaischen Friedhofs auf der anderen Seite der *Via Sacra*, die das Forum von Westen nach Osten durchquert. Es handelt sich um die *Regia* (18), das ›Haus des Königs‹. Doch hatte das Gebäude schon während der Zeit der Republik nicht die Funktion eines Wohnhauses, sondern diente dem *rex sacrorum* (›Oberpriester‹) als Raum für Amtsgeschäfte und zur Aufbewahrung kultischer Geräte. Seit dem 6. Jahrhundert vor Chr. bis in die Kaiserzeit hat dieser Bau seine ursprüngliche unregelmäßige Form behalten, obwohl zahlreiche Bauphasen im Grabungsbefund zu unterscheiden sind und von mehrmaligem Wiederaufbau und Restaurierung zeugen.
Hinter der *Regia* liegen der Tempel der Vesta (19) und das Haus ihrer Priesterinnen (20). Der Kult der Vesta gehörte zu den ältesten der Stadt. Vesta, die griechische Hestia, war die Göttin des Herdfeuers, dessen Pflege und Kult der einzigen weiblichen Priesterklasse Roms anvertraut war. Die Vestalinnen mußten sich strengen Regeln unterwerfen, doch sie genossen auch besondere Privilegien.
Priesterinnenhaus und Rundtempel bildeten zusammen eine einzige Anlage. Die heute erhaltenen Bauten gehören einer späteren Epoche an. Von einer früheren Anlage, die anders orientiert und wesentlich kleiner war als die erhaltene, hat man noch erhebliche Überreste entdecken können. Der Tempel wurde mehrfach durch Brand zerstört – schließlich hielt man in ihm das heilige Feuer ständig lebendig – und wieder aufgebaut. Die letzte Restaurierung unternahm Iulia Domna, die Frau des Septimius Severus, wie aus diesem Anlaß geprägte Münzen zeigen. Dabei wurde aber im wesentlichen die alte Form wiederhergestellt.

▷ *Roma.* Kapitol und *Forum Romanum*

Der sich hinter dem Tempel anschließende Bau besteht aus einem rechteckigen Haus mit Brunnenanlage, umgeben von einem mehrstöckigen Portikus und dahinterliegenden Räumen. Im Hof standen Statuen der Vorsteherinnen der Priesterschaft, einige dieser Statuen sind noch heute hier zu besichtigen.
Ebenfalls schon seit der Frühzeit der Stadt verehrte man die Quelle der Iuturna, die bis zum Bau der ersten Wasserleitungen auch zur Entnahme von Trinkwasser genutzt wurde. Die Quelle, die der Nymphe Iuturna heilig war, wurde zur Zeit der späten Republik in einem gemauerten Becken aufgefangen. In der Kaiserzeit wurde die Fassung restauriert. Das Quellheiligtum steht in enger Verbindung zum nahegelegenen Tempel der Dioskuren (15). Beim Quell fanden sich Statuen von Castor und Pollux aus späthellenistischer Zeit und außerdem ihre Darstellungen auf einem kaiserzeitlichen Altar. Der Kult der Dioskuren hatte sich schon früh in Rom etablieren können. Die ursprünglich griechischen Halbgötter sollen bei der Schlacht am See *Regillus* im Jahre 499 vor Chr., als Anhänger des vertriebenen etruskischen Königs Tarquinius Superbus die Macht in Rom wiederzugewinnen versuchten, zugunsten der Römer eingegriffen und ihnen nach der Schlacht den guten Ausgang verkündet haben. Ihre Pferde tränkten sie an der Iuturnaquelle. Gleich nach der Schlacht wurde ein erster Tempel für die Dioskuren gebaut. Nachdem der Bau mehrfach zerstört und wiederaufgebaut worden war, ließ schließlich Tiberius, Stiefsohn und designierter Nachfolger des Augustus nach dem Tod dessen beider Enkel, den neuen Tempel im Jahre 6 nach Chr. weihen. Die heute erhaltenen Reste stammen von diesem Bau.
Ein weiteres uraltes Kultmal auf dem Forum ist der *Lapis Niger* (9). Hier ist mit schwarzen Steinplatten (daher der Name) im sonst hellen Travertinpflaster eine Stelle markiert, die als Grab des Stadtgründers Romulus verehrt wurde. Ausgrabungen unter dem Stein haben ergeben, daß hier schon spätestens seit dem 6. Jahrhundert ein Kultplatz lag. Auf einer Stele ist die älteste bekannte Inschrift in lateinischer Sprache entdeckt worden.
Zu den traditionellen Kultplätzen auf dem Forum gehören auch der *Lacus Curtius*, der mit mehreren Sagen aus der Frühzeit der Stadt in Verbindung gebracht wurde, und die Stelle, an der heute wieder wie in der Antike ein Feigenbaum, ein Ölbaum und ein Weinstock wachsen.
Diese Kultmale wurden bei der Pflasterung des Forums ausgespart. Unter Caesar erhielt der Platz nicht nur einen neuen Plattenbelag, der noch an einigen Stellen erhalten ist, sondern außerdem ein unterirdisches System von Zugängen und Stollen. Sogar Reste von hölzernen Aufzügen sind in den Schächten noch entdeckt worden. Das *Forum Romanum* diente, wie es vor allem in kleineren Städten üblich war, also auch für die Aufführung von Gladiatorenspielen und Tierhetzen, und die unterirdischen Anlagen hatten dieselbe Funktion wie die Gänge und Schächte im *Colosseum* (S. 166ff.). Durch die erneute Pflasterung des Forums zur Zeit des Augustus wurden die Einrichtungen für die Spiele unbrauchbar. Aber sie waren ja auch nicht mehr nötig, denn zur gleichen Zeit errichtete Statilius Taurus das erste steinerne Amphitheater in Rom, das nun speziell für diese Aufführungen zur Verfügung stand.
Die augusteische Pflasterung des Forums in Travertin ist die heute sichtbare. Sie wurde von dem Praetor Lucius Naevius Surdinus veranlaßt und durchgeführt. In großen Bronzebuchstaben, die in den Plattenbelag eingelassen waren (heute restauriert), hat er seinen Namen verewigt. Das war offenbar nicht ungewöhnlich, denn in der gleichen Weise hat sich Aulus Aemilius auf dem Forum von Terracina (s. S. 220) als Stifter des Pflasters ein Denkmal gesetzt.
Zu den Tempeln und Heiligtümern, die schon in der Frühzeit entstanden, wenn auch der erhaltene Baubestand auf oft viel jüngere Restaurierungen zurückgeht, gehören an der Westseite des Forums noch der Tempel des Saturn (4), in dessen Vorbau der Staatsschatz

aufbewahrt wurde *(aerarium)*, und der Tempel der Concordia (3), der aus Anlaß der Beendigung der Feindseligkeiten zwischen Patriziern und Plebejern im Jahre 367 vor Chr. gegründet wurde. Von diesen Tempeln unterscheiden sich jene, die als Neubauten für Götter (Tempel der Venus und Roma des Hadrian (23)) oder als Ehrendenkmäler für vergöttlichte Mitglieder der kaiserlichen Familie errichtet wurden. Zu ihnen gehören zum Beispiel der Tempel des *Divus Iulius* (14) für den vergöttlichten Caesar, der unter Domitian errichtete Tempel des Vespasian und Titus (2) und der Tempel der Faustina (16), den Antoninus Pius für seine verstorbene Frau gebaut hatte und in dem nach seinem Tod durch eine zusätzliche Weihung auch ihm göttliche Verehrung zuteil wurde.

Der sogenannte Tempel des Romulus (21), von dem man glaubte, er sei von Kaiser Maxentius für seinen Sohn Romulus erbaut worden, war dagegen wahrscheinlich der Tempel der Penaten, der zu Beginn des 4. Jahrhunderts nach Chr. neu gebaut wurde, weil das alte Heiligtum dem Bau der Maxentiusbasilika (22) hatte weichen müssen.

In ähnlicher Weise auf einzelne Persönlichkeiten bezogen waren die Ehrenbögen auf dem Forum. Es handelte sich hierbei allerdings nicht um Monumente göttlicher Verehrung, sondern um Ehrendenkmäler aus aktuellem Anlaß. Die Triumphbögen des Titus (24) und des Septimius Severus (7) sind die einzigen auf dem Forum erhaltenen, doch sind Reste einiger weiterer gefunden worden. Ehrendenkmäler (11) wurden auch auf dem freien Platz bei der Curia (8) aufgestellt. Der erste war Domitian mit einer Reitersta-

▽ *Roma. Forum Romanum* (von Süden)

tue, deren Fundamentierung noch erhalten ist, während die Statue gleich nach seinem Tode entfernt wurde, als der Kaiser der *damnatio memoriae* verfiel, der Vernichtung seines Andenkens. Erst in der Spätantike wurden auf dem Platz Ehrendenkmäler in größerer Zahl aufgestellt. Zu ihnen gehören zum Beispiel die in einer Reihe vor der *Basilica Iulia* (10) aufgestellten Säulen, die Statuen trugen. Heute sind kaum mehr als ihre Sockel erhalten.

Die Ehrenbögen und -säulen gehörten zwar nicht zu den religiösen Gebäuden, doch sind sie und die Tempel für die vergöttlichten Kaiser unter einem gemeinsamen Aspekt zu sehen. Hier wie dort kann man in den Denkmälern den Ausdruck eines politischen Anspruchs, einer politischen Demonstration sehen. Und in jedem Fall war das Forum dafür ›das richtige Forum‹, war es doch praktischer und ideeller Mittelpunkt des politischen Lebens in Rom und im römischen Reich.

Ein Beispiel für die enge Verbindung zwischen Religion und Politik ist der Tempel des *Divus Iulius* (14). Sein Bau war kurz nach dem Tod Caesars beschlossen worden, und man errichtete ihn an der Stelle jenes Scheiterhaufens, auf dem Caesar verbrannt worden war. Doch nicht nur diese Erinnerung war mit dem religiösen Akt seiner Erhebung zum *Divus* verbunden, obwohl schon das ein wichtiger Punkt in der Legitimierung der Macht des Augustus war (s. S. 127). Bedeutender noch ist, daß die dem Forumsplatz zugewandte Seite des Podiums als Rednertribüne diente und wie die Rostra (12) an der gegenüberliegenden Schmalseite des Platzes mit Schiffsschnäbeln geschmückt war (s. S. 208).

Der Caesar-Tempel entstand im Zuge einer Neugestaltung des Forums, die noch von Caesar selbst initiiert und begonnen worden war. Die Umgestaltung betraf natürlich nicht die Lage der traditionellen Heiligtümer, war aber dennoch tiefgreifend, da die alten Bauten, die Zentren im politischen Leben der republikanischen Zeit, völlig entfernt und neu aufgebaut wurden. Die alte Curia, der Sitz des Senats, wurde abgerissen, ebenso die Rostra und das Comitium, der runde, von Stufen umgebene Versammlungsplatz, der ähnlich ausgesehen haben muß wie die erhaltenen Comitien in *Paestum* (s. S. 23) und *Cosa* (s. S. 88). Von diesen alten Bauten und den umliegenden Gebäuden gibt es kaum noch Spuren.

Die von Caesar begonnene Umgestaltung bedeutete vor allem den Versuch einer Regulierung der bis dahin ohne übergreifende Planung entstandenen Gebäude. Sein neu errichtetes *Forum Iulium* nahm einen großen Teil des durch den Abriß gewonnenen Areals ein: direkt angrenzend entstand die neue Curia, deren heute sichtbare Bausubstanz aber von einem diokletianischen Wiederaufbau stammt. Von den großen Basiliken, die für Handel und Finanzgeschäfte ebenso zur Verfügung standen wie für Gerichtsberatungen und -verhandlungen, hatte Caesar die *Basilica Porcia* abreißen lassen und nicht wieder ersetzt, während er an der Stelle der *Basilica Sempronia* die *Basilica Iulia* (10) errichten ließ, die den Namen seiner Familie trug.

Augustus führte die Pläne Caesars weiter, sobald er Alleinherrscher war. Er weihte die Curia ein und den Tempel des *Divus Iulius.*

Zu den zur Staatsverwaltung wichtigen Gebäuden gehörte auch das *tabularium* (1), das am Kapitolshang liegt. Die erhaltenen Bögen und Arkaden stammen aus dem Wiederaufbau nach dem Brand des Jahres 83 vor Chr. und bildeten den Unterbau des eigentlichen Staatsarchivs, das vom *Asylum*, dem Sattel des Kapitols, aus zugänglich war.

Wirtschaft und Handel dienten mehrere große Basiliken. Der von Caesar erbauten und von Augustus neuerbauten Basilika gegenüber liegt die ältere *Basilica Aemilia* (13), die ihren Namen nach einem ihrer Erbauer trägt. Sie war im Jahre 179 vor Chr. errichtet worden und wurde während der folgenden Jahrhunderte mehrmals restauriert. Von einem Brand zeugen noch die Reste geschmolzener Münzen, die untrennbar mit den farbigen Marmorplatten des Fußbodens ver-

schmolzen sind. Außen an der dem Forumsplatz zugewandten Seite der Basilika lagen Ladenlokale *(tabernae)* hinter einem Portikus.
Im östlichen Teil des Forums an der *Via Sacra* liegt die zuletzt errichtete Basilika des Forums, deren drei riesige erhaltene Gewölbe die Reste des einen Seitenschiffs darstellen. Maxentius hatte mit dem Bau begonnen, und unter Kaiser Konstantin wurde er mit abgewandeltem Plan vollendet.

● Die von Caesar geplante und begonnene Umgestaltung des *Forum Romanum*, die Augustus schließlich fortführte, zeigt die Tendenz, den ›unordentlichen‹ Platz, die regellose Anordnung der nach Tradition oder aktuellem Bedarf meist ohne Bezug zueinander errichteten Bauten zu systematisieren und die Gebäude durch Symmetrie und Fluchtlinien zu einem einheitlichen Komplex zusammenzuschließen. Zum Teil aus praktischen Erwägungen, nämlich um den für die vielfältige Nutzung zu eng gewordenen Raum durch einen zusätzlichen Platz zu erweitern und Räumlichkeiten speziell für Gerichtsverhandlungen und Unterricht bereitzustellen, begann Caesar mit dem Bau einer neuen Forumsanlage nordwestlich des alten Platzes. Um das Grundstück für diese Neuanlage vorzubereiten, ließ er mehrere alte, traditionsreiche Gebäude wie das alte Comitium abreißen oder nicht wieder restaurieren – das begünstigte die Neugestaltung des alten Forums im angedeuteten Sinne. In der Tat war das *Forum Romanum* als architektonische Anlage wenig repräsentativ, verglichen mit den bereits bestehenden hellenistischen Platzanlagen im griechischen Osten, deren formale Merkmale Symmetrie, Axialität und von Gebäuden homogener Gestaltung umgebener Raum waren. In einigen italischen Städten, die ihr Entstehen einem Willensakt, einem originären Entwurf der römischen Siedler und Besatzer verdanken, bestanden schon Fora, die einen umlaufenden Portikus, einen platzbeherrschenden Tempel etc. besaßen (s. z. B. *Minturnae* S. 228, Pompeji S. 279 ff.). Auch in Rom gab es bereits repräsentative Plätze, die jene Geschlossenheit und die formale Konzeption der Axialität und Symmetrie aufwiesen (s. Pompeiustheater S. 160 ff.). Diese bekannten Prinzipien verwirklichte Caesar in dem Neubau. Unter Einsatz ungeheurer Geldmittel mußte er den benötigten Baugrund erwerben. Cicero schreibt im Jahre 54 vor Chr. an Atticus (IV 17 [16], 8): »Daher haben Caesars Freunde – ich meine mich und Oppius, magst Du auch vor Wut platzen – für das Bauvorhaben, für das Du schon immer so begeistert warst, die Erweiterung des Forums und die Erstreckung bis zum Libertasheiligtum, die Kleinigkeit von 60 Millionen (Sesterzen) aufgewendet, billiger konnten wir mit den privaten Eigentümern nicht abschließen.« (Übers. H. Kasten)
Einige Jahre später, anläßlich der Schlacht bei Pharsalos 48 vor Chr., gelobte Caesar den Bau eines Tempels für *Venus Genetrix* (2), mit welchem der Platz erst einen würdigen Abschluß, eines seiner charakteristischen Merkmale erhielt. Tempel und Forum (1) wurden in noch unfertigem Zustand im Jahre 46 vor Chr. eingeweiht. Mit dieser repräsentativen Anlage schuf Caesar zwar Räumlichkeiten für die römischen Bürger, ihre Geschäfte und Anliegen (speziell Justiz und Schulbetrieb), gleichzeitig aber war es eine Selbstdarstellung seiner Person, zwar nicht so direkt wie im späteren Augustusforum (s. S. 130 ff.), doch gegenwärtig vor allem im Tempel für die Göttin, die als Mutter des Aeneas Stammutter des julischen Geschlechts war. Caesar erhob mit diesen Bauten, die sich in so eindeutiger, bezeichnender Weise von den republikanischen Bauten unterschieden, einen persönlichen und auch dynastischen Machtanspruch.
An der nördlichen und der südlichen Längsseite umgaben zweireihige Portiken den Platz. Im Süden lagen hinter dem Portikus mehrgeschossige Geschäftsräume *(tabernae)*.

▷ *Roma. Forum Romanum*

Der Tempel der *Venus Genetrix* nimmt die westliche Stirnseite des Platzes ein. Er hat, wohl als frühester römischer Tempel, eine zentrale Apsis an der Rückwand, die das Kultbild beherbergte. Außer dem Bild der Göttin standen in dem Tempel weitere Kunstwerke, die Caesar speziell für diesen Zweck zu einem außerordentlich hohen Preis gekauft hatte.

Forum und Tempel wurden erst unter Augustus fertiggestellt; die heute sichtbaren Reste der ornamentierten Gebälke und Friese des Tempels stammen aber aus der trajanischen Epoche, als man das Forum weitgehend restaurierte. In der caesarischen Bauphase dieser gewaltigen Anlage bildeten zwei Apsiden neben dem Tempel den Abschluß des Platzes nach dieser Seite hin.

Die heute sichtbaren Säulen der Portiken stammen aus einer noch späteren Phase des Wiederaufbaus. Nach einem Brand im Jahre 283 nach Chr., der auch die Curia in Mitleidenschaft gezogen hatte (s. S. 126), ließ Diokletian das Forum wiederherstellen.

● Im Jahre 2 vor Chr. konnte Augustus, soeben zum *pater patriae* (›Vater des Vaterlandes‹) erhoben, ein Gelübde einlösen, das er vierzig Jahre früher, vor der Schlacht bei Philippi gegen die Mörder seines Adoptivvaters Caesar, abgelegt hatte: er weihte den Tempel des *Mars Ultor* (›Rächer‹) ein, der als wichtigstes Gebäude sein Forum beherrschte (4). Augustus griff das im Caesarforum vorgebildete Konzept auf und schuf eine perfekt durchdachte Platzanlage mit wegweisenden architektonischen Lösungen, die bei den späteren römischen Kaisern Anklang und Nachahmung finden sollten.

Augustus berichtet in seiner Autobiographie (*res gestae* 21), er habe den Bau des Forums aus Kriegsbeute finanziert. Der Grund und Boden gehörte ihm selbst, doch war der Ankauf mit Schwierigkeiten verbunden gewesen, zumal Augustus auf restriktive Maßnahmen wie Enteignung verzichtet hatte. So mußte der erste Entwurf den Verhältnissen angepaßt werden; der Grundriß zeigt denn auch die durch frühere Bebauung und Bodenbeschaffenheit bedingte, etwas beengte Lage. Die hohe Umfassungsmauer des Forums, mit Peperinblöcken aus den Brüchen von Gabii (*lapis Gabinus,* s. S. 243) und Travertin gebaut, konnte an der Rückseite des Mars-Ultor-Tempels nicht symmetrisch geführt werden, sie biegt im nord-östlichen Teil mit Rücksicht auf den Hang zur Subura, das höhergelegene Wohnviertel, um.

Der Haupteingang lag an der Seite vor der Tempelfront; mit Sicherheit war er monumental gestaltet. Dieser Bereich ist nicht ausgegraben und liegt unter der Via dei Fori Imperiali, jener Paradestraße, die Mussolini mit dem Namen Via dell'Impero als Achse zwischen der Piazza Venezia und dem *Colosseum* anlegen ließ.

Die Anlage des Forums ist symmetrisch; der Platz wird an beiden Längsseiten von Portiken gerahmt. Auf der Höhe des Tempels, der den rückwärtigen Teil des Forums beherrscht, befinden sich, genau in der Flucht der Tempelfassade, seitlich zwei Exedren. Der Architekt des Augustus, dessen Name nicht überliefert ist, hat mit diesem Entwurf Maßstäbe gesetzt: Apollodoros von Damaskus übernahm dieses Prinzip für das Forum des Trajan (s. S. 133ff.). Wie sehr diese imperiale Anlage auch noch auf viel spätere Prachtbauten eingewirkt hat, zeigt EUR – das Gelände für die geplante Weltausstellung 1942 in Rom, welches unter Mussolini erbaut wurde und Elemente der *Kaiserfora* aufnimmt, wenn auch in monumentalem Maßstab in Entwurf und Details wie der Mittelachse und den flankierenden Exedren. Beim Augustusforum war, im Gegensatz zu der neuzeitlichen Anlage, dem Betrachter das System, der Entwurf nicht auf den ersten Blick klar und durchschaubar. Beim Betreten des Forums nahm er zwar gewiß Axialität und Symmetrie der Bauten wahr, fühlte sich vielleicht dadurch in das Zentrum, zum Tempel hin, gezogen, doch verdeckten die hohen Aufbauten der Portiken den Blick auf die Exedren, und es lenkten ihn wohl auch die vielen ausgestellten Gegenstände und

△ *Roma. Kaiserfora*

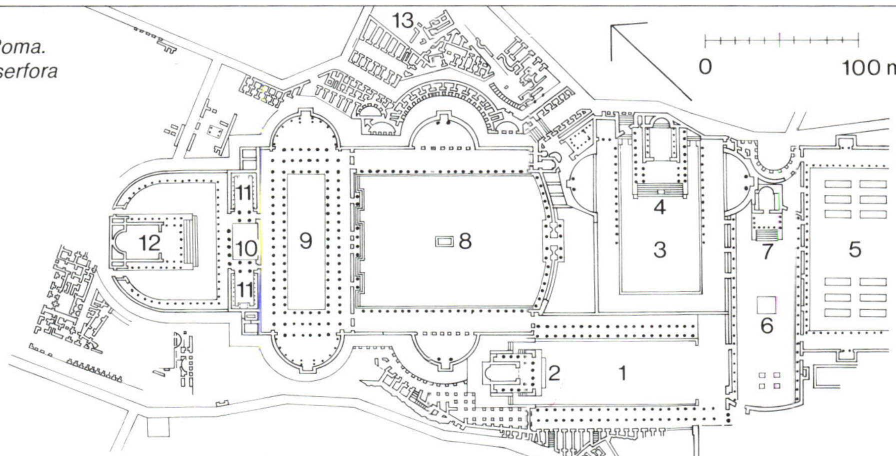

Roma. Kaiserfora (nach Coarelli)

1 Caesarforum
2 Tempel der *Venus Genetrix*
3 Augustusforum
4 Tempel des *Mars Ultor*
5 *Templum Pacis*
6 *Forum Transitorium*
7 Tempel der Minerva
8 Trajansforum
9 *Basilica Ulpia*
10 Trajans-Säule
11 Bibliotheken
12 Tempel des Divus Traianus
13 Trajans-Märkte

Statuen ab und verlockten ihn, sich den Seiten des Platzes zuzuwenden. Denn die Selbstdarstellung des Augustus bediente sich der Ausstattung als ›lesbare‹ Historie wie eines Bilderbogens. Wie der Münchner Archäologe Zanker in neuerer Zeit ausführlich dargestellt hat, bildeten Ausstattung und Schmuck des Forums ein umfassendes Programm zur Verherrlichung des Kaisers, seiner Verdienste, seiner Abstammung und damit seiner Legitimation. Zwei Gedanken waren es im wesentlichen, die den Anspruch und die Macht des Augustus begründeten: seine Verdienste um Rom, mit denen er sich als Vollender in die Reihe der historischen Militärs und Staatsmänner bis hin zum mythischen Gründer und Sohn des Mars, Romulus, stellen konnte; und zum anderen seine göttliche Abstammung, da sich seine Familie auf Anchises, den Geliebten der Venus, seinen Sohn Aeneas und dessen Sohn Ascanius-Iulus zurückführte. Dementsprechend standen in den Nischen an der Rückwand der Portiken und der Exedren auf der einen Seite die Vorfahren des Augustus, auf der anderen die berühmten Feldherrn und Politiker der römischen Geschichte. Auch die Figuren im Giebel des Tempels nahmen diese Anspielungen zur Abstammung und Stellung des Augustus auf. In der Apsis stand als Kultbild eine Gruppe von drei Statuen, die göttlichen Ahnen des Augustus: Venus, der eigentliche Tempelinhaber Mars und *Divus Iulius*, der vergöttlichte Caesar. Andere Ehrenmale des Forums erinnerten direkt an militärische Erfolge des Augustus: erbeutete Waffen und römische Feldzeichen. Auch die Statuen der Karyatiden im Attikageschoß der Portiken, die Kopien der Koren des Erechtheions auf der Akropolis in Athen waren und ursprünglich das Gebälk trugen, galten als Symbol der Unterwerfung fremder Völker.

Einige Fragmente der Bauplastik unterscheiden sich im Stil von den augusteischen Arbeiten und lassen erkennen, daß zur Zeit des Hadrian Restaurierungsarbeiten vorgenommen wurden.

● Der Friedenstempel (*Templum Pacis*, 5) gilt nicht als Kaiserforum im engeren Sinne; er erhielt den Namen erst in der Spätantike. Seine Nähe zum Augustusforum jedoch, die repräsentative Anlage des Platzes und die Ausstattung und Funktion der dazugehörigen Räumlichkeiten lassen ihn jenem ganz ähnlich erscheinen. Kaiser Vespasian, der aus den Wirren nach dem Tode Neros im Vierkaiserjahr (69 nach Chr.) als Sieger hervorgegangen war, ließ den Tempel zur Erinnerung an den Sieg über die Juden und die Einnahme Jerusalems errichten. Er wurde in den Jahren 71 bis 75 nach Chr. an der Stelle eines früheren Macellum gebaut. Der Friedenstempel selbst nimmt einen offenen Raum in der Mitte einer der Säulenhallen ein, die den weiten Platz umgeben. Eine Apsis beherbergte das Kultbild. An der Kirche SS. Cosma e Damiano sind heute noch die Reste des Raumes rechts neben dem Tempel zu sehen; allerdings stammt die Bausubstanz zum Teil von einer Restaurierung in severischer Zeit. An der Wand sind Stiftlöcher zu erkennen, mit denen der ebenfalls in der severischen Epoche (genau zwischen 203 und 211 nach Chr.) entstandene marmorne Stadtplan, die *Forma Urbis*, angebracht war (s. S. 115ff.). Die Kirche SS. Cosma e Damiano selbst nimmt den danebenliegenden Bibliotheksraum ein, dessen Funktion an den Resten der flachen Nischen in den Wänden, die zur Aufnahme der Bücherschränke bestimmt waren, noch erkennbar ist.

● Domitian nutzte mit der Anlage seines Forums den freien Raum, der zwischen Augustus- und Caesarforum einerseits und dem *Forum Pacis* andererseits noch verblieben war. Aus dieser Lage resultiert der Name *Forum Transitorium* (6), ›Durchgangsforum‹. So entstand ein langgestreckter, schmaler Platz, dessen geschwungene Eingangsseite hinter der *Basilica Aemilia* (s. S. 126f.) zu sehen ist, während der Großteil der Anlage unter der Straße liegt. Die rückwärtige Schmalseite des Forums nahm der Tempel der Minerva (7) ein, denn Domitian

verehrte diese Göttin ganz besonders. Der zur Verfügung stehende Raum reichte zur Errichtung eines richtigen Portikus, einer begehbaren Säulenhalle, nicht aus. Daher wurden die Säulen in geringem Abstand zur Wand aufgestellt und mit dieser durch ein verkröpftes Gebälk verbunden. Von dem Fries ist ein Teil bei den beiden einzig aufrecht erhaltenen Säulen zu sehen.
Das Forum wurde erst im Jahre 97 nach Chr. unter Domitians Nachfolger Nerva fertiggestellt und geweiht. Daher trägt es auch den Namen Nervaforum.

● Das Forum des Trajan ist das jüngste, gleichzeitig das größte und aufwendigste Kaiserforum. Es wurde von dem Architekten Apollodoros von Damaskus erbaut, der neben diesem Hauptwerk für seinen Auftraggeber Trajan mehrere große militärische und zivile Bauvorhaben entwarf und durchführte. Berühmt ist eine Donaubrücke, die im Zuge der Kriege gegen die Daker entstand. Auch die Thermen des Trajan in Rom (S. 170ff.) stammen wahrscheinlich von ihm, und vermutlich war er auch der Erbauer der hinter dem Forum gelegenen *mercati Traianei*, auch wenn in diesem Fall sein Name als der des entwerfenden und ausführenden Architekten nicht ausdrücklich überliefert ist. Unter Hadrian fiel er in Ungnade und mußte in die Verbannung gehen.
Um Platz zu schaffen für diese mächtige Anlage, wurde das Erdreich zwischen Kapitol und Quirinal abgetragen und planiert. Die Inschrift auf dem Sockel der Trajanssäule erinnert daran und vermerkt, die Höhe des abgetragenen Sattels zwischen den beiden Hügeln habe der Höhe der Säule entsprochen.
Der Haupteingang des Forums lag im Osten, an der Flanke des Augustus-Forums. Er war als monumentaler Bogen gestaltet und mit der Statue des Kaisers auf einem sechsspännigen Wagen gekrönt, wie Darstellungen auf Münzen belegen. Auf dem sich hinter der leicht geschwungenen Eingangswand öffnenden Platz stand das Reiterstandbild des Kaisers. Hinter den seitlichen Portiken öffnen sich große Exedren, ähnlich jenen des Augustusforums. Die Stirnseite des Platzes nimmt die quergelagerte *Basilica Ulpia* (9) ein (*Ulpius* war der Gentilname Kaiser Trajans). Die Apsiden an den beiden Schmalseiten der Basilika haben dieselben Ausmaße wie die Exedren des Platzes. Außen wie innen war die Basilika reich mit Skulpturen geschmückt. Im Jahre 112 nach Chr. wurde sie eingeweiht, ein Jahr später die Säule des Trajan (10), die an zentraler Stelle als Siegesmonument und Grab des Kaisers das Forum schmückte. Der Sockel mit der Inschrift ist als Grabkammer ausgestaltet, und nach Trajans Tod wurde seine Asche hier beigesetzt. Eine Statue des Kaisers krönte die Spitze der Säule, an ihrer Stelle steht heute eine Bronzestatue des heiligen Petrus. Wie mit einem Spiralband umwunden, ist die Säule mit einem umlaufenden Relief geschmückt, auf dem die Dakerkriege des Trajan in Einzelszenen dargestellt sind. Dieses Monument, als Siegessäule auf dem Forum des Kaisers an dem ihm angemessenen Ort, diente, wie gesagt, gleichzeitig als Grabdenkmal. Das ist insofern ungewöhnlich, als Bestattungen innerhalb des Pomeriums, der sakralen und juristisch verbindlichen Umgrenzung der Stadt, nach republikanischem Recht nicht erlaubt waren. Ausnahmen gab es für die Vestalinnen und sonst nur jeweils auf der Grundlage eines Senatsbeschlusses für Verdienste um das Gemeinwohl in Krieg oder Frieden, also etwa für Triumphatoren; so wurde z. B. Agrippa auf dem Marsfeld beigesetzt. An diese Tradition knüpft Trajan hier an.
Rechts und links neben der Säule standen zwei Bibliotheksbauten (11), welche eine lateinische und eine griechische Bibliothek beherbergten.
Die großen Exedren erinnern an das Forum des Augustus; auch der Statuenschmuck, der nur zu einem kleinen Teil erhalten ist, nahm offenbar einige Gedanken des Ausschmükkungsprogramms des Augustusforums auf. So hat vermutlich eine Statuengalerie in den

△ *Roma.* Augustusforum

Portiken die Präsentation wichtiger Persönlichkeiten der römischen Geschichte mit Gestalten der jüngeren Vergangenheit der Stadt fortgesetzt. Anstelle der Karyatiden trugen Statuen gefangener Daker das vorkragende Gebälk im Obergeschoß der Hallen; sie sind als Symbol der unterworfenen Gegner deutlicher und unmittelbarer verständlich als jene.

Nach dem Tode Trajans wurde unter seinem Nachfolger Hadrian in einem sich nach Westen hin anschließenden Säulenhof, dessen genaue Form unbekannt ist, ein Tempel für den *Divus Traianus* (12), den vergöttlichten Trajan, errichtet.

Leider sind nur wenige Reste erhalten, der Bau selbst ist nicht ausgegraben und liegt unter zwei barocken Marienkirchen. Ob der Tempel schon im ursprünglichen trajanischen Entwurf mit eingeplant war, ist unter den heutigen Forschern noch umstritten. Jedenfalls wurde er unter Hadrian, vermutlich im Jahre 121 nach Chr., eingeweiht, als auch Trajans Frau Plotina gestorben war und zu-

△ *Roma.* Augustusforum.
Modell (Casa dei Cavalieri di Rodi)

sammen mit ihrem göttlichen Gemahl hier verehrt wurde.

● Der Ausbau der Trajansmärkte (*mercati Traianei*, 13) war, wie man aus den Stempeln der verbauten Ziegel schließen kann, schon vor der Einweihung des Forums beendet. Hinter der nordöstlichen Exedra des Platzes erhebt sich der halbrunde, mehrstöckige Komplex kleiner *tabernae* (Läden), die von einer hinter der Exedra-Mauer umführenden Straße zugänglich waren. Höher gelegen, hinter dieser ersten Ladenreihe, erlaubte eine weitere Straße, die *Via Biberatica*, den Zugang zu zahlreichen weiteren Geschäftsräumen. Von der anderen Seite aus gelangte man in den zentralen Raum des ganzen Komplexes, eine große überwölbte Halle, die seitlich wiederum kleinere Räume in zwei Stockwerken beherbergte; sie werden noch heute für Ausstellungen genutzt. In der terrassenartigen Anlage ist der zur Verfügung stehende Raum, der ja erst mühsam durch Erdarbeiten hatte geschaffen werden müssen, bis ins Letzte ausgenutzt. Neben den eigentlichen Läden gab es auch Räume, die aller Wahrscheinlichkeit nach als Verwaltungsbüros des Geschäftszentrums dienten.

Weiterführende Literaturhinweise:
M. Grant, The Roman Forum, Verona 1970.
P. Zanker, Forum Romanum, Tübingen 1972.
P. Zanker, Forum Augustum, Tübingen 1968.
P. Zanker, Das Trajansforum in: Archäologischer Anzeiger 1970, 499ff.

▷ *Roma.* Area Sacra di Largo Argentina

Tempel

In ihrer Frühzeit besaß die Stadt Rom mehrere heilige Stätten, an denen in einem offenen Kultbezirk oder Hain Naturgottheiten verehrt wurden. Die Quelle der Iuturna (s. S. 124), einer Quellnymphe, ist ein Beispiel. Später erst wurden dann Heiligtümer dieser Art architektonisch ausgestaltet. Manchmal bestimmte ein Naturereignis den Platz für einen Tempel, wie etwa der Blitz-Einschlag auf dem Palatin den Ort für den Apollo-Tempel (S. 143). Auch durch ein historisch-mythologisches Geschehen konnte ein Ort geweiht und für die Verehrung einer Gottheit oder eines Heros bestimmt sein, wie etwa wiederum die Quelle der Iuturna, wo die Dioskuren ihre Pferde tränkten, der *Lacus Curtius* oder auch das Grab des Romulus (S. 124). Ein Tempel oder heiliger Bau an einer der Gottheit heiligen Stelle blieb stets an demselben Ort. Wenn er bei einer Katastrophe zerstört wurde oder ein anderes besonderes Ereignis eine Restaurierung oder einen Wiederaufbau notwendig oder wünschenswert machte, geschah das meistens in derselben Form, die auch der alte Bau besessen hatte – oft sogar unter Verwendung noch erhaltener Bauteile. Manchmal ging der Traditionalismus so weit, daß der alte Bau, der eigentlich längst nicht mehr ›modern‹ gewesen war und nicht dem Stil einer neuen Zeit entsprach, dennoch in vielen Einzelzügen kopiert wurde. Mußten doch einmal alte Tempel neuen Bauten weichen, so erinnerten irgendwelche Zeichen an die heilige Stätte, wie es wahrscheinlich beim Bau des Marcellus-Theaters geschah, in dessen Exedra zwei kleine Kultgebäude wohl die abgerissenen Tempel der *Diana* und der *Pietas* ersetzen sollten.
Ganz anders als mit jenen traditionellen Stätten des Kultes, in denen der geheiligte

▽ *Roma.* Area Sacra di Largo Argentina (nach Lugli)
A Tempel der Iuturna (?)
B Rundtempel
C Tempel der Feronia (?)
1 Curia des Pompeius
2, 3 Latrine

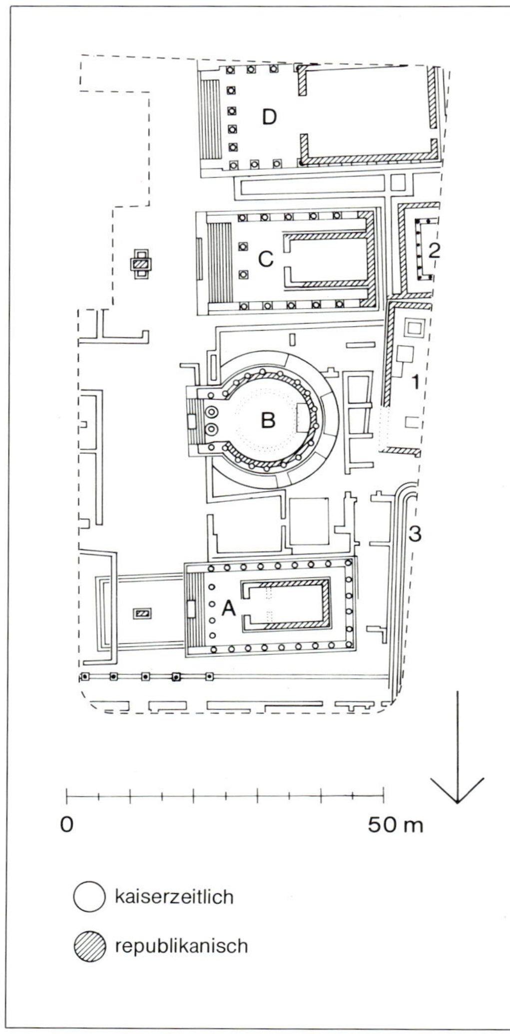

→142

Ort die Lage des Tempels bestimmte, verhielt es sich mit den Kultstätten in öffentlichen Bauten oder den Tempeln auf den Kaiserfora. Umgekehrt schuf hier die Architektur Anlaß und Umfeld für einen Tempelbau oder die Einrichtung einer Kultnische. So war etwa die Verehrung bestimmter Gottheiten, mehr oder weniger traditionell festgelegt, mit der Curia, dem Macellum, dem Theater, dem Circus oder den Thermen verbunden.

Die Kaiserfora, die als architektonische Anlage dem öffentlichen Leben, den Bedürfnissen der Bevölkerung dienten, bildeten gleichzeitig auch den für die religiöse Verehrung des Stifters angemessenen Platz, wie beispielsweise auf dem Trajansforum (S. 133ff.). Durch das Grab des Kaisers in der Trajanssäule und den Tempel des *Divus Traianus* erhielt dann wiederum der Platz die Weihe eines religiösen Ortes.

Nahe den ältesten und bedeutendsten der frühen Tempel entstanden oft weitere Heiligtümer, so daß das Stadtbild des antiken Rom mehrere Zentren besitzt, an denen zahlreiche Tempel oft eng nebeneinander stehen. Der wichtigste heilige Bezirk der Stadt war das Kapitol, der am frühesten besiedelte Hügel und befestigte Burgberg Roms. Der Kapitolinische Hügel besitzt zwei Kuppen, das Capitolium und die *arx* (›Burg‹). Der Sattel zwischen beiden, das antike *Asylum*, wird heute von der Piazza di Campidoglio eingenommen.

Der bedeutendste Tempel Roms, der Tempel für Jupiter, Iuno und Minerva, lag auf dem Capitolium. Mit seinem Bau begann Tarquinius Priscus, der als erster etruskischer König über Rom herrschte. Der Tempel, an der Stelle früherer Heiligtümer errichtet, besaß drei Cellen für die Verehrung des obersten Gottes und der beiden Göttinnen, wie sie für den etruskischen Typ des Tempels charakteristisch sind. Seitlich standen je sechs Säulen, und drei Reihen von je sechs Säulen tuskischer Ordnung trugen eine tiefe Vorhalle. Reste des Podiums aus großen Tuffblöcken sind im Untergeschoß des Konservatorenpalastes und auf dem Piazzale Caffarelli noch zu sehen.

Zur Zeit der Königsherrschaft war der Bau noch nicht fertiggestellt. Erst im Jahre 507 vor Chr., kurz nach Beginn der römischen Republik, wurde er eingeweiht. Das Datum seiner Weihung war ein historischer Fixpunkt der römischen Zeitrechnung. Zum Jahrestag der Einweihung schlug man am Jupiter-Tempel jeweils einen Nagel ein, und die Jahre zählte man daher *post aedem Capitolinam dedicatam*, ›nach der Einweihung des Kapitolinischen Tempels‹.

Der Tempel wurde mehrmals durch Brand zerstört und wieder aufgebaut. In den Kolonien entstanden Capitolia, Tempel, die wie ihr Urbild den Staatskult der Kapitolinischen Trias beherbergten und überall gegenwärtig sein ließen.

Auf der *arx* stand der Tempel der *Iuno Moneta*, der Juno als ›Mahnerin‹, wahrscheinlich dort, wo sich heute die Kirche Santa Maria in Aracoeli erhebt. Da in der Nähe des Tempels später die römische Münzprägestelle eingerichtet wurde, übertrug sich auf das Geld der Beiname der Göttin, *Moneta*, ein Begriff, der sich in vielen Sprachen bis heute erhalten hat.

Ein wichtiger Tempelbezirk des alten Rom lag östlich des großen Portikus, der sich an das Theater des Pompeius anschloß. Der Bereich ist auch auf erhaltenen Fragmenten der *Forma Urbis*, des severischen Marmorplanes der Stadt Rom, wiedergegeben. Während der Ausgrabungen in den Jahren 1926 bis 28 kamen am Largo Argentina Überreste von vier nebeneinanderliegenden Tempeln ans Licht. Sie wurden von den Ausgräbern in der Reihenfolge von Norden nach Süden mit den Buchstaben A bis D benannt, da nicht eindeutig ersichtlich war, welchen Gottheiten sie geweiht waren. Die Tempel haben mehrere Bauphasen erlebt, die auch Veränderungen des Bodenniveaus und neue Pflasterung des Platzes umfaßten.

Am ältesten ist Tempel C. Er entstand wohl um die Wende vom 4. zum 3. vorchristlichen Jahrhundert. Neueren Forschungen zufolge war er wahrscheinlich der Göttin Feronia geweiht, einer italischen Fruchtbarkeits- und Wassergottheit, deren bekanntestes Heiligtum *Lucus Feroniae* im Norden Roms liegt (S. 232 ff.). Im 3. Jahrhundert entstand in einiger Entfernung vom Tempel der Feronia der Tempel A. Möglicherweise war dieser Tempel der Quellnymphe Iuturna geweiht, die auf dem *Forum Romanum* eine ihr heilige Quelle besaß (s. S. 124).

Im 2. Jahrhundert vor Chr. wurde Tempel D errichtet. Während die beiden früher entstandenen Bauten überwiegend aus Tuff gebaut waren, wurde Tempel D aus Travertin erbaut. Er konnte mit dem literarisch überlieferten, 179 vor Chr. geweihten Heiligtum der *Lares Permarini* identifiziert werden, die speziell den Seereisenden beschützten.

Die drei Tempel waren zunächst unabhängig voneinander und standen noch nicht in einem einheitlich gestalteten Bezirk. Gegen Ende des 2. Jahrhunderts vor Chr. änderte sich das. Restaurierungsarbeiten, die wahrscheinlich durch den Brand im Jahre 111 vor Chr. notwendig geworden waren, verband man mit einer völligen Neugestaltung des Bereichs. Das Bodenniveau wurde um fast anderthalb Meter angehoben, der Platz insgesamt mit Tuffplatten gepflastert und mit einer Säulenhalle umgeben.

Danach wurde als letzter der vier Tempel am Largo Argentina der Rundtempel B errichtet. Fragmente einer weiblichen Kolossalstatue, die in der Nähe gefunden wurden, haben sicherlich zur Kultstatue des Tempels gehört. Doch läßt sich die Göttin nicht benennen, da keine typischen Attribute gefunden wurden.

Die Tempel weisen mehrere Phasen des Umbaus und der Wiederherstellung auf. Nach dem Brand im Jahre 80 nach Chr. wurde der Platz noch einmal neu gepflastert, diesmal mit hellem Travertin.

An der Westseite des Ausgrabungsbezirks sieht man Reste der sich anschließenden Bauten. Die Curia und die beiden danebenliegenden Latrinen gehörten zu dem Portikus des Pompeius-Theaters (s. S. 160 ff.).

Das *Forum Boarium* am linken Tiberufer gehörte in der Frühzeit zu jenem Bereich der späteren Stadt Rom, der das handelspolitische und verkehrstechnische Zentrum bildete und daher für die Entstehung der Stadt von großer Bedeutung war. Hier lag nicht nur der Übergang der nord-südlich verlaufenden Hauptverkehrsstraße über den Tiber (zuerst durch eine Furt, später dann über den *Pons Sublicius,* s. S. 178), sondern vor allem der Handelshafen am damals schiffbaren Tiber.

In dieser Gegend sind mehrere alte Tempelbezirke erhalten. Am Theater des Marcellus (S. 165) befinden sich die Tempel des *Apollo* und der *Bellona*, an der anderen Seite des Theaterbaus liegen eng nebeneinander die drei republikanischen Tempel am antiken *Forum Holitorium.* Sie waren wahrscheinlich dem *Ianus*, der *Spes* und der *Iuno Sospita* geweiht. Über dem mittleren Tempel wurde die Kirche S. Nicola in Carcere errichtet, die in ihre Seitenwände auch noch Säulenreihen der beiden flankierenden Tempel einbezieht. Ebenfalls in der Nähe, bei der Kirche S. Omobono, lag ein weiteres Heiligtum. Hier standen seit dem 4. Jahrhundert vor Chr. die beiden als Pendants errichteten Tempel der Fortuna und der *Mater Matuta* eng nebeneinander. Bei Tiefengrabungen wurde ein älterer Tempel noch unter diesen beiden Bauten entdeckt. Weiter südlich schließt sich das *Forum Boarium* an, der Rindermarkt. Hier sind zwei Tempel noch aufrecht stehend erhalten, ein runder und ein rechteckiger.

Der rechteckige Tempel, allgemein Tempel der *Fortuna Virilis* genannt, war sicher dem *Portunus*, dem Hafengott, geweiht. Vielleicht ist die falsche Benennung durch Verballhornung des Namens *Portunus* zustandegekommen. Der heute sichtbare Bau stammt aus dem 2. Jahrhundert vor Chr., doch besaß er viel ältere Vorgänger. Ein erster Tempel für *Portunus* wurde vielleicht schon zur Königszeit an dieser Stelle errichtet. Später mußte er, nach Brandkatastrophen, die das ganze *Forum Boarium* schwer in Mitleidenschaft zogen, mehrfach wiederaufgebaut werden.

Der Tempel hat die Form des Pseudoperipteros, bei dem nur die Säulen der Vorhalle freistehen, während die übrigen als Halbsäulen der geschlossenen Cellawand vorgeblendet sind.

Im Gegensatz dazu ist der nahegelegene Rundtempel ein Marmorbau: der früheste unter den erhaltenen Bauwerken Roms. Er wurde im 2. Jahrhundert vor Chr. mit importiertem griechischen Marmor errichtet. Ein großer Teil der Säulen und Kapitelle mußte aber später ersetzt werden, da der Tempel, wahrscheinlich bei der Tiberüberschwemmung des Jahres 15 nach Chr., schwer gelitten hatte. Die neuen Säulen bestehen aus einheimischem Marmor aus den Brüchen von *Luni* (Carrara), die seit der Zeit Caesars ausgebeutet wurden.

Wahrscheinlich stiftete ein reicher Kaufmann den Tempel, wobei er sich der Fähigkeiten eines griechischen Architekten bediente. Der Tempel wurde *Hercules Victor* geweiht, der unter dem Namen *Hercules Olivarius* Patron der Zunft der Ölhändler war.

Der große mit Marmor verkleidete Bau rechts unten im Bild stammt aus viel späterer Zeit. Es handelt sich um einen Bogen mit vier Durchgängen, wie er über einer Straßenkreuzung gestanden haben könnte. Er entstand im 4. Jahrhundert nach Chr. Seine Nischen an den Außenwänden sind heute ihres plastischen Schmuckes beraubt, und auch das ganze Obergeschoß, die Attika, fehlt. Wahrscheinlich war der Bogen, der unter dem Namen *Ianus Quadrifrons* bekannt ist, als Ehrenbogen für Kaiser Konstantin oder Constantius II. errichtet worden.

Weiterführende Literaturhinweise:
C. Marchetti-Longhi, L'Area Sacra del Largo Argentina, Roma 1960.
F. Rakob – W. D. Heilmeyer, Der Rundtempel am Tiber in Rom, Mainz 1963.

▷ *Roma. Forum Boarium.*

→ 149

Palatin und *Circus Maximus*

Derjenige der sieben Hügel Roms, welcher der Überlieferung nach die früheste Ansiedlung trug und damit neben dem Kapitol (s. S. 120) die Keimzelle der Stadt war, hieß mit antikem Namen *Palatium* (später auch *Palatinus mons*); von diesem Wort leitet sich unser Wort Palast her, denn auf dem Palatin befand sich die ganze römische Kaiserzeit hindurch die kaiserliche Residenz, und so wurde schließlich der Name des Ortes Gattungsbezeichnung für die Gebäude, die er trug. Diese beiden Tatsachen – Alter der Bebauung und besondere Bedeutung – zeigen schon, welche hervorragende Stellung der Palatin unter den Hügeln Roms innehat.
Um die früheste Besiedlung, wie auch um die Herkunft des Namens *Palatium*, rankten sich bereits in der Antike zahlreiche Legenden und gelehrte Theorien. So sollen Arkader, Griechen also, aus der Stadt *Pallantion* sich hier als erste, lange vor Romulus, angesiedelt haben. Eine andere Theorie, die aus heutiger Sicht mehr Wahrscheinlichkeit besitzt, leitet den Namen von dem der altrömischen Hirtengottheit *Pales* ab, deren Fest, die *Palilien* oder *Parilien*, am 21. April als Gründungstag Roms gefeiert wurde.
Nach der Gründungslegende, die sich in der antiken Tradition als gültige durchsetzte, hat Romulus im Jahre 753 vor Chr. auf dem Palatin seine Stadt, die Stadt Rom, gegründet. Eine Hütte, die aus jener Zeit stammen und seine Behausung gewesen sein sollte, wurde bis ins 4. nachchristliche Jahrhundert als historische Stätte gepflegt und immer wieder ausgebessert. Sie lag an der westlichen Seite des Hügels, jener Kuppe, die den Namen *Germalus* trug und wo jüngere Grabungen die Reste einiger früheisenzeitlicher Behausungen ans Licht gebracht haben (1). Diese Unterkünfte bestanden aus vergänglichem Material, und so zeugen nur noch in den Fels gekerbte Umrisse, Wasserablaufrinnen und Pfostenlöcher von ihrer Existenz.
Bereits in ältester Zeit war der Palatin Standort zahlreicher Heiligtümer, die zum größten Teil nur aus der schriftlichen Überlieferung bekannt sind. So gibt es z. B. vom *Lupercal* – einer als Heiligtum verehrten Höhle, die am Westhang des Hügels gelegen haben muß und in der die Wölfin Romulus und Remus gesäugt haben soll – keine sichtbaren Reste (oder man hat sie noch nicht gefunden).
Diese Höhle war Ausgangspunkt des Festzuges beim jährlichen Lupercalienfest. Oberhalb der mutmaßlichen Stelle dieses Heiligtums befand sich der Tempel der *Magna Mater,* der Göttermutter Kybele (2). Ihr Kult war ursprünglich in Kleinasien heimisch. Im Jahre 204 vor Chr. brachten die Römer ihr Kultbild, einen konisch geformten Stein, dem erst viel später ein aufgesetzter Kopf menschliches Aussehen verlieh, aus Pergamon nach Rom. Im gleichen Jahr beschloß man den Bau eines Tempels, der im Jahre 191 vor Chr. fertiggestellt und geweiht wurde. Zweimal brannte er nieder, und nach dem zweiten Brand war es Augustus, der ihn wieder aufbauen ließ. Die heute sichtbaren Reste bestehen vor allem in einem großen Unterbau, der neueren Forschungen zufolge noch vom ursprünglichen Bau stammt. Die Reste des Aufbaus, vor allem stuckverkleidete Säulen aus Peperin (einer Tuffart) vom ersten Wiederaufbau und Reste korinthischer Kapitelle von der augusteischen Wiederherstellung bezeugen, daß die Zerstörung nicht total gewesen sein kann und Augustus im wesentlichen den alten Bau benutzte und ergänzte. Der Tempel bestand aus einer Cella und einer davorgelagerten Säulenhalle. Auf dem Vorplatz fanden die Theateraufführungen der *Ludi Megalenses* statt, vermutlich in einem Theater, das in wenigen Resten am Hang auch noch nachgewiesen werden konnte. Berühmte Autoren lieferten die Stücke für diese Aufführungen.

Zur Zeit der römischen Republik war der Palatin dicht bebaut. Besonders in den letzten beiden Jahrhunderten vor der Zeitwende standen hier die Wohnhäuser der römischen Oberschicht, sowohl des alten Adels als auch der *homines novi*, zu denen sich Cicero zählte. Neben ihm und seinem Bruder tauchen unter den Bewohnern des Palatin noch zahlreiche Bekannte auf: Tiberius Sempronius Gracchus, der Vater der beiden berühmten Volkstribunen, Quintus Hortensius Hortales, der bekannte Redner, dessen Haus Augustus später bewohnte; Marcus Antonius, der Triumvir; Tiberius Claudius Nero, Vater des Kaisers Tiberius und erster Mann der Livia, die später Augustus heiratete; und Caius Octavius, der spätere Kaiser Augustus, wurde hier geboren.

Augustus beschloß nach seiner Rückkehr aus Sizilien im Jahre 36 v. Chr., sich auf dem Palatin niederzulassen und begann mit dem Ankauf verschiedener Häuser, die er zu einem großen Komplex verband. Durch die Beschreibung der Lage und des Aussehens seines Hauses bei den römischen Schriftstellern hat sich ein in jüngerer Zeit ausgegrabenes Haus (3) östlich vom Bezirk des *Magna Mater*-Tempels (2) als das seine identifizieren lassen. Der ausgegrabene Teil besteht aus einem Säulenhof und südlich sich anschließenden Räumen, die teilweise mit Wandmalereien des Zweiten Pompejanischen Stils geschmückt sind. Die Ausstattung der Räume läßt vermuten, daß die westlichen der privaten Nutzung dienten, denn der Schriftsteller Sueton berichtet von der auffallend bescheidenen Ausstattung der Wohnung des Augustus in jenem Haus, welches vorher den Hortensiern gehört hatte. Die östlichen Räume hingegen scheinen mit ihren kostbaren Marmorböden eher repräsentativen Zwecken gedient zu haben. Dafür spricht auch ihre Lage direkt neben dem Bezirk des Apollo-Tempels (5), den Augustus an einer Stelle errichten ließ, die durch Blitzeinschlag gleichsam mit einem göttlichen Zeichen dazu ausersehen war. Von dem Tempel ist nur noch der Kern des Fundaments aus Gußmauerwerk zu sehen. Doch die erhaltenen Reste der Architektur des Baues selbst belegen die literarische Überlieferung, nach der der Tempel ganz aus lunensischem Marmor bestand, jenem einheimischen Marmor aus *Luni*, der seit der Zeit Caesars gewonnen wurde. Der Tempel wurde im Jahre 28 vor Chr. vollendet; er war von einer Säulenhalle umgeben, zu seinem Bezirk gehörten außerdem vier Bibliotheken. Nördlich vom Haus des Augustus befindet sich ein weiteres Haus, welches in spätrepublikanischer Zeit, etwa um 70 vor Chr., erbaut worden war. Die in ihm erhaltenen Wandmalereien gehören jedoch ebenfalls dem Zweiten Stil um 30 vor Chr. an. Als das Haus (4) im letzten Jahrhundert ausgegraben wurde, gab man ihm den Namen ›Haus der Livia‹, denn in der Nähe war das Stück eines Wasserrohres aus Blei gefunden worden, welches wie üblich den Namen des Besitzers trug, und der lautete *Iulia Aug(usta)*. Damit konnte nur Livia gemeint sein, die Frau des Augustus, die er testamentarisch zur *Augusta* erhob. Möglicherweise gehörten also diese Räume als Wohnung der Livia zum Haus des Augustus (3), zumal erkennbare Umbauten, die eindeutig vor der Ausmalung vorgenommen wurden, sich dann auf den erwähnten Zusammenschluß mehrerer Häuser durch Augustus zurückführen ließen.

Daß aus der Zeit der römischen Republik recht wenige der zahlreichen Wohnhäuser auf dem Palatin erhalten sind, wird ohne weiteres verständlich, wenn man die beiden riesigen Palastanlagen der frühen Kaiserzeit, den Tiberius- und den Domitianspalast, betrachtet, die zusammen den Palatin fast ganz bedecken. Tiefengrabungen haben bestätigt, daß diese großen Gebäudekomplexe über älteren Bauten errichtet sind.

Tiberius, wie Augustus auf dem Palatin geboren, war derjenige, welcher durch einen neuen, als Residenz geplanten Bau die bereits gegründete Tradition des kaiserlichen Wohnsitzes auf dem Palatin manifestierte.

▷ *Roma*. Palatin

Forum Romanum
1
2
3
4
5
6
7
8
Circus Maxim

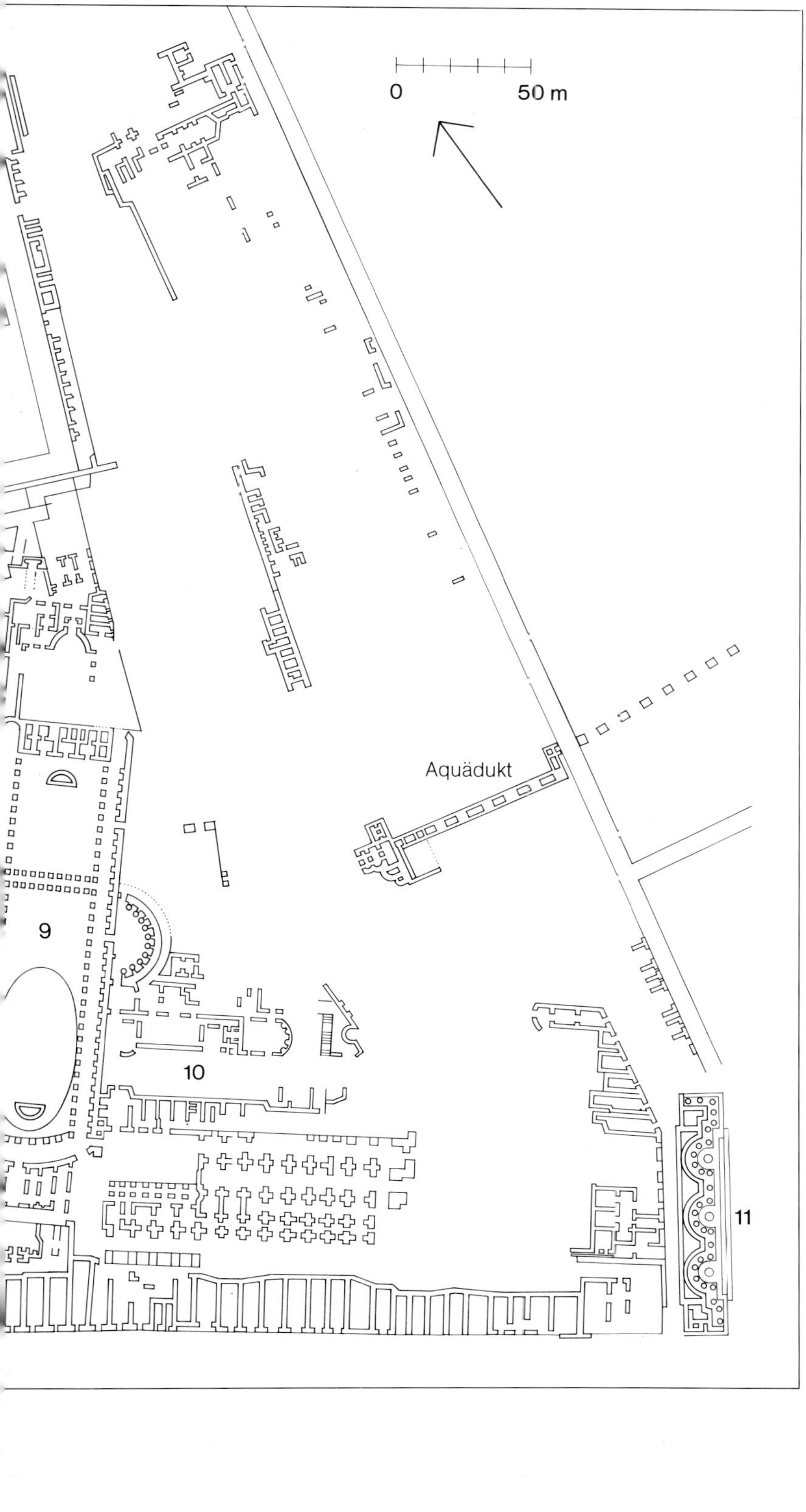

◁ *Roma.* Palatin (nach Coarelli)
1 Archaische Hütten
2 Tempel der *Magna Mater*
3 Haus des Augustus
4 Haus der Livia
5 Apollo-Tempel
6 *Domus Tiberiana*
7 *Domus Flavia*
8 *Domus Augustana*
9 ›Stadion‹
10 Bauten des Septimius Severus
11 *Septizonium*
12 Tempel des Elagabal

Die *Domus Tiberiana* (6) erstreckt sich nordöstlich des Gebietes um den *Magna Mater*-Tempel bis zu dem dem Forum zugewandten Hang des Hügels hin. In annähernd rechteckigem Grundriß gruppierten sich die Räume offenbar um einen mittleren Säulenhof. Da aber das Gebiet heute noch von der Gartenanlage der römischen Familie der Farnese aus dem 17. Jahrhundert eingenommen wird, ist der Palast nicht ganz ausgegraben. Architektur-Reste am nördlichen und östlichen Rand lassen Änderungen durch Anbauten aus der Zeit der Kaiser Caligula, Nero und Hadrian erkennen. Wandmalereien und Stuckverzierungen zeugen von luxuriöser Ausstattung, doch vermag man sich heute angesichts der kahlen Ziegelmauern vom ganzen Reichtum dieses und der anderen Paläste nur ein sehr unvollkommenes Bild zu machen. Man muß sie sich bemalt und mit Stuck oder kostbaren vielfarbigen Marmorplatten verkleidet vorstellen. Reicher Statuenschmuck, der heute in Museen der ganzen Welt verstreut ist, gehörte ebenso zur Einrichtung wie zierliche Brunnenanlagen, die später aus der Wasserleitung der *Aqua Claudia* gespeist wurden.
Neben dem Palast des Tiberius erstreckt sich der Flavier-Palast, erbaut von Kaiser Domitian in den achtziger Jahren des 1. nachchristlichen Jahrhunderts. Er besteht aus drei nebeneinanderliegenden Gebäudekomplexen, einem Repräsentationstrakt – der *Domus Flavia* (7) –, einem Wohntrakt – der *Domus Augustana* (8) – und dem sogenannten Stadion (9). Untersuchungen der Ziegelstempel, die jeweils das Jahr ihrer Herstellung angeben, lassen es als sicher erscheinen, daß auch in dieser Reihenfolge gebaut worden ist. Der westliche Teil des Palastes hat seine Fassade nach Norden, dahinter nehmen drei große Räume die ganze Breite ein. Der mittlere wird als Thronsaal gedeutet und diente wohl dem Publikumsverkehr, wobei man sich vorstellen kann, daß der Kaiser bei Audienzen in der mittleren Nische an der Stirnseite des Raumes Platz nahm. Dann folgt, von einem Säulenhof umgeben, eine Brunnenanlage, die die Form des klassischen Labyrinths aus niedrigen Mauern besitzt. Hinter der Brunnenanlage, offen zum Hof und zu zwei ebenfalls mit Wasserspielen ausgestatteten seitlichen Räumen, befindet sich ein Triclinium, der repräsentative Speiseraum des Kaisers.
Die Front der *Domus Augustana*, eine konkav gewölbte Fassade, liegt am südlichen Hang des Hügels, dem *Circus Maximus* zugewandt. Dahinter gruppiert sich eine Vielzahl von kleineren Räumen um eine mittlere Brunnenanlage. Nördlich schließt sich dann ein weiterer Säulenhof mit Nebenräumen an.
Bei der Grundriß-Betrachtung fällt auf, wie vielgestaltig die einzelnen Räume sind. Obwohl sie sich in ihrer Lage meist symmetrisch entsprechen und auch in sich symmetrisch sind, haben sie kaum einmal gerade Wände: Nischen, Apsiden, geschwungene Mauern, komplizierte, sich schneidende Linien, ungerade Begrenzungen scheinen geradezu Prinzip des Entwurfs zu sein. Dieses zeichnet in der Tat die flavische Architektur aus, man spricht sogar vom ›flavischen Barock‹.
Beim Stadion, dem zuletzt ausgeführten Teil des Palastes, handelt es sich um einen ummauerten Garten, der vielleicht, wie ja seine Form schon vermuten läßt, auch als Hippodrom benutzt wurde. Innerhalb der Umfassungsmauer verlief eine zweistöckige Säulenhalle, die aus hadrianischer Zeit stammt. Die Exedra an der äußeren Längsseite fügte man in severischer Zeit hinzu. In der Spätantike kam dann der im Foto deutlich sichtbare ovale Einbau dazu – der in der Form an ein Amphitheater erinnert –, von dem man nicht weiß, wozu er diente.
Wie an diesen letzten Beispielen schon deutlich, wurde dem Flavier-Palast in den folgenden Jahrhunderten immer wieder das eine oder andere hinzugefügt, doch insgesamt ersetzt wurde er nie. Auch alle späteren Kai-

▷ *Roma.* Palatin und *Circus Maximus*
Foto (oben)
Modell im Museo della Civiltà Romana, Rom (unten)

→154

△ *Roma.* Palatin und *Circus Maximus*

ser residierten hier, bauten um oder an, aber kein neuer Palast entstand auf dem Palatin. Die bedeutendsten Erweiterungen des Palastes stammen von Kaiser Septimius Severus (10). Sie schließen sich nach Südosten dem Flavier-Palast an. Heute sind vor allem die mächtigen Substruktionen sichtbar, die die bebaubare Fläche des Hügels vergrößerten. Sie trugen u. a. Thermen, eine zum Palast gehörige Badeanlage. Südöstlich am Fuße des Hügels entstand, ebenfalls unter Septimius Severus, eine Prachtfassade, deren aufrechtstehende Reste erst im 16. Jahrhundert abgetragen wurden. Diese Fassade, *Septizonium* (11) oder *Septizodium* genannt, war den Substruktionen vorgeblendet und diente als Brunnen, wahrscheinlich auch als öffentliche Kalenderuhr mit täglich angezeigtem Datum sowie vielleicht als Sonnenuhr. Der Name leitet sich von den damals bekannten sieben Planeten einschließlich Sonne ab. Ein Teil der Fassade ist im Grundriß auf dem severischen Stadtplan, der *Forma Urbis* (S. 115 ff.), zu erkennen. Das jüngste der großen antiken Gebäude ist wohl der Tempel des Elagabal (12), der im Norden, unter der Kirche des Heiligen Sebastian, gelegen haben muß.

● In der Senke zwischen Palatin und Aventin liegt der größte und älteste Circus Roms, der *Circus Maximus.* Heute sind nur noch wenige Reste sichtbar, doch seine Ausdehnung und Form erkennt man in der parkähnlichen Anlage recht gut. Bereits in der Königszeit soll es hier eine Bahn für Wagenrennen gegeben haben, die über dem noch älteren unterirdischen Heiligtum des altrö-

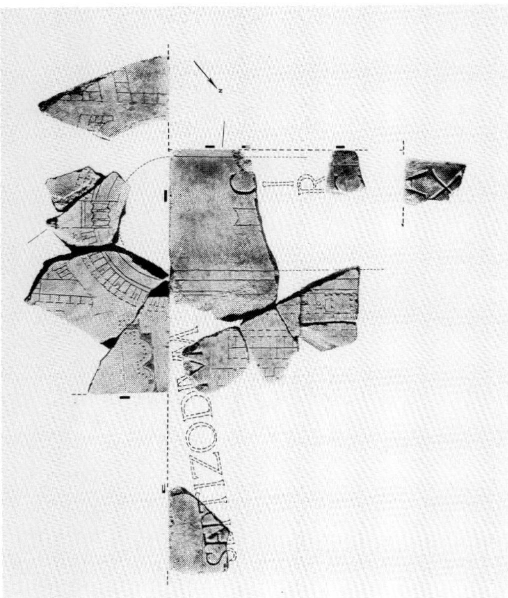

△ *Roma. Circus Maximus*
Münze des Trajan (oben)
Fragment der *Forma Urbis* (unten)

mischen Gottes *Consus* lag, zu dessen Kult Wettfahrten gehörten. Doch ist die Geschichte des Circus in dieser frühen Zeit dunkel. Die Rekonstruktion gibt denn auch ein Bild von seinem Aussehen in einer wesentlich späteren Epoche, einer Zeit, für die literarische Quellen und der Baubefund, nicht zuletzt aber auch Darstellungen auf Reliefs sichere Nachrichten vermitteln. An der geraden Schmalseite befinden sich die *carceres,* abgetrennte kleine Räume nebeneinander, in denen sich die Gespanne zu Beginn des Rennens aufhielten. Da der Kurs um die Mittellinie verlief und bis zur Einmündung in die rechte Bahn die Wagen aus den weiter entfernteren *carceres* benachteiligt wären, liegen diese in einer leicht verschobenen Linie, und man kann vermuten, daß der Start ähnlich geregelt war wie der von Läufern über längere Strecken in einem modernen Stadion. Die Rennbahn wurde von der *spina* in der Mitte begrenzt, die gemauert war und einen Wasserkanal führte. An ihren Enden dienten konische Aufsätze, meist drei zusammen, als Wendemarken *(metae).* Auf der *spina* standen zahlreiche Denkmäler, darunter als funktional wichtige Einrichtungen die Geräte, mit denen die Runden gezählt wurden. Im 2. Jahrhundert vor Chr. waren es sechs oder sieben Eier. Agrippa ließ zum gleichen Zweck im 1. Jahrhundert vor Chr. noch sieben Delphine aufstellen. Auf zahlreichen antiken Darstellungen von Circusrennen sind diese Geräte zu sehen (und wer den Film ›Ben Hur‹ gesehen hat, wird sich an die Delphine beim berühmten Wagenrennen erinnern). Auf der *spina* stand außerdem ein Obelisk, den Augustus aus Heliopolis hierhin versetzen ließ. Er befindet sich seit dem 16. Jahrhundert auf der Piazza del Popolo. Einen weiteren Obelisken brachte Constantius II., Sohn des Konstantin, aus Theben in den *Circus Maximus*; dieser Obelisk nahm dann die Mitte der *spina* ein, und der des Augustus wurde nach Osten versetzt. Der Obelisk des Constantius steht heute vor der Lateransbasilika. Neben zahlreichen weiteren Denkmälern auf der *spina* war vor allem eine Statue der Kybele berühmt, die auf einem Löwen reitend dargestellt war.
Die Sitzplätze, die aufsteigend die beiden Längsseiten und die gebogene Schmalseite einnahmen, waren ursprünglich insgesamt aus Holz, später dann, bis auf den obersten Rang, aus Marmor. Sie boten in augusteischer Zeit bereits weit über 100000 Zuschauern Raum, unter Kaiser Trajan dann

hatten mehr als doppelt so viele Besucher Platz. Überhaupt ließen sich mehrere Kaiser den Ausbau des Circus angelegen sein, da diese Investition zur Belustigung des römischen Volkes sich in Zuneigung oder wenigstens Zufriedenheit der Bürger auszahlte. Trajan hatte den Circus nach einem Brand wiederaufgebaut und vor allem die Kaiserloge ausbauen lassen, eine Tatsache, die deshalb von Bedeutung ist, weil die Zuschauer nicht nur auf gute Sicht des Rennens, sondern auch auf den Kaiser Wert legten, wie uns die antiken Schriftsteller zu berichten wissen. An diesen Wiederaufbau erinnerte er mit Münzen, auf deren Rückseite der *Circus Maximus* zu sehen ist. Um vom Circus möglichst viel zeigen zu können, hat der Stempelschneider eine ideale Perspektive gewählt, die eher schon die Vogelperspektive wiedergibt, als die Ansicht.

Von dem großen in severischer Zeit entstandenen Plan der Stadt Rom ist gerade der Ausschnitt mit der gebogenen Schmalseite des Circus mit einem Teil des *Septizonium* erhalten. Die Ränge waren numeriert, und mit Eintrittsmarken konnte jeder Zuschauer seinen Platz finden. Außerdem gab es zu den Wettrennen jeweils ein großes Kontingent an Freiplätzen, wenn der Eintritt nicht überhaupt kostenlos war. Die römische Literatur ist voll von lebendigen Beschreibungen der Circusrennen. Überwiegend handelte es sich um Wagenrennen, doch fanden hier vor dem Bau des *Colosseums* auch Tierhetzen statt, wobei ein Wassergraben Manege und Tribüne zum Schutz der Zuschauer trennte. Die Circusspiele hatten für die Römer eine Bedeutung, die sich recht gut mit der des Fußballs bei uns heute vergleichen läßt.

Die Einführung der Wagenrennen in Rom läßt sich weder zeitlich noch nach der Herkunft genau bestimmen. Ob die Römer diese Sitte direkt von den Griechen oder aber von den Etruskern übernahmen, ist noch unklar, obwohl diejenige Überlieferung, die den ältesten Circus-Bau der Zeit der etruskischen Königsherrschaft über Rom zuschreibt, für die letzte Deutung zu sprechen scheint. Religiöse Ursprünge spielten sicher eine Rolle, und selbst in der Zeit, als die Spiele nur noch Volksbelustigungs-Charakter hatten, fanden sie unter dem Patronat von Gottheiten, etwa des Sol oder der Luna, statt. Doch haben sich die Spiele in der Geschichte Roms in ihrer sozialen Bedeutung ganz entscheidend gewandelt. Zur Zeit der römischen Republik gehörte die Ausrichtung von Wettrennen, ebenso wie der Bau sonstiger gemeinnütziger Einrichtungen, zu den Pflichten des wohlhabenden, im politischen Leben stehenden Römers. Mehr und mehr wurde aus dieser Pflicht ein politisches Machtmittel.

In der Kaiserzeit dann, als meist der Kaiser selbst oder ein Mitglied der kaiserlichen Familie die Schirmherrschaft über die Spiele übernahm, erhielten diese als Volksbelustigung immer größeres Gewicht und, da die Beteiligung am öffentlichen Leben in politisch wirkungsvoller Weise – etwa durch Wahlen – für den Bürger eingeschränkt, wenn nicht aufgehoben war, auch als Ablenkungsmittel. Aus dieser Zeit stammt die bekannte sarkastische Formulierung des Iuvenal für die Bedürfnisse der römischen Plebs: ›*panem et circenses*‹. Im Laufe der Zeit gewann die Parteinahme für die *fractiones*, die rivalisierenden Mannschaften (benannt jeweils nach den Farben ihrer Trikots), immer größere Bedeutung, zumal der Kaiser oft Anhänger einer bestimmten Gruppierung war. In frühchristlicher Zeit erhielten diese Gruppen, besonders in Konstantinopel, der östlichen Metropole des Reiches, politisch immer mehr Einfluß. So war aus einer sozialen Pflicht, der Pflicht dem Gemeinwesen gegenüber, ein politischer Machtfaktor geworden und schließlich Verkörperung politischer Macht selbst.

Weiterführende Literaturhinweise:

H. Finsen, Domus Flavia, Hafniae (Kopenhagen) 1962.

C. Carettoni, I problemi della zona augustea del Palatino, in: Rendiconti della Pontificia Accademia di Archeologia 39, 1966/67, 55ff.

F. L. Bastet, Domus Transitoria I, in: Bulletin van de Antieke Beschaving 46, 1971, 144ff.

Stadien

Rom besaß mehrere Circusbauten, die für die beliebten Aufführungen zur Verfügung standen; neben dem größten und ältesten, dem *Circus Maximus* (S. 150ff.), gab es den *Circus Flaminius,* der im Jahre 221 vor Chr. auf dem südlichen Marsfeld erbaut worden war. Ringsum lagen bedeutende Tempel, Heiligtümer und Portiken. Durch den Bau des Marcellus-Theaters (S. 165) wurde der *Circus Flaminius* unbenutzbar.

Ein weiterer Circus war der des Caligula und Nero auf dem Vatikanischen Hügel. Er lag etwa längs der linken Seite der Peterskirche und des Platzes. Doch ist seine genaue Lage nicht gesichert. Caligula hatte in der Nähe eine weitere Rennbahn errichten lassen. Bei der Engelsburg haben sich noch einige Spuren davon gefunden, heute ist nichts mehr sichtbar. Auch im Bereich der *Horti Varianai* an der *Via Labicana* im Osten der Stadt befand sich ein Circusbau.

Eine Rennbahn, die vornehmlich den Übungen für Pferde und Wagenlenker diente, in der aber sicher auch Aufführungen stattfinden konnten, lag auf dem Marsfeld. Neuere Forschungen des italienischen Archäologen Coarelli haben ergeben, daß sie wohl in der Nähe der Unterkünfte lag, in denen die Wagenlenker, nach Parteien getrennt, untergebracht waren. Der Bau trug den Namen *Trigarium* vom lateinischen Wort *triga,* ›Dreigespann‹. Auch von diesem Bau haben sich keine sichtbaren Reste gefunden. Vermutlich hatte man die Rennbahnen mit Holztribünen versehen können, um einer gewissen Zahl von Besuchern die Möglichkeit zum Zuschauen zu geben.

● Von dem Stadion des Domitian zeugen nur wenige antike Mauerreste. Dafür ist aber in der späteren Bebauung seine Form noch genau überliefert und erhalten. Die Häuser rings um die Piazza Navona, einen der berühmtesten Plätze Roms, folgen der inneren Begrenzung der Zuschauerränge. Das antike Stadion entspricht zwar in seiner Form der des Circus, besitzt aber keine *spina* mit *metae,* keine geteilten Rennbahnen und keine *carceres* für den Start der Wagen. Es war vorwiegend für Athletenwettkämpfe bestimmt, wie sie vor allem in Griechenland gepflegt wurden. Domitian, der das Stadion erbauen ließ, war Anhänger dieser Sportarten, die in Rom zwar schon seit der Zeit der Republik bekannt waren und auch in öffentlichen Aufführungen ausgeübt wurden, aber erst in der Kaiserzeit zu größerer Beliebtheit gelangten.

Auf einer Münze des Kaisers Septimius Severus, der am Stadion des Domitian Restaurierungsarbeiten hatte durchführen lassen, ist deutlich zu sehen, wie sich das Stadion von einem Circus unterscheidet: die Arena ist frei, es fehlt die *spina,* und auch der Obelisk, der heute in der Mitte des Platzes den Vier-Ströme-Brunnen Berninis krönt, hat ursprünglich nicht im Stadion seinen Platz gehabt; er entstand in domitianischer Zeit und schmückte die *spina* des Maxentius-Circus,

▷ *Roma.* Stadion des Domitian (Piazza Navona)

▽ *Roma.* Stadion des Domitian. Münze des Septimius Severus

→ 154

bevor er auf der Piazza Navona aufgestellt wurde.

Im Foto ist deutlich die gebogene Schmalseite des Stadions zu sehen, weil auch hier die Häuser aus dem 17. Jahrhundert dem Verlauf der antiken Fundamente folgen. An dieser Seite, an der nach außen gewandten Fassade der Gebäude, ist ein Teil der Unterbauten der Zuschauerränge ausgegraben und unterhalb des modernen Straßenniveaus zu sehen.

Weitere Reste kann man im Untergeschoß der von Borromini erbauten Kirche S. Agnese in Agone sehen, deren Name (von griechisch *Agōn*, ›Wettkampf‹) daran erinnert, daß die heilige Agnes in diesem Stadion ihr Leben ließ. Die Märtyrerin hat der christlichen Legende zufolge ihr Martyrium in einem Bordell erlitten, das sich an der Stelle der heutigen Kirche in den Arkaden des Stadions befunden haben soll.

In der Nähe ließ Domitian ein Odeion, einen kleinen Theaterbau, errichten, von dem sich bis auf eine Säule keine sichtbaren antiken Reste mehr erhalten haben. Doch auch hier ist seine Form in der späteren Bebauung noch spürbar: der Palazzo Massimo folgt mit seiner gebogenen Fassade am Corso Vittorio Emmanuele dem Halbrund des Zuschauerraums.

Das Farbfoto ist zur Zeit des traditionellen Weihnachtsmarktes auf der Piazza Navona aufgenommen worden. Für die Etymologie des Namens Piazza Navona gibt es zwei Versionen. Nach der einen ist der Name einfach aus der Verschleifung des Wortes Agon, Agone entstanden. Die andere führt den Namen auf das italienische Wort Nave, ›Schiff‹ zurück, eine Anspielung auf die beliebten Schiffsparaden, die in der Neuzeit auf der Piazza Navona stattfanden, die man zu diesem Zweck unter Wasser setzen konnte. Augenblicklich sind Bestrebungen im Gange, dieses Spektakel in naher Zukunft einmal zu wiederholen.

• An der *Via Appia*, der berühmtesten und vornehmsten Gräberstraße des antiken Rom, lag auch das Grab des Romulus (s. S. 196), des im Jahre 309 nach Chr. verstorbenen Sohnes des Kaiser Maxentius. Es ist wahrscheinlich, daß Maxentius dieses Grab nicht erst nach dem frühen, unerwarteten Tod seines Erben bauen ließ, sondern als Familiengrab geplant hatte. Dafür spricht auch, daß der Rundbau und sein architektonisch geschlossener Bezirk Teil eines größeren Komplexes waren, zu dem außerdem ein Palast und der Circus gehören.

Die Wagenrennen im Circus haben sich möglicherweise aus etruskischen Begräbnisriten entwickelt, und durch die gesamte römische Antike hindurch blieb die Verbindung von Grab und Circus lebendig, wie zum Beispiel die für Sarkophagreliefs beliebten Darstellungen von Wagenrennen bezeugen. Doch auch die Nähe eines Circus zum kaiserlichen Palast ist schon früher zu belegen. Der stadionähnliche Garten in der kaiserlichen Residenz auf dem Palatin, der sicher auch zu Aufführungen genutzt wurde und eine Prunkbühne für den Kaiser besaß, bietet die Parallele.

Maxentius, der zahlreiche Bauten in Rom errichtet oder restauriert hatte und sich auf Münzprägungen als *conservator urbis suae* feiern ließ, hatte seinen Palast an der *Via Appia* an derselben Stelle errichtet, wo bereits seit spätrepublikanischer Zeit eine Villa gestanden hatte. Teilweise unter Einbeziehung der älteren Anlage, die ihrerseits mehrere Bauphasen in der Kaiserzeit erlebt hatte, machte er aus der Villa einen Palast mit den entsprechenden Repräsentationsräumen.

Während der Wohnkomplex an einem sanften Hang liegt, wurde der Circus in einer natürlichen Senke angelegt. Die Galerie an der Front der Villa stößt etwa in der Mitte der östlichen Längsseite an den Circus. Hier konnten der Kaiser und sein Hofstaat direkt aus dem Palast zur Prunkloge gelangen. Die Reste eines zweistöckigen Turmes sind an

▷ *Roma.* Circus des Maxentius

→ 164.

dieser Stelle noch zu sehen. Das Obergeschoß besaß den Zugang zum Palast, das Untergeschoß war wohl für die Bewirtschaftung gedacht. Gegenüber der kaiserlichen Loge lag an der Westseite noch eine besonders hervorgehobene Tribüne.

Der Circus des Maxentius ist besser erhalten als der *Circus Maximus*. Details der Architektur können also an ihm besser beobachtet werden. Zunächst fallen die beiden großen Türme auf. Sie haben halbrunden Querschnitt und erinnern daher an Wehrtürme und an die Türme einer Stadtmauer, z. B. an die Porta Nigra in Trier. Die Türme stehen an der geraden Schmalseite der Rennbahn. Zwischen ihnen lagen die *carceres*, zwölf Boxen, aus denen die Gespanne starteten. Wie die *carceres* etwa ausgesehen haben, zeigt das Relief aus Foligno. Zwischen den einzelnen Türen stehen Hermen als Schmuck. Auf dem Relief sind die Türen der *carceres* als zweiflüglige Gittertore wiedergegeben. Wenn aber der Start unmittelbar mit der Öffnung der Tore erfolgte, wird man eher an Gitter glauben, die alle gleichzeitig im Boden versenkt oder nach oben gezogen werden konnten. Über den *carceres* sieht man auf dem Relief Zuschauer, die sich über eine Brüstung beugen. Auch beim Maxentius-Circus befand sich hier die Tribüne für die hohen städtischen Beamten. Die *carceres* waren nicht in gerader Reihe, sondern so angeordnet, daß sich beim Einschwenken der Wagen in die breitere rechte Bahn die Unterschiede der Startstrecke ausglichen.

Auf dem Relief aus Foligno ist nicht der Circus des Maxentius dargestellt, sondern der *Circus Maximus* (S. 150 ff.), wie schon an der Statue der *Magna Mater* (Kybele) auf dem Löwen zu erkennen ist, die auf der *spina* steht. Doch alle technischen Einzelheiten, die auf dem Relief so gut zu sehen sind, besaß auch der Circus des Maxentius, und hier weit besser erhalten als beim *Circus Maximus*. Die *spina* mit den *metae* (Wendemarken) zum Beispiel, die Gestelle mit den Delphinen und Eiern zum Zählen der Runden, diese wichtigen Einrichtungen zeigt das Relief

△ Circusszene. Sarkophag-Relief aus Foligno. 3. Jahrhundert nach Chr.

ganz deutlich. Ein Triumphbogen schmückte beim Circus des Maxentius den Haupteingang an der gebogenen Schmalseite *(porta triumphalis)*. In der Mitte der *spina* stand der Obelisk, der heute auf der Piazza Navona zu besichtigen ist. Er stammt aus domitianischer Zeit, obwohl seine Inschriften in der alten Hieroglyphen-Schrift verfaßt sind.

Auch von den Mauern und Gewölben, die die Sitzreihen der Zuschauerränge trugen, ist noch recht viel erhalten. Das Gußmauerwerk ist durch dicht an dicht miteingegossene Amphoren so leicht wie möglich gebaut.

Der Circus war 512 m lang und damit bedeutend kleiner als der *Circus Maximus*. An die 20 000 Zuschauer fanden im Circus des Maxentius Platz.

Die Circusbauten waren, wie die Theater und vor allem die Amphitheater, Mehrzweckbauten. Im Circus konnten nicht nur Wagenrennen, sondern auch Tierhetzen und Gladiatorenkämpfe stattfinden. Das geschah natürlich immer dann und dort, wo eine geeignetere Arena nicht zur Verfügung stand, also etwa in Rom vor dem Bau des *Colosseums* (S. 166ff.). Die hölzernen Vorgänger-Bauten dürften nicht im entferntesten einer so großen Zahl von Zuschauern Platz geboten haben, wie es erwünscht war.
Von Kaiser Nero ist bekannt, daß er eine Vorliebe für die Disziplinen des griechischen *Agōn* hatte und Aufführungen von musischen Darbietungen auch in seinem Circus auf dem Vatikanischen Hügel veranstaltete (und zu gewinnen pflegte). Mit dem Bau des Stadions, der heutigen Piazza Navona, unter Domitian entstand ein Bau speziell für diese Spiele, die Ringkämpfe und andere athletische Sportarten neben Musik, Dichtung und Rhetorik beinhalteten.
All diese Bauten für öffentliche Vorführungen – bedenkt man vor allem die enorm hohen Zuschauerzahlen, die jedes dieser Gebäude fassen konnte – bestätigen den Stellenwert, den diese Unterhaltungsspiele in Rom hatten.

Weiterführende Literaturhinweise:
A. M. Colini, Stadium Domitiani, Roma 1943.
F. Castagnoli, Il Circo di Nerone in Vaticano, in: Rendiconti della Pontificia Accademia di Archeologia 32, 1959/60, 97ff.
V. Saletta, Ludi Circensi, 1964.
G. Pisani Sartorio, R. Calza, La Villa di Massenzio sulla Via Appia, Roma 1976.

Theater

Die dramatischen Aufführungen im Theater waren in Rom neben den Wagenrennen im Circus und den Gladiatorenspielen im Amphitheater ein ganz wichtiger Zweig der staatlich organisierten Unterhaltung für das Volk. Die Trennung der Gattungen bedeutete aber keineswegs die strenge Beschränkung der Aufführungen einer Art auf den jeweiligen Bau. So konnten Gladiatorenspiele sowohl auf dem Forum (s. S. 124) als auch im Amphitheater stattfinden, Tierhetzen konnten überall, also auch im Theater organisiert werden, und die beliebten Seeschlachten nicht nur in eigens dazu eingerichteten Naumachien, sondern auch im Amphitheater. Die besonderen Einrichtungen wie Wasserkanäle, die ins Amphitheater führten, oder Absperrungen im Theater, die das Publikum vor den wilden Tieren schützen sollten, sind

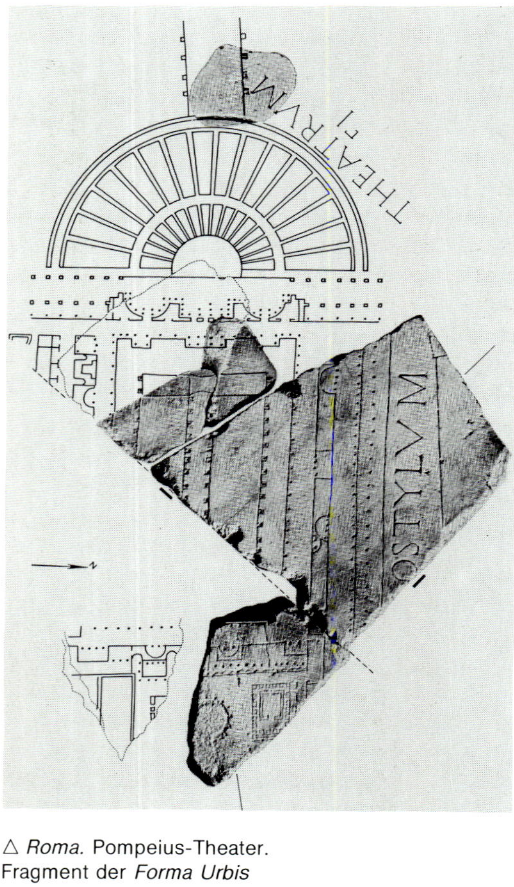

△ *Roma.* Pompeius-Theater.
Fragment der *Forma Urbis*

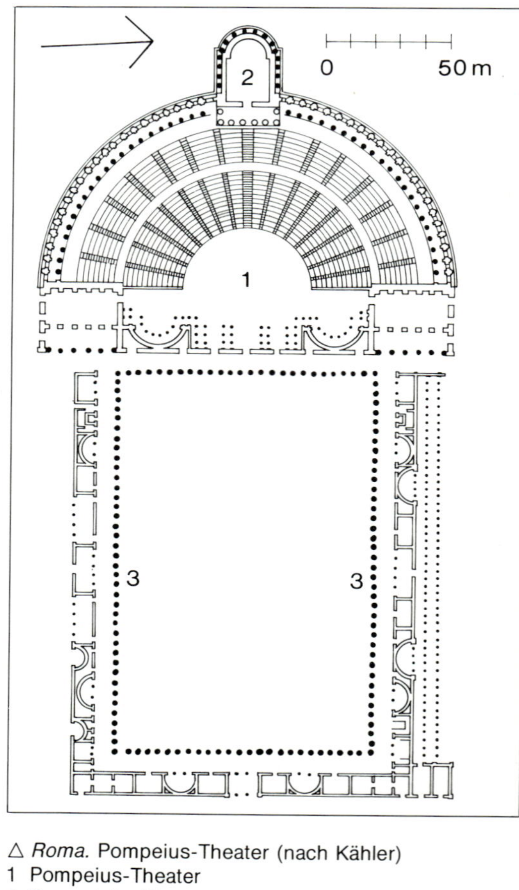

△ *Roma.* Pompeius-Theater (nach Kähler)
1 Pompeius-Theater
2 Tempel der Venus
3 Portikus

teilweise an den antiken Bauten noch erhalten (s. Taormina, *Carsulae,* Pozzuoli).
Da in der römischen Frühzeit Theater und Amphitheater als feste Bauten noch nicht bestanden, sondern zu bestimmten Anlässen in Holzkonstruktion errichtet wurden, stammen die heute erhaltenen Steinbauten frühestens aus der Zeit der späten Republik. Die Spiele und Aufführungen selbst aber haben eine viel ältere Tradition. Seit der Mitte des 3. Jahrhunderts vor Chr. fanden in Rom Aufführungen griechischer Theaterstücke in lateinischer Übersetzung statt. Neben den griechischen Klassikern, die immer wieder gegeben wurden, entwickelten sich mehrere Gattungen spezifisch römischer Stücke, entweder in der Tradition jener mit historisch-mythologischen Stoffen oder mit aktuellem politischem und gesellschaftlichem Bezug.
Die besondere Bedeutung des Theaters innerhalb des römischen Lebens beruht auf mehreren Faktoren. Mit dem Bau von Theatern und der Ausrichtung von Spielen konnten die wohlhabenden Römer, die durch ihre Rolle im öffentlichen Leben und der aktuellen Politik zu derartigen gemeinnützigen

◁ *Roma.*
Pompeius-Theater

Leistungen verpflichtet waren, ihren Tribut zahlen und gleichzeitig in Erfüllung dieser Pflicht und mit dem dadurch gewonnenen Ansehen ihren Einfluß festigen. Der besondere Stellenwert von Spielen und Theateraufführungen liegt aber auch und vor allem in ihrer Verbindung mit den großen Festtagen des römischen Jahres. So entsprach es nicht unserem modernen Kino und Theater mit ihrem ständigen Angebot, sondern war als wesentlicher Bestandteil der oft mehrtägigen Feste eng mit dem religiösen und durch seine öffentliche Ausrichtung und Finanzierung auch mit dem politischen Leben verknüpft.

Der erste steinerne Theaterbau in Rom entstand zur Zeit der späten Republik, im Jahre 55 vor Chr. Die *ad hoc* zu errichtenden Holzkonstruktionen waren damals nicht nur üblich, sondern geradezu gefordert, der Bau dauerhafter Steintheater dagegen verboten. Pompeius, dem der Bau des frühesten Theaters verdankt wird, hatte sein Vorhaben auch nur mit der Erklärung rechtfertigen und zur Ausführung bringen können, das ganze Theater sei eigentlich nur Unterbau für den Tempel der *Venus Victrix* (›Siegerin‹), der im Scheitel der Cavea, des Zuschauerraums, stand.

Das Pompeius-Theater war in Aufbau und Proportionen das Vorbild für alle späteren römischen Theaterbauten, die bald überall im römischen Reich entstanden. Die Holzvorrichtungen mögen teilweise bereits eine ähnliche Form besessen haben, wie man aus den beiden hölzernen Theatern schließen kann, die Caius Scribonius Curio 53 vor Chr. erbaute (zu dieser Zeit allerdings bestand das Pompeius-Theater schon). Die beiden Theater hatten sicher halbrunde Form, denn sie konnten durch eine sinnreiche Mechanik so gegeneinander gedreht werden, daß nach dem Entfernen der Bühnenwände ein Amphitheater entstand. Doch waren die hölzernen Theater nicht die einzigen direkten Vorgänger des römischen Theaterbaus, auch wenn sie die charakteristische halbrunde Form des ansteigenden Zuschauerraums aufwiesen, denn der Bautyp war vom griechischen Theater übernommen und nur leicht modifiziert worden. Die viel bedeutendere architektonische Leistung war die ›Erfindung‹ des Amphitheaters (s. S. 266).

Die Abweichungen des römischen vom griechischen Theater beschränken sich auf Einzelheiten. Ein Merkmal allerdings ist besonders gravierend. Während beim griechischen Theater die Cavea an den Hang gebaut ist, so daß der Zuschauerraum von der Orchestra aus über Treppen zugänglich ist, ist das römische Theater ein freistehendes Gebäude, in dem Gewölbekonstruktionen die Besucherränge tragen. Auch hier gibt es natürlich Abweichungen, zahlreiche römische Theater profitieren von der Arbeits- und Materialersparnis bei einer zumindest teilweisen Ausnützung einer Hanglage.

Das Pompeius-Theater stand völlig frei. Die Cavea erreichte über mehrere Stockwerke eine beträchtliche Höhe, die gerade Bühnenwand *(scaenae frons)* ist bis zur selben Höhe emporgeführt. Der Zuschauerraum beschreibt ein genaues Halbrund, während beim griechischen Theater der Halbkreis um ca. 30 Grad überschritten war. Im unteren Teil der Cavea, auf der Orchestra, dienten einige flache Stufen als Sitzreihen für die Magistrate und offiziellen Besucher der Aufführungen, deren Sessel dann hier aufgestellt wurden. Eine steinerne Balustrade trennte diese Stufen in manchen Fällen von den übrigen Sitzreihen. Sie bewährte sich vor allem, wenn die Orchestra ganz von Zuschauern freigehalten werden mußte, um sie vor den Tieren zu schützen. Über den seitlichen Eingängen zur Orchestra befanden sich besondere Logen für den Aedil, dem die Organisation der Aufführungen oblag, oder den Kaiser. Der etwas erhöhte Bühnensokkel *(pulpitum)* war mit Nischen und Säulen verziert, und der Fußboden bestand der Resonanz wegen aus Holz. Im Rücken der Bühne erhob sich die als mehrstöckige Schaufassade ausgestaltete Bühnenfront.

Diese Grundzüge des Theaterbaus treffen im wesentlichen für alle römischen Theater zu.

Im Gegensatz zu anderen Theaterbauten (s. Taormina, Pompeji, *Carsulae* u. a.) ist vom Aufbau des Pompeius-Theaters leider wenig erhalten. Dennoch sind seine Lage und seine Ausdehnung bekannt, und die Luftaufnahme zeigt deutlich, wie die jüngeren Bauten der antiken Form folgen. In den Restaurants im Pompeius-Theater sind noch Reste des alten Mauerwerks zu sehen. Der Bau und der sich anschließende Portikus sind aber auf der *Forma Urbis*, dem severischen Stadtplan, dargestellt; daher ist ihr Grundriß recht gut bekannt.

Im Scheitel der Cavea zum Campo dei Fiori hin nimmt der Palazzo Righetti heute die Stelle des Venus-Tempels (2) ein. Das Theater (1) mit dem sich hinter der Bühnenwand anschließenden Portikus (3) erstreckte sich bis zu dem alten Tempelbezirk am Largo Argentina (s. S. 138f.). Der Portikus war mit Statuen geschmückt, die auf die militärischen Erfolge des Pompeius hinwiesen. Zum Teil waren hier auch sorgfältig ausgewählte griechische Kunstwerke aufgestellt, wie sie den Römern gerade zu jener Zeit als Inbegriff von Kultur galten und in keinem repräsentativen Gebäude, sei es öffentlich oder privat, fehlten. In einem Raum an der Ostseite des Portikus, in dem eine Statue des Stifters stand, fanden Sitzungen des Senats statt – auch jene Versammlung im Jahre 44 vor Chr., während der Caesar ermordet wurde. Ein Teil des Raumes ist beim Largo Argentina ausgegraben worden (s. S. 138).

Das Theater wurde mehrmals im Laufe der folgenden Jahrhunderte restauriert. Doch

▽ *Roma.* Marcellus-Theater (nach EAA)
1 Marcellus-Theater
2 Bellona-Tempel
3 Apollo-Tempel
4 Republikanische Tempel
5 *Pons Fabricius*

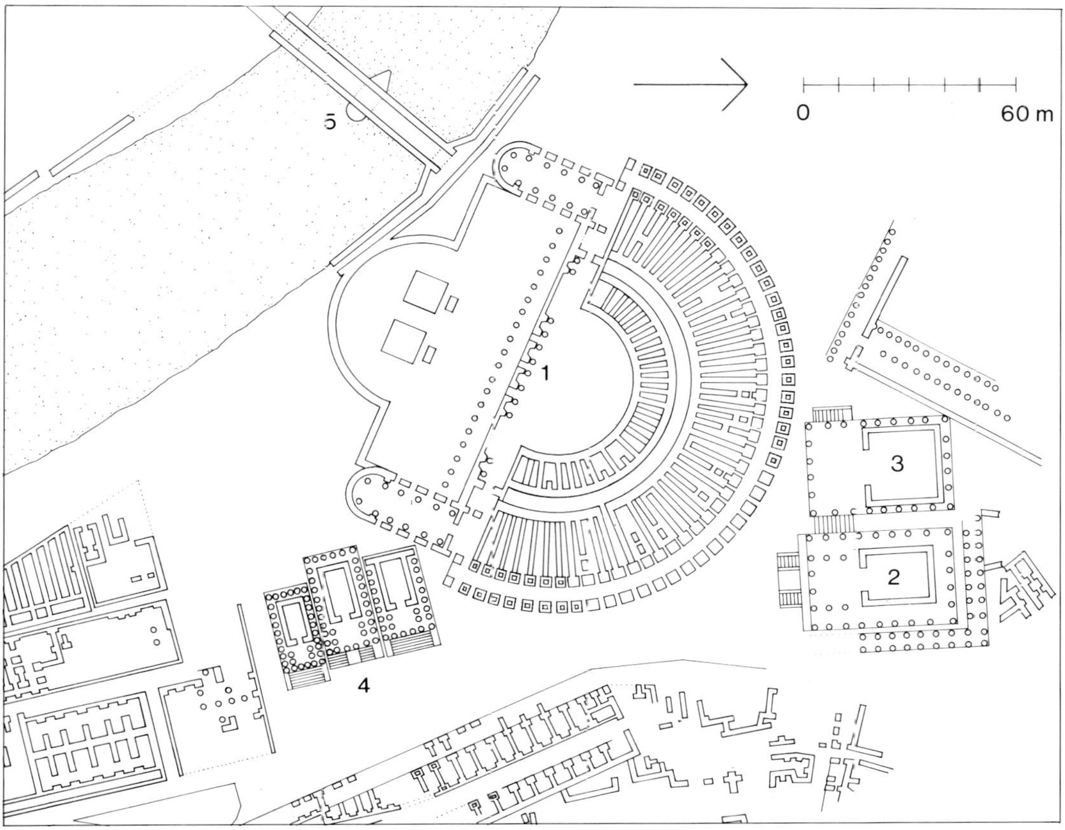

blieb dieser früheste Theaterbau nicht lange der einzige. Fast gleichzeitig entstanden auf dem Marsfeld noch zwei weitere Theater, das kleine des Balbus und das große, gut erhaltene Marcellus-Theater. Dieser Bau war schon unter Caesar begonnen worden. Augustus führte ihn weiter, und noch vor Vollendung wurde das Theater Schauplatz der Spiele anläßlich der Saecularfeiern im Jahre 17 vor Chr. Im Jahre 13 oder 11 vor Chr. weihte Augustus den Bau im Namen seines früh verstorbenen Neffen und Schwiegersohns, welcher in seiner Funktion als Aedil und Mitglied der Herrscherfamilie selber oft prächtige Aufführungen veranstaltet hatte.
An der Stelle des Theaterbaus (1), in der Nähe des Apollo-Tempels (3), war schon oft zu bestimmten Gelegenheiten ein hölzernes Theater aufgestellt worden. Durch den Neubau nun wurde dieses überflüssig. Er überschnitt aber zu einem Teil den dort gelegenen *Circus Flaminius* und machte diesen dadurch unbenutzbar. Zwei kleine Tempel, die ebenfalls an dieser Stelle, wahrscheinlich sogar innerhalb des Circus-Areals gestanden hatten, wurden in den neuen Baukörper aufgenommen, wenn auch nicht an derselben Stelle. Als Nachfolgerbauten dieser älteren Tempel sind wohl die beiden nebeneinanderliegenden Räume in der großen Exedra hinter der Bühnenwand zu betrachten.
Durch die mittelalterliche und neuzeitliche Einrichtung von Wohn- und Festungsbauten in der Ruine ist das Theater zu einem großen Teil gut erhalten. Drei Stockwerke von Arkaden bildeten das Halbrund. Das untere ist in tuskischer Ordnung errichtet, ähnlich der dorischen, das zweite in der ionischen. Das dritte, nicht erhaltene Geschoß schmückten Pilaster mit korinthischen Kapitellen. Nach Schätzungen konnten hier 15–20000 Zuschauer den Aufführungen beiwohnen.

Weiterführende Literaturhinweise:
P. Fidenzoni, Il Teatro di Marcello, Roma 1970.
F. Coarelli, Il complesso pompeiano del Campo Marzio, in: Rediconti della Pontificia Accademia 44, 1971/72, 99ff.

◁ *Roma.* Marcellus-Theater

Colosseum

Die ›kolossalen‹ Ausmaße des größten Amphitheaters der römischen Welt machen seinen Namen *Colosseum* so unmittelbar einleuchtend, daß jede weitere Erklärung überflüssig erscheint. Und doch erhielt das Colosseum seinen Namen aus einem ganz anderen Grund: eine Statue des Nero, die dem Koloß von Rhodos nachgebildet war, hatte ursprünglich im nahegelegenen Atrium der *Domus Aurea*, Neros Goldenem Haus, gestanden und wurde, nachdem man das Abbild des verhaßten Kaisers entfernt und in Analogie zum Vorbild wieder eine Statue des Sonnengottes Helios daraus gemacht hatte, ganz in der Nähe des Amphitheaters aufgestellt. Die rechteckige Pflasterung, die vom übrigen Straßenbelag abweicht, zeigt den ehemaligen Standort des ›Kolosses‹ an (2).
Es gab beim Bau des *Colosseums* noch eine weitere Verbindung zu Kaiser Nero, eine ebenfalls von ihm nicht beabsichtigte. Denn als der Kaiser Vespasian am Beginn seiner Regierung den Bau des Amphitheaters plante, wählte er als Baugrund das Areal der neronischen Villa. Diese riesige Anlage ließ sich mit traditionellen Villen kaum vergleichen, es war ein gewaltiger Baukomplex, der sich um einen in der Mitte angelegten künstlichen See erstreckte. An der Stelle dieses Sees ließ Vespasian den Bau beginnen und gab so das Gebiet, das Nero für seine privaten Bauten, seinen privaten Bedarf, okkupiert hatte, demonstrativ dem römischen Volke zurück.
Das *Colosseum* entstand unter den flavischen Kaisern Vespasian und Titus als das größte Amphitheater der römischen Welt. Seine Längsachse beträgt 188 m, die Querachse mißt 156 m, und in vier Geschossen erreichte das Gebäude eine Höhe von fast 50 m. Vespasian begann mit dem Bau; noch nicht ganz vollendet, wurde das Gebäude kurz vor dessen Tod eingeweiht. Die relativ kurze Bauzeit erklärt sich daraus, daß die tragenden Travertinpfeiler zuerst errichtet wurden, danach konnte dann in allen Geschossen gleichzeitig gearbeitet werden.
Unter Titus, dem Sohn Vespasians, wurde der Bau fertiggestellt. Mit einem Fest, das hundert Tage dauerte, feierte man seine Einweihung. Wahrscheinlich erst unter Domitian wurde der Bau mit allen technischen Finessen ausgerüstet, indem er das unter der Arena liegende System von Gängen und Hebevorrichtungen bauen ließ, das die Zuführung der Tiere und den Einzug der Kämpfer in die Arena sowie den schnellen, überraschenden Wechsel der Kulissen für die Le-

▽ *Roma. Colosseum.* Münze des Titus (oben)
Modell in Museo della Civiltà Romana, Rom (unten)

benden Bilder möglich machte. Bis zu dem Zeitpunkt dieser Einbauten konnten in dem Amphitheater neben Gladiatorenkämpfen *(munera)* und Tierhetzen *(venationes)* auch Seeschlachten aufgeführt werden. Für diese Kämpfe wurde die Arena unter Wasser gesetzt. Nach dem Einbau der Gänge war die Flutung nicht mehr möglich, und es gibt keine Nachrichten mehr über Naumachien.

Obwohl der äußere Mauerring aus Travertin nur zu einem Teil erhalten ist, kann doch sein Aufbau – auch auf der Münze und dem Modell – gut verfolgt werden. Das unterste Geschoß von Bögen war mit Säulen tuskischer Ordnung, die der dorischen ähnelt, geschmückt. Das zweite war ionisch, das dritte korinthisch. Das geschlossene vierte Stockwerk verzierten korinthische Pfeiler. Hier sind auch die Auflager für die Masten zu sehen, an denen die *vela* angebracht waren, Sonnenschutzsegel, die von einer speziell für diese Aufgabe abgestellten Gruppe von Seeleuten bedient wurden. Wie diese *vela* aussahen, läßt sich auf einem Wandgemälde aus Pompeji erkennen, auf dem das Amphitheater Pompejis dargestellt ist (s. S. 285).

Zwei Arten von Aufführungen vor allem fanden im Amphitheater statt, Gladiatorenkämpfe und Tierhetzen. Gladiatoren waren Sklaven, Kriegsgefangene oder Freiwillige. In der Nähe des *Colosseums* hatte man sie in mehreren Kasernen untergebracht, so etwa beim *Ludus Magnus,* von dem heute noch Reste zu erkennen sind.

Weiterführende Literaturhinweise:
G. Cozzo, Il Colosseo, Roma 1971.
J. Pearson, Arena, The Story of the Colosseum, London 1973.

▷ *Roma. Colosseum* und Tempel der Venus und Roma.

Roma. Colosseum und Tempel der Venus und Roma
(nach Hülsen und Coarelli)
1 *Colosseum*
2 Koloß
3 *Meta Sudans*
4 Konstantinsbogen
5 Tempel der Venus und Roma

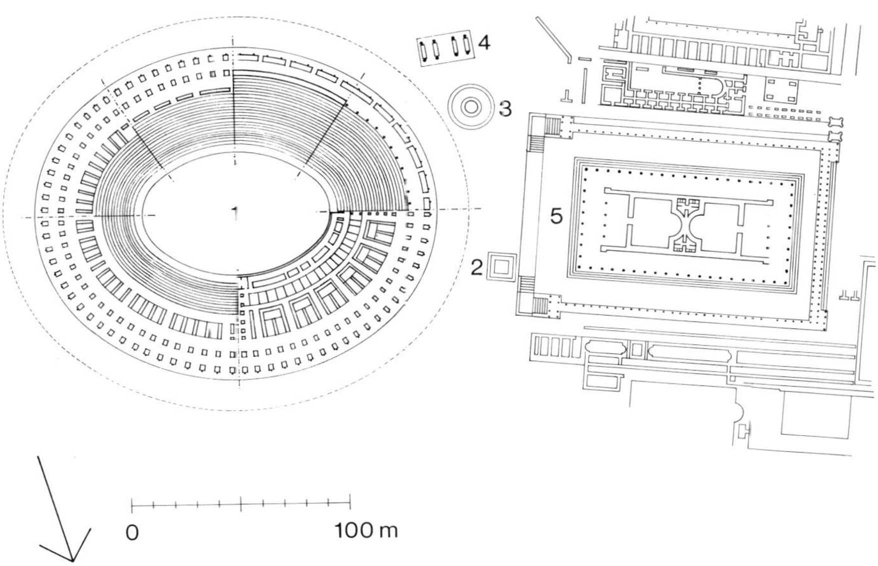

Thermen

Zu den wichtigsten öffentlichen Einrichtungen einer römischen Stadt gehörten die Thermen. Seit der Zeit der späten Republik wurden in allen Orten des römischen Reiches öffentliche Badeanlagen gebaut, die den Bürgern zur Benutzung offenstanden. Da es in den städtischen Privathäusern nur selten Bäder gab – im Gegensatz zu den Land- und Vorstadtvillen, die oft luxuriöse Badezimmer oder mehrräumige Thermen aufwiesen wie etwa als prächtigstes Beispiel die *Villa Hadriana* in Tivoli (S. 245 ff.) – dienten die öffentlichen Thermen den hygienischen Bedürfnissen der Bevölkerung.

Eine literarische Quelle aus dem 1. Jahrhundert nach Chr. wirft ein Schlaglicht auf die Situation jener noch früheren Zeit, als Notwendigkeit und Einrichtung komfortabler Bäder durchaus umstritten waren und als Verweichlichung galten. Seneca, Philosoph und Lehrer des späteren Kaisers Nero, stellt in seinem 86. Brief an Lucilius (3 ff.) anläßlich einer Besichtigung der Villa des Scipio Africanus maior (235–183 vor Chr.) die Sitten der damaligen Epoche denen seiner eigenen Zeitgenossen gegenüber: »Ich habe sein aus Quadersteinen erbautes Landhaus gesehen . . ., und das enge, nach alter Art dunkle Badegemach (unsere Vorfahren hielten kein Bad für warm, wenn es nicht dunkel war). Daher erfüllte es mich mit großem Vergnü-

▽ *Roma.* Thermen des Trajan

gen, als ich die Sitten des Scipio im Vergleich mit den unsrigen betrachtete. . . . Jetzt aber – wer ertrüge es, sich so zu baden? Arm und gemein kommt sich jeder vor, wenn seine Wände nicht von großen und kostbaren Scheiben strahlen, wenn nicht der alexandrinische Marmor mit numidischem ausgelegt ist, wenn sich nicht ein kunstvoller, buntfarbiger Stein gleich einem Gemälde rings herumzieht, wenn nicht die gewölbte Decke mit Glas getäfelt ist, wenn nicht thasisches Gestein, einst selbst in einem oder dem anderen Tempel ein seltener Anblick, die Becken umgibt, in die wir unsere durch vieles Schwitzen ausgetrockneten Körper versenken, wenn nicht silberne Hähne das Badewasser ausströmen lassen. Und bis jetzt spreche ich noch von den Baderöhren der Plebejer; wie, wenn ich erst zu den Bädern der Freigelassenen komme? Welche Menge von Statuen, von Säulen zeigt sich da, die nichts tragen, sondern nur des Aufwandes wegen zur Zierde hingestellt sind! Welche Menge von Wasser, das plätschernd über Stufen herabfließt! Wir sind in der Üppigkeit so weit gekommen, daß wir nur auf Edelsteine treten wollen . . . Einst aber gab es nur wenige Badehäuser, und ohne alle Pracht eingerichtet: denn wozu noch Schmuck für eine Sache, die einen Quadrans kostete und für das Bedürfnis, nicht zur Ergötzung erfunden war? . . .« (Übers. A. Forbiger).

Hier wird, ganz abgesehen von stets zunehmender Bequemlichkeit und prächtiger Ausstattung, vor allem im letzten Satz deutlich, daß die öffentlichen Thermen nach und nach über den rein hygienischen Zweck hinaus auch dem Bedürfnis nach Komfort, Luxus und gesellschaftlicher Kommunikation nachkamen. Mit dem Anschluß von Sport-

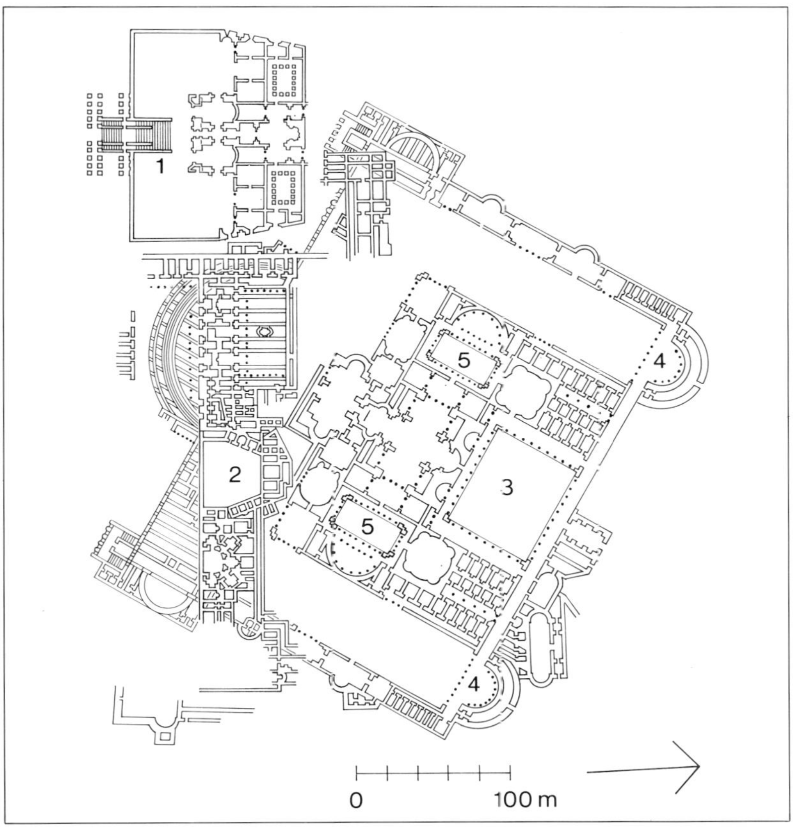

◁ *Roma.* (nach Coarelli)
Titusthermen
Trajansthermen
1 Titusthermen
2 *Domus Aurea*
3 Trajansthermen
4 Exedra
5 Palästra

△ *Roma.* Caracallathermen

stätten, Läden, Versammlungsräumen und Bibliotheken wurden sie Begegnungsstätte für das Bürgertum. Wie bei anderen öffentlichen Einrichtungen, die der Unterhaltung der Bevölkerung dienten – etwa dem Circus (S. 150ff.) – verdankten auch die Thermen ihre Entstehung dem erforderten Tribut eines politisch aktiven Bürgers oder – wie in der Kaiserzeit in Rom – einer kaiserlichen Stiftung, und verhalfen ihrem Stifter meist zu Ansehen oder Festigung seiner Macht.

Wenn nun fast jeder Ort im römischen Reich mindestens eine Thermenanlage besaß, wieviel stärker noch erhob sich das Bedürfnis in einer Millionenstadt wie Rom. Hier sind mehrere große Thermenkomplexe in bedeutenden Resten erhalten, andere in Zeichnungen der letzten Jahrhunderte oder in literarischen Quellen überliefert. Die erhaltenen Thermenbauten stammen alle aus der Kaiserzeit, da aufgrund der intensiven Bautätigkeit der Herrscher in Rom, anders als in kleineren Städten, die älteren Bauten nicht oder nur selten modernisiert, sondern gleich ersetzt wurden.

Vor der Betrachtung der kaiserlichen Thermen Roms muß noch ein Wort über die Voraussetzungen für deren Betrieb gesagt werden. Der heutige Besucher der Stadt ist bereits überwältigt von dem auffallenden Reichtum an Brunnen aus allen Jahrhunderten. In der Antike, speziell in der Kaiserzeit, war Rom überaus großzügig mit Wasser versorgt. Dies geschah seit dem Ende des 4. Jahrhunderts vor Chr. durch Wasserleitungen, die das Wasser von oft weit entfernt gelegenen Quellen, Flüssen oder Seen der Stadt zuführten. Die älteste Wasserleitung

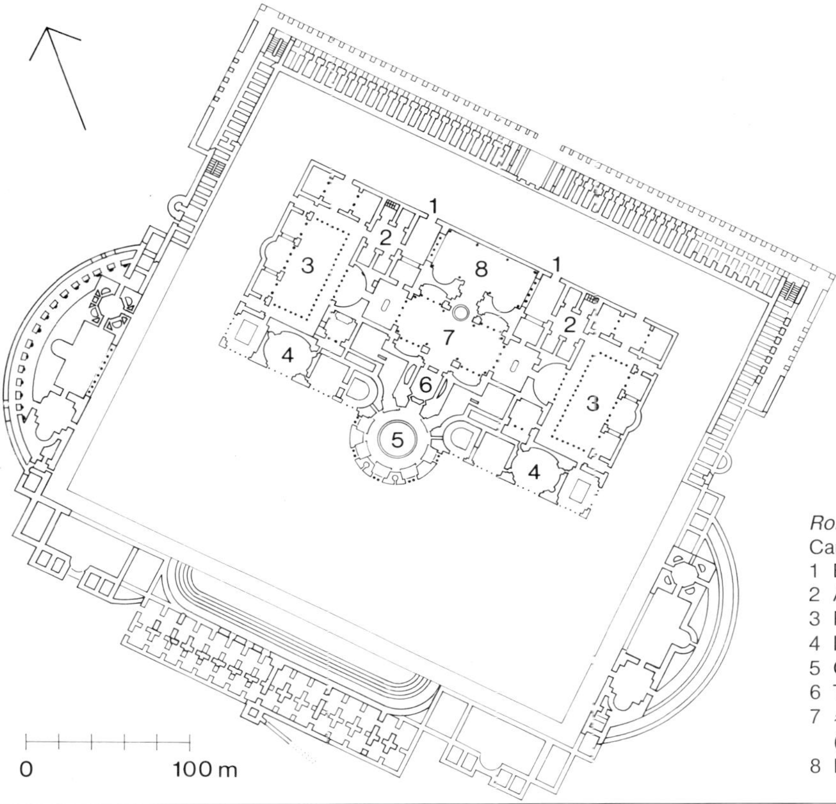

Roma.
Caracallathermen
1 Eingang
2 Apodyterium
3 Palästra
4 Laconicum
5 Caldarium
6 Tepidarium
7 *›Basilica‹* (Frigidarium)
8 Natatio

wurde im Jahre 312 vor Chr. von Appius Claudius Caecus angelegt, welcher als Censor die Einziehung der Steuern und ihre Verwendung für öffentliche Bauten unter sich hatte. Er war verantwortlich für die Anlage der *Aqua Appia,* wie auch für den Bau der gleichnamigen Straße (S. 193 ff.) zwischen Rom und *Capua.*

Diese Wasserleitung verlief zu ihrem größten Teil unterirdisch; sie wurde sowohl in der Länge (16 km) als auch in ihrer Kapazität (73 000 m³ pro Tag) von später gebauten Wasserleitungen weit übertroffen. Die jüngeren Aquädukte verliefen über weite Strekken hinweg oberirdisch und wurden, zum Ausgleich von Bodenerhebungen, kilometerlang über gemauerte Bögen geführt, die bis zum heutigen Tag das Bild der römischen Campagna prägen.

Die Trajansthermen, die Caracallathermen und die Diokletiansthermen gehören alle zum Typus der Kaiserthermen; die Anordnung und Abfolge ihrer Räume stimmt weitgehend überein. Bei früheren Thermenanlagen war diese Anordnung nicht kanonisch festgelegt. Hier gruppierten sich die Räume in unregelmäßiger Anordnung um einen mittleren, oft runden Raum, welcher das Heißwasserbad, das Caldarium, enthielt. Zu diesem frühen Typ gehören die Thermen von Pompeji (s. S. 284 ff.) und in Rom die von Agrippa errichteten Bäder in der Nähe des Pantheon, über deren Aussehen der severische Marmorstadtplan (s. S. 115 ff.) Aufschluß gibt.

Auch die Nerothermen befanden sich in der Nähe des Pantheon. Sie wiesen möglicherweise als früheste das Prinzip der spiegelbildlichen Anordnung und damit Verdoppelung der Räumlichkeiten beiderseits der

Mittelachse auf. Der italienische Archäologe Coarelli vermutet diese Entwicklung, obwohl die Nerothermen selbst nicht mehr erhalten sind, denn Alexander Severus erbaute seine Thermen auf deren Resten auf und übernahm dabei genau den Grundriß. Dieser wiederum ähnelt stark dem aus einer Zeichnung Palladios überlieferten Grundriß der Titusthermen (1) auf dem Esquilin nahe der *Domus Aurea* (2) des Nero, so daß es möglicherweise Neros private Bäder waren, die Titus nur restaurieren ließ und dann dem Publikum öffnete. Somit wäre der Typus der Kaiserthermen eine ›Erfindung‹ neronischer Zeit. Die drei großen späteren Thermen sind alle in der gleichen Richtung orientiert und nutzen in ihrer Lage Sonneneinstrahlung und überhaupt Witterungseinflüsse in der günstigsten Weise. Allen ist gemeinsam, daß der Komplex der eigentlichen Baderäume inmitten einer weiten, von einer Umfassungsmauer umgebenen Anlage liegt.

Von der Bausubstanz der Trajansthermen (3) sind große Mauerreste nicht mehr erhalten, dennoch läßt sich ihr Grundriß mit einiger Genauigkeit rekonstruieren. Nach Ausweis der Ziegelstempel wurden sie in den Jahren 104 bis 109 nach Chr. unter Kaiser Trajan erbaut und zwar, wie der Schriftsteller Dio Cassius berichtet, von dem griechischen Architekten Apollodoros von Damaskus, welcher als Hofarchitekt Trajans auch dessen Forum (s. S. 133f.) entwarf und baute. Die Thermen ragen mit ihren Fundamenten in einen darunterliegenden Baukomplex, welcher den erhaltenen Teil der *Domus Aurea* (2), des berühmten Goldenen Hauses des Nero, ausmacht, das im Jahre 104 nach Chr., nachdem es bereits zu großen Teilen aufgelassen war (*Colosseum* S. 166f.), durch

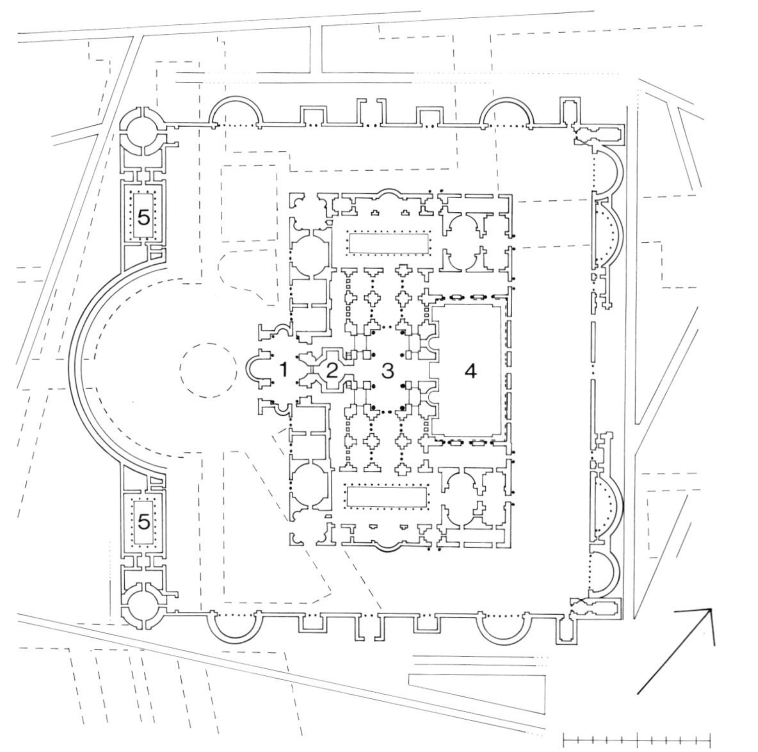

Diokletiansthermen
1 Caldarium
2 Tepidarium
3 ›*Basilica*‹ (Frigidarium)
4 Natatio
5 Bibliothek

Brand fast völlig zerstört wurde. Dieser Teil der *Domus Aurea* stellt nur einen winzigen Bruchteil der neronischen Gesamtanlage dar, doch sind in den zugänglichen, heute unter Bodenniveau liegenden Räumen noch die prächtige Architektur und die luxuriöse Ausstattung zu erkennen.
Auf die früheren Reste nimmt aber der neue Bau der Trajansthermen in seiner Ausrichtung keine Rücksicht, sondern folgt der für Bäder günstigen Lage. In dem parkähnlichen Bereich am Esquilin sind nur wenige aufrechtstehende Mauerreste der Thermen zu sehen: eine der Exedren der Umfassungsmauer (4), die wohl ein Nymphäum beherbergte, an der Nordseite und ein Teil des seltsamen langgestreckten, doppelapsidialen Raumes sind erkennbar, ebenso die große halbrunde Nische der östlichen Palästra (5); diese offenen Höfe wurden für sportliche Übungen benutzt. Da die Trajansthermen soviel schlechter erhalten sind als die beiden jüngeren Anlagen des Caracalla und des Diokletian und da zudem ihr Grundriß, zumindest in den Hauptzügen, jenen gleicht, kann auf eine detaillierte Beschreibung verzichtet werden. Es sei nur auf einen vielleicht wesentlichen Unterschied hingewiesen, daß nämlich der eigentliche Baukörper hier an die nördliche Umfassung anschließt, während er bei den anderen allseits frei im umfriedeten Areal steht.
Während der Sommer-Saison werden in den imposanten Ruinen der Caracallathermen Zuschauertribünen errichtet, und auf einer Holzbühne unter freiem Himmel finden Aufführungen statt, deren berühmteste die alljährliche ›Aida‹ mit lebenden Tieren ist.

▽ *Roma.* Diokletiansthermen

△ *Roma.* Piazza della Repubblica (Piazza d'Esedra)

Die Thermen des Caracalla wurden nach Ausweis der Ziegelstempel in den Jahren 212–217 nach Chr. erbaut, die Umfassungsmauer mit den dazugehörigen Exedren und Räumlichkeiten allerdings erst später.

Der Besucher der Thermen in der Antike betrat den Bau durch einen der Eingänge an der nordöstlichen Seite. Alle Räume beiderseits der zentralen Haupträume sind symmetrisch verdoppelt, so daß der Besucher seinen Rundgang nach links oder nach rechts beginnen konnte. Durch einen Eingangsraum (1) gelangte er in das Apodyterium, den Umkleideraum (2). Er durchquerte die Palästra (3), den offenen Hof für gymnastische Übungen, und erreichte das Laconicum (4), ein Schwitzbad, das etwa der modernen Sauna entsprochen haben mag. Nach einem Gang durch weitere danebenliegende Räume betrat er das runde Caldarium (5), welches, wie die anderen Anlagen der Mittelachse, nun für alle Besucher zur Verfügung stand, ob sie nun den rechten oder den linken Weg gewählt hatten. Dieser Heißwasserraum besaß wahrscheinlich ein großes Badebassin in der Mitte. Der kleine, schwächer geheizte Übergangsraum (Tepidarium, 6) führte dann in die mittlere ›*Basilica*‹ (7), an deren Wänden sich Durchgänge in vier ovale Seitenräume mit Badebecken öffnen. Im Hauptraum haben vermutlich die beiden großen Wannen gestanden, die heute auf der Piazza Farnese als Brunnenbecken zu bewundern sind. An die *Basilica* schließt sich das offene Schwimmbad, die Natatio (8) an, deren Besuch den Rundgang abschließt und von der aus die Besucher wieder die Umkleideräume aufsuchen konnten.

● Im Gegensatz zu den Caracallathermen, die als mächtige Ruine erhalten sind, beherbergen die Diokletiansthermen neue Einrichtungen und haben mit neuer Funktion ihre Epoche überlebt. Der Blick auf das Foto der Piazza della Repubblica zeigt, daß hier die modernen Säulenhallen die Form der großen antiken Exedra der Umfassungsmauer der Thermen bewahren, und auch der alte Name des Platzes, Piazza d'Esedra, erinnert daran. Einer der Rundtürme an den Ekken der umgebenden Portikus ist als Kirche S. Bernardo erhalten. Ein Eckraum des eigentlichen Baukörpers, ein Baderaum, dessen achteckige Wände mit abwechselnd halbrunden und rechteckigen Nischen geschmückt sind, beherbergte zwischenzeitlich ein Planetarium und wird heute als Kino genutzt. Die zentralen Räume der Thermen nimmt die Kirche S. Maria degli Angeli ein. Der Ausbau wird Michelangelo verdankt, spätere Veränderungen nahm Vanvitelli vor, darunter vor allem die Anhebung des Fußbodens, so daß der moderne Betrachter die ohnehin überwältigend hohen Räume sich noch höher denken muß, um einen Eindruck von der Situation in der Antike zu bekommen. Dennoch erlauben die hohen Gewölbe die sonst so selten mögliche Vorstellung geschlossen erhaltener antiker Innenräume, und ihre Ausstattung, die zu einem großen Teil noch dem antiken Bestand entspricht, vermittelt einen schwachen Nachklang von Farbenreichtum und Formenvielfalt des antiken Zustands.

Vom Caldarium (1) bildet die einzig erhaltene Apsis von vieren den Eingang zur Kirche. Durch das kleine Tepidarium (2), den lauwarm geheizten Raum zum Übergang zwischen den extremer temperierten Räumen, betritt der Besucher den Hauptraum von Kirche und Thermen, die sogenannte *Basilica* (3). Die in der Weiterführung der Eingangsachse angebaute Apsis ist Zutat des Kirchenbaus, sie ragt in den Bereich des in der Antike offenen Schwimmbeckens, die Natatio (4). Die Räume, welche die *Basilica* allseitig umgeben – ebenfalls riesige überwölbte Hallen –, beherbergen antike Skulpturen, überwiegend Sarkophage und Fragmente von Bauplastik. Sie bilden einen Teil des Museo Nazionale delle Terme.

Die Thermen konnten gleichzeitig fast 3000 Personen benutzen. Neben den Baderäumen vervollständigten Konferenzsäle und andere Nebenräume den Komplex, der längst nicht mehr ausschließlich dem Badebetrieb vorbehalten war, sondern als kulturelles Zentrum zu betrachten ist und gymnastischen Zwekken ebenso diente wie der Kommunikation und schöngeistiger Beschäftigung. Die rechteckigen Räume an der äußeren Umfassungsmauer zwischen den Ecktürmen und der zentralen Exedra waren wahrscheinlich als Bibliotheken (5) eingerichtet, denn Diokletian hatte die beiden Bibliotheken, die lateinische und die griechische, vom Trajansforum in seine Thermen überführen lassen.

Die Thermen entstanden in den Jahren 298 bis 206 nach Chr., wie sich aus der Interpretation der in mehreren Exemplaren erhaltenen Weihinschrift ergibt. Die Inschriftentafeln waren wohl an den Eingängen angebracht, und nannten die Mitglieder der Tetrarchie als Stifter des Thermenbaus: die beiden Herrscher, die älteren (abgedankten) *Augusti* Diokletian und Maximianus, die regierenden *Augusti* Constantius Chlorus und Maximianus und die ihnen zugeordneten *Caesares* Severus und Maximinus; als Empfänger der Schenkung waren ›ihre Römer‹ aufgeführt.

Die Bezeichnung Stazione Termini für den nahegelegenen Hauptbahnhof ist eine Verballhornung des Begriffs *thermae*, auch wenn eine Ableitung vom lateinischen *terminus* (Ende, Ziel) für den Bahnhof zunächst naheliegender erscheint.

Weiterführende Literaturhinweise:

A. Boëthius, The Golden House of Nero, 1960.

E. Brödner, Untersuchungen an den Caracallathermen, Berlin 1951.

S. Aurigemma, Die Thermen des Diokletian und das Museo Nazionale Romano, Roma 1962.

K. De Fine Licht, Trajansthermen, in: Festschrift Petri Krarup 1976, 87ff.

Brücken

Das Zentrum Roms lag in der Antike ebenso wie heute am linken Tiberufer. Der Stadtteil jenseits des Flusses, *trans Tiberim* (Trastevere), war ursprünglich ein Viertel mit Vorstadtvillen. Unter Augustus wurde es als Regio XIV mit in die Stadt einbezogen und entwickelte sich zum typischen Handwerker- und Arbeiterviertel. Mit der aurelianischen Stadtmauer wurde auch Trastevere umfaßt.

Die Brücken, die über den Tiber führten und Trastevere an das Zentrum anschlossen, hatten natürlich nicht nur diesen einen Zweck. Viel wichtiger waren sie als Glieder in dem System von Straßen, das Rom mit Italien und der Welt verband. Der *Ianiculum* (Gianicolo) hatte in der Frühzeit strategische Bedeutung für die Stadt, und sein Besitz sicherte die Kontrolle der Straßen vor allem an der wichtigen Stelle des frühen Tiberübergangs.

Dort entstand die älteste Brücke, der *Pons Sublicius.* Wahrscheinlich erfolgte der Bau zur Zeit des sagenhaften Königs Ancus Marcius, dem überhaupt einige urbanistisch bedeutsame Unternehmen zugeschrieben werden. So soll er zum Beispiel befohlen haben, zur Sicherung der Hauptstadt alle Siedlungen zwischen Rom und dem Hafen *Ostia* zu zerstören (S. 197ff.).

Bis zum Bau dieser ältesten Brücke führte die Straße durch eine Tiberfurt. Der Übergang über den Fluß an dieser Stelle war für den Fernverkehr besonders wichtig, denn an der linken Flußseite gingen schon damals die Straßen in Richtung Süden ab, die später als *Via Appia* und *Via Latina* nach Campanien führten. Am anderen Tiberufer bildete die *Via Aurelia* die Verbindung nach Norden,

▷ *Roma.* Tiberinsel. *Pons Fabricius. Pons Cestius. Pons Aemilius* (Ponte Rotto)

△ *Roma. Pons Aemilius* (Ponte Rotto)

während die *Via Portuensis* nach Ostia kurz hinter der Brücke abzweigte.
Vom alten *Pons Sublicius*, der in seiner ersten Ausführung ein reiner Holzbau gewesen sein soll, sind keine sichtbaren Reste erhalten, wohl aber von dem im 2. Jahrhundert vor Chr. nur wenig weiter flußaufwärts erbauten *Pons Aemilius*. Diese Brücke bestand ursprünglich ebenfalls aus einer Holzkonstruktion, die von steinernen Pfeilern getragen wurde. Spät im 2. Jahrhundert wurde der hölzerne Aufbau durch steinerne Bögen ersetzt. Ein Bogen steht noch heute sichtbar neben der modernen Brücke, dem Ponte Palatino. Dieser Rest des *Pons Aemilius* trägt den Namen Ponte Rotto, ›verfallene Brücke‹.
Neben weiteren antiken Tiberbrücken, die in Resten erhalten oder auch nur ungefähr zu lokalisieren sind, stehen als besonders interessante Beispiele die beiden kurzen Brücken, welche die Tiberinsel mit den Ufern verbinden. Sie liegen einander gegenüber an der langgestreckten Insel. Einer Überlieferung zufolge soll die Tiberinsel entstanden sein, als die Bürger Roms nach der Vertreibung des letzten etruskischen Königs Tarquinius Superbus die gesamte Ernte des königlichen Besitzes, des Marsfeldes, in den Tiber schütteten.
Die Insel, die aus einer Anschwemmung über einer felsigen Erhebung im Fluß besteht, ist aber sicher schon früher entstanden. Sie trug in alter Zeit einen Tempel des Aesculapius (Äskulap), des griechischen Heilgottes, dessen Kult vor allem in Epidauros in Griechenland gepflegt wurde.
Als Rom von einer Seuche heimgesucht wurde, befragte man das Orakel und erhielt den Rat, die heilige Schlange des Gottes nach Rom zu bringen. Das geschah auch. Wie schon vorher in *Antium* (s. S. 209) wählte die Schlange selber den Ort für ihren Tempel.
Zu dem Heiligtum gehörte ein Sanatorium, und bis zum heutigen Tage befinden sich auf der Insel, ganz in der alten Tradition, Krankenhäuser.
Der *Pons Fabricius* wurde im Jahre 62 vor Chr. erbaut. Man benannte ihn nach seinem Erbauer, dem zuständigen *curator viarum* (Straßeninspektor) Lucius Fabricius. Eine entsprechende Inschrift ist über einem der

beiden weitgespannten Brückenbögen eingelassen. Eine andere Inschrift berichtet über die Restaurierung der Brücke im Jahre 23 vor Chr.
Der antike *Pons Cestius*, die Brücke, die dem *Pons Fabricius* gegenüberliegt und die Insel mit Trastevere verbindet, ist nicht erhalten. Sie war wahrscheinlich etwa gleichzeitig mit ihrem Pendant entstanden und im 4. Jahrhundert nach Chr. restauriert worden. Ende des 19. Jahrhunderts wurde diese Brücke abgerissen und durch einen Neubau an derselben Stelle ersetzt.
Die berühmteste Brücke Roms und die einzige, die ihren antiken Namen behalten hat, ist der *Pons Milvius* oder *Mulvius*, heute Ponte Milvio oder Ponte Molle. Er liegt im Norden außerhalb der Stadt und muß schon existiert haben, als im Jahre 220 vor Chr. die *Via Flaminia* ausgebaut wurde, die hier den Fluß überquerte und sich zur Hauptausfallstraße Roms im Norden entwickelte. Diese verkehrstechnisch bedeutsame Unternehmung ist dem damaligen Censor Caius Flaminius zu verdanken. Die Brücke selbst wird allerdings erstmalig für das Jahr 207 vor Chr. in einer Schriftquelle als bestehend erwähnt. Die heute noch erhaltenen antiken Reste stammen allerdings nicht mehr von diesem ersten Bau, sondern gehen auf den Neubau der Brücke im Jahre 109 vor Chr. zurück. Als Censor war Marcus Aemilius Scaurus verantwortlich. Die neue *Via Flaminia*, die moderne Straße, führt über die in der Nähe errichtete neue Prachtbrücke Ponte Flaminio. Sie stammt aus den Jahren 1938–1952 und weist antikisierende Motive in bombastischer Anordnung und Größe auf.
An der milvischen Brücke schlug am 28. Oktober des Jahres 312 nach Chr. Kaiser Konstantin seinen Gegenspieler Maxentius endgültig, nachdem die lange Schlacht, die bei *Saxa Rubra* begonnen hatte, hier in ihre Endphase getreten war. In der Nacht vor der Entscheidungsschlacht erschien dem Kaiser Konstantin im Traum das Zeichen des Kreuzes mit dem Versprechen *in hoc signo vinces*, »in diesem Zeichen wirst du siegen«. Dieser Sieg setzte nicht nur der Regierung des Maxentius und seinen dynastischen Bestrebungen ein Ende, sondern wird gleichzeitig als Sieg des Christentums über den Geist der heidnischen Antike betrachtet.
Der Wehrturm auf der Brücke stammt aus der Zeit Pius VII. und wurde unter Pius IX. zum Tor umgebaut.
Neben den schon genannten Brücken ist vor allem der Ponte Sisto interessant, weil am untersten Teil der Pylonen noch Reste seines antiken Vorgängers zu sehen sind. Da Quellen aus der Spätantike und dem Mittelalter den Ponte Sisto als *Pons Aurelius* oder *Pons Antonini* bezeichneten, glaubte man, er gehe auf die mittlere Kaiserzeit zurück. Neuere Forschungen haben jedoch bewiesen, daß diese Brücke zwar im Jahre 147 nach Chr. von Antoninus Pius restauriert worden war, aber schon viel früher bestanden hatte.
Aus Inschriften war bekannt, daß in der Nähe eine Brücke gelegen haben muß, die Agrippa, Feldherr und Schwiegersohn des Augustus, errichtet hatte. Er nannte hier Grundbesitz sein eigen. Die Forschungen der jüngsten Zeit – vor allem die des italienischen Archäologen Coarelli – haben ergeben, daß der Ponte Sisto der Vorgänger der *Pons Agrippae* war, zumal die antike Straßenführung und die Bebauung des Marsfeldes in jener Epoche damit übereinstimmen.
Die bei extrem niedrigem Wasserstand wenig weiter stromaufwärts sichtbaren Substruktionen, die man bisher glaubte mit dem überlieferten *Pons Agrippae* in Verbindung bringen zu können, gehörten möglicherweise gar nicht zu einer Brücke, sondern sind in Zusammenhang mit dem Bau der aurelianischen Stadtmauer zu sehen, die hier den Fluß überschreitend einer besonderen Sicherung bedurfte.
Die meisten Brücken wurden in der Spätantike restauriert. So auch der *Pons Neronianus*, der im Norden der Stadt an der Stelle der heutigen Brücke Ponte Vittorio Emmanuele das Marsfeld mit dem Vatikanischen Hügel und dem Circus des Caligula und Nero verband. Im Jahre 134 nach Chr. wurde ganz in

der Nähe, an der Stelle der heutigen Engelsbrücke, der *Pons Aelius* erbaut. Diese Brücke diente als Verbindung zum Grabmal des Hadrian und wurde nach dessen Familiennamen benannt.

Der Brückenbau war eine der großen Ingenieurleistungen der römischen Antike. Er hatte besonders unter Augustus beim Ausbau des Fernstraßennetzes verkehrstechnisch entscheidende Bedeutung und diente damit den wirtschaftlichen und militärischen Erfolgen Roms. Seine Technik, die Überwindung von Flüssen und Tälern durch Straßenführung über Brücken mit großen Spannweiten, findet ihre Entsprechung in der Anlage der Aquädukte, bei denen das Wasser über weite Strecken und extreme Höhenunterschiede hinweg in gemauerten Wasserleitungen geführt wurde. Die Brücke bei Vulci (s. S. 63) aus dem 1. Jahrhundert vor Chr. ist ein Beispiel für die Verbindung von Brücke und Wasserleitung.

Weiterführende Literaturhinweise:

J. Le Gall, Le Tibre, Fleuve de Rome, dans l'antiquité, Paris 1953.

▷ *Roma. Pons Milvius* und Ponte Flaminio

Gräber

Die Engelsburg gehört zu den berühmtesten Monumenten Roms. In dieser Festung, die in der Geschichte Roms eine bedeutende Rolle gespielt hat, ist das Mausoleum des Hadrian verbaut. Von seinem quadratischen Unterbau kann man nichts mehr sehen, er verschwindet völlig in den vorgebauten Festungsmauern und Eckbastionen. In der ursprünglichen Konzeption war er rund angelegt, wie auch der Tambour, den er trug. Kurz nach seiner Fertigstellung aber wurde der quadratische Sockel um den unteren Teil des runden Baues angeschoben; der Grund für diese ungewöhnliche Bauweise oder Planänderung ist unbekannt. Dieser Sockel ist nicht massiv gebaut. Von seinen Außenmauern verlaufen Stützmauern radial auf das Zentrum zu; sie tragen Gewölbe. Über dem mit Marmorplatten und Skulpturen geschmückten Sockel erhob sich der runde Tambour, von dem heute nur noch der Kern aus Gußmauerwerk mit Blöcken von Tuff und Travertin zu sehen ist. Früher war er mit Marmor verkleidet.

Der Eingang (2) zum Grab führte zunächst zu einem Vorraum (3), in dem wahrscheinlich eine Statue des Kaisers stand. Von diesem Vorraum aus verläuft ansteigend ein Gang, der einen vollen Kreis beschreibt (4). Genau über dem Eingangsraum biegt von dem Rundgang ein kurzer Durchgang ins

▽ *Roma.* Mausoleum des Hadrian (Engelsburg)

Zentrum des Baus ab und mündet in die eigentliche Grabkammer (5), deren Wandnischen die Aschenurnen aufnehmen sollten, denn Hadrian hatte das Mausoleum nicht nur für sich, sondern auch für seine engere Familie und seine Nachfolger gebaut.
Ein viereckiger Aufbau mit mehreren Räumlichkeiten überragte den Tambour, war aber von außen als eigenständiges Bauglied nicht sichtbar, da ein Erdhügel den oberen Teil des Monuments bedeckte. Die Spitze krönte eine Statue Kaiser Hadrians in einer *quadriga* (Viergespann).
Kaiser Hadrian hatte mit dem Bau seines Mausoleums wohl schon zu Beginn der dreißiger Jahre des 2. Jahrhunderts nach Chr. begonnen, doch war es bei seinem Tode, im Jahre 138 nach Chr. also, noch nicht vollendet. Hadrian starb in einer Villa bei *Baiae*, die ehemals Cicero gehört hatte; bis das Grab unter seinem Adoptivsohn und Nachfolger Antoninus Pius im Jahre darauf fertiggestellt wurde, hatte man ihn in *Puteoli* (Pozzuoli) beigesetzt. Dann überführte man ihn in sein Mausoleum.
Später wurden hier auch alle nachfolgenden Kaiser des antoninischen und des severischen Hauses bestattet.
Die Brücke (1), die das Mausoleum mit dem Marsfeld verbindet, wurde gleichzeitig mit der Anlage des Mausoleums geplant. Sie konnte bereits im Jahre 134 nach Chr. eingeweiht werden und trug nach dem Familiennamen Kaiser Hadrians (Publius Aelius Hadrianus) den Namen *Pons Aelius* (s. S. 181f.). Von der antiken Brücke sind die drei mittleren Bögen noch erhalten. Heute heißt sie ›Engelsbrücke‹ nach den Statuen der zehn Engel, die nach Entwürfen des römischen Barockbildhauers Bernini hergestellt wur-

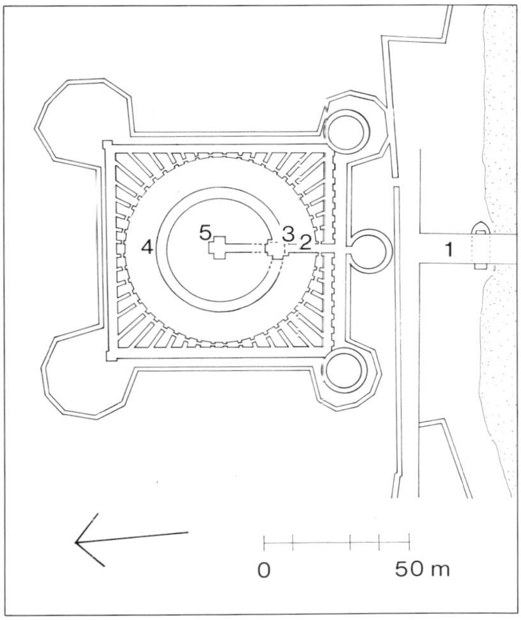

△ *Roma.* Mausoleum des Hadrian
1 *Pons Aelius* (Engelsbrücke)
2 Gang
3 Vestibül
4 Ringförmiger Gang
5 Grabkammer

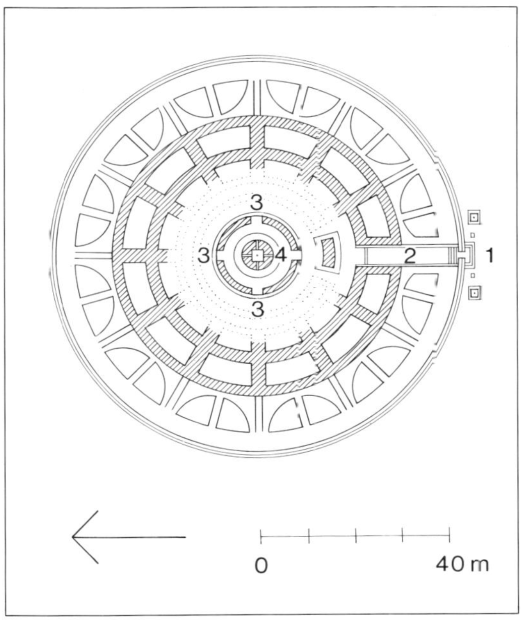

△ *Roma.* Mausoleum des Augustus
1 Eingang, von Obelisken flankiert
2 Gang
3 Nischen
4 Pfeiler mit zentraler Grabkammer

△ *Roma.* Mausoleum des Augustus

den und noch immer die Balustraden schmücken.

Ein großer massiver Baukörper wie das Hadriansmausoleum eignete sich gut als Festung, und so teilte es das Schicksal anderer mächtiger antiker Bauten, die im Mittelalter als Festungsbauten – sei es gegen Feinde von außen, sei es in den Fehden der großen römischen Familien untereinander – herhalten mußten. Zu ihnen gehörten, neben vielen anderen, das Grabmal der Caecilia Metella, das Theater des Marcellus und auch der Titus-Bogen. Die Engelsburg nahm jedoch eine besondere Stellung ein. Aufgrund ihrer Lage am Rande der befestigten Stadt sowie ihrer besonderen Größe wurde sie schon zu Beginn des 5. Jahrhunderts nach Chr. als Vorwerk der aurelianischen Stadtmauer in das Verteidigungssystem der Stadt eingegliedert. Die Stadtmauer, die Kaiser Aurelian in den Jahren zwischen 270 und 275 hatte errichten lassen, um der Bedrohung durch die von Norden vordringenden Barbaren Rechnung zu tragen, verlief auf der Höhe des Hadriansmausoleums am jenseitigen Tiberufer (sie ist heute zum größten Teil noch gut erhalten und umgibt als mächtiger Mauerring die Stadt).

Im Zuge der Verstärkung dieser Verteidigungsanlage in den Jahren 401–403 unter Honorius, bei der man das Mausoleum einbezog, wurde die Mauer auf fast das Doppelte erhöht, der bis dahin offene Wehrgang zu einem geschlossenen Gang mit Schießscharten umgestaltet und oben ein neuer Umgang geschaffen. Auch die Türme wurden verstärkt und die ›Schwachstellen‹, die Stadttore, in einigen Fällen von zwei auf ei-

nen Bogen verkleinert. Ein Teil des Umgangs im Süden der Stadt ist zugänglich und zur Besichtigung freigegeben.
Während der Gotenkriege im 6. Jahrhundert nach Chr. trotzte die Festung einer Belagerung. Bei dem Schriftsteller Prokop ist überliefert, daß die Verteidiger marmorne Statuen von der Zinne des Hadriansmausoleums gegen die Angreifer schleuderten.
Da das Mausoleum nicht nur an der Festungsmauer, sondern außerdem an der Brücke und einem Tor zur Stadt lag, bedeutete es auch in den folgenden Jahrhunderten eine Schlüsselposition für die Verteidigung der Stadt; später diente die Festung als Gefängnis und war seit dem Mittelalter durch einen geschlossenen Gang mit dem Vatikan verbunden.
An der Stelle der Statue des Kaisers, die den Bau ursprünglich bekrönte, steht heute ein gepanzerter Engel. Nach ihm wurde das Mausoleum ›Engelsburg‹ genannt. Die Engel-Statue wurde im 18. Jahrhundert aufgestellt, soll aber an eine Vision Papst Gregor des Großen erinnern, dem bei einer Bittprozession wegen einer verheerenden Seuche hier ein Engel erschien. Zum Zeichen, daß die Prüfung nun ein Ende habe, steckte der Engel sein Schwert in die Scheide, und in dieser Haltung ist er über dem Mausoleum auch dargestellt.
Der Typus des antiken Mausoleums, wie er in der Engelsburg erhalten ist, war keine Erfindung hadrianischer Zeit; im Gegenteil, seine Vorläufer stammen aus dem frühen Hellenismus. Einigen Forschern zufolge soll die Erdbekrönung des Grabes auch als Nachklang der etruskischen Tumulusgräber zu verstehen sein. Augustus war es wohl, der diesen Grabtypus in Rom einführte; das von ihm am Rande des Marsfeldes (auf dem selbst nicht bestattet werden durfte) errichtete Gebäude fand in Rom selbst und in Italien an mehreren Orten Nachahmungen, die fast gleichzeitig entstanden. Zu ihnen gehört das Grab der Caecilia Metella an der *Via Appia*; auch Gräber in Gaeta und Capua folgen diesem Typus.

● Augustus wählte für die Errichtung seines Grabes zwar Grund, der zu seinem ausgedehnten Privatbesitz gehörte, gab jedoch gleich nach Fertigstellung des Baus die umgebenden Gärten dem Volke frei, eine sicher nicht unpopuläre Maßnahme.
Gleich nach seinem Sieg über Marc Anton (Marcus Antonius) und seiner Rückkehr aus Alexandria im Jahre 29 vor Chr. begann Augustus mit dem Bau seines Grabdenkmals. Alles, und nicht zuletzt der Name Mausoleum, deutet darauf, daß Augustus das Vorbild für sein Grab im hellenistischen Osten gesucht hatte. Der Begriff ›Mausoleum‹ stammt von dem monumentalen Grab des karischen Königs Maussollos, welches im 4. Jahrhundert vor Chr. entstand. Die historischen Umstände lassen jedoch vermuten, daß Augustus das Grab eines anderen hellenistischen Herrschers als Beispiel diente: er hatte gerade das Grab Alexander des Großen besichtigt. Obwohl dieses Grab nicht bekannt ist, ist nicht unwahrscheinlich, daß Augustus an diesen größten aller hellenistischen Herrscher dachte, als er sein Grabmonument erbaute, und daß er selbst sich in der Rolle eines hellenistischen Herrschers sah bzw. in ihr gesehen werden wollte.
Was heute vom Mausoleum des Augustus noch sichtbar ist, stellt kaum mehr als den inneren Kern des Baus dar. Ein runder, in mehreren konzentrischen Ringen in Mauerwerk ausgeführter Tambour erhob sich vielleicht auf einem quadratischen Unterbau. Die Zwischenräume der Mauerringe waren, ausgenommen nur die Grabkammer im Zentrum, mit Erde gefüllt.
Der Bau war von einer Statue des Kaisers bekrönt. Das zentrale Grab in der Grabkammer (4) war selbstverständlich für den Kaiser, für Augustus, bestimmt, doch sollte das Mausoleum nicht nur seine sterblichen Reste aufnehmen. Als erster wurde der Neffe und Schwiegersohn des Augustus, Marcellus, im Jahre 23 vor Chr. hier bestattet. In den nächsten Jahrzehnten folgten fast alle Kaiser und die Angehörigen des julisch-claudischen Herrscherhauses. Kaiser Nerva war der

letzte, der im Augustusmausoleum begraben wurde. Sein Nachfolger Trajan hatte sein Grab im Sockel der Ehrensäule auf seinem Forum (s. S. 133ff.) einrichten lassen.

● Nachdem im Jahre 30 vor Chr. die Römer Ägypten erobert hatten, kamen in Rom ägyptische Kunst und Religion in Mode. Die Cestius-Pyramide an der antiken *Porta Ostiensis*, der heutigen Porta S. Paolo, ist das wahrscheinlich berühmteste Beispiel dafür. Die 36,40 m hohe Pyramide ist nur scheinbar wie ihre großen ägyptischen Vorbilder aus Quadern gefügt. In Wirklichkeit besteht der Bau aus Gußmauerwerk und ist nur mit Marmorplatten verkleidet. Je eine Inschrift an der Westseite, der Eingangsfront, und der Ostseite nennt Caius Cestius als Inhaber des Grabes; wahrscheinlich handelt es sich um den Praetor des Jahres 44 vor Chr.
Weitere Inschriften an der Grabpyramide berichten von der Entstehung des Baus. Verantwortlich waren die Testamentsvollstrekker des Caius Cestius, hochangesehene Männer, darunter Agrippa, Schwiegersohn und Feldherr des Augustus. Obwohl das berühmteste, ist die Cestius-Pyramide nicht das einzige Beispiel für Grabpyramiden in Rom. An der *Via Flaminia*, der *Via Appia* und im Bereich der vatikanischen Nekropolen finden sich weitere Gräber in Form von Steinpyramiden, und auch auf der Isola Sacra, der Totenstadt des römischen Hafens *Portus Romae* (s. S. 206).
Im Schatten der Pyramide liegen, ganz in der Tradition des Ortes, auf dem kleinen Friedhof für die Fremden und Nichtkatholiken viele berühmte Romreisende und Forscher begraben, darunter Goethes Sohn August, dessen Grabstein nicht seinen Namen nennt, sondern nur verkündet, daß Goethes *filius* hier liege; ferner Christian August Kestner, der Sohn von Lotte Buff, ›Werthers Lotte‹, die Dichter Keats und Shelley und viele weitere.

◁ *Roma*. Cestius-Pyramide

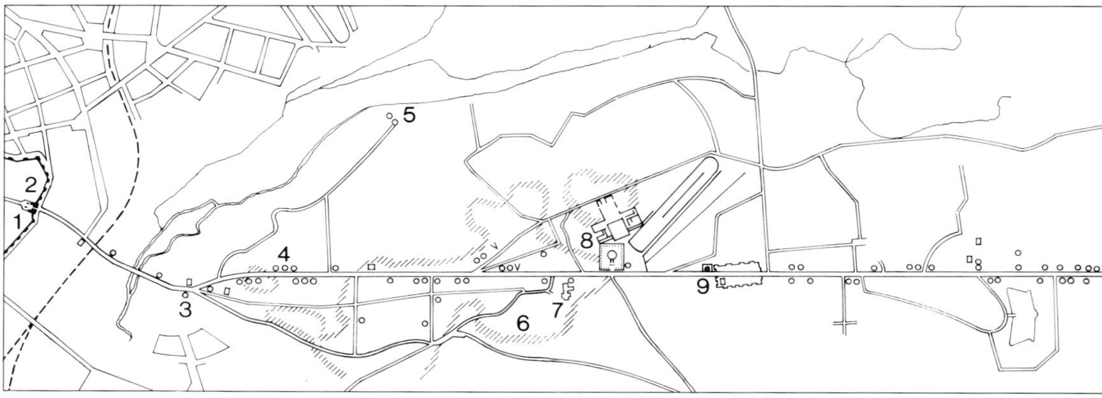

△ *Roma. Via Appia* (nach TCI-Führer und Quilici)
1 Porta Appia
2 Vigna Codini
3 Grab der Priscilla
4 Columbarien der Freigelassenen des Augustus und der Livia
5 sog. Tempel des *Deus Rediculus*
6 Katakombengebiet
7 San Sebastiano und Villa grande
8 Villa des Maxentius und Grab des Romulus
9 Grab der Caecilia Metella
10 Villa der Quintilier

Das römische Grab, auch des Privatmannes, hatte die Funktion, im Andenken des Verstorbenen zugleich seine Position zu verewigen und damit das Ansehen seiner Familie, der Hinterbliebenen, zu heben. Der Aspekt des Nachruhms gewann Vorrang vor dem eines anders gearteten Weiterlebens nach dem Tode. Die Ausstattung war oft aufwendig und luxuriös, so daß der Staat mehrmals mit Verboten gegen übertriebenen Grabluxus eingriff. Zum normalen Grabschmuck gehörten Grabstatuen und Sarkophage oder Aschenurnen; die Sarkophage stammen überwiegend aus der römischen Kaiserzeit seit der zweiten Hälfte des 1. Jahrhunderts nach Chr. Von den Skulpturen der römischen Zeit, die in den Museen der Welt ausgestellt sind, war ein Großteil ursprünglich im Zusammenhang mit dem Grabbau und Totenkult verwendet worden.

Doch konnten sich natürlich längst nicht alle Römer so aufwendige Gräber leisten, wie es die bisher genannten großen Mausoleen sind. Und so finden sich in den Nekropolen Roms Gräber jeder Größe und unterschiedlichster Ausstattung nebeneinander. Vom monumentalen Familienmausoleum bis zum bescheidenen Gemeinschaftsgrab einer Begräbnisgemeinschaft, in die man sich wie in eine Sterbekasse einkaufte.

Die Nekropolen erstrecken sich entlang der

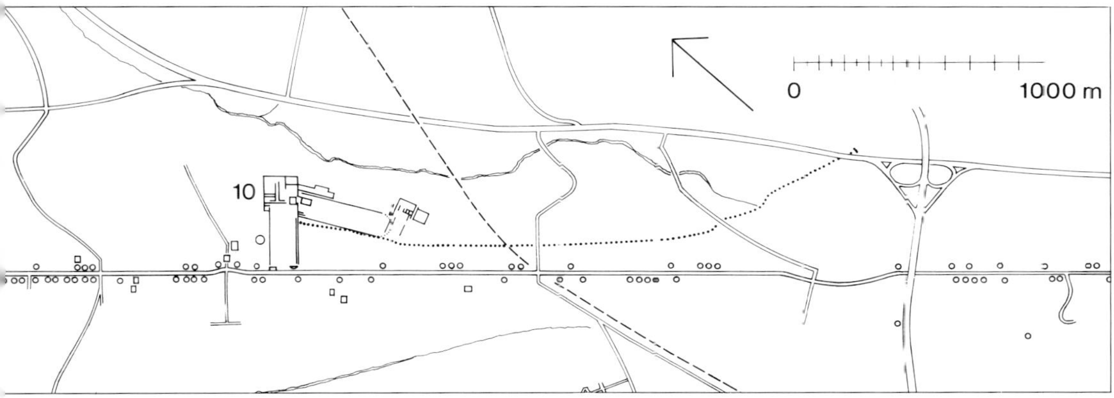

Ausfallstraßen der Stadt, da eine Regelung nach dem uralten Gesetz, formuliert im Zwölftafelgesetz, eine Bestattung der Toten innerhalb des *pomerium,* der religiösen und rechtlich verbindlichen Stadtgrenze, untersagte. Ausnahmen konnte in der republikanischen Zeit zum Beispiel der Senat beschließen, wenn er etwa einem Feldherrn, dem nach einem Sieg für Rom ein Triumphzug zugestanden worden war, auch diese besondere Ehre noch zukommen lassen wollte – eine Tradition, an die Trajan mit seinem Grab im Sockel der Trajanssäule auf seinem Forum (s. S. 133) anknüpfte.
Es ist schon vorgekommen, daß das Volk von Rom diese Ehrung einer Persönlichkeit gegen den Willen des Senats durchsetzen wollte; in einem Fall ist sogar bekannt, daß die Auseinandersetzung bis zur Exhumierung führte.

● Bereits vor dem bedeutenden Bauunternehmen des Appius Claudius, der später den Beinamen *Caecus* (›der Blinde‹) erhielt, bestand zwischen der prähistorischen Siedlung Roms am *Forum Boarium* und dem Ort *Alba Longa* eine Straße, welche vermutlich den Namen *Via Albana* trug. Im Jahre 332 vor Chr. sorgte Appius, als Censor für die öffentlichen Bauvorhaben verantwortlich, für Ausbau und Regulierung dieser Straße, welche nun ihren Ausgang bei der *Porta Capena,* dem Stadttor in der republikanischen Stadtmauer, nahm. Die Breite der Fahrbahn betrug 14 römische Fuß, etwa 4,10 m; dieses Maß wurde später, vor allem aus praktischen Gründen, für römische Straßen kanonisch. Bürgersteige verliefen beiderseits der Fahrbahn, auf der noch heute in den erhaltenen Teilen ihres Pflasters die tiefen Spuren der römischen Fuhrwerke zu sehen sind.

Unter Appius wurde die nach ihm benannte *Via Appia* der Küste folgend bis nach *Capua* geführt. Wenig später, nach Einrichtung der römischen Kolonie in Benevent im Jahre 268 vor Chr., verlängerte man die Straße bis zu diesem bedeutenden Stützpunkt, und noch vor 191 vor Chr. führte sie bis nach *Brundisium* (Brindisi). Der Ausbau dieser Verbindung, welche Rom mit dem Süden und Osten des Landes verband, schuf die wichtigste Voraussetzung für die wirtschaftliche und politische Erschließung und Eroberung nicht nur Süditaliens, sondern auch der Mittelmeerländer. Denn die Landverbindung der *Via Appia* eröffnete gleichzeitig den Weg zu den bedeutendsten Hafenstädten; durch sie wurden die militärischen Unternehmungen der Römer erst möglich und die Versorgung der Metropole sichergestellt. Unter Kaiser Trajan baute man statt der zeitraubenden Strecke über Tarent einen anderen Weg zur Staatsstraße aus. Dieser zweigte von der alten Wegführung in Benevent (S. 287) ab, wo der Ehrenbogen des Trajan an die Eröffnung der neuen *Via Traiana* erinnert. Die Straße endete wie die ältere in Brindisi am Meer; Reste zweier Säulen vom Beginn des 3. Jahrhunderts nach Chr. markieren ihren Endpunkt. Da Septimius Severus mit der prächtigen Schaufassade des *Septizonium* (s. S. 150) den Ausgangspunkt der *Via Appia* bezeichnet hatte, schreibt man ihm auch die Errichtung der Säulen in Brindisi zu.
Vor dem Stadttor war die *Via Appia* nicht nur Landstraße mit bäuerlichen Anwesen, Rasthäusern, Tempeln, herrschaftlichen Villen, Läden und all jenen Einrichtungen, deren ein Reisender bedarf, sondern vor allem Gräberstraße. Denn seit dem Beginn der römischen Republik durften keine Toten in-

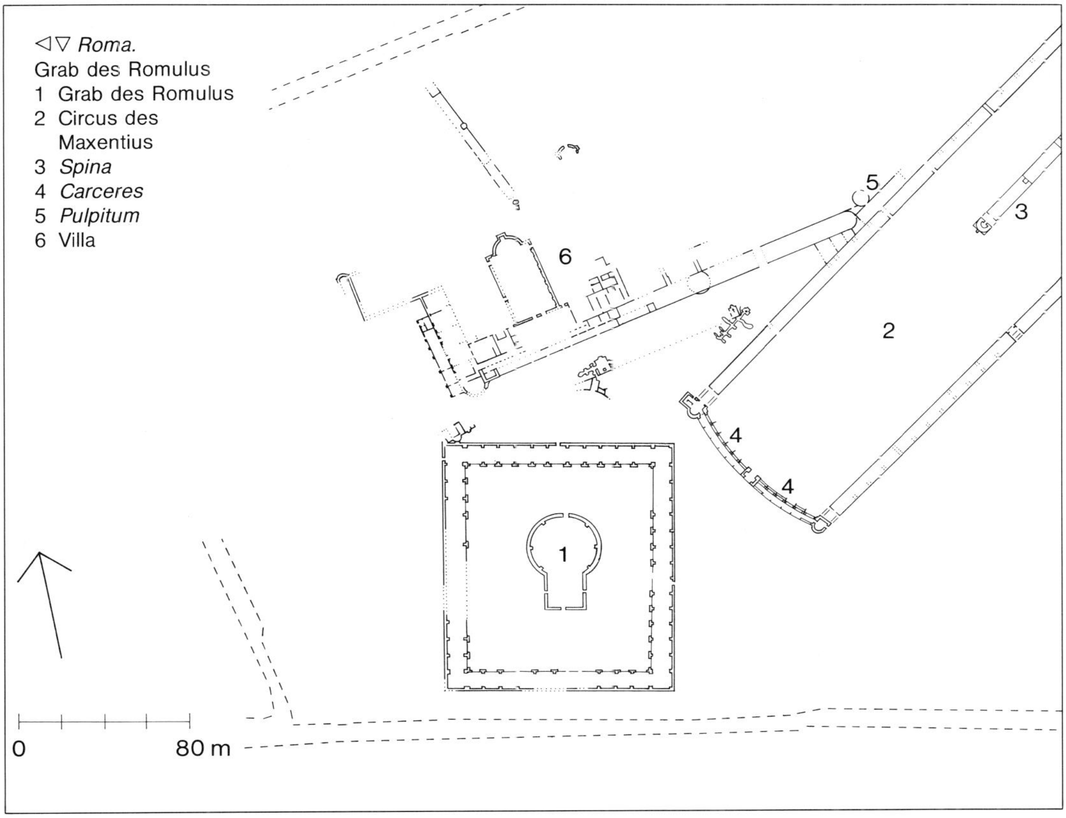

◁▽ *Roma.*
Grab des Romulus
1 Grab des Romulus
2 Circus des Maxentius
3 *Spina*
4 *Carceres*
5 *Pulpitum*
6 Villa

nerhalb der Stadt bestattet werden. Wenn sich heute trotzdem ein Teil der vornehmen Grabanlagen innerhalb der Stadtmauer befinden, so ist das darauf zurückzuführen, daß die gut erhaltene Stadtmauer des Aurelian ein wesentlich größeres Areal umschließt als die republikanische Stadtbegrenzung. Der außerstädtische Teil der Straße begann früher beim Stadttor *Porta Capena*, welche etwa an der Stelle lag, wo heute der als letzter nach Rom verschleppte Obelisk steht, den Mussolini aus Axum herbeischaffen ließ.
Die ältesten und vornehmsten Geschlechter Roms konnten ihre Mausoleen noch nahe der Stadt der Lebenden errichten. So besaß zum Beispiel die Familie der Scipionen (Cornelii Scipiones) ihren Grabbau, der zahlreiche Sarkophage aus dem Zeitraum zwischen dem Beginn des 3. und der Mitte des 2. Jahrhunderts vor Chr. beherbergte, außerhalb der republikanischen Stadt, aber noch innerhalb der aurelianischen Mauer. Seit dem Ende des 3. Jahrhunderts nach Chr. führte die Straße hier durch die *Porta Appia* aus der Stadt hinaus.
Die *regina viarum* (›Königin der Straßen‹) säumten auf den ersten Kilometern neben den Gräbern römischer Bürger auch die Villen der Reichen, zum Beispiel die Villa grande (7), die kaiserliche Villa des Maxentius (8) und die Villa der Quintilier (10).
Die Gräber an der *Via Appia* hatten unterschiedliche Form. Es gab große Familienmausoleen sowie für die Mittelschicht und die *misera plebs* die Begräbnisgemeinschaften *(collegia funeratica)*, in die sich die Mitglieder einkaufen mußten. Dafür erhielt man das Recht auf einen Grabplatz im Gemeinschaftsgrab, meistens eine Nische für die Aschenurne.

Das bekannte Grab der Caecilia Metella (9) aus dem 1. Jahrhundert vor Chr. repräsentiert den vornehmsten Grabtypus der späten Republik und frühen Kaiserzeit, wie wir ihn auch aus Gaeta vom Grab des Lucius Munatius Plancus (s. S. 224f.) kennen. Es handelt sich um einen runden Quaderbau, dessen zylindrig hochgezogener Tambour auf quadratischem Unterbau von Zinnen bekrönt war. Die unregelmäßig versetzten Blöcke erschienen durch die Oberflächenbehandlung als ganz regelmäßige Spiegelquadern. Ein Fries von Stierschädeln und Girlanden schmückt den oberen Teil des Tambours, und oberhalb der Inschrift sieht man ein Tropeion, das Zeichen für den Sieg in der Feldschlacht.

Von diesen Rundmausoleen, deren es mehrere an der *Via Appia* gab, ist meist nur der Kern aus Gußmauerwerk zu sehen, während Aufbau und Schmuck nicht erhalten sind. Das Grab der Caecilia Metella war das Familienbegräbnis der Meteller aus dem Geschlecht der Caecilier. Diese hatten als Patrizier das Recht auf eine Familiengruft. Der besonders repräsentative und auch literarisch belegte Grabtypus fand am Ende des 1. Jahrhundert nach Chr. im Grab der Priscilla (3), der Frau des reichen Freigelassenen Abascantus, eine späte Nachahmung.

Neben dem Rundbau war das Tempelgrab eine beliebte Form. Zu diesem Typus gehört zum Beispiel der aus gelben und roten Ziegeln errichtete Bau (5) in Valle della Caffarella, den man fälschlich mit dem literarisch überlieferten, aber an anderer Stelle gelegenen Tempel des *Deus Rediculus* – des Gottes, der gute Rückkehr bewirkt – identifiziert hatte. Der zweistöckige Grabtempel, dessen Untergeschoß der Bestattung dienen sollte, während das obere dem Totenkult zur Verfügung stand, stammt aus dem 2. Jahrhundert nach Chr.

Der Typus des Fassadengrabs, dessen Fassade zur Gräberstraße hin zweistöckigen Aufbau vortäuscht, beherbergte die Gräber

◁ *Roma.* Grab der Caecilia Metella

in einer einzigen kleinen Kammer hinter der Schauwand.
Die für die meisten Bürger erschwingliche und daher am weitesten verbreitete Art der Bestattung war die Unterbringung der Urne in einem Columbarium. Beispielhaft für diesen Typus sind die großen Columbarien der Freigelassenen des Augustus und der Livia (4), die zwar in augusteischer Zeit eingerichtet, aber selbstverständlich länger benutzt wurden. Der Name *columbarium,* ›Taubenschlag‹, bezieht sich auf die spezifische Anlage der Nischen *(loculi)* an den Wänden der Räume, in die sie in mehreren Reihen übereinander eingetieft sind. Sie boten jeweils Platz für mehrere Aschenurnen. Bei den Columbarien in der Vigna Codini (2) zum Beispiel sind die einzelnen Bestattungsplätze durch Namenstäfelchen gekennzeichnet.
Der Wunsch des römischen Bürgers, in der Nähe der Stadt beerdigt zu werden, was zu einer immer engeren Bebauung der ersten Meilen der *Via Appia* führte, findet ihre Parallele in der Anlage der christlichen Grabstätten. Weil die Märtyrergebeine in das Gräberfeld an der *Via Appia* überführt worden waren, wünschten immer mehr Anhänger der christlichen Religion ihr eigenes Begräbnis in der Nähe dieser Reliquien. Aus Platzmangel gruben die christlichen Begräbnisgemeinschaften, oft auch auf dem Boden christlicher Eigentümer, weitverzweigte Gänge in den weichen Tuffboden, um Raum für weitere Grabstätten zu schaffen. Bereits zur Zeit Kaiser Konstantins wurde in der Nähe der Katakomben die Basilika des Heiligen Sebastian als Pilgerstätte errichtet.
Eines der interessantesten Monumente in der Nähe des Mausoleums der Caecilia Metella ist das Grab des Romulus (8).
Romulus, früh verstorbener Sohn des Maxentius, der als Widersacher Konstantins diesem unterlag, starb im Jahre 309 nach Chr. In der Nähe seiner Villa, deren Anlage auf viel frühere Vorläuferbauten zurückging, hatte Maxentius ein Grabmal innerhalb einer arkadenumsäumten Umfriedung errichten lassen, das den Gedanken des altrömischen Grabgartens, wie er an vielen Gräbern nicht nur an der *Via Appia* zu beobachten ist, wieder aufleben ließ. Das durch eine repräsentative Vorhalle zu betretende Rundgrab war wohl ursprünglich als Familiengrab geplant. Zu dem Baukomplex gehörte außerdem ein Circus (s. S. 156ff.), dessen Nähe zum Grab den Ursprung der Wagenrennen wieder wachruft, der Wagenrennen als Bestandteil der Leichenspiele.
Die *Via Appia* ist zwar die heute bekannteste Gräberstraße Roms – und sie scheint in der Antike die vornehmste gewesen zu sein –, sie war aber bei weitem nicht die einzige. An allen Straßen, die aus der Hauptstadt hinausführten, lagen Nekropolen, und überall sind ähnliche Grabformen und -typen zu beobachten, seien es Familienmausoleen, Columbarien oder Katakomben.
Am Hang des Vatikanischen Hügels, nahe dem Circus Kaiser Neros und Caligulas, befand sich eine Nekropole aus dem 2. Jahrhundert nach Chr. Die Grabbauten säumten eine Straße, der sie ihre Fassaden aus Ziegelmauerwerk zuwandten. In diesen meist elegant mit Stuck, Mosaiken und Malerei ausgeschmückten Gräbern finden sich neben den üblichen paganen Gräbern auch Beisetzungen von Christen. Im westlichen Teil der Nekropole liegt ein Grab, das schon im 2. Jahrhundert nach Chr. als das Grab des Petrus verehrt wurde. Darüber wurde im 4. Jahrhundert die Basilika errichtet, die bis ins 15. Jahrhundert als Vorgängerbau des heutigen Petersdomes bestand.

Weiterführende Literaturhinweise:
Sanguinette, La piramide in: Palladio N.S. 11, 1961, 165ff.
K. Kraft, Der Sinn des Mausoleums des Augustus, in: Historia 16, 1967, 189ff.
P. Testini, Le catacombe e gli antichi cimiteri cristiani in Roma, Bologna 1966.
C. D'Onofrio, Castel S. Angelo, Roma 1971.
F. Castagnoli, A. M. Colini, G. Macchia, La via Appia, Roma 1975.
L. Quilici, La via Appia da Roma a Bovillae, Passeggiate nel Lazio 1, Roma 1977.

Latium (Küste)

Ostia und *Portus*

Die frühesten historisch faßbaren und archäologisch nachweisbaren Daten über *Ostia,* die Hafenstadt Roms an der Tibermündung, führen in das 4. Jahrhundert vor Chr., als die Römer hier ihre erste Kolonie gründeten. Sie war in Form eines Militärlagers (Castrum) angelegt, Reste des Mauerrings wurden beim Forum gefunden. Danach wäre *Ostia* zu einem Zeitpunkt entstanden, als die wachsende Macht Roms nach dem Sieg über die Etrusker einen Stützpunkt am Meer und die Kontrolle über die Tibermündung und die Küste des *Latium Vetus* erforderte. Doch hatte Rom sich möglicherweise schon früher die Herrschaft an diesem Küstenstrich gesichert.

Eine literarische Quelle beschreibt die Gründung *Ostias* zur Zeit des vierten Königs von Rom, Ancus Marcius. Diese Version hat durch neue Funde an Wahrscheinlichkeit gewonnen, zumal die Erzählung ausführlich genug ist, um ein plausibles Bild vom politischen Vorgehen Roms zu zeichnen. Es heißt nämlich, zu jener Zeit, also im 6. Jahrhundert vor Chr., habe Rom mit der Gründung der Stadt an der Küste gleichzeitig auch die Notwendigkeit gesehen, das Gebiet zwischen Rom und der Hafenstadt ganz unter Kontrolle zu bringen und seine Macht abzusi-

▽ *Ostia.* Ansicht von Osten

▷ *Ostia.* Die antike Stadt

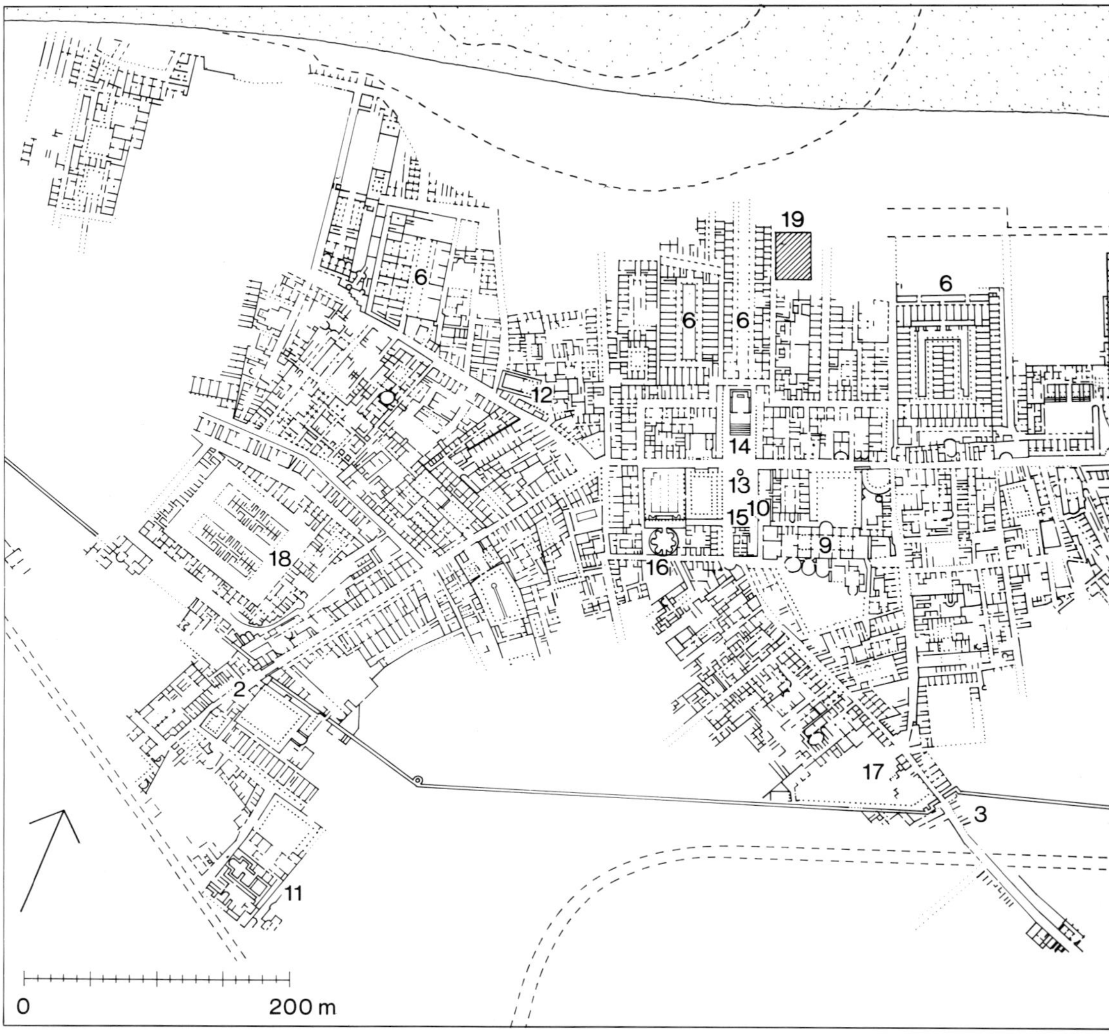

△ *Ostia.* Die antike Stadt (nach Calza und Meiggs)

1 *Porta Romana*
2 *Porta Marina*
3 *Porta Laurentina*
4 Theater
5 ›Forum der Korporationen‹
6 *Horrea* (Lagerhäuser)
7 Feuerwehrkaserne
8 Neptunsthermen
9 Forumsthermen
10 Öffentliche Latrine
11 ›Thermen der Marciana‹
12 Republikanische Tempelbezirke
13 Forum
14 Capitolinum
15 Tempel der Roma und des Augustus
16 Rundtempel
17 Tempel der *Magna Mater* und Heiligtum des Attis
18 Garten-Siedlung
19 Museum

chern, indem ein dazwischen gelegener nichtrömischer Ort zerstört wurde.

Bei Castel di Decima an der modernen Via Pontina fand man vor kurzem eine Nekropole, deren Gräber aus dem 9. bis 7. Jahrhundert vor Chr. stammen.

Ostia antica liegt heute mehrere Kilometer von der Küste entfernt, und der Tiber berührt das Stadtgebiet nur in seinem nordwestlichen Teil. In der Antike war die Situation ganz anders. *Ostia* lag direkt an der Küste, der Tiber beschrieb eine lange Schleife, bevor er in einem letzten geraden

Lauf das Meer erreichte. So erstreckte sich die antike Stadt an der Nordseite in ihrer ganzen Ausdehnung den Tiber entlang. Hier entstanden die Anlegestellen und Hafengebäude, denn *Ostia* war ja in erster Linie Flußhafen. In den letzten Jahrhunderten der römischen Republik war *Ostia* als Kriegs- und Handelshafen gleichermaßen bedeutend.

Später dann, teilweise zerstört durch die Barbareneinfälle des 5. Jahrhunderts und von Malaria heimgesucht, wurde *Ostia* von den Einwohnern nach und nach verlassen.

Da *Ostia* nie überbaut wurde, sind die Reste der antiken Gebäude außerordentlich gut erhalten. Auch wenn sie nicht unversehrt ans Licht geholt werden konnten wie die Häuser von Pompeji und *Herculaneum*, wird das dadurch wettgemacht, daß in *Ostia* alle Bauphasen der römischen Kaiserzeit nachzuweisen sind, auch und gerade jene Epochen der mittleren und späteren Kaiserzeit, die in den Vesuvstädten, die ja dem verheerenden Vesuvausbruch des Jahres 79 nach Chr. zum Opfer fielen, nicht zu studieren sind. Die unterschiedliche Erhaltung und die spätere Epoche ihrer Blüte sind aber nicht die einzigen Merkmale, die *Ostia*, als archäologische Quelle gesehen, von den Vesuvstädten unterscheiden. Schon zwischen Pompeji und *Herculaneum* bestehen gravierende Unterschiede in der Struktur der Stadt und ihrer Einwohnerschaft. Pompeji als Handelsstadt, in der Produktion und Handel nahe beieinander lagen, in der gleichzeitig reiche und reichste Römer ihre Villen besaßen, trägt in Architektur und Stadtanlage diesen Voraussetzungen und Bedürfnissen ebenso Rechnung wie *Ostia* seinen Aufgaben als Hafenstadt und Umschlagplatz. Hier ergibt sich die Chance, eine römische Stadt ganz anderen Zuschnitts kennenzulernen. *Ostia* war eine Stadt der im Seehandel beschäftigten wohlhabenden Bürger, Handwerker, Verwaltungsbeamten und Arbeiter. Zu den mit dem Getreidehandel direkt verbundenen Berufen gesellten sich Berufszweige, die mit Schiffsbau und -reparaturen zusammenhingen, mit der Instandhaltung des Hafens, der Versorgung der zahlreichen Durchreisenden, mit dem Marmorhandel und der Marmorverarbeitung. Die Bauten und Einrichtungen *Ostias* mußten also dem Bedarf an Lagerraum und Verwaltungseinrichtungen genügen und der Zahl und Internationalität der Beschäftigten und Durchreisenden entgegenkommen.

Im Zentrum der Stadt liegt das Forum.

Als Decumanus Maximus durchquert die von Rom kommende *Via Ostiensis* die Stadt. Außerhalb der Stadtmauer, vor der *Porta Ro-*

mana (1), erstreckt sich eine Nekropole entlang der Straße. Hinter dem Forum (13) biegt der Decumanus südlich zum Meer und der *Porta Marina* (2) ab.
Die Lager- und Verwaltungsbauten des Hafens befanden sich überwiegend im nördlichen Teil der Stadt, den Tiber entlang. Durch Überschwemmungen und die Änderung des Flußlaufs sind sie teilweise völlig zerstört. In dem Gebäudekomplex hinter dem Theater (4) war die Verwaltung untergebracht. Um einen großen freien Platz, der wie der Portikus des Pompeius-Theaters in Rom (s. S. 162ff.) sich hinter der Bühnenwand des Theaters anschließt, liegen nebeneinander kleine Räume, in denen die Büros der Handelsgesellschaften und Reedereien ihren Sitz hatten. Dieses sogenannte Forum der Korporationen (5) ist wie das Theater in augusteischer Zeit entstanden und wurde in späteren Epochen umgebaut und vergrößert. Die Fußböden der Büroräume sind mit Mosaiken geschmückt, auf denen neben emblemartigen Darstellungen von Schiffen und Getreidemaßen u. a. auch die Namen der Gesellschaften zu sehen sind. Mit den Niederlassungen nordafrikanischer, ägyptischer, gallischer und sardischer Gesellschaften waren alle für die Getreideversorgung maßgeblichen Provinzen des römischen Reiches vertreten. Zur Zeit Kaiser Domitians wurde in der Mitte des Platzes ein Tempel errichtet, der wahrscheinlich einer Gottheit geweiht war, die mit der Getreideversorgung und der Ernte verbunden war, also etwa der Annona oder Ceres. Später wurden zwei Räume an den Tempel angebaut, möglicherweise als Amtssitz für die Staatsbeamten, die Handel und Getreideversorgung kontrollierten.
In zahlreichen ausgedehnten mehrstöckigen Gebäudekomplexen, den *horrea* (6), wurde die angelieferte Ware gelagert, gewogen und verteilt. Zu den öffentlichen Bauten, die für das Funktionieren von Handel und Warenumschlag unerläßlich waren, gehörte auch eine Feuerwehrkaserne (7). Schon in der frühen Kaiserzeit war in *Ostia* eine Einheit der Feuerwehr stationiert. Die Kaserne stammt aus dem 2. Jahrhundert nach Chr. und war auf den Resten eines älteren Baus, wohl eines Thermengebäudes, errichtet worden.
Den Bedürfnissen der Bevölkerung *Ostias*, aber auch der zahlreichen Besucher und Reisenden aus aller Herren Länder, dienten auffallend viele Thermen. Etwa 15 große und zahlreiche kleine Thermenanlagen wurden bisher ausgegraben. Neben denen vor der *Porta Marina* (2) waren die Thermen am Forum (9) die größten und prächtigsten. Sie entstanden im 2. Jahrhundert nach Chr. Zu diesem Komplex gehört auch eine öffentliche Latrine (10), die zu den besterhaltenen Beispielen ihrer Art zählt. Zwanzig Sitze lagen nebeneinander auf einer an drei Seiten des Raumes umlaufenden Bank, unter und vor der ein ständig fließender Wasserstrom für die Reinigung sorgte.
Zu den Dienstleistungsbetrieben gehörten auch die vielen Gasthäuser und Trinkstuben. Die gemauerten Theken, Bänke, Öfen und Kühlbecken im Innern sind noch heute zu sehen, ebenso die Wandmalereien, die mit ihren Darstellungen von Lebensmitteln, Früchten und Trinkgefäßen den passenden Raumschmuck abgaben. Geschäfte, in denen Fisch verkauft wurde, lagen vor allem an der Gabelung des Decumanus Maximus. Erhalten sind heute noch die Wasserbecken und Ladentische aus Marmor.
Den besonderen Charakter der Stadt spiegeln auch Art und Zahl ihrer Tempel wider. Außer den älteren republikanischen Tempeln (12) existierten in *Ostia* natürlich in erster Linie die Tempel des römischen Staatskults. Auf dem Forum (13) lagen das dreicellige Capitolium (14) für Jupiter, Juno und Minerva und der Tempel für Roma und Augustus (15) einander gegenüber. Hinter der Basilika an der Westseite des Forums befindet sich ein Rundtempel (16) aus der späteren Kaiserzeit, dessen Benennung noch nicht gesichert ist. Außer den ursprünglichen römischen Kulten, wie etwa dem Kaiserkult, fällt in *Ostia* die Zahl der orientalischen Heiligtümer auf, die in der Hafenstadt natürlich

am ehesten Eingang fanden. Der Kult der Kybele, der *Magna Mater,* hatte auch in Rom alte Tradition. In *Ostia* besaß ihr jugendlicher Liebhaber Attis ganz in der Nähe ihres Tempels ein eigenes Heiligtum (17).
Außer diesem und dem ägyptisch-griechischen Serapis wurde vor allem der persische Lichtgott Mithras in zahlreichen Mithräen verehrt. Der Kult des Erlösergottes Mithras breitete sich in der späteren Kaiserzeit im ganzen römischen Reich aus.
Auch die christliche und die jüdische Religion waren in *Ostia* vertreten, wie christliche Versammlungsstätten und eine Synagoge außerhalb der Stadt belegen.
Gerade im Vergleich mit Pompeji und *Herculaneum* ist der private Wohnungsbau in *Ostia* von besonderem Interesse. Die hier erhaltenen Wohnhäuser stammen überwiegend aus der mittleren und späteren Kaiserzeit. Anders als in den Vesuvstädten sind in *Ostia* mehr als die Hälfte der Wohnhäuser mehrstöckige Mietshäuser, die oft zur Straße hin eine Reihe von Läden und Trinkstuben aufweisen. Die einzelnen Wohnungen waren häufig über ein Treppenhaus separat zugänglich.
Neben diesen Mietskasernen, die in dichter Bebauung die Insulae einnahmen, ist ein Komplex von Wohnbauten ganz besonders interessant, weil er in seiner Anlage verblüffende Ähnlichkeit mit modernen Siedlungen in Vororten oder Schlafstädten aufweist (18). Mehrstöckige Häuser gruppieren sich um einen großen Innenhof, in dem sich weitere vier mehrstöckige Mietshäuser erheben, die alle den gleichen, einander spiegelbildlich entsprechenden Grundriß aufweisen. Diese Häuser sind zur Zeit Kaiser Hadrians entstanden.
Da Hadrian selbst an architektonischen Problemen und neuen Entwürfen interessiert und beteiligt war, ist vielleicht auch diese neue Wohnblockgestaltung, wenn nicht seinem persönlichen Einfluß, so doch sicher der Tatsache zuzuschreiben, daß zu seiner Zeit die Architektur offen war für die Erprobung neuer Techniken und Bauformen.

● Der Flußhafen nahe der Tibermündung, der Hafen von *Ostia,* war schon zur Zeit der späten Republik in seiner Benutzbarkeit eingeschränkt und reichte für die Bedürfnisse *Ostias* und der Hauptstadt Rom nicht mehr aus. Denn an der Tibermündung bestand die Gefahr der Versandung und Überschwemmung. Obwohl Rom in *Puteoli* (S. 270 ff.) und *Misenum* (S. 269 ff.) leistungsfähige Häfen für die Handels- und Kriegsflotte besaß, erhob sich der Wunsch nach einem näher an Rom gelegenen Handelshafen, der eine ausreichende Versorgung der Hauptstadt sicherstellen konnte. Pläne, die schon zur Zeit Caesars bestanden, scheiterten an technischen Problemen. Kaiser Claudius begann im Jahre 42 nach Chr. mit dem Bau des Hafens wenige Kilometer nördlich von *Ostia.* Hier verlief ein Mündungsarm des Tibers, den Claudius als schiffbaren Verbindungskanal zum Hauptlauf ausbauen ließ. Weiter nördlich, an der anderen Seite des späteren Hafenbeckens, hat man durch die Auswertung von Luftaufnahmen zwei weitere Kanäle ausmachen können. Diese Wasserstraßen verhinderten auch die verheerenden Überschwemmungen.
Im Laufe der Jahrhunderte hat sich die Küste immer weiter ins Meer vorgeschoben. Nahe des Flughafens Fiumicino sind noch die Senke des claudischen Hafenbeckens und Reste der beiden Molen auszumachen. Das Hafenbecken war zum Teil durch Ausschachtung dem Festland abgewonnen, in seinem äußeren Teil dagegen von zwei ins Meer hinausragenden Molen eingegrenzt. An der Einfahrt zum Hafenbecken stand ein Leuchtturm; er ist auf dem Relief Torlonia im Hintergrund zu sehen. Auch auf den Mosaiken in *Ostia* und der Nekropole Isola Sacra ist er mehrfach dargestellt. Um das Fundament für dieses mächtige Gebäude in dem unsicheren Untergrund vor der Küste zu schaffen, ließ Claudius hier ein mit Zement ausgegossenes Schiff versenken, welches das Postament trug. Dieses Schiff hatte eine eigene Geschichte. Es war besonders groß und leistungsfähig, denn Caligula hatte es für den

◁ *Portus Romae.* Modell des Hafens. Museo della Via Ostiense

◁▽ *Portus Romae*

▷ *Portus Romae.* Münze des Nero mit Darstellung des Hafens

Transport des Obelisken aus Ägypten bauen lassen, der die *spina* seines Circus am Vatikanischen Hügel schmücken sollte.
Wahrscheinlich noch vor dem Tode des Kaisers Claudius wurde der Bau des Hafens abgeschlossen, denn Nero konnte bereits zu Beginn seiner Regierungszeit Münzen prägen, auf denen der Hafen dargestellt war. Er ist aus der Vogelschau zu sehen, die zwar das Charakteristische, nicht aber unbedingt die tatsächlichen Gegebenheiten wiedergibt.
Die beiden Molen verlaufen beiderseits des Münzrundes, auf der linken erkennt man Gebäude, bei der rechten sind die Arkaden gut zu erkennen. In der Mitte, dem Hafenbecken, liegen Schiffe. Die lagernde Gestalt im Vordergrund stellt den Meergott Neptun dar. Der Hafen ist auf der Münze als *Portus Ostiensis Augusti* bezeichnet. Er wurde auch *Portus Romae* genannt, und später, als der Hafen sich zu einer unabhängigen Stadt entwickelt hatte, einfach *Portus.*
Zunächst diente die Landestelle dem Flußhafen und der Stadt *Ostia,* aber schon bald wurden am Hafen selbst die ersten Magazine und Lagerhäuser gebaut. In den Jahren zwischen 100 und 112 nach Chr., zur Regierungszeit Kaiser Trajans, wurde der Hafen wesentlich erweitert. Zum Schutz der Schiffe bei Unwetter legte man zusätzlich ein inneres Hafenbecken an und baute den südlichen Tiberkanal aus; er erhielt daraufhin den Namen *fossa Traiana.*
Die sechseckige Form des inneren Hafenbeckens ist in der Luftaufnahme gut zu erkennen. Das Modell des Hafens befindet sich im Museo della Via Ostiense an der Cestiuspyramide. Hier wird auch ein Modell der Stadt *Ostia* gezeigt und überhaupt die *Via Ostiensis,* die Rom mit seinem Hafen verband, in Funden dokumentiert.

Auch Kaiser Trajan ließ anläßlich der Fertigstellung seines Hafens eine Münze prägen, auf der das neue Hafenbecken zu sehen ist. Wie auf der früheren Münze ist der Hafen aus der Vogelperspektive wiedergegeben, und das charakteristische Sechseck ist deutlich zu sehen. Heute ist es als See in einen Safaripark einbezogen.
Die umgebenden Gebäude, bei denen es sich zunächst im wesentlichen um Lagerhäuser und andere Nutzbauten handelte und die ebenfalls im Modell wiedergegeben sind, kamen später, vor allem während der intensiven Bautätigkeit unter dem Kaiser Septimius Severus, hinzu. Aus dieser Zeit etwa, um die Wende vom 2. zum 3. Jahrhundert nach Chr. oder dem Beginn des 3. Jahrhunderts, stammt das Relief im Museo Torlonia in Rom mit der Darstellung des Hafens. Einige Bauten wie zum Beispiel der bereits erwähnte mächtige Leuchtturm, sind ganz realistisch wiedergegeben. Ebenso die Statuen von Göttern, Neptun zum Beispiel und Dionysos, die das Schiff bei der Ankunft im Hafen begrüßen. Auf dem Deck des Schiffs opfern die Besitzer und die Besatzung, wohl zum Dank für eine glückliche Heimkehr – oder ein günstiges Geschäft. Ein anderes Schiff hat schon im Hafen festgemacht. Allmählich entwickelte sich am Hafen eine Stadt, die zur Zeit Konstantins, als *Ostia* als Hafenstadt an Bedeutung verloren hatte, volle Selbständigkeit erlangte. *Portus* hatte 30–40000 Einwohner.

Auf der ›Insel‹ zwischen dem Tiber und der *fossa Traiana* lag die Nekropole der Stadt, deren nördlicher, nahe *Portus* gelegener Teil, ausgegraben worden ist. Die Gräber liegen beiderseits einer Straße, welche die ›Insel‹ durchquert. Die bisher freigelegten Grabstätten, etwa 200 an der Zahl, machen nur einen kleinen Teil der Nekropole aus. Sie gibt ein getreues Bild der Bevölkerung aus Handwerkern, Arbeitern, Beamten und einigen wohlhabenderen Schiffseignern. Im Vergleich zur *Via Appia* fehlen also die großen Familien-Mausoleen. Dafür sind ganz einfache Bestattungen ziemlich häufig. Die schlichteste Art bestand in einer als Aschenbehälter in die Erde versenkten Amphore. Auch die Grabbauten, mit Reliefs, Statuen, Mosaiken, Stuck und Malerei geschmückt, waren relativ bescheiden. Sie stammen überwiegend aus dem 2. bis 4. Jahrhundert nach Chr. Zu den interessantesten Gräbern gehört das eines Malers, der hier in einer kleinen Pyramide aus Ziegeln beigesetzt ist. Obwohl sie wie eine Miniaturnachbildung einer ägyptischen Pyramide wirkt und auch die Cestius-Pyramide (s. S. 189) in den Maßen bei weitem nicht erreicht, ist sie ein hübsches Beispiel für die Vielgestaltigkeit der römischen Gräber und die Beliebtheit ägyptischer Formen.

Die Kunstwerke aus der Nekropole ›Isola Sacra‹ und der Stadt *Ostia*, soweit sie bei den Grabungen seit dem letzten Krieg zum Vorschein kamen, beherbergt das kürzlich renovierte Museum in *Ostia*, während die früheren Funde auf die Museen der ganzen Welt verstreut sind.

Weiterführende Literaturhinweise:
Scavi di Ostia, I 1953 und folgende Bände.
R. Calza, Ostia, Roma 1965.
O. Testaguzza, Portus, Roma 1970.
R. Meiggs, Roman Ostia, Oxford 1973.

▽ *Portus Romae.* Relief mit Darstellung des Hafens.
3. Jahrhundert nach Chr. Rom, Museo Torlonia

Anzio / *Antium*

Anzio, 45 Kilometer südlich von Rom an der Küste gelegen, ist heute Fischereihafen und ein beliebter Ausflugs- und Ferienort. Vor der Kulisse moderner Hochhäuser ankert ein für Filmaufnahmen nachgebautes antikes Kriegsschiff. Größer könnte die Gegensätzlichkeit zwischen einst und jetzt nicht sein. Es gibt wenig sichtbare Überreste des antiken *Antium,* da die moderne Stadt fast genau über dem Gebiet der alten gebaut wurde. Doch hat *Antium* eine lange, bewegte Geschichte, die noch weit vor jene Zeit zurückreicht, als die Stadt in der frühen Kaiserzeit Erholungsort für wohlhabende Römer war.

Wie so oft, liegen die Ursprünge der Stadt im Dunkel, und die römischen Schriftsteller überliefern unterschiedliche Gründungslegenden, bei denen meist nicht festzustellen ist, ob sie einen historischen Kern in sich tragen oder dem Wunsche entstammen, dem Ort im nachhinein eine passende und glorreiche Frühgeschichte zu verschaffen.

Für *Antium* sind Gründergestalten überliefert, die einander an Bedeutung nicht nachstehen. Den einen antiken Autoren zufolge soll ein Sohn des Odysseus und der Kirke die Stadt gegründet haben, die anderen nennen Ascanius-Iulus, den Sohn des Aeneas und mythischen Ahnherrn des julischen Kaiserhauses, als Stadtgründer.

Antium muß schon ein Ort von Seeleuten gewesen sein, bevor es von dem italischen Volksstamm der Volsker eingenommen wurde, die es zu einer ihrer Hauptstädte machten. Die Bewohner von *Antium* spielten im Seehandel eine große Rolle und kontrollierten mit ihrer Flotte zeitweise sogar einen Teil des Ägäischen Meeres. Doch nicht nur der Handel zur See war ihr Metier: die Antianer waren auch gefürchtete Piraten.

Zu Beginn des 5. vorchristlichen Jahrhunderts eroberte Cn. (Cnaeus) Marcius mit einem römischen Heer *Corioli,* die Hauptstadt der Volsker. Er erhielt daher den Beinamen Coriolanus. Die Volsker aber widersetzten

▽ Anzio. Der moderne Hafen

sich weiterhin den Römern. *Antium* wurde ihre neue Hauptstadt. Coriolan, der ehemalige Feind der Volsker, mußte wegen innenpolitischer Schwierigkeiten von Rom ins Exil gehen. Er wählte *Antium* und rückte an der Spitze eines Volsker-Heeres gegen Rom vor. Erst als seine Mutter ihm entgegenreiste und ihn an seine Treuepflicht Rom gegenüber erinnerte, war er zur Umkehr zu bewegen. Die im Stich gelassenen Volsker waren voller Haß und Enttäuschung und brachten Coriolan um.

Seit der Mitte des 5. Jahrhunderts vor Chr. war *Antium* Kolonie der Römer. Im Verlauf der schweren Auseinandersetzungen, welche die italischen Stämme im 4. Jahrhundert vor Chr. mit den Römern führten, erhoben sich aber auch die Volsker wieder. Den endgültigen Sieg über *Antium* errangen die Römer unter dem Feldherrn C. (Caius) Maenius, dem Konsul des Jahres 338 vor Chr. Die alte burgähnliche Stadt (*Caenon*), die in einiger Entfernung von der Küste lag, wurde völlig zerstört, ebenso die bedeutende Flotte. Sechs der von den Römern eroberten Schiffsschnäbel (*rostrum*) wurden an der Rednertribüne auf dem Forum in Rom angebracht, die seither den Namen Rostra trug (s. S. 126).

Die erhaltenen und heute noch sichtbaren Überreste der antiken Stadt stammen aus einer wesentlich späteren Epoche, als *Antium* schon längst ein beliebter Erholungsort geworden war. Cicero besaß eine Villa in der Nähe. Augustus hielt sich in der kaiserlichen Villa in *Antium* auf, als ihn im Jahre 2 vor Chr. die Nachricht erreichte, daß Senat und Volk von Rom ihm den Titel *pater patriae* (›Vater des Vaterlandes‹) verliehen hatten.

▽ Anzio. Reste der antiken Kaiservilla

Der spätere Kaiser Caligula wurde in *Antium* geboren. Er schätzte den klimatisch günstigen und landschaftlich reizvollen Ort so sehr, daß er erwogen haben soll, die kaiserliche Residenz von Rom hierher zu verlegen.
Kaiser Nero, der ebenfalls in *Antium* geboren wurde, war es dann, der den kaiserlichen Palast ausbaute und wesentlich vergrößerte. Außerdem legte er einen Hafen an, dessen beide Molen am Küstenknick ins Meer ragten. Da zu früheren Zeiten, als von dem antiken Gemäuer noch sehr viel mehr erhalten war und untersucht werden konnte als heute, auch Zeichnungen und Rekonstruktionen angefertigt wurden, kann man sich noch eine Vorstellung von der Größe und Pracht der Anlage machen. Danach zog sich die kaiserliche Villa als ausgedehnter Baukomplex die Küste entlang hin. Teilweise besaßen die Gebäude Räume, die wie Balkone über die Brandung hinausgebaut waren. Außer dem öffentlichen Theater, das er in der Stadt hatte bauen lassen, besaß Nero in seiner Villa ein privates Theater; kein Wunder, denn er liebte es, selbst als Dichter und Sänger zur Leier aufzutreten. Wie Neros Villa in Rom, die *Domus Aurea* (s. S. 166), bestand auch die Villa in *Antium* nicht aus einem einzigen Baukörper, wie bei früheren prächtigen Villen bekannt und üblich, sondern aus einer Vielzahl von Gebäuden. Diese Neuerung in der Villenarchitektur fand dann einen Nachfolger und Vollender in Hadrian und seiner Villa in Tivoli (S. 245 ff.).
Die am Strand und im Wasser sichtbaren antiken Mauern, Überreste der Villa, zeigen das charakteristische Netzwerk des *opus reticulatum,* jener Mauertechnik, die immer weiter verfeinert wurde, bis schließlich die pyramidenförmigen kleinen Steinblöcke, die das Gußmauerwerk verkleideten, ein absolut regelmäßiges Rautennetz bildeten. Doch war dieses Mauerwerk, von wenigen Ausnahmen abgesehen (s. S. 220), im ursprünglichen Zustand gar nicht sichtbar. Die Mauern wurden mit Stuck überzogen und bemalt oder mit dünnen Marmorplatten verkleidet. Reste dieser Wandverkleidung sind heute noch in *Antium* zu finden: überall am Strand liegen Bruchstücke von poliertem griechischem, afrikanischem und einheimischem Marmor, in allen Farben und in unterschiedlichster Äderung.
Aus der Villa stammen auch zahlreiche Skulpturen, deren berühmteste wohl das ›Mädchen von Antium‹ ist, die Statue einer jungen Priesterin oder Priestergehilfin, die heute im Thermenmuseum in Rom aufbewahrt wird. Auch Mosaiken aus republikanischer Zeit sind in großer Zahl erhalten.
Die kaiserliche Villa wurde auch von den Nachfolgern Neros benutzt und besonders von Septimius Severus wesentlich erweitert und ausgebaut. Ein Urlaubsort wie *Antium* mit seinen zahlreichen Villen erforderte entsprechende öffentliche Einrichtungen, und so wurde der Ort selbstverständlich von einem Aquädukt mit ausreichender Kapazität versorgt. Außer dem Theater besaß *Antium* auch einen Circus, und zahlreiche Tempel. Neben den Kulten, die fast in jeder römischen Stadt heimisch waren, und jenen, die einer Stadt am Meer besonders zukamen – etwa dem des Neptun –, pflegte man in *Antium* vor allem den Kult der Fortuna. Sie wurde hier in zweifacher Form verehrt, vielleicht als ›günstiges‹ und ›ungünstiges‹ Schicksal. Von dem Tempel der Fortunae haben sich keinerlei Reste gefunden, obwohl der Kult in *Antium* fast so berühmt war wie der in Praeneste (s. S. 253). Interessant ist außerdem der Kult des Aesculapius (Asklepios), dessen Bedeutung in *Antium* mit einer Legende erläutert wurde. Die heilige Schlange des Heilgottes habe von Epidauros in Griechenland, ihrem angestammten Sitz, auf einen Orakelspruch hin nach Rom gebracht werden sollen, wo man ihrer einer Epidemie wegen dringend bedurfte. In *Antium* sei sie zeitweise vom Schiff verschwunden und habe so mit ihrer Anwesenheit den Ort dem Asklepios-Kult bestimmt.

Weiterführende Literaturhinweise:
R. Paoli, Anzio ieri e oggi, Anzio 1966.
V. S. M. Scrinari, M. L. Morricone-Matini, Mosaici Antichi in Italia, Reg. I, Antium, Roma 1975.

Torre Astura / *Astura*

Wenige Kilometer südlich von Anzio (S. 207 ff.) schiebt sich an einem Knick im Küstenverlauf eine kleine Insel ins Meer, umgeben von antiken Mauern, die knapp unter dem Wasserspiegel von einer großen Villenanlage der spätrepublikanischen oder frühkaiserlichen Epoche zeugen. Wo heute eine Landenge die Insel mit dem Festland verbindet, bestand in der Antike Zugang nur über eine Brücke (1), deren Reste an der rechten Seite des Isthmos noch zu erkennen sind. Die Insel war möglicherweise eine künstliche Schöpfung römischer Baumeister, doch bot der feste Felsboden nahe unter dem Meeresspiegel eine günstige Voraussetzung dafür.

Die antiken Schriftsteller überliefern für diesen Ort in der Nähe der Mündung des Flusses *Astura* einen Ankerplatz und eine kleine Stadt gleichen Namens, von denen aber keine Reste erhalten sind. So kann der Ort als Wohnstadt nicht von großer Bedeutung gewesen sein.

Um so bedeutender sind die Überreste der Villa, von deren Lage und Ausdehnung die Luftaufnahme den besten Eindruck vermittelt. Zeitweilig glaubten die Archäologen, es sei eine der Villen des Cicero, aus dessen Korrespondenz sich entnehmen läßt, daß er sich im Jahre 45/44 vor Chr. bei Astura aufhielt. Jüngere Forschungen jedoch haben ergeben, daß damals zwar die Insel schon bestand, aber nicht bebaut war; Cicero spielte nämlich mit dem Gedanken, auf der Insel ein Denkmal für seine jüngst verstorbene Tochter errichten zu lassen. Die Villa, die demnach in den letzten Jahrzehnten vor Christi Geburt entstanden sein mag, was auch durch die Mauertechnik bestätigt wird, erstreckte sich zu ihrem größten Teil auf dem Festland,

▷ Torre Astura

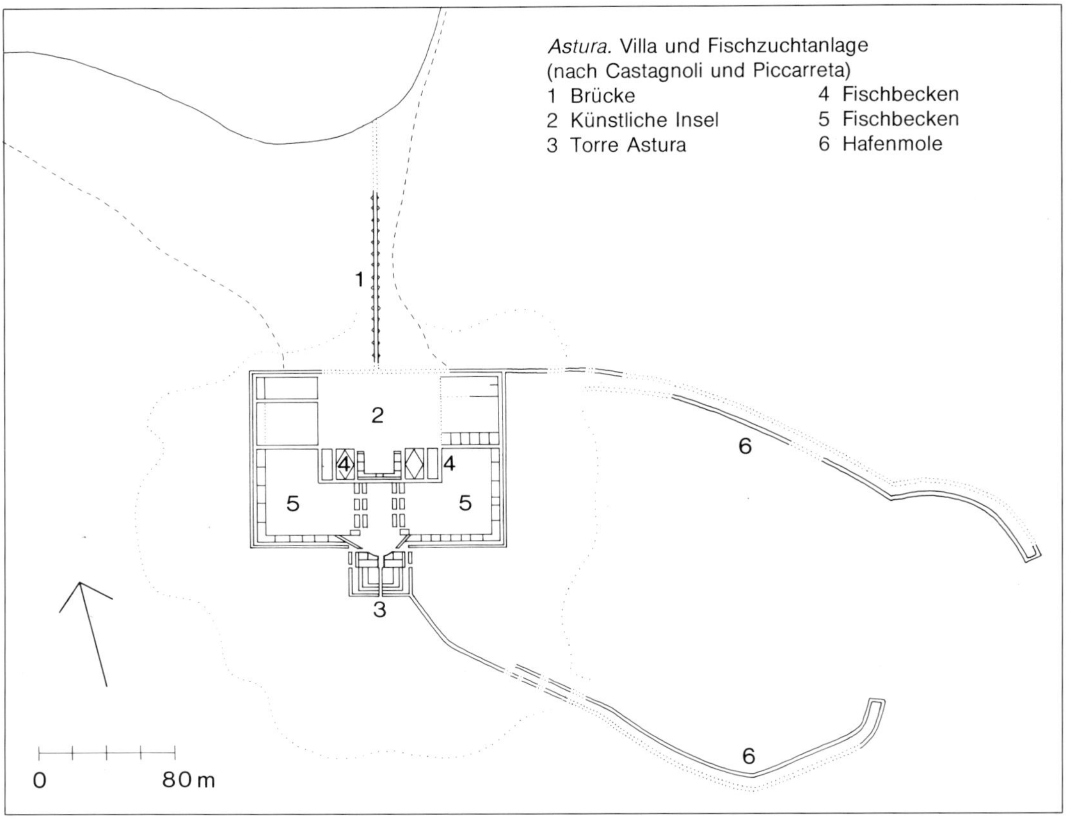

Astura. Villa und Fischzuchtanlage
(nach Castagnoli und Piccarreta)
1 Brücke
2 Künstliche Insel
3 Torre Astura
4 Fischbecken
5 Fischbecken
6 Hafenmole

doch sind von diesem Trakt nur wenige Überreste erhalten. Über die Brücke (1) gelangte man dann zu den auf der Insel gelegenen Gebäudeteilen, die aber wegen Überbauung und Anschwemmung nur schwer zu rekonstruieren sind. Die erhaltenen Reste von Architektur und Ausstattung, Wandverkleidungen in verschiedenen Marmorsorten etwa, Säulen und Fußbodenmosaiken, zeugen von der überaus prächtigen Ausschmükkung und der Wohlhabenheit ihrer Besitzer. Und damit verträgt sich auch recht gut die Mitteilung zweier antiker Schriftsteller, die Villa sei zumindest zeitweise Teil eines kaiserlichen Gutes gewesen.

Der größte Teil der heute sichtbaren Ruinen gehörte nicht zum Wohntrakt der Villa, sondern zu einer Fischzuchtanlage, die eines der größten und am besten erhaltenen Beispiele ihrer Art ist. Sie umgibt die Insel (2) an drei Seiten. Dem Meer zu befindet sich in dieser Umfassung ein vorgebauter Teil (3), auf dem sich heute die Reste des mittelalterlichen Turmes ›Torre Astura‹ erheben. Hier stand in der Antike ein Leuchtturm; ein schleusenartiges Kanalsystem erlaubte die Zufuhr frischen Meerwassers für die ganze Anlage und hielt gleichzeitig bei hohem Seegang die Wellen ab. In einer späteren Bauphase wurde das Postament des Leuchtturms vergrößert und das Kanalsystem darunter hindurchgeführt.

Über diese Art Anlagen zur Fischzucht sind wir durch die römischen Schriftsteller gut informiert. Varro, ein Zeitgenosse und Freund Ciceros, befaßt sich in seiner Schrift *rerum rusticarum libri* ausführlich und zudem ausgesprochen kritisch mit diesen ›Aquarien‹. Er weist darauf hin, daß die Meerwasser-Fischzucht wenig wirtschaftli-

△ Torre Astura. Filmkulisse

chen Nutzen bringe und eher ein kostspieliges Hobby ihrer Besitzer sei. So berichtet er von Quintus Horatius, er betreibe zwar eine Fischzucht, füttere seine Tiere mit festem und flüssigem Futter, kein Aufwand sei ihm zu groß und der Pflege der Tiere widme er größte Sorgfalt – aber Fisch zum Verzehr kaufe er auf dem Markt. Und in mißbilligender Ironie erzählt er, daß eben dieser Quintus Horatius von Lucullus noch seiner mangelnden Sorgfalt wegen gerügt worden sei, da er nicht ausreichend für frisches Meerwasser sorge. Der Besitzer der Fischzucht in *Astura* hatte dieses Problem natürlich nicht.

Varro berichtet außerdem, die einzelnen Fischbecken seien wie die Farbkästen eines Malers nebeneinander angeordnet, und auch das wird von der Anlage in *Astura* illustriert.

Die einzelnen Becken an der Umfassungsmauer (4) dienten vielleicht der Aufzucht der Jungfische verschiedener Arten, ebenso die abgetrennten Becken in der Mitte und neben der Insel, während der große freie Teil in der Mitte (5) wahrscheinlich die ausgewachsenen Tiere beherbergte. Einige der Fischbekken waren offensichtlich überdacht, und auch das stimmt mit Varros Bericht überein, daß nämlich einige dieser Hobby-Züchter es für nötig hielten, ihre Tiere vor der Sonne zu schützen.

Der Hafen, dessen eine Mole am Mittelteil der Villa ansetzt und dessen andere noch in wenigen Resten an der rechten Ecke aus dem Wasser emporragt (6), entstammt einer späteren Bauphase. Durch den Küstenverlauf war dieser Hafen vor nordwestlichen Winden geschützt und erhielt ungehindert die Südost-Winde, eine außerordentlich günstige Lage, wie sie an dieser Küste erst wieder am Kap Circeo besteht. Dennoch dürfte der Hafen kaum wirtschaftliche Bedeutung gehabt haben. Obwohl an der Villa und der Hafenanlage mehrere Bauphasen zu erkennen sind, ist nicht bekannt, wie lange die ganze Anlage in Betrieb war, doch dürfte das im 2. Jahrhundert nach Chr. noch der Fall gewesen sein.

Für die Dreharbeiten des Kolossalfilms ›Kleopatra‹ wurden auf den antiken Ruinen eine antike Stadt und eine Hafenanlage erbaut.

In der Nähe lagen zahlreiche Villen, und da dieser Küstenstrich sehr fischreich ist, haben sicher auch mehrere von ihnen ähnliche Fischzucht-Anlagen besessen (vgl. z. B. Formia S. 226f.).

Vier Kilometer entfernt ist eine weitere Peschiera erhalten, zu der wohl auch eine Villa gehört hat, von der aber keine Überreste mehr auszumachen sind. Bei diesen Fischbecken (2) ist die halbkreisförmige Anordnung besonders interessant. Der lange, gemauerte Kanal im Scheitel des Halbkreises hatte dieselbe Funktion wie das verzweigte Kanalsystem der ersten Anlage. Die einzel-

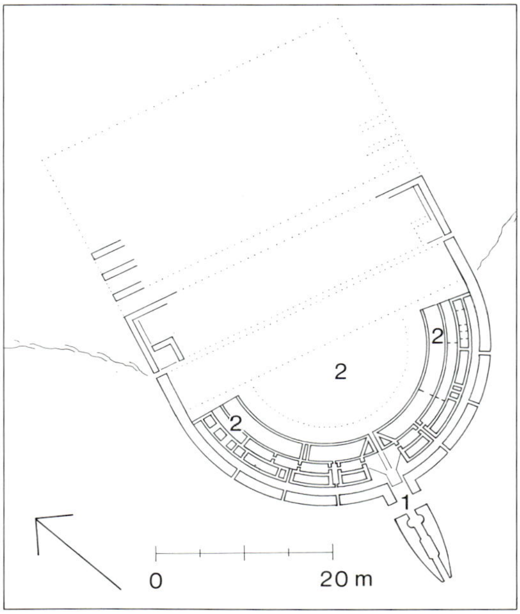

nen Zufuhrkanäle (1) an der Peripherie waren mit keilförmigen Steinblöcken verschließbar. Wie der Schriftsteller Columella uns belehrt, ist es besonders für stehende Fischarten wichtig, daß Wasserbewegung und Algenanschwemmung vermieden werden. Columella berichtet über die Meerwasser-Fischzucht nüchterner als Varro und schließt unter bestimmten Voraussetzungen auch wirtschaftlichen Nutzen nicht aus.

Weiterführende Literaturhinweise:
F. Castagnoli, Astura, in: Studi Romani 11, 1963, 637ff.
F. Piccarreta, Astura, Forma Italiae Reg. I Vol. XIII, 1977.

◁▽ *Astura.* Fischzuchtanlage
(nach Castagnoli und Piccarreta)
1 Zufuhrkanal 2 Fischbecken

Monte Circeo / *Circeii*
Terracina / *Anxur*

Das bis zu 541 m hohe Vorgebirge Circeo galt bereits in der Antike als Wohnsitz der Kirke, jener Zauberin, welche die Gefährten des Odysseus in Schweine verwandelte. Odysseus selbst konnte diesem Schicksal nur entgehen, weil er auf der Suche nach seinen Begleitern den Gott Hermes traf, der ihm das magische Kraut Moly gab, mit dessen Hilfe er den verderblichen Zauber bannte (Od. 10, 287).
Homer schildert auch den Wohnsitz der Zauberin: sie lebe auf einer Insel in einem Palast aus glänzendem Stein, mitten im Wald zwischen wilden Tieren. Diese Darstellung stimmt mit dem Monte Circeo kaum überein, obwohl vom Meer aus das Vorgebirge wie eine Insel gewirkt haben mag.
Noch heute erhebt es sich steil zwischen den flachen Küstenebenen. Die lagunenartigen Seen nördlich (der größte ist der Lago di Sabaudia) bestanden schon in der Antike, ebensolche Lagunen schlossen sich südlich ans Kap an. Aber es fehlen die charakteristischen Merkmale der homerischen Insel: breite Straßen, ebenes Land etc. Trotzdem gab es auch in jüngerer Zeit noch Versuche, die Beschreibung Homers mit der Lage des Ortes in Einklang zu bringen.
Wenige Kilometer vom Monte Circeo entfernt stand ein Tempel der Göttin Feronia, die unter anderem auch die Göttin der wilden

▽ Monte Circeo und S. Felice Circeo

Tiere war (s. S. 232), möglicherweise hat man die Zauberin Kirke mit dieser Göttin identifiziert. Doch alle Versuche, die Tradition der Kirke-Verehrung am Monte Circeo mit der homerischen Beschreibung zu verbinden, konnten bislang wenig überzeugen. Wahrscheinlicher ist, daß der ursprüngliche Name des Vorgebirges *Circeii* sich gar nicht vom Namen Kirke herleitet, sondern vom griechischen Wort κιρκός (rund), das die Form des Kaps beschreibt. Später dann haben vielleicht griechische Seefahrer hierin eine Anspielung auf die Zauberin gesehen und diese Version ausgeschmückt und tradiert.

Am Fuße des Hügels liegen zahlreiche Höhlen. Eine solche Landschaft war schon immer ein geeigneter Ort für Zauberer und Wahrsager. So lag die Zuschreibung dieses Platzes und einer Höhle an Kirke nahe.

Die Untersuchung einer weiteren Höhle, die an der Südseite des Kaps etwas entfernt von den anderen liegt, brachte einen der wichtigsten vorgeschichtlichen Funde Italiens ans Licht: den Schädel eines Menschen der Neandertal-Stufe, der etwa 70000 Jahre vor unserer Zeitrechnung anzusetzen ist.

Aus der historischen Frühzeit gibt es keine Überreste. Erst aus der Zeit der Koloniegründung durch die Römer (393 vor Chr.) lassen sich Reste einer Stadt nachweisen. Der Ort lag an der Stelle des mittelalterlichen und modernen S. Felice Circeo weit unterhalb der Hügelkuppe. Als die Römer nach einem Sieg über die damals hier ansässigen Volsker die Kolonie gründeten, umgaben sie ihre Stadt mit einem Mauerring aus polygonalen Steinblöcken. Von ihm sind nur wenige Fragmente sichtbar.

Besser erhalten ist die sorgfältig gefügte Polygonalmauer der Akropolis, der Festung oberhalb der Stadt, die offensichtlich als Fluchtburg dienen sollte und, ähnlich wie die Festung in *Praeneste* (s. S. 253), durch Mauerzüge mit der eigentlichen Stadtmauer verbunden war. Auf der Spitze des Hügels erhob sich ein Heiligtum, das der Venus geweiht war.

Am Fuße des Berges am See von Sabaudia (in der Antike *Lacus Paulae*) befand sich eine große römische Villa, die wahrscheinlich dem Kaiser Domitian gehörte. Neben Baderäumen und Zisternen, von denen man Reste gefunden hat, besaß die Villa auch ein prächtig ausgestattetes Nymphäum und eine Fischzuchtanlage. Letztere ist möglicherweise mit der inschriftlich erwähnten Piscina des Lucius Faberius Murena zu identifizieren, die hier gelegen haben soll. In der Villa wurden zahlreiche Skulpturen gefunden.

Die sanft geschwungene Küstenlinie zwischen dem Monte Circeo und Gaeta wird an der Stelle der heutigen Stadt Terracina von den ins Meer ragenden Ausläufern der Monti Lepini unterbrochen. Nördlich reichen die Pontinischen Sümpfe bis an die Berge, im Süden fällt das Gelände zu der wasserreichen Ebene ab, in der heute der Lago di Fondi liegt. Der Hügel Monte S. Angelo trug in der Antike den Namen *Mons Neptunius.*

● Bereits im 5. Jahrhundert vor Christus gab es am Hang des Gebirgsausläufers eine Ansiedlung. Sie gehörte, wie auch die übrigen Orte dieses Küstenstrichs, zum Herrschaftsgebiet des italischen Volksstammes der Volsker und trug den Namen *Anxur.* Das war ein Beiname des als Knaben verehrten Gottes Jupiter. Möglicherweise war die Stadt noch viel älter. Denn der Name antike *Tarracina* könnte etruskischer Herkunft sein. In diesem Falle hätte die Stadt als etruskischer Ort schon vor der Ankunft der Volsker bestanden, und ihr Name wäre vielleicht wie der Name Tarquinias (s. S. 64) in Anlehnung an den Namen des etruskischen Heroen Tarchon-Tarchun entstanden.

Im Jahre 406 vor Chr. nahmen die Römer die Stadt zum ersten Mal ein: *Anxur* war seiner Lage wegen ein wichtiger Ort für die Römer, denn sein Besitz ermöglichte die Kontrolle am Übergang zwischen Latium und Campanien. *Anxur* kam endgültig unter die Herrschaft Roms, als hier im Jahre 329 vor Chr. eine römische Kolonie gegründet wurde. Sie bestand wie üblich aus 300 Siedlern, denen Land zugeteilt wurde.

△ Terracina. Tempelterrasse

Die Kolonie hieß *colonia anxurnas,* doch der Name *Tarracina* setzte sich im Sprachgebrauch immer mehr durch. Die wenige Jahre später erbaute *Via Appia* durchquerte den Ort als Decumanus Maximus und verlief zunächst über die Höhe des *Mons Neptunius.* Im Laufe des nächsten Jahrhunderts erhob sich dann wahrscheinlich die Notwendigkeit, diese wichtige Durchgangsstraße bequemer und leistungsfähiger zu machen, und man führte eine Abzweigung auf einem künstlichen Damm um den am weitesten ins Meer hinausragenden Gebirgssporn herum.
Nachdem die Stadt in verschiedenen Phasen ihrer Geschichte ihre Akropolis, die Festung, an jeweils unterschiedlicher Stelle besessen hatte, entstanden schließlich die imposanten Befestigungsbauten und Terrassen auf der Spitze des Monte S. Angelo, die man von fast allen Punkten der Bucht aus sehen kann.
Diese Bauten sind wahrscheinlich zur Zeit des Diktators Sulla, etwa um das Jahr 80 vor Chr., entstanden. Innerhalb einer starken Mauerbefestigung mit Wehrtürmen liegen drei voneinander getrennte Bezirke.
Der Tempelbezirk des obersten Gottes und Namensgebers der Stadt, *Iuppiter Anxur,* ist der größte. Vom Tempel selbst ist nicht viel erhalten, um so mehr aber von seinem Unterbau, einer künstlichen Terrasse (1). Dem Meer zu wird sie von zwölf Arkaden getragen (2). Die Konstruktion ist in *opus incertum* ausgeführt, bei dem ein Kern aus Gußmauerwerk mit kleinen Steinen von unregelmäßiger Form verkleidet ist, die außen geglättet und mit einer Spitze in die Zementmasse gedrückt sind.

△ Terracina. Festung

▽ Terracina. Tempelterrasse und Festung (nach Lugli)
1 Tempelterrasse
2 Arkadengalerie
3 Tempel des *Iuppiter Anxur*
4 Orakel
5 Schacht für Votivgaben
6 Tempel (?)
7 Mittelalterlicher Turm

Die einzelnen überwölbten Räume stehen miteinander in Verbindung und erlauben außerdem den Zutritt zu einem hinter ihnen verlaufenden Gang. An der Westseite der Terrassierung setzen sich die Arkaden fort, von hier führt auch eine Treppe auf das Pla-

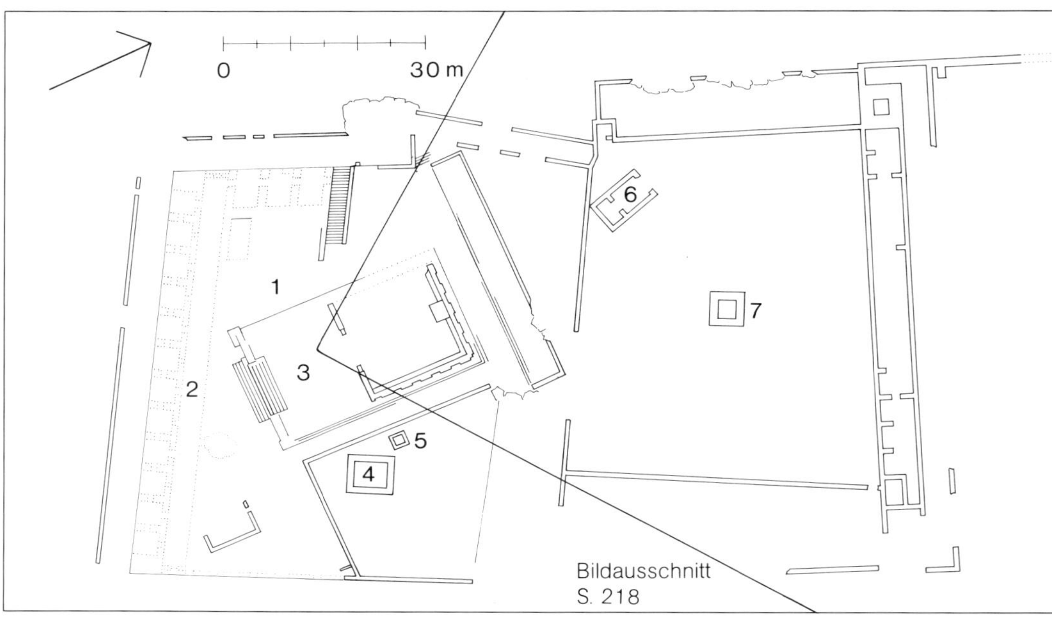

△ Terracina.
Terrasse auf der Akropolis, sog. Kleiner Tempel

teau. Die östliche Seite ist durch vorgeblendete Arkaden in der Art einer Scheinfassade geschmückt.

Dieser prächtige Bau – auch heute noch weithin sichtbar – ist ganz auf diese imposante Ansicht angelegt, denn seine Hauptfront wählt im Verlauf den für die Sichtbarkeit günstigsten Winkel, während der Tempel (3) in der traditionellen Nord-Süd-Ausrichtung erbaut und damit von den Achsen des Unterbaus verschoben ist.

Der Tempel besaß eine Cella, die an den Seitenwänden mit korinthischen Halbsäulen geschmückt war; die Vorhalle, das Pronaon, war sehr tief und von freistehenden Säulen umgeben. An der Rückwand der Cella kann man in der Mitte noch die Basis des Kultbildes erkennen.

Außen neben dem Tempel sind die Reste eines offenbar bedeutenden Kultmales (4) entdeckt worden. Es muß bei der Verehrung des *Iuppiter Anxur* eine große Rolle gespielt haben, denn neben ihm fand sich ein Schacht im Boden (5), in dem zahlreiche Votivgaben aus Blei für die Gottheit gefunden wurden. Das Kultmal selbst, vielleicht an der Stelle eines Blitzeinschlags angelegt, bestand aus einem Loch im Boden, das zu einem unterirdischen Raum führte, der von einer anderen Stelle den Priestern zugänglich war. Wahrscheinlich erklang hier ein – für die Gläubigen unerklärliches – Orakel.

An die Tempelterrasse schließt sich im Norden ein Bezirk an, der wahrscheinlich zur gleichen Zeit entstanden ist. Bei diesem Platz, der an allen Seiten von doppelt geführten Mauern oder Gebäuden umgeben und befestigt war, handelt es sich wahrscheinlich um die militärische Festungsanlage der Stadt, die Zitadelle.

An der Südwestecke dieses umfriedeten Bereichs wurde ein Gebäude entdeckt, dessen Grundriß an einen kleinen Tempel (6) erinnert. Der Bau ist jedoch zu schlecht erhalten, als daß man ihn mit Sicherheit rekonstruieren könnte. Die Reste eines mittelalterlichen Turmes (7) zeugen davon, daß die Festung auch in nach-antiker Zeit noch benutzt wurde, wenngleich an den Mauern keine nachträglichen Verstärkungen oder Restaurierungen zu erkennen sind.

Die dritte Terrasse befindet sich westlich der Festungsanlage. Wie die Tempelterrasse wird sie von großen überwölbten Räumen getragen, die sich in einer Arkadengalerie (2) öffnen. Fünf dieser Bögen sind erhalten, vier weitere kann man erschließen, insgesamt neun Arkaden wurden beiderseits von Zisternen gerahmt; hinter der Galerie lag in der Achse der mittleren Arkade eine weitere große Zisterne. Die Mauertechnik und vor allem Reste von Wanddekoration, die etwa der Stufe des Ersten Pompejanischen Stils in der Wandmalerei entsprechen, machen es wahrscheinlich, daß dieser Baukomplex, genannt der kleine Tempel, früher als die beiden anderen Anlagen entstanden ist. Vermutlich waren hier Amtsgebäude und Wohnräume der Priester untergebracht, die den Kult des *Iuppiter Anxur* betreuten.

Etwas später als die Bauten auf der Akropolis entstanden wichtige Gebäude im Stadtzentrum. Von dem Kapitolstempel, der dem römischen Staatskult von Jupiter, Juno und Minerva diente, sind noch die gewölbten Räume im Podium und die aufrechtstehenden Mauern der Cella erhalten. Ihr Mauerwerk in zweifarbigem, aus hellen und dunklen Steinen gesetztem *opus reticulatum* war zumindest zu einer gewissen Zeit nicht sichtbar, wie Reste von Verputz beweisen. Dennoch ist es schwer vorstellbar, daß ein so sorgfältig ausgeführtes Mauerwerk mit reizvoller Mehrfarbigkeit nicht darauf angelegt gewesen sein soll, gesehen zu werden.

Ein großer Tempel, von dem ein Teil der Cellamauern mit Akanthusfries und korinthischen Halbsäulen an der Rückwand des Domes noch sichtbar ist, war vielleicht der Göttin Roma und dem Augustus geweiht.

Über den Resten des Tempels wurde im Mittelalter der Dom errichtet. Der Domplatz zeigt heute wieder die antike Pflasterung des Forums in großen Kalksteinplatten.

Das Forum trägt seinen Namen nach jenem Mann, Aulus Aemilius, der die Pflasterung hat ausführen lassen und sie auch finanzierte. Er verewigte seinen Namen, ähnlich wie der Stifter des Pflasters auf dem *Forum Romanum* in Rom (s. S. 124), in bronzenen Lettern auf dem Boden; die Einlaßspuren sind noch heute zu sehen.

An der Hangseite des Forums erkennt man die Reste eines Theaters und eines vorgelagerten Portikus. Von einer Balustrade aus konnte man in der Antike auf das Meer sehen, ein Ausblick, wie man ihn heute von der Terrasse des Municipalgebäudes genießen kann, das auch das Museum beherbergt.

Unter Kaiser Trajan wurde die Trasse der *Via Appia,* die ja gerade zu dieser Zeit durch den weiteren Ausbau (s. S. 191 f.) an Bedeutung noch zugenommen hatte, neu angelegt. Man trug einen Felssporn, den Pisco Montano, ab, um die Straße am Meer bequemer und breiter führen zu können. Dazu mußten über 40 000 m^3 Gesteinsmassen bewegt werden. Der glatte Schnitt hat eine Höhe von 38 Metern (125 Römische Fuß) und ist am Fuße des Berges deutlich zu erkennen. In den Fels gemeißelte Zahlen markieren im Abstand von je zehn Fuß die Höhe des Schnittes.

Im Laufe der Kaiserzeit entwickelte sich unterhalb des alten Ortes, näher an der neuen Straßenführung und damit an der wichtigsten Verkehrsader des römischen Reiches, ein neues Stadtzentrum. Neben einem Forum aus severischer Zeit sind vor allem die Reste zweier großer Thermenanlagen erhalten. *Tarracina* besaß und besitzt stark mineralhaltige Quellen, die wegen ihrer heilkräftigen Wirkung beliebt und geschätzt waren; eine stark arsenhaltige Quelle wurde bereits in der Antike zum ersten Mal verschlossen, wie Cicero berichtet. Drei Aquädukte versorgten die Stadt mit Trinkwasser.

Von einem Amphitheater aus der frühen Kaiserzeit sind noch wenige Reste erhalten. Entlang der *Via Appia* lagen zahlreiche Gräber, die zum Teil heute noch sichtbar sind.

Weiterführende Literaturhinweise:

G. Lugli, Circeii, Forma Italiae, Regio I, Vol 1, 2, Roma 1928.

ders., Anxur-Tarracina, Forma Italiae, Regio I, Vol 1,1, Roma 1926.

S. Aurigemma, A. Bianchini, A. De Santis, Circeo-Terracina – Fondi, Roma 1966.

Sperlonga / *ad Speluncas*

Sperlonga ist vor allem durch die Skulpturen bekannt, die bei Ausgrabungen in den fünfziger Jahren hier ans Licht kamen. Es handelt sich um Fragmente mehrerer großer Figurengruppen, die Szenen aus der griechisch-römischen Mythologie darstellten: das Meerungeheuer Skylla; Odysseus und seine Gefährten blenden den Kyklopen Polyphem; Odysseus und Diomedes; Menelaos und Patroklos u. a. Doch nicht nur wegen ihrer Zahl, ihrer Ausmaße und ihrer Qualität haben die Plastiken seither Forschung und Öffentlichkeit beschäftigt. Ihre Bedeutung für die Kunstgeschichte der Antike besteht vor allem darin, daß in einer Inschrift, die bei den Statuenfragmenten gefunden wurde, die Namen der drei Bildhauer aus Rhodos genannt sind – Hagesandros, Athanadoros und Polydoros –, die aus der römischen Literatur (Plinius d. Ä., *Naturalis Historiae* 36, 37) als Meister der Laokoon-Gruppe bekannt sind.

Diese wichtigen und aufschlußreichen Funde wurden bei Ausgrabungen in einer Höhle am Meer gemacht, wenige hundert Meter von Sperlonga entfernt. Die Höhle war teilweise verschüttet und wurde von Fischern aus der Umgebung, die hier ihre Netze flickten, als Unterstand genutzt. Der Name Sperlonga leitet sich vom lateinischen *spelunca* (Höhle) ab, deren es hier in der Gegend mehrere gibt. Die Statuen waren absichtlich zerstört und die Bruchstücke in der Höhle gesammelt worden, man wollte sie wohl zu Kalk brennen. Daher sind die Statuengruppen nicht mehr komplett, und ein Teil der archäologischen Forschungsarbeit besteht im Bestimmen und Zusammensetzen der Fragmente.

Doch nicht nur durch Zufall waren die Bruchstücke der Plastiken ausgerechnet hier deponiert worden: in dieser Höhle hatten sie ursprünglich auch gestanden.

Die Höhle war architektonisch ausgestaltet und bildete einen Teil der großen Villenanlage, einer der Villen des Tiberius. Auch aus der antiken Literatur ist der Ort bekannt; hier hat, nach den Berichten des Sueton (Tiberius 39) und Tacitus *(Annales* IV 59) der Präfekt der Prätorianergarde und einflußreiche Vertraute des Kaisers, Seianus, seinen Herrn Tiberius vor herabstürzenden Felsbrocken eines Erdrutsches gerettet. Die Ausgrabungen in der Villa und der Höhle wurden im Jahre 1954 begonnen, 1957 verstärkt fortgeführt und seither laufend publiziert. Bis in die jüngste Zeit haben die Skulpturen, ihre Zusammensetzung und ihre Interpretationen zu heftigen Diskussionen geführt, die sich in einer umfangreichen wissenschaftlichen Literatur zu dem Thema niedergeschlagen haben.

Vor der Küste im flachen Wasser und neben dem Eingang zur Höhle befinden sich die Überreste der kaiserlichen Villa. Hier sind die Ausgrabungen noch nicht abgeschlossen. Im Höhleneingang ist das große rechteckige Wasserbecken (1) mit einer Insel (2) in der Mitte gerade noch sichtbar. Der Aufbau im Zentrum läßt zwei Teile erkennen. Der äußere besteht aus vier abgetrennten Becken. Diese, wie auch die an den Wänden des Beckens angebrachten Amphoren, dienten der Fischzucht. Daß solche Anlagen in Küstenvillen sehr beliebt waren, zeigt sich auch an einer anderen, sehr viel größeren Anlage in *Astura* (S. 210 ff.).

Der dem Innern der Grotte zugewandte Teil, die künstliche Insel, war wie ein Triclinium (Speiseraum) angelegt; hier fanden in hufeisenförmiger Anordnung drei Speisesofas für je drei Personen Platz. Die Tafelnden blickten auf die Wasserspiele in der Höhle und auf die Statuengruppen, die dort im Halbdunkel aufgestellt worden waren. An das rechteckige Becken schloß sich ein rundes Bassin (3) an (hier fand man die Marmorbruchstücke), in dessen Mitte sich eine Statuenbasis erhebt; wahrscheinlich stand hier die Gruppe des Menelaos mit der Leiche des Patroklos. An der Wand zwischen beiden

Becken sind beiderseits Sitze in den Fels gehauen (4). Hinter dem Rundbassin liegen zwei kleinere Nebengrotten. Die linke (5) ist mit einer Sitzbank ausgestattet, von ihr zweigt ein weiterer kleiner Raum ab, der vielleicht als Triclinium in der heißen Jahreszeit diente; die rechte Grotte (6) hatte ungeglätteten, leicht ansteigenden Felsboden und war außerdem durch eine niedrige Mauer vom Hauptraum getrennt. Hier waren vielleicht Wasserspiele installiert.

Vor der Haupthöhle links liegt noch ein kleines ovales Wasserbecken. Zwischen ihm und der Höhle ist ein stehengebliebener Felsblock als Schiff (8) ausgearbeitet. Die Figurengruppen in der Grotte boten sich von den verschiedenen Sitzplätzen aus in reizvoll unterschiedlicher Ansicht, Staffelung und Beleuchtung dar.

Nur an wenigen antiken Bauten hat die archäologische Forschung wie hier die Möglichkeit, einen größeren Statuenzyklus und seine Aufstellung und Anordnung zu untersuchen und den Geschmack der frühen römischen Kaiserzeit zu studieren. Besonders interessant ist das Phänomen der ›künstlichen Natur‹. Die Höhle und der rohe Fels als natürliche Erscheinungen werden architektonisch und künstlerisch ausgestaltet, bleiben aber sichtbar und werden einbezogen in ein Panorama ausgeklügelter künstlerischer Ausstattung. Der Genuß für den antiken Betrachter muß gerade in diesem Gegensatz bestanden haben.

An der Küstenstraße, der Nachfolgerin der antiken *Via Flacca* (S. 231), liegt das moderne kleine Museum von Sperlonga. Hier sind die Skulpturen aus der Tiberiusgrotte ausgestellt, soweit sie nicht für Restaurierungsarbeiten und zur Rekonstruktion in der Werkstatt sind.

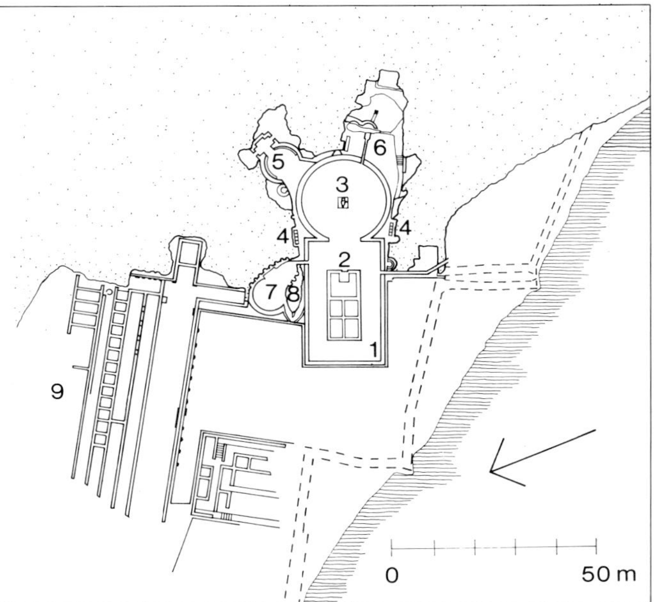

Sperlonga. Grotte des Tiberius
(nach Hampe und Conticello)
1 Vorderes Wasserbecken
2 ›Insel‹
3 Rundbassin
4 Sitzgelegenheiten
5 Sommertriclinium
6 Grotte mit Wasserspielen
7 Wasserbecken
8 Schiffsbug
9 Jüngere Ausgrabungen der Villa

Weiterführende Literaturhinweise:
G. Jacopi, Die Grotte des Tiberius und das Archäologische National-Museum in Sperlonga, Rom 1967.
R. Hampe, Sperlonga und Vergil, Mainz 1972.
B. Conticello – B. Andreae, Die Skulpturen von Sperlonga, Antike Plastik XIV, Berlin 1974.

▷ Sperlonga. Villa und Grotte des Tiberius

Gaeta / *Caieta*

Der Name des mittelalterlichen Ortes Gaeta leitet sich, antiker Überlieferung zufolge, vom Namen der Amme des Aeneas, Caieta, ab, die hier begraben sein soll. Aus der Antike ist sonst über den Ort nicht viel bekannt, außer daß sein Hafen – von Antoninus Pius im 2. Jahrhundert nach Chr. gebaut oder erweitert – von einiger Bedeutung gewesen sein muß. Wie überhaupt der ganze Küstenstrich war auch die Umgebung Gaetas ein beliebtes Erholungsgebiet, und so haben hier sicher zahlreiche wohlhabende Römer Villen besessen.

Die Stadt liegt auf einem Landsporn, der weit ins Meer ragt. Auf dem höchsten Punkt des Vorgebirges (167 m hoch; im Bild nicht sichtbar) erhebt sich das berühmte Grabmal

▽ Gaeta. Grab des L. Sempronius Atratinus

△ Gaeta

des Lucius Munatius Plancus, Legat Caesars und Gründer der Kolonien *Lugdunum* (Lyon) und *Raurica* (Kaiseraugst bei Basel). Möglicherweise besaß er hier eine Villa und hatte sein Grabmal auf eigenem Boden errichten können. Das Grab besteht aus einem Tambour mit einem Durchmesser von 100 Fuß (29 m). Der obere Abschluß war von einem Metopen-Triglyphen-Fries geschmückt. Die Metopen trugen Waffendarstellungen. Darüber erhob sich eine zinnenartige Bekrönung. Wie die Untersuchungen der jüngeren Zeit mit Sicherheit ergeben haben, war auf dem Tambour ein Erdtumulus aufgeschüttet, der vielleicht bepflanzt war und auf dem höchsten Punkt eine Statue des Grabinhabers trug. Von einem runden Gang im Innern des Grabes führten kurze radiale Zugänge in vier Grabkammern.
Die Lebensdaten des L. Munatius Plancus datieren das Grab in die Jahre um 20 vor Chr. Es hat große Ähnlichkeit mit dem kurz vorher entstandenen Mausoleum des Augustus in Rom (S. 187 ff.) und ist wahrscheinlich nach dessen Vorbild entstanden.

In der Stadt Gaeta erheben sich, heute inmitten von modernen Gebäuden, die Reste eines weiteren Grabes desselben Typs. Blöcke von dessen steinerner Verkleidung wurden beim Bau des Dom-Turmes von Gaeta im 12. Jahrhundert verwendet. Daher ist nur noch der Kern des Baues zu sehen. Dieses Grab gehörte Lucius Sempronius Atratinus, Flottenpräfekt unter Mark Anton. Er beging im Jahre 20 vor Chr. Selbstmord.
Aus Gaeta, vielleicht aus einer der prächtigen Villen in der Umgebung, stammt ein großer Marmor-Krater, der heute im Nationalmuseum von Neapel aufbewahrt wird. Der athenische Bildhauer Salpion hat das reliefierte Gefäß signiert. Dargestellt ist eine mythologische Szene im klassizistischen Stil der sog. neuattischen Kunst.
Im Dom von Gaeta, in dem früher das antike Gefäß als Taufbecken diente, sind auch zahlreiche Funde, vor allem Bauteile, aus *Minturnae* (S. 228 ff.) verbaut.

Weiterführende Literaturhinweise:
R. Fellmann, Das Grab des Lucius Munatius Plancus bei Gaeta, Basel 1957.
H. S. Aurigemma, A. De Santis, Gaeta-Formia-Minturno, Roma 1964.

Formia / *Formiae*

Die antike Stadt *Formiae* nahm ziemlich genau das Gebiet des heutigen Ortes ein. Daher sind ihre Überreste nur schwer auszumachen.

Formiae war ursprünglich eine Stadt mit volskischer Bevölkerung. Im 4. Jahrhundert war sie Mitglied im latinischen Bund. In der zweiten Jahrhunderthälfte, wohl kurz nach 338 vor Chr., erhielt Formia von dem machtvoll erstarkten Rom die *civitas sine suffragio*. Dieser Status einer Halbbürgergemeinde räumte den Einwohnern weitgehende Rechte des römischen Bürgers ein *(conubium* und *commercium)*, enthielt ihnen aber das Wahlrecht und andere politische Funktionen vor. Das volle Bürgerrecht erhielt Formia im Jahre 188 vor Chr., behielt aber gleichzeitig seine kommunale Verwaltung durch drei Aedile bei.

Die Stadt war von Mauern umgeben, deren Verlauf im Stadtgebiet nur teilweise verfolgt werden kann.

An der Küste liegen mehrere Villen, die zum Teil auf den Resten der Mauer und antiker Gebäude ruhen. Im flachen Gewässer, das offenbar besonders fischreich war, gab es mehrere Fischzuchtanlagen *(piscinae)*. Zwei von ihnen sind recht gut erhalten (1). Die eine liegt vor der modernen Villa Comunale, das heißt etwa im heutigen Hafen Sarinola. Die ins Wasser gebauten Becken sind mit

▽ Formia

ähnlichen rautenförmigen Einbauten versehen wie die Fischzuchtanlage in *Astura* (s. S. 210). Weiter östlich ist eine weitere, noch größere Anlage der gleichen Art entdeckt und ausgegraben worden. Sie wurde, obwohl ins Meer hinausgebaut, von Süßwasserquellen gespeist, so daß eine für bestimmte Fischarten günstige Mischung entstand.

Unter den modernen Häusern in der Stadt wurden die Reste des Theaters (2) identifiziert. Wie so oft, sind seine Umrisse in der Luftaufnahme gut zu erkennen, weil die modernen Bauten der antiken Form folgen.

Neben weiteren Resten antiker Bauten in der Stadt ist vor allem das sog. Grab des Cicero (4) von Interesse. Es ist bekannt, daß Cicero auch in Formia eine Villa besaß. Diese zu identifizieren, ist bisher nicht gelungen.

Ein repräsentatives Grab, zwei Kilometer außerhalb von Formia an der *Via Appia*, gilt als das Ciceros, obwohl über die Tatsache hinaus, daß er möglicherweise in Formia gestorben sein könnte und daß das Mauerwerk des Baus einer solchen Datierung nicht widerspräche, keinerlei Beweise vorliegen. Über einem quadratischen Unterbau, dessen Verkleidung noch gut erhalten ist, erhob sich ein turmartiger Aufsatz, der, seines Schmukkes beraubt, als nackter Ziegelkern aufragt.

Aus Formia stammen viele höchst qualitätvolle Kunstwerke, römische Porträts und Kopien griechischer Meisterwerke.

Weiterführende Literaturhinweise:

S. Aurigemma, A. De Santis, Gaeta-Formia-Minturno, Roma 1964.

M. Guiaitoli, C. F. Giuliani, Il ninfeo minore a Formia, in: Römische Mitteilungen 79, 1972, 191ff.

▽ ▽ Formia

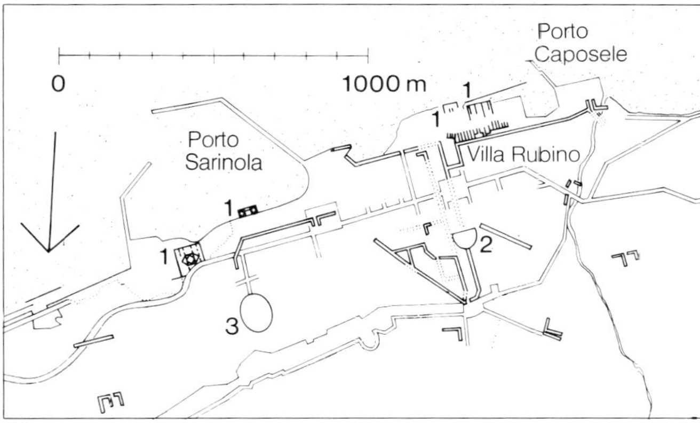

Formia.
(nach Aurigemma und Guiaitoli-Giuliani)
1 Fischzuchtanlage
2 Theater
3 Amphitheater
4 ›Grab des Cicero‹

Minturnae

An der Grenze zwischen Latium und Campania liegt *Minturnae,* eine römische Stadt, nach welcher der in der Nähe liegende moderne Ort den Namen Minturno trägt. Systematische Ausgrabungen in den dreißiger Jahren und in jüngster Zeit haben die wichtigsten Gebäude des römischen Stadtzentrums ans Licht gebracht. Aber die Stadt ist älter, denn bereits im Jahre 314 vor Chr. nahmen die Römer *Minturnae* ein, welches im 4. Jahrhundert dem Volksstamm der *Aurunci* gehört haben soll, obwohl von deren Stadt keine Reste mehr vorhanden sind und ihre Anwesenheit in der jüngeren Forschung überhaupt umstritten ist.
Noch älter als die hypothetische Siedlung der Aurunker ist ein Heiligtum der Nymphe Marica, einer italischen Gottheit, die seit dem 6. Jahrhundert in der Nähe der Flußmündung des Garigliano *(Liris)* verehrt wurde, wie zahlreiche kleine Plastiken und andere Votivgaben bezeugen.
Nach dem Bau der *Via Appia* (312 vor Chr., S. 191 ff.) gründeten die Römer 295 vor Chr. ihre Stadt. Der früheste Kern bestand aus einem mit Mauern und Türmen befestigten Militärlager (Castrum), dessen Reste östlich des Theaters noch entdeckt werden konnten (1). Da der Mauerring um das Castrum aus polygonalem Mauerwerk besteht, vermuteten die Ausgräber in dieser die Mauer der vorrömischen Siedlung, denn sie glaubten, die Mauertechnik mit der vergleichbaren (jedoch wesentlich älteren) griechischen zeitlich gleichsetzen zu können. Diese Ansicht konnten die Ausgräber kurze Zeit später revidieren. Nicht lange nach dem Bau der ersten Befestigung wurde eine weitere Mauer errichtet, die an einem der Ecktürme des Castrum ansetzt, aus regelmäßigen Quadern besteht und die sich offenbar rasch vergrößernde Siedlung der römischen Bürgerkolonie umgab.
Die *Via Appia* durchquerte als Decumanus Maximus, als die west-östlich verlaufende Hauptachse der Stadt, das Castrum und das noch im 3. Jahrhundert vor Chr. angelegte Stadtzentrum, das Forum. Sein nördlicher Teil ist vollständig ausgegraben. Ein zweireihiger Portikus (2) auf einem Podium umgab den Platz auf drei Seiten. Von den Tuffsäulen und dem Terrakottaschmuck wurden noch Reste gefunden. Zur *Via Appia* hin bildeten die Enden der Säulenhalle geschlossene Schmuckfassaden. Vom Haupttempel (3) auf dieser Seite, der nördlichen Schmalseite des Forums, sind die Fundamente erhalten, sie zeigen, daß der Tempel drei Cellen (Kulträume) besaß, also der Kapitolinischen Trias (Jupiter, Juno, Minerva), den römischen Staatsgottheiten, geweiht war. Vielleicht war es ein Vorgängerbau dieses Tempels, der 207 vor Chr. durch einen Blitzeinschlag zerstört wurde, wie Livius berichtet (XXVII 37). Doch ist diese Identifikation nicht ganz sicher. 191 vor Chr. wurden Forum und Tempel erneut vom Blitz heimgesucht, wobei einige der *tabernae* (Läden) am Forum abbrannten (Livius XXXV 37). Und noch einmal wurde *Minturnae* von einem Brand betroffen, wohl in den vierziger Jahren des 1. Jahrhunderts vor Chr. Augustus ließ dann eine Veteranenkolonie hierher verlegen.
Der kleine Tempel neben dem Kapitolstempel (4) ist jünger als dieser. In ihm wurden möglicherweise Augustus und Roma verehrt. Die Reste einer Sitzstatue des Augustus und einer ebenfalls sitzenden weiblichen Gestalt (Roma?) legen diesen Schluß nahe, ebenso wie die Funde weiterer Porträts von Mitgliedern der iulisch-claudischen Familie. Im Podium dieses Tempels sind eine ganze Anzahl von Inschriftensteinen verbaut, welche aus dem 2. Jahrhundert vor Chr. bis zur Zeit Caesars stammen. Ebenfalls in der frühen Kaiserzeit wurde östlich des alten Forums ein Platz als neues Forum angelegt (5). Die Mauertechnik *(opus reticulatum)* verrät seine Entstehungszeit. Wieder handelt es sich um

△ *Minturnae*

einen zweireihigen Portikus. Der Platz liegt über der alten Castrum-Mauer. Die Gebäude auf dem neuen Forum sind noch nicht sicher identifiziert.
Hier wurde ein Depot von Keramikfragmenten aus dem 3./2. vorchristlichen Jahrhundert gefunden, Bruchstücke von Gefäßen jeder Art, einfachem Gebrauchsgeschirr und feinerer Ware. Vermutlich waren diese Dinge in *Minturnae* hergestellt worden. Ein weiterer bedeutender Erwerbszweig war die Produktion von Metallgegenständen.
Auch das Theater (6) entstand in der frühen Kaiserzeit. Es faßte nach neueren Berechnungen wohl 4600 Zuschauer. Die beiden Haupteingänge erreichte man von zwei Straßen, die von der *Via Appia* westlich und östlich am Forum vorbeiführten. Das Theater überbaute einen Teil der alten Quaderstadtmauer. Die Bühnenfront wurde in der mittleren Kaiserzeit umgebaut, wozu eine Verlegung des Nord-Portikus am Forum nötig wurde.
Jenseits der *Via Appia* lag der andere, größere Teil des republikanischen Forums (7). An seiner südöstlichen Ecke hat man ein weiteres, noch nicht identifiziertes Gebäude ausgegraben. Westlich erstreckt sich ein großer Gebäudekomplex, der durch eine auf dem Farbfoto erkennbare Reihe von Läden und ein weiteres Gebäude vom Forum getrennt war. Es handelt sich um Thermen, von denen noch keine detaillierten Pläne veröffentlicht wurden. Der Komplex zerfällt in zwei große Teile. Der eine ist von der *Via Appia* aus zugänglich. Der zentrale Eingang führt in einen von kleinen Säulen umgebenen Portikus. Südlich schließen sich dann die ei-

△ *Minturnae*

▽ *Minturnae* (nach Drerup)

1 Mauer und Eckturm des Castrum
2 Portikus
3 Capitolium
4 Tempel
5 Neues Forum mit Portiken und Tempeln
6 Theater
7 Forumsplatz

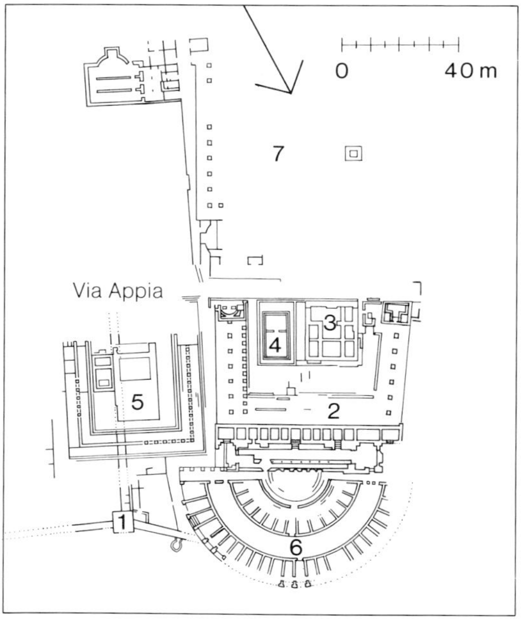

gentlichen Baderäume an, die einer früheren Bauphase zu entstammen scheinen, da ihre Wände nicht den Fluchtlinien des Portikus folgen. Auf der Farbaufnahme sind in drei Räumen gut die kleinen gemauerten *suspensurae* sichtbar, auf denen bei der Hypokausten-Heizung der Fußboden ruhte; durch den Hohlraum strich die temperierte Luft und erwärmte die Räume. Dies waren also die Warmwasserräume, Caldarium und Tepidarium z. B., vielleicht noch eine weitere Räumlichkeit desselben Typs. Im Vordergrund des Farbfotos erkennt man ein Schwimmbecken, das sich durch die umlaufenden Stufen auszeichnet.

590 nach Chr. wurde *Minturnae* zerstört und verlassen. Möglicherweise hing es damit zusammen, daß die Gegend, die bereits in der Frühzeit sumpfig war, stärker zu versumpfen drohte und die Gefährdung für die Bevölkerung durch Malaria zu groß wurde.

Weiterführende Literaturhinweise:

H. S. Aurigemma, A. De Santis, Gaeta – Formia – Minturno, Roma 1964.

H. Drerup, Zur Plangestaltung römischer Fora, in: Hellenismus in Mittelitalien, Kolloquium Göttingen 1974, Göttingen 1976 (Hrsg. P. Zanker), 410ff.

Via Flacca

Die *Via Appia* war Teil eines Systems von Land- und Seeverbindungen, das eine wichtige Voraussetzung zur Schaffung und zur Erhaltung der politischen und wirtschaftlichen Macht des römischen Reiches darstellte. Da die *Via Appia* Rom mit dem Süden und Südosten Italiens verband und damit den Zugang zu den Häfen erschloß, kam ihr als *regina viarum* (›Königin der Straßen‹) besondere Bedeutung zu. In ihrem Verlauf verließ sie bei Terracina wieder die Küste und beschrieb einen Bogen ins Landesinnere über Fondi *(Fundi)*.

An dem Küstenabschnitt dazwischen lagen der Ort *Amyclae* (an der Stelle des heutigen Sperlonga) und mehrere antike Villen, darunter die berühmte Villa des Tiberius (S. 221ff.). Von der antiken Straße haben sich hier einige Reste gefunden. Die *Via Flacca* trägt ihren Namen, weil man glaubt, sie mit jener Straße identifizieren zu können, welche der für den Straßenbau zuständige Censor Lucius Valerius Flaccus im Jahre 184 vor Chr. anlegte. Derselbe Censor veranlaßte auch den Bau des Dammes, auf dem die *Via Appia* bei Terracina am Wasser entlang geführt wurde (s. S. 220).

Weiterführende Literaturhinweise:
Pauly-Wissowa, Realenzyklopaedie, Supplement 13, 1494ff. (Radke).

▽ Via Flacca

Latium (Binnenland)

Lucus Feroniae

An der Autostrada del Sole, der großen Verkehrsader, welche Italien in nord-südlicher Richtung durchzieht, ganz in der Nähe der Ausfahrt Roma Nord, liegt der antike Ort *Lucus Feroniae.* Er war schon vor seiner Wiederentdeckung dem Namen nach bekannt, ohne daß man ihn hätte lokalisieren können.

Lucus Feroniae – Hain der Feronia – bezieht sich auf die Göttin Feronia, Hüterin der Gesundheit sowie Schutzgottheit der Viehzucht und der Getreideernte. Ihr Kult ist sehr alt und war gerade hier schon in frühester Zeit heimisch.

Feronia wurde von mehreren Volksstämmen als Gottheit verehrt. Ihr Heiligtum liegt zwischen den Siedlungsräumen von Etruskern, Latinern, Sabinern und Faliskern. Es bezog auch Räumlichkeiten zur Unterbringung Kranker mit ein, die in der Nähe der Gottheit Heilung erhofften. Begünstigt außerdem noch durch seine Lage nahe dem Tiber als schiffbarem Handelsweg, erfüllte das Heiligtum neben dem religiösen und therapeutischen auch einen wirtschaftlichen Zweck: alljährlich wurde hier Markt abgehalten. Die Verbindung von Kult und Wirtschaft war in der Antike nicht ungewöhnlich (S. 121 ff.).

Im Jahre 211 v. Chr. wurde das reiche Heiligtum von Hannibal geplündert (Livius XXVI 11,8). Eine städtische Ansiedlung beim Heiligtum entstand erst zur Zeit Sullas und erhielt nach Überführung einer augusteischen Veteranenkolonie den Namen *Iulia Felix Lucus Feroniae,* wobei *Felix* auf jenen Beinamen Sullas anspielt, den er sich selbst gegeben hatte. Nach der Mitte des letzten vorchristlichen Jahrhunderts wurde

▷ *Lucus Feroniae.* Die antike Stadt. Im Hintergrund die Autostrada del Sole und die römische Villa (links)

△ *Lucus Feroniae.* Forum

der Ort mit der Ansiedlung von Veteranen zur Kolonie.
Die Stadt bestand bis ins 4. Jahrhundert nach Chr., erlebte aber ihre Blütezeit in der frühen Kaiserzeit.
Der größte zusammenhängende Komplex der Ausgrabungen umfaßt Heiligtum und Forum. Das eigentliche Stadtgebiet erstreckt sich von hier aus im wesentlichen nach Westen. Die ungewöhnlich periphere Lage des Forums läßt sich mit der Entwicklung des Heiligtums erklären, dessen Überreste parallel zum Forum liegen und von diesem durch eine Mauer getrennt sind.
Ursprünglich wird es beim Heiligtum kaum mehr als eine Straßenverbreiterung gegeben haben. Doch im Zuge der steigenden Bedeutung der Kultstätte und des Handelsplatzes sah man offenbar später bei Planung und Bau der Stadt hier das natürliche Zentrum des Ortes. Der langgestreckte Forumsplatz grenzt also mit seiner östlichen Seite an die Mauer zum Heiligtum, an der westlichen Längsseite führen einige Stufen in einen Portikus empor, hinter dem Häuser mit gleichförmigem Grundriß (1) liegen. Die sich nach vorn öffnenden Räume sind durch Theken als *tabernae,* Läden, gekennzeichnet. Die Halle mit tuskischen Säulen trug ein zweites, vorgezogenes Stockwerk, wobei das obere Geschoß Wohnräume beherbergte. Eine ähnliche Anordnung ist z. B. auch aus Pompeji bekannt.
An die nördliche Stirnseite des Forums grenzt ein Gebäudekomplex, der den Raum bis zur Straßengabelung einnimmt. Direkt an der spitzwinkligen Gabelung liegt eine öffentliche Latrine (2).

Lucus Feroniae. Forum (nach Simoncini)
1 *Tabernae* 5 Tempel (?)
2 Latrine 6 Kultsaal
3 Basilika 7 *Schola*
4 *Aerarium*

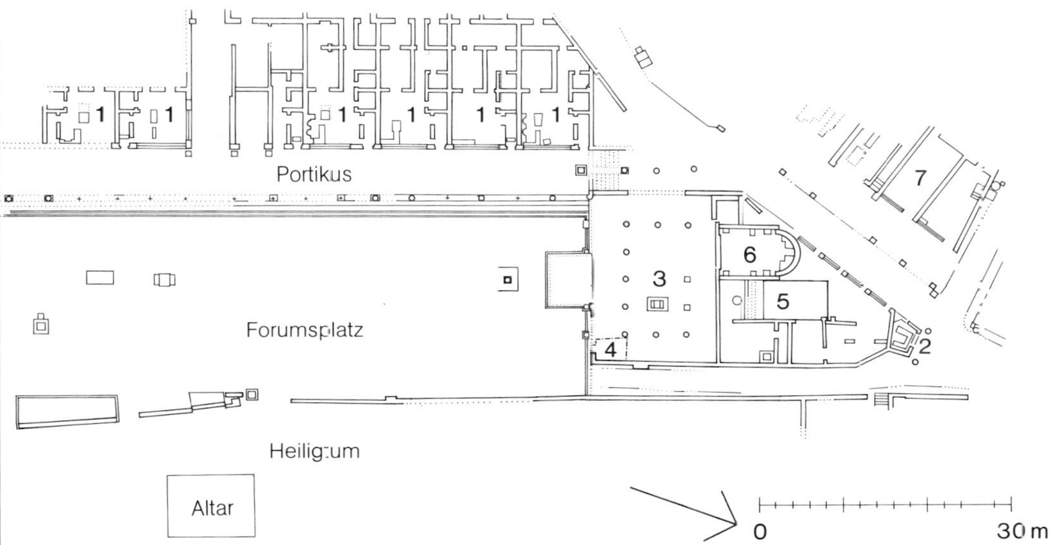

Die östliche Straße führt an der Mauer des Heiligtums vorbei auf den Forumsplatz. Die Abzweigung der westlichen Straße nach links mündet über einige Treppenstufen in die Säulenhalle. Das Gebäude an der Stirnseite des Forums ist die Basilika (3). Untersuchungen des Podiums haben ergeben, daß es auf den Resten eines früheren Unterbaus errichtet ist. In dem Vorbau ist ein Teil der alten Anlage freigelegt und von oben zu sehen, wobei das deutlich ältere Mauerwerk zu erkennen ist und auch die Tatsache, daß der Umbau im wesentlichen eine Vergrößerung des Postaments bedeutete. Interessant ist, daß der Zugang zur Basilika nicht von vorn, also nicht über eine zentral gelegene Treppe, sondern nur von der westlichen Schmalseite her möglich war. An der östlichen Seite liegt im Basement ein kleiner Raum (4), welcher vermutlich als Schatzkammer diente, als *aerarium* für den Tempel der Stadtgöttin. Denn mit einiger Wahrscheinlichkeit läßt sich der Vorgängerbau der Basilika als Tempel der Feronia identifizieren. Dafür sprechen vor allem zwei im Postament rechts und links der ›Tribüne‹ vermauerte Inschriftenpfeiler.

Vom Inneren der Basilika aus gelangte man in mehrere dahinterliegende Räume.

Einer von ihnen (5) scheint ein kleiner Tempel oder Kultraum gewesen zu sein. Der sich westlich anschließende Raum (6) zeichnet sich durch eine rückwärtige Apsis aus, Statuenbasen in der Apsis und entlang der Seitenwände legen die Deutung nahe, dieser Raum habe dem Kaiserkult gedient, wie ähnliche Räume z. B. in *Carsulae* (s. S. 110). Auf den Basen standen die, hier leider nicht erhaltenen, Statuen der vergöttlichten, verehrten Kaiser und ihrer Familienmitglieder.

Die jüngere Bauphase des Forums und der angrenzenden Gebäude dürfte in augusteische Zeit zu datieren sein.
Nördlich des Forums sind Teile eines großen Gebäudes (7) freigelegt, welches durch eine Inschrift mit einiger Wahrscheinlichkeit als *schola* der *Iuvenes Feronenses,* der örtlichen Jugendvereinigung also, identifiziert werden kann.
Wie die Lage des Forums sich wohl aus der Lage des Heiligtums ergab, so ist auch der ungewöhnliche, weil nicht rechtwinkelige Verlauf der wichtigsten Straßen der Stadt mit den festgelegten Fluchtlinien der frühen Gebäude am Kultzentrum zu erklären. Von dem Dreiweg nördlich des Forums ausgehend, verlaufen die Straßen fast radial.
Zu den wichtigsten Gebäuden der Stadt gehört das Amphitheater. Es verdankt seine Entdeckung der Luftbildarchäologie. Da seine gemauerten Teile recht niedrig sind, war die in der Form charakteristische Bodenerhebung erst aus großer Höhe zu erkennen.
In seiner Abhandlung über das Amphitheater von *Lucus Feroniae* berichtet der italienische Archäologe R. Bartoccini denn auch über die Entdeckung durch S. Sostegni, der bei einem Flug über das Gelände das bis dahin vergeblich gesuchte Amphitheater identifizieren konnte und damit die anschließende gezielte Ausgrabung ermöglichte.
In der Luftaufnahme fällt gleich die ungewöhnlich gedrungene Form des im übrigen auch ziemlich kleinen Amphitheaters auf. Mit 34,10 zu 32,20 m ist es fast rund. Es besaß zwei einander gegenüberliegende Zuschauereingänge und zwei weitere kleinere Eingänge zur Bewirtschaftung. Seine Mauern bestehen aus verputztem *opus quasi reticulatum,* jenem Gußmauerwerk, das außen mit pyramidal zugeschnittenen Tuffklötzchen verkleidet ist. Dabei sind die glatten Außenseiten beim *opus quasi reticulatum* noch nicht so regelmäßig versetzt wie beim späteren *opus reticulatum.* Die Türwandungen bestanden aus Tuff. Die Zwischenräume zwischen den radialen Mauerzügen waren mit Erde ausgefüllt. Von den Sitzstufen haben sich keine Reste erhalten, sie waren vermutlich aus Holz.
Eine Inschrift nennt den Erbauer des Amphitheaters: Manius Silius Epaphroditus hat es aus eigenen Geldmitteln errichten lassen. Wie aus einer anderen Inschrift zu schließen, war dieser Mann Augustale, also Priester des Kaiserkults, und Patron der *Iuvenes* der Stadt.
Nicht weit vom Amphitheater entfernt wurden Thermen entdeckt und ausgegraben (s. Foto S. 232/233, vorne links), in denen die Einrichtungen für die Fußbodenheizung und mosaikgeschmückte Böden erhalten sind.
Im Ausgrabungsgebiet, nahe an der Autostrada del Sole, wird ein kleines Museum eingerichtet. Es soll die Statuenfunde aus *Lucus Feroniae* und der Villa der Volusii Saturnini (S. 237f.) aufnehmen und wird auch die zahlreichen Inschriften beherbergen, die in den Ausgrabungen gefunden wurden.

Weiterführende Literaturhinweise:
G. Simoncini, Il Foro di Lucus Feroniae, in: Quaderni dell'Istituto di Storia dell'Architettura 52/53, 1962.
R. Bartoccini, L'anfiteatro di Lucus Feroniae, in: Rend. Pont. Acc. 3 Ser. 33, 1960/61, 173ff.

△ *Lucus Feroniae.* Villa der Volusii Saturnini

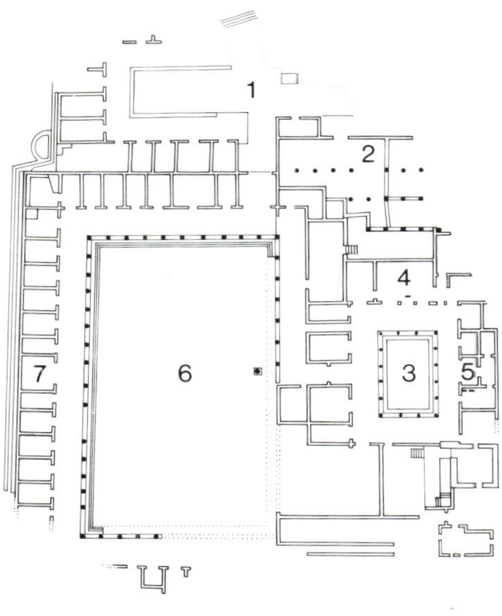

Lucus Feroniae. Villa der Volusii Saturnini (nach ›Autostrada‹)

1 Eingang
2 *Hortus*
3 Atrium
4 Tablinum
5 Triclinium
6 Peristyl
7 Lararium

● Die antike Villa, die zum Ort gehört und vom Parkplatz der Raststätte aus unmittelbar zugänglich ist, verdankt ihre Entdeckung dem Autobahnbau.
Im Jahre 1962 stieß man beim Anlegen der Trasse in diesem Abschnitt der Autobahn auf die Reste der Vorstadtvilla. Gleichzeitig mit dem Ausbau der Straße wurden in den Ruinen ausgiebige Restaurierungsarbeiten vorgenommen.
Die Villa gehörte der Senatorenfamilie der Volusii Saturnini, von der man bereits vor der Entdeckung der Villa gewußt hatte, daß sie in *Lucus Feroniae* ansässig war, da man eine Inschrift und ein bleiernes Wasserrohr mit dem Namen des Lucius Volusius Saturninus gefunden hatte, welcher im Jahre 12 vor Chr. Suffektkonsul (Beamter, der einen gewählten Konsul noch während dessen Amtszeit in seinen Ämtern ablöste) war.
Inschriftenfunde in der Villa selbst identifizieren sie als Wohnung und wohl auch Besitz der Familie seit republikanischer Zeit. Die Villa in ihrer heutigen Ausdehnung entstand in zwei Etappen.
Der ältere Teil stammt aus republikanischer Zeit und umfaßt das direkt an der Autobahn gelegene Atrium (3) mit den umgebenden Räumen und dem Garten, in dem noch Reste der Säulen zu sehen sind, welche eine Pergola trugen.
Die Wohnräume haben farbige Fußbodenmosaiken. Benennbar sind das Tablinum (Wohnraum,4), und das Triclinium (Speisesaal, 5), das später zu einem Durchgangsraum umgebaut wurde, mit freiem Blick ins Atrium und dann später weiter bis ins neue Peristyl. Nach dem kaiserzeitlichen Umbau und der Erweiterung der Villa wurden diese Räume teilweise für andere Zwecke benutzt und dafür mit verschiedenen Einbauten versehen. So handelt es sich zum Beispiel bei den Bänken, die entlang der Nord- und der Ostwand im Tablinum eingebaut sind, um spätere Zufügungen, und sie zeigen, daß dieser Raum eine neue Bestimmung erhielt. Die Ausgräber vermuten, daß die Wohnräume des republikanischen Traktes der Villa nach der kaiserzeitlichen Erweiterung in Diener- und Wirtschaftsräume umgewandelt wurden. Da aber die volle Ausdehnung der späteren Anlage noch nicht bekannt ist, kann über die Zweckbestimmung der einzelnen Räume noch keine endgültige Aussage gemacht werden.
Der Umbau bestand vor allem im Anbau eines großen Peristyls (6) mit zahlreichen gleichförmigen Räumen rundum, die möglicherweise als Magazine oder Sklavenunterkünfte dienten.
In der Achse vom Triclinium des alten Traktes liegt an der gegenüberliegenden Seite in der Mitte ein Raum (7), der sich durch seine Ausstattung von den übrigen unterscheidet. Er beherbergte die Einrichtung für den Kult der Hausgötter, also z. B. einen Opfertisch. In diesem Lararium wurde auch eine Inschrift vermauert aufgefunden, welche aus dem Jahre 56 nach Chr. stammt und der man neben anderem die Identifizierung der Besitzer verdankt.
Am südlichen Rand der Ausgrabung erkennt man die Reste von Substruktionen, welche weitere Räumlichkeiten der Villa trugen.

Weiterführende Literaturhinweise:
M. Moretti (consulenza), La villa Romana di Lucus Feroniae, Autostrada 8, August 1968.
W. Eck, Die Familie der Volusii Saturnini, in: Hermes 100, 1972, 461ff.

Gabii

An der *Via Praenestina,* auf halbem Wege zwischen Rom und *Praeneste* (S. 253ff.), zieht sich rings um eine flache Senke ein schmaler Höhenrücken. Die satten Farben der Felder zeigen, daß es sich um ein besonders gut bewässertes Gebiet handelt. Früher füllte ein See diese Senke, der in der Antike den Namen *Lacus Gabinus* trug. Erst Ende des vorigen Jahrhunderts wurde er durch einen Kanal trockengelegt, als die Malaria sich für die umliegenden Gebiete zur immer größeren Gefahr auswuchs.

Am Ufer des Sees, teilweise entlang der *Via Praenestina,* erstreckte sich die antike Stadt *Gabii,* die ihre Blütezeit in den vorchristlichen Jahrhunderten erlebte und bereits in der Kaiserzeit zu fast völliger politischer Bedeutungslosigkeit herabgesunken war.

Die Ursprünge der Stadt liegen im Dunkeln; Albaner sollen sie gegründet haben. In den letzten Jahren vor der Zeitwende erinnerte die alte römische Plebejerfamilie der Antistier, die aus *Gabii* stammte, auf den von ihr geprägten Münzen an einen Freundschaftspakt zwischen Rom und *Gabii,* das *foedus Gabinum,* das gegenseitige Waffenhilfe vorsah. Dieser Vertrag soll bereits aus der Kö-

▽ *Gabii.* Die Akropolis (rechts) und der *Lacus Gabinus* (links)

▷ *Gabii. Lacus Gabinus* und das Gebiet der antiken Stadt

△ *Gabii.* Tempel der Juno

nigszeit stammen. Vielleicht noch vor dem Bundesgenossenkrieg erhielt *Gabii* den Status eines Municipium, d. h. seine Einwohner hatten römisches Bürgerrecht, und die Stadt besaß örtliche Selbstverwaltung.
Unter den Geschichten und Legenden, welche die römischen Schriftsteller überliefern, findet sich auch jene, daß Romulus hier zur Schule gegangen sei.
Die Erfindung zeigt, wie eng die Beziehungen zwischen Rom und *Gabii* in der Frühzeit waren und daß man sie historisch begründen und festigen wollte.
Leider haben die bisherigen Ausgrabungen noch wenig Aufschluß über Aussehen und Organisation der Stadt geben können. Wichtige Aussagen verdanken wir hier der Luftfotografie, die für die heutigen Ausgräber zur Planung der Ausgrabung und Einordnung ihrer Entdeckungen nahezu unentbehrlich ist. So ist in der Luftaufnahme zum Beispiel leicht die Ausdehnung der Stadt zu erkennen. Sie zog sich von der *Via Praenestina* im Süden am See entlang und resultiert aus ihrer

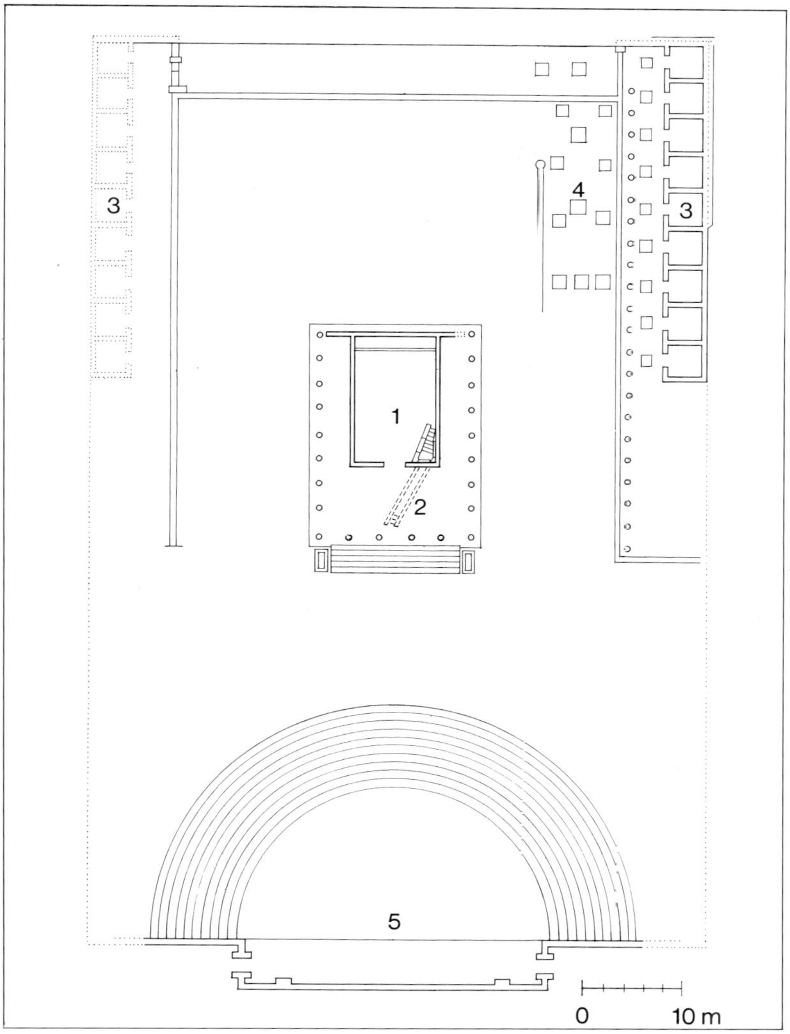

◁ *Gabii.*
Tempel der Juno
(nach Almagro und Kähler)
1 Tempel
2 Verdeckter Gang
3 *Tabernae*
4 ›Blumenkästen‹
5 Theater

Lage auf dem Hügel und dessen langgestreckter, schmaler Gestalt.
Die wenigen Reste der Stadtmauer, die wohl bereits im 4. Jahrhundert vor Chr. erbaut wurde, sind auf dem Luftbild noch zu erkennen. Da die Stadt aber nach der Phase ihrer größten Bedeutung weitgehend von der Bevölkerung verlassen wurde und da außerdem mit der Mauer wertvolles, bereits vorbereitetes Baumaterial zur Verfügung stand, sind die Blöcke fast alle verschleppt und irgendwo anders wieder verarbeitet worden.
Der harte Tuff, der in den Steinbrüchen bei *Gabii* gewonnen wurde, war seiner Festigkeit und Härte wegen berühmt und begehrt. Er wurde auch in Rom verarbeitet. Auf diesen Tuff gründete sich die, wenn auch nicht besonders große, wirtschaftliche Bedeutung der Stadt noch in der Kaiserzeit. Der *Lapis Gabinus,* so der Name des Steins, wurde jedoch in *Gabii* selbst erst ab dem 4. Jahrhundert vor Chr. benutzt, wie die jüngeren Forschungen ergeben haben. Vorher baute man mit rötlichem Aniene-Tuff und anderen Steinarten, die erst herbeigeschafft werden mußten.
An der Stelle, wo ein Aquädukt und die

Straße sich schneiden, haben italienische Archäologen in den letzten Jahren die Reste eines Heiligtums ans Licht gebracht. Es war wohl einer Wassergottheit geweiht und seit dem 7. Jahrhundert vor Chr. in Betrieb, bevor es dann aufgegeben und verlassen wurde. Schon von weitem sichtbar, als einziger Bau der Stadt noch bis zu beträchtlicher Höhe aufrecht erhalten und auch am bekanntesten unter den architektonischen Resten von *Gabii,* ist der Tempel (1), den man den Juno-Tempel nennt. Die Benennung entsprang einer gewissen Verlegenheit, denn ob der Tempel wirklich der Juno geweiht war, ist nicht bekannt. In der antiken Literatur und durch erhaltene Inschriften sind außer einem Tempel der Juno auch noch einer des Apollo und einer der Venus bezeugt, gefunden aber hat man nur diesen einen.

Der Tempel bestand aus der heute sichtbaren großen Cella, sie war vorn und seitlich von Säulenreihen geschmückt. Der weite Platz um den Tempel ist an drei Seiten von kleinen abgeteilten Räumen umgeben (3), die als *tabernae* vielleicht Läden beherbergten oder auch kultischen Zwecken dienten. Teilweise sind sie in den gewachsenen Fels geschnitten. Unter dem Platz liegt eine Zisterne, deren Zulauf- und Sammelkanäle beiderseits des Tempels freiliegen. In ihrem hinteren Teil verläuft sie unterirdisch und hat die Form eines nur mäßig breiten Kanals, von dem kammartige Verzweigungen abgehen. Gleichmäßig angebrachte rechteckige Vertiefungen im Boden (4), in Reihen angelegt und offenbar erst nach der Bedeckung der Fläche mit Erde ausgeschnitten, wurden in jüngster Zeit als Vorrichtungen für einen Tempelgarten gedeutet, also als antike Blumenkästen. Der Tempel ist wahrscheinlich in der zweiten Hälfte des 2. Jahrhunderts vor Chr. gebaut worden, doch genauere Untersuchungen zu einer sicheren Einordnung und Benennung fehlen noch.

Ein Gang führt an der Vorderseite unter dem Boden schräg aus dem Tempel heraus (2). Sein Zugang liegt am rechten vorderen Winkel der Cella, und er mündet vor der Eingangstreppe an der Front. Da der Gang keinen geeigneten Raum aufweist, kann man in ihm wohl kaum den Aufbewahrungsort des Tempelschatzes sehen. Vielleicht diente er für spektakuläre Auftritte der Priester.

Nach den Berichten der frühesten Ausgräber lag dem Tempelplatz vorgelagert ein Theater, von dem heute keine architektonischen Reste sichtbar sind. Die Luftaufnahme zeigt aber vor dem Tempel, von ihm abgewandt, ganz deutlich eine halbrunde Cavea (5), die nur zu einem Theater oder einem ähnlichen Stufenbau gehört haben kann.

Etwas weiter unterhalb an der Straße soll nach Auskunft dieser frühen Forscher das Forum gelegen haben. Die italienischen Ausgräber konnten nach den noch heute sichtbaren Resten zwar bestätigen, daß hier ein bedeutendes Gebäude oder ein größerer Gebäudekomplex gelegen hat, doch genauere Untersuchungen stehen noch aus.

Die spanischen Ausgrabungen beschränkten sich auf den Bereich um den Tempel. Die Unsicherheit in der Deutung der Befunde läßt sich aber auch darauf zurückführen, daß die Forscher des 18. Jahrhunderts eher auf Funde aus waren als auf den Befund: daß sie also lieber Statuen suchten, als die Lage und die oft spärlichen Gebäudereste zu sichern und zu dokumentieren. So sind aus *Gabii* bedeutende Statuenfunde bekannt, z. B. die Artemis von *Gabii* im Louvre – eine Kopie der Artemis von Brauron des Praxiteles.

Außerhalb der Stadt liegen verschiedene Gräberbezirke, etruskische Grabkammern, in den Fels eingeschnitten, und entlang der Straße Reste gebauter Grabmäler, die auf Bewohnung der Stadt noch in späterer Zeit schließen lassen.

Von den Ausgrabungen der nächsten Jahre in *Gabii* sind noch wichtige Ergebnisse und Aufschlüsse zu erwarten.

Weiterführende Literaturhinweise:

M. Almagro, A. Balil u. a., in: Cuad. Rom 10, 1958, 7ff.

H. Lauter, Ein Tempelgarten?, in: Archäologischer Anzeiger, 1968, 626ff.

Tivoli / *Tibur* *(Villa Hadriana)*

Die Villa des Hadrian bei Tivoli zählt zu den großartigsten und interessantesten Schöpfungen der römischen Architektur. Ihr Ausmaß, die Vielfältigkeit ihrer Formen und der Reichtum ihres Statuenschmucks beschäftigen Forscher und Architekten seit dem 15. Jahrhundert, und die Faszination hat bis heute nicht nachgelassen.
Der Ort, den Hadrian für die zum Teil von ihm selbst entworfene Villenanlage wählte, war schon in früherer Zeit wegen seiner klimatisch günstigen Lage, der üppigen Wasserversorgung und seiner malerischen Schönheit beliebt. Die Gegend von Tivoli bot den reichen Römern einen für ihre Sommersitze bestens geeigneten Platz.
Tibur lag an der Stelle des modernen Tivoli auf einer strategisch günstigen Anhöhe über dem *Anio* (Aniene).
Die Umgebung war reich an Schätzen der Natur: gutes Wasser gab es reichlich, die meisten der Wasserleitungen, welche die Hauptstadt Rom versorgten, durchzogen dieses Gebiet oder hatten hier sogar ihren Ursprung. Schweflige Thermalquellen entspringen bei Acqua Albule, man schätzte sie wegen ihrer Heilkraft schon in der Antike. Ebenfalls in der Nähe von Tivoli wurde und wird der Travertin, *Lapis Tiburtinus,* in Steinbrüchen gewonnen, ein Kalkstein, der für die Bauten Roms seit republikanischer Zeit häufig verwendet wurde.
Zu diesen günstigen natürlichen Vorbedingungen tritt noch der Reiz der Landschaft, der diese Ebene unterhalb *Tiburs* für einen Landsitz so geeignet machte, und viele reiche und vornehme Römer – unter ihnen Caesar und Horaz – besaßen Villen in dieser Gegend.
Mit der *Villa Hadriana* baute der Kaiser sich nicht nur einen Landsitz, wie es seine Vorgänger auch schon getan hatten, sondern schuf zum ersten Mal einen Palast als kaiserliche Residenz außerhalb Roms, wie es Caligula seinerzeit für die Villa in *Antium* (s. S. 209) geplant hatte.
Die Villa besteht aus mehreren in sich abgeschlossenen Baukomplexen. Die ausgegrabenen Gebäude bedecken ein Areal von über 60 ha. In ihrem Ausmaß und der Vielfalt ihrer Bauten läßt sie sich vielleicht am ehesten mit der *Domus Aurea,* Neros Stadtpalast in Rom (s. S. 174), vergleichen. Denn im Gegensatz zu den sonst üblichen städtischen Palästen und auch den meisten großen Villen auf dem Lande bestand die *Villa Hadriana* nicht aus einem einzigen geschlossenen Komplex von Räumen; wie eine kleine Stadt besaß sie Tempel (2), Theater (1), Thermen (13, 14) und Bibliotheken (5, 6) neben den privaten Gemächern des Kaisers und repräsentativen Gesellschaftsräumen, Gärten, Brunnenanlagen und Wandelgängen für jedes Wetter und für jede Jahreszeit.
Kaiser Hadrian war persönlich an Entwurf und Planung der Villa beteiligt.
Während fast der gesamten Regierungszeit Hadrians, zwischen 118 und 138 nach Chr., wurde an der Villa gebaut; diese Daten ergaben sich aus der Untersuchung der Ziegelstempel. Wie intensiv Hadrian auch am Fortgang der Arbeiten Anteil nahm, ist daran zu erkennen, daß sich an einigen Stellen Abänderungen des ursprünglichen Baukonzepts feststellen lassen. Diese Änderungen sind auf das persönliche Eingreifen des Kaisers zurückzuführen, sei es, daß seine Wünsche komplizierte Lösungen erforderten, denen die Baumeister nicht auf Anhieb gewachsen waren, sei es, daß er mit neuen Anregungen von seinen Reisen in den griechischen Osten zurückkehrte, die er in seiner Villa gleich verwirklicht sehen wollte.
Antike Schriftsteller überliefern, daß Hadrian bestimmte Bauten, die er auf seinen Reisen nach Griechenland, Kleinasien und Ägypten gesehen hatte, in der Villa habe

▷ Tivoli. *Villa Hadriana.* Blick von Westen

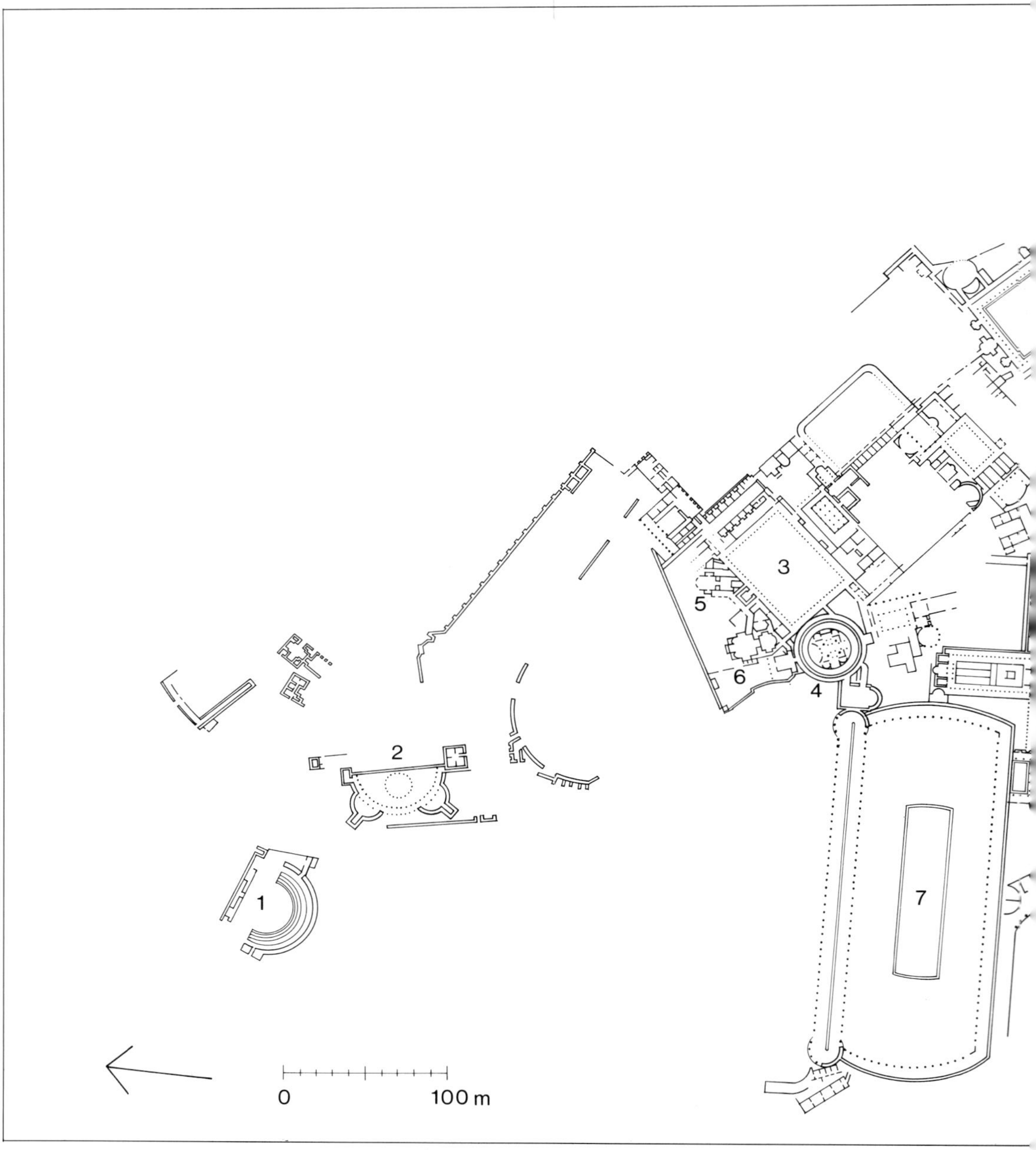

nachbauen lassen. Doch ist das Verhältnis einzelner Bauten der Villa zu den klassischen griechischen oder ägyptischen Bauwerken umstritten. Der archäologische Befund spricht bisher gegen die Auffassung, einzelne Baukomplexe seien getreue Kopien solcher Vorbilder, auch wenn die Ausgräber Anlaß hatten, den einen oder anderen Bau mit dem Namen seines vermutlichen Vorbildes zu bezeichnen. Diese offensichtliche Diskrepanz zwischen erwarteter und vorgefundener Übereinstimmung der hadrianischen Bauten

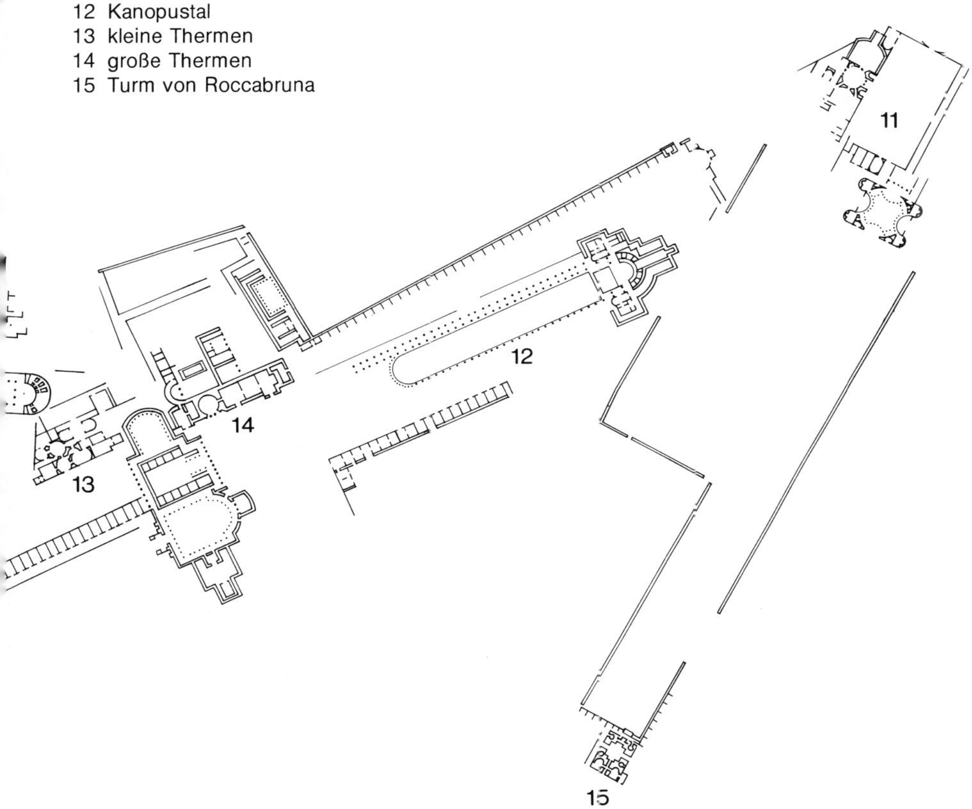

Tivoli. *Villa Hadriana*
(nach Vighi, Arch. Zonen in Latium, und Kähler)

1 Theater
2 Venustempel
3 Palast der großen Peristyle
4 Teatro Marittimo
5 sog. lateinische Bibliothek
6 sog. griechische Bibliothek
7 sog. *Poikile*
8 Triclinium
9 sog. Stadion
10 Piazza d'Oro
11 Kleiner Palast
12 Kanopustal
13 kleine Thermen
14 große Thermen
15 Turm von Roccabruna

mit ihren Vorbildern läßt sich vielleicht erklären: möglicherweise wollten die antiken Autoren mit ihrer Mitteilung nur hervorheben, daß Hadrian als Philhellene Anregungen aus der griechischen Kunst bezog und verwendete. Für Hadrian und seine Zeitgenossen war wahrscheinlich weniger eine enge äußere Übereinstimmung der Bauten, ihre ›Ähnlichkeit‹ maßgeblich: sie erkannten wohl in einem Bau eher die gelehrte Anspielung, das Detail, seinen Stil oder was sie darin als klassisch empfanden. Die Kriterien des

△ Tivoli. *Villa Hadriana.* Modell (im Museum der Villa) von Nordwesten gesehen

modernen Archäologen sind eben nicht die des antiken Kunstfreundes einer klassizistischen Epoche.
Sicher ist jedenfalls – und das zeigt sich überall in der Architektur und dem plastischen Schmuck der *Villa Hadriana* –, daß Hadrian als einem Liebhaber und Kenner der griechischen Kunst das gesamte Repertoire der älteren Kunst zur Verfügung stand, dessen er sich souverän bediente. Und so verband er moderne Technik seiner Zeit, verblüffende und neue Lösungen der Raumgestaltung mit Zitaten aus der älteren Kunst.
Bevor Hadrian auf der sanft hügeligen Hochebene unterhalb Tivolis mit dem Bau seiner Villa begann, bestand hier bereits seit republikanischer Zeit eine Villenanlage. Sie war wahrscheinlich als Erbschaft an seine Frau Sabina gefallen und so in den Besitz Kaiser Hadrians gekommen. Diese Villa lag im nördlichen Teil des späteren Gesamtareals (auf dem Foto S. 251 im Vordergrund) und folgte dem bekannten Schema der

△ Tivoli. *Villa Hadriana.* Blick von Nordosten

blockhaften Komposition der Räume und Höfe, vergleichbar etwa der Mysterienvilla bei Pompeji (s. S. 286).
Über den Resten dieses Vorgängerbaus ließ Hadrian den ersten, einen palastartigen Trakt (3) bauen. Die Räume gruppieren sich um mehrere große Peristyle, aber die kompakte Form des Grundrisses ist noch gewahrt. Doch nur wenig später entsteht neben diesem ersten Palast mit zahlreichen repräsentativen Räumlichkeiten das sog. Teatro Marittimo (4) und die sog. lateinische und griechische Bibliothek (5, 6).
Diese privaten Räume, ersteres eine Insel innerhalb eines runden Portikus und nur durch bewegliche Holzbrücken zugänglich, letztere Aufenthalts- und Aussichtsgebäude, machen schon deutlich, in welchem Maße sich Hadrian mit dieser Anlage von dem üblichen Villentypus entfernt. Der runde Bau schließt unvermittelt an den älteren Teil an, und die sog. Bibliotheken mit ihren Nebenräumen folgen in ihrer Ausrichtung nicht der vorge-

gebenen Achse des Palastes. Ein Blick auf die Fotos und den Plan lehrt, daß dies nicht der einzige Fall ist; die großen zusammenhängenden Baukomplexe, in sich geschlossen und einheitlich in der Ausrichtung ihrer Achsen und Fluchtlinien, haben untereinander völlig unterschiedliche Orientierung. Durch meist geschlossene Außenmauern voneinander getrennt, war jeder Bereich nicht auf einen anderen bezogen, sondern eher nach innen orientiert.

Und ein weiteres typisches Merkmal der Architektur der Gesamtanlage wird am Teatro Marittimo deutlich: die Vielgestaltigkeit des Grundrisses mit seinen geschwungenen Linien. Die komplizierte Grundrißform erforderte natürlich auch spezielle Lösungen im Aufbau.

Das Modell, obwohl in vielen Fällen hypothetisch, zeigt, welch unterschiedlichen Formen von Kuppeln, Gewölben und anderen Formen der Überdachung nötig und möglich waren.

Gewölbetechnik scheint überhaupt eines der Hauptinteressen des Architekten Hadrian gewesen zu sein. Der Schriftsteller Cassius Dio (LXIX 4, 1–5) überliefert eine Anekdote aus der Zeit vor dem Regierungsantritt Hadrians. Trajan und sein Hofarchitekt Apollodorus von Damaskus (s. S. 133) hätten bei einem Fachgespräch Hadrian mit der Bemerkung gedemütigt, er solle lieber weiter seine Kürbisse malen. Dies wird auf Hadrians Vorliebe für Gewölbekonstruktionen bezogen.

Cassius Dio sieht in dieser Begebenheit eine der Ursachen dafür, daß Hadrian den Apollodorus später verbannt hat und ihn sogar habe umbringen lassen.

Nahe dem Teatro Marittimo entstand der sog. Philosophensaal, der in der Apsis wohl eine kleine Bibliothek beherbergte, und eine große doppelseitige Wandelhalle, an die später ein säulenumstandener Hof mit Wasserbecken (die sog. Stoa *Poikile*) angebaut wurde (7). Daneben liegt ein prächtiger Speisesaal (8) mit an drei Seiten offenen Apsiden.

Der südliche Palast (11), die Piazza d'Oro (10), die Gartenanlage (das sog. Stadion, 9), zwei Thermenanlagen (13, 14; wohl jeweils für Männer und Frauen getrennt, denn Hadrian soll in diesem Punkt besonders sittenstreng gewesen sein) entstanden in den späteren Bauphasen (eine frühere Thermenanlage liegt beim Teatro Marittimo). Durch die datierten Ziegelstempel ist die Abfolge der Entstehung ziemlich klar.

Besonderes Interesse erfordert der wohl zuletzt entstandene Kanopus (12), benannt nach einem eleganten Stadtteil bei Alexandria, mit einem Nil-Kanal und dem Tempel des Serapis. Das langgestreckte Wasserbekken lag hinter einem halbrunden Raum, der ein Triclinium beherbergte und vielleicht den Serapistempel imitieren sollte.

Die Vielzahl von privaten Räumlichkeiten und Repräsentationsbauten erforderte entsprechend zahlreiches Personal und ausgedehnte Versorgungsanlagen. Ein System von unterirdischen Räumen und Gängen gestattete die unsichtbare Bewirtschaftung des Komplexes. Wo das nicht ausreichte, dienten Zwischenstockwerke in den Gebäuden selbst für die Dienstleistungen, ohne daß der Kaiser, sein Hofstaat und seine Gäste gestört wurden.

Die sichtbaren Ruinen, so prächtig und großartig sie sind, können doch nicht den ganzen Luxus der Ausstattung sichtbar werden lassen. Mosaiken und Statuen, oft nach griechischen Vorbildern kopiert oder von ihnen angeregt, schmückten die Räume. Sie sind heute auf die Museen der ganzen Welt verteilt und lassen erkennen, daß zur Zeit Hadrians nicht nur die Architektur einen Höhepunkt erlebte, sondern auch die Bildende Kunst in hoher Blüte stand.

Weiterführende Literaturhinweise:

H. Kähler, Hadrian und seine Villa bei Tivoli, Berlin 1950.

R. Vighi, Hadriana, Roma 1958.

F. Rakob, Der Bauplan einer kaiserlichen Villa. in: Festschrift Lankheit, Köln 1973, 113ff.

Palestrina / *Praeneste*

Die Ehre, *Praeneste* gegründet zu haben, wird in der antiken Literatur gleich mehreren bedeutenden mythischen Helden zugeschrieben. Und wie meistens ist das historische Datum der Gründung schwer faßbar.
Jedenfalls war *Praeneste* eine uralte Stadt. Sie entstand wohl als Kolonie von *Alba Longa,* welches als Vorkämpfer der latinischen Städte und Gegenspieler Roms sich diesem bereits sehr früh hatte unterordnen müssen. Auch *Praeneste* stand seit dem 4. Jahrhundert vor Chr. (338 vor Chr.) unter der Herrschaft Roms, nachdem in den vorausgegangenen Jahrhunderten kriegerische Auseinandersetzungen mit Phasen einer friedlichen Bündnispolitik abgewechselt hatten.
Zwei berühmte Gräber aus dem 7. Jahrhundert vor Chr. (Tomba Barberini, Tomba Bernardini) zeugen vom Reichtum der einheimischen oder hier heimisch gewordenen etruskischen Fürsten vor der römischen Epoche. Der feinziselierte Goldschmuck deutet auf weitreichende kulturelle und wirtschaftliche Beziehungen hin, besonders zum phönizischen Raum.
Bereits im 4. Jahrhundert bestand eine Anlage von Mauern, die aus polygonalen Blökken gefügt waren. Sie umschlossen die Niederlassung am Hang des Monte Ginestro (Ginsterberg) und bezogen das auf der Hügelkuppe gelegene Kastell mit ein. Wegen des unwegsamen Geländes konnte der Ort nicht weiter oben am Berg angelegt werden, doch bedeutetete der Besitz der Zitadelle in jedem Fall einen militärischen Vorteil.
Im Bürgerkrieg hatten Marius und sein Sohn in der Stadt Unterstützung gefunden. Dessen Truppen zogen sich nach *Praeneste* zurück, als sie sich gegen Sulla und seine Anhänger in der offenen Feldschlacht nicht hatten halten können (82 vor Chr.).
Nach langer Belagerung nahm Sulla *Praeneste* ein und richtete unter den männlichen Einwohnern ein fürchterliches Gemetzel an, dem Tausende zum Opfer fielen. Um die Stadt endgültig unter Kontrolle zu bringen, siedelte Sulla Veteranen dort an, denen enteignetes Land überschrieben wurde. Ihre Häuser lagen wohl außerhalb des ummauerten Stadtgebietes im Süden unterhalb des Berges.
Mit diesem bedeutenden politischen Ereignis wird von einigen Forschern der Bau des großartigen Heiligtums der Göttin Fortuna verbunden. Der die Stadt beherrschende Bau wäre dann nach dem endgültigen Sieg unter Sulla entstanden (dessen selbstgewählter Beiname, *Felix,* vielleicht auch auf sein besonderes Interesse gerade an dieser Göttin hinweisen könnte). Nach einer anderen Theorie, die zunehmend an Wahrscheinlichkeit gewinnt, entstand der Bau um die Wende vom 2. zum 1. Jahrhundert vor Chr. Einige Details im archäologischen Befund, besonders in der Mauertechnik, zusammen mit literarischen Quellen unterstützen diese Datierung.
Mit der Errichtung des großen Heiligtums war nicht etwa auch die Einführung des Kultes verbunden; der bestand in *Praeneste* schon seit langer Zeit. Die Göttin Fortuna, Glücks- und Schicksalsgöttin, wurde hier als *Primigenia* verehrt, als erstgeborene Tochter des Göttervaters Jupiter. Gleichzeitig aber wurde Zeus-Jupiter hier als Knabe und Sohn der Fortuna gesehen. Diese Ambivalenz der Gottheiten, Fortuna als Mutter und erstgeborene Tochter des Jupiter, resultiert einerseits aus der absoluten Vorrangstellung des Göttervaters, andererseits aus der Vorstellung der Göttin als Personifikation des Schicksals, das als abstraktes Prinzip schon vor dem obersten Gott bestanden haben muß, der wie alle, Menschen und Götter, ihm unterworfen war.

▷ Palestrina

△ Palestrina. Heiligtum der *Fortuna Primigenia*

Das in Terrassen aufsteigende Heiligtum war teilweise später überbaut gewesen. Erst nach den Zerstörungen des letzten Krieges wurde in mehrjährigen Ausgrabungen ein Teil der Ruinen freigelegt. Und da man darauf verzichtete, diese Teile Palestrinas, wie der Ort seit dem Mittelalter hieß, wieder aufzubauen, vielmehr die endgültige Freilegung und Untersuchung der Ruinen betrieb, beherrscht dieser gewaltige Komplex jetzt wieder die Stadt.

Palestrina. Heiligtum der *Fortuna Primigenia*
(nach Fasolo-Gullini und Kähler)
I – VIII Terrassen
1 Exedra mit der Stätte des Los-Orakels
2 Tempel der *Fortuna Primigenia*

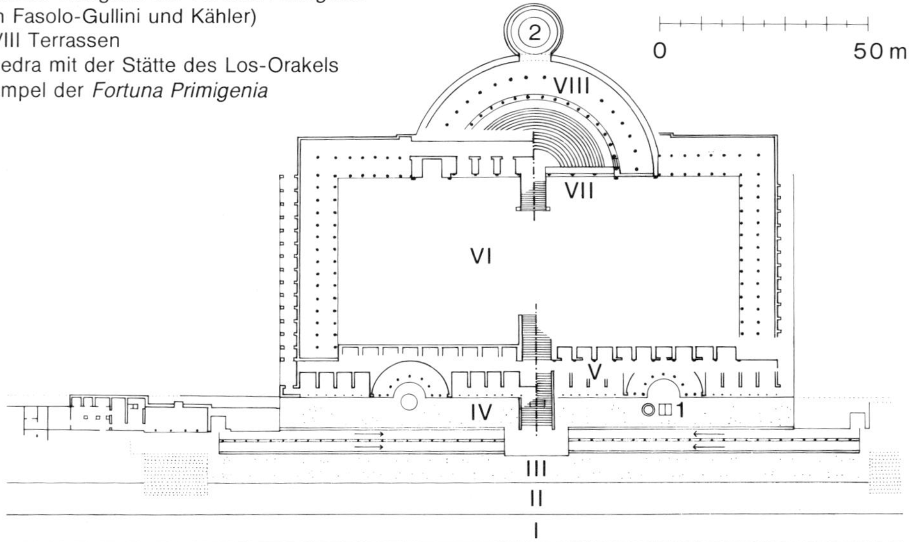

Doch was heute von dem Bau sichtbar ist – die Terrassierung, die Stützmauern, Rampen, Reste von Gewölben, hier und da auch eine Säule und ein Kapitell –, kann nur ein unvollkommenes Bild des Heiligtums vermitteln, das zwar Größe und Aufbau, nicht aber die Fassaden und ihren Schmuck zeigt.
Drei langgestreckte Terrassen ohne besondere Gliederung bilden den Fuß des Heiligtums. Diese schlichten unteren Terrassen waren nur durch seitliche Zugänge zu erreichen. Von der zweiten auf die dritte führten zwei seitliche Treppen, welche vor Räumen endeten, die mit ihren viersäuligen Fassaden an griechische Toranlagen erinnern.
Die nächste Terrasse erstieg der Besucher über zwei Rampen, deren sanft ansteigendes Dreieck in der Mitte zwei übereinanderliegende Bögen aufweist. Der Weg über die Rampen führte entweder durch die überdachten Hallen oder über die offene Straße, die von den Hallen durch eine Säulenreihe getrennt ist. Nach außen hin waren die Hallen geschlossen, so daß der Ausblick ins freie Land, sobald der Besucher auf der vierten Terrasse den altan-artigen Aufbau in der Achse des Baus betrat, um so überraschender war.
Die Aufbauten der vierten Terrasse bestehen aus Arkaden, deren Front an zwei Stellen, symmetrisch auf die Mittelachse bezogen, in halbrunden Exedren zurückweicht. Die östliche Exedra (1) markierte eine Stelle, die bereits im ältesten Kult der Fortuna eine große Rolle spielte.
Ein Mann namens Numerius Suffucius habe aufgrund von Traumgesichten an einer bestimmten Stelle den Boden geöffnet und dort beschriftete hölzerne Los-Tafeln gefunden. Aus einem Olivenbaum sei außerdem Honig getropft; aus seinem Holz fertigte man den Kasten für die Aufbewahrung der Lose. Wollte man das Orakel befragen, mischte ein Kind die Holztäfelchen und zog eines aus dem Kasten.
Später wurde dann – wie aus dem Bericht Ciceros (*De divinatione* 2, 41, 85ff.) weiter hervorgeht – in der Nähe der Fundstelle, die man hoch verehrte, eine Statuengruppe aufgestellt, welche Fortuna als Mutter mit den beiden Säuglingen Jupiter und Juno zeigt. Die Reste zweier kleiner Denkmäler in der östlichen Exedra könnten zu diesen zentralen Kultstätten des Orakels gehören. Eine rechteckige Basis im Zentrum der Exedra hat möglicherweise die Statuengruppe getragen. Das kleine runde Monument, dessen tabernakelartiger Aufbau noch zu rekonstruieren ist und das zuerst als Brunnen galt, markiert wohl den Fundort der Orakellose, denn erstens fehlen trotz des äußeren Anscheins alle Hinweise auf eine Benutzbarkeit der Öffnung als Brunnen, und zweitens spricht die von der streng symmetrischen Gesamtkonzeption abweichende Lage des Kult-Schachtes dafür, daß hier der Architekt sich mit bereits bestehenden, unverrückbaren Kultstätten abzufinden hatte und sie einbeziehen mußte.
Von der vierten zur sechsten Terrasse führte erstmals eine Treppe in der Achse der Anlage, unterbrochen nur durch einen kleinen Absatz auf der schmalen fünften Terrasse.
Die sechste Terrasse besteht aus einem großen Platz, der an drei Seiten von doppelten Portiken umgeben ist. An der Nordseite steht heute der Palazzo Barberini (früher Colonna). Seine halbrund geschwungene Fassade über dem Unterbau von Arkaden des nördlichen Portikus folgt der Form der antiken Anlage.
Die Treppe zum Halbrund führte allerdings gerade in der Achse empor. Dann öffnete sich das Halbrund mit aufsteigenden Stufenreihen wie in einem Theater. Ein Portikus bildete seinen oberen Abschluß. Um dorthin zu gelangen, mußte der Besucher die Mittelachse wieder verlassen und von einer der Seiten die halbrunde Halle durchschreiten, bis er den runden Tempel (2) erreichte, der die Anlage krönte.
Im Palazzo Barberini befindet sich heute das Museum.
Unterhalb des Heiligtums, auf der Höhe des Marktplatzes von Palestrina und teilweise vom Dom und anderen Gebäuden überbaut,

befand sich das Zentrum der antiken Stadt.

Hinter einem Tempel, der bereits im 4. Jahrhundert vor Chr. bestanden hatte, erstreckte sich eine west-östlich orientierte Basilika, die aus spätrepublikanischer Zeit stammt, doch ist die Datierung dieses Komplexes nicht unumstritten.

Etwa auf halbem Wege zwischen *Gabii* und Palestrina schneiden mehrere antike Wasserleitungen die *Via Praenestina,* die von Rom nach *Praeneste* führt. Am Abhang der Monti Tiburtini, unterhalb von Tivoli, hatten sie unterirdisch verlegt werden können. Aber das hügelige Gelände nördlich der *Via Praenestina* erforderte oft die Konstruktion von überirdischen Aquädukten, kurzen ›Brükken‹, mit deren Hilfe das Wasser die Täler überwinden konnte.

Die zweistöckige Bogenreihe des Ponte della Mola führte Wasser vom *Anio* (Aniene) – entnommen wird es in der Nähe von Vicovaro – der Hauptstadt zu. Diese Wasserleitung, der *Anio Vetus,* war die zweitälteste Wasserleitung Roms. Sie wurde im Jahre 272 vor Chr. von Manius Curius Dentatus, dem als Censor dergleichen Bauunternehmen unterstanden, gebaut.

Die heute sichtbaren Reste aus Ziegelmauerwerk stammen aus der hadrianischen Epoche. Achtzehn doppelstöckige Bögen führen über das Tal. Die mittleren Bögen des Aquäduktes sind erst im Jahre 1965 eingestürzt.

Weiterführende Literaturhinweise:

F. Fasolo – G. Gullini, Il Santuario della Fortuna Primigenia a Palestrina, Roma 1953.

H. Kähler, Das Fortunaheiligtum von Palestrina Praeneste, in: Annales Universitatis Saravienensis VII 3–4, 1958, 189ff.

G. Iacopi, Il Santuario della Fortuna Primigenia e il Museo Archeologico Prenestino, Roma 1959.

F. Coarelli (Hrsg.), Studi su Praeneste, Perugia 1978.

◁ Ponte della Mola

Tusculum

Nördlich des Albaner Sees, nicht weit von Frascati entfernt, liegt die antike Stadt *Tusculum,* ein Ort mit langer Tradition und interessanter Grabungsgeschichte. Denn wesentliche Entdeckungen werden den Ausgrabungen Lucien Bonapartes verdankt, welcher als Fürst von Canino (s. S. 157) auch nach dem Sturz seines Bruders Napoleon in Italien Ansehen genoß und sich als Ausgräber, Sammler und Mäzen für die Altertumsforschung einsetzte.

Der berühmte Archäologe und Architekt Luigi Canina hat die Ruinen und Funde in *Tusculum* untersucht und aufgezeichnet.

Die Stadt, auf einem Ausläufer der Albaner Berge gelegen, gehörte zu jenem Gebiet, das die vornehmen und natürlich auch reichen Römer für ihre Landsitze bevorzugten. Das Klima war angenehm und der Ort mit bestem Wasser versorgt.

Viele römische Adlige hatten sich in *Tusculum* oder in der näheren Umgebung niedergelassen. Unter ihnen waren auch Kaiser und ihre Angehörigen, Tiberius etwa, seine Mutter Livia und Vespasian.

Doch ist die Villa, die geradezu sprichwörtlich wurde, die eines *homo novus:* das *Tusculanum* des Cicero. Bis heute hat man die Villa nicht mit Sicherheit lokalisieren können.

Ciceros Briefen, in denen er auch die beabsichtigte Ausstattung der Villa ausführlich erläutert, verdanken wir wichtige Aufschlüsse über die Ausstattung und das ›Programm‹ in der künstlerischen Ausschmückung von Villen.

In der Nähe dieses Landsitzes befand sich das Grab der früh verstorbenen Tochter des Cicero, Tullia, für die er auch in *Astura* ein Denkmal hatte errichten lassen wollen (s. S. 210).

Aus *Tusculum* stammte auch Marcus Porcius Cato (234–149 vor Chr.), der als Quaestor in Sizilien, Afrika und Spanien war, später Censor wurde (die bekannte Forderung: *ceterum censeo Carthaginem esse delendam* – »Im übrigen bin ich der Meinung, daß Karthago zerstört werden muß.« – stammt von ihm) und auch als Schriftsteller tätig war.

Tusculum und seine Umgebung waren also sehr beliebt, und in den dreißiger Jahren zählte ein englischer Archäologe die Reste von 131 antiken Villen, eine Zahl, die sicher noch zu niedrig gegriffen ist. So konnte denn auch Cicero leicht spotten, wenn die Rede auf diesen Ort kam mit seinen zahlreichen Wohnsitzen adliger, pensionierter Staatsbediensteter Roms.

Im übrigen hatte die Villensiedlung eine uralte eigene Geschichte. *Tusculum* hatte schon um 380 vor Chr. einen Pakt mit Rom geschlossen, der den Einwohnern die *civitas* garantierte; allerdings ist umstritten, ob es sich dabei um das volle römische Bürgerrecht gehandelt haben kann.

Die Stadt war aber noch älter. Telegonos, ein Sohn der Kirke (Circe) und des Odysseus, soll sie der Legende zufolge gegründet und mit einer ersten Stadtmauer umgeben haben.

Der Name *Tusculum* scheint auf etruskischen Einfluß zu weisen, zumal die Überlieferung durch die römischen Schriftsteller darauf schließen läßt, daß *Tusculum* mit den etruskischen Königen Roms vor und nach ihrer Vertreibung engen Kontakt hatte. So hat der Ort sicher vor der Zeit der römischen Herrschaft eine Epoche der Selbständigkeit erlebt.

Sulla siedelte dann Veteranen in *Tusculum* an, und seit der späten Republik beherbergte die Stadt die Villen des Adels.

Der Ort liegt auf einem 600–640 m hohen Höhenzug. Die *arx* (›Burg‹) östlich des Theaters ist noch höher, bis zu 657 m über dem Meer. Von den Gebäuden auf dem Burghügel gibt es kaum noch Reste: die Zer-

▷ *Tusculum.* Theater und Forumsbereich

störung der mittelalterlichen Stadt im Jahre 1191 war gründlich und restlos.

Die Ausgrabungen am Anfang des 19. Jahrhunderts brachten zahlreiche Gebäude ans Licht, von denen das Theater (1) am besten erhalten ist. Nach der Zeichnung Caninas schloß sich hinter der Bühnenwand das Forum (2) an. Der Zuschauerraum, die Cavea des Theaters, war ursprünglich viel größer als der heute erhaltene, sichtbare Teil. Er muß, wie auch die Zeichnung verdeutlicht, die Straße, die an der Nordseite von Forum und Theater verlief, überwölbt haben (3). Das Theater stammt vermutlich aus der frühen Kaiserzeit.

Ein auf der *arx* (›Burg‹) gefundener Inschriftenstein läßt darauf schließen, daß hier die Hauptgötter der Stadt, Castor und Pollux, in einem Tempel verehrt wurden.

Westlich des Forums, noch innerhalb des weitgehend zu erschließenden Mauerrings, lag ein weiterer Tempel, wohl der des Jupiter, welcher wie der große Tempel in *Tarracina* (S. 216ff.) von einer auf Gewölben ruhenden Terrasse getragen wurde.

Von Gräbern, Straßen, Zisternen, Brunnen, dem Amphitheater und anderen öffentlichen Gebäuden wurden im letzten Jahrhundert zwar Überreste entdeckt, von denen aber heute nur noch wenig sichtbar ist.

Das Amphitheater nimmt eine Stelle am äußersten Nordost-Rand des Stadtgebietes ein. Schon seit mehreren Jahrhunderten war diese Anlage bekannt und wurde auch von verschiedenen Gelehrten untersucht, aber nie systematisch.

Das Amphitheater war recht groß (80 mal 53 m) und konnte 30000 Zuschauer fassen. Wie zum Beispiel im Amphitheater von *Puteoli* (S. 269ff.) oder im *Colosseum* (S. 166f.) sind unter der Arena Räume erhalten, in denen die wilden Tiere bis zur Aufführung der *venationes* (Tierhetzen) gehalten wurden.

Die Bautechnik des Amphitheaters entspricht der auch von anderen Orten bekannten: Tuffblöcke und *opus reticulatum,* teilweise von Lagen aus Ziegelmauerwerk durchzogen. Die Herstellungsdaten auf den Ziegeln datieren den Bau in die Mitte des 2. Jahrhunderts nach Chr.

Weiterführende Literaturhinweise:
L. Canina, Descrizione dell'antico Tusculo, Roma 1841.
M. Borda, Tusculo, Roma 1958.

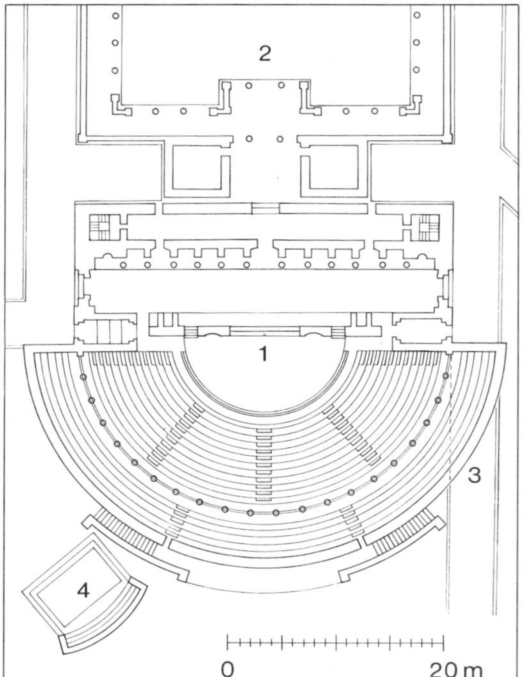

Tusculum
Theater (nach Canina)
1 Theater
2 Forum
3 Straßenüberführung
4 Zisterne

▷ *Tusculum.* Theater

Albano / *Albanum*

Ascanius, der in der römischen Genealogie den Namen Iulus erhielt und als namensgebender Ahnherr Caesars und des julischen Kaiserhauses galt, war der Sohn des Aeneas. Er soll die Stadt *Alba Longa* am Albaner See gegründet haben.

Der Wasserspiegel des Sees wurde bereits in der Antike durch einen Ablaufkanal reguliert, der als Tunnel geführt ist und noch heute seine Funktion erfüllt. Im Gebiet von *Alba Longa* liegt *Albanum,* heute Albano Laziale. Hier hatte der Kaiser Domitian sich sein Landhaus, eine Villa von beträchtlichem Ausmaß, erbaut. Der Ort gewann Bedeutung, als der Kaiser Septimius Severus eine Legion (6000 Mann), die *legio* II *parthica,* hierher verlegte. Es wurde ein Lager gebaut *(Castrum Albanum, Castra Albana),* das einen Teil des heutigen Stadtgebietes einnahm. Eine solche Militärsiedlung benötigte Versorgungseinrichtungen. So mußten in der Nähe des Castrum Zisternen und Thermen gebaut werden. Daneben entstand eine zivile Siedlung. Nördlich des Castrum wurde, möglicherweise auch zur Zeit des Septimius Severus, ein Amphitheater gebaut.

Eine künstliche Terrasse, die auf vierzehn überwölbten Räumen ruht, trägt den Bau. Die überwölbten Räume unter den aufsteigenden Zuschauer-Rängen unterscheiden sich voneinander in Größe und Form und sind oft in unterschiedlicher Mauertechnik errichtet.

Der Eingang an der östlichen Längsseite ist nicht axial angelegt, sondern, den Gegebenheiten des Bodens folgend und den bequemsten Weg ausnutzend, leicht abgebogen. Von den Zuschauerrängen ist kaum eine Spur erhalten. Nach neueren Berechnungen konnte das Amphitheater vermutlich 16000 Zuschauer fassen.

Weiterführende Literaturhinweise:
E. Tortorici, Castra Albana, Forma Italiae, Regio I 11, Roma, 1975.

▽ Albano. Amphitheater

Lago di Nemi / *Nemorensis Lacus*

In den Albaner Bergen, nur wenige Kilometer vom Lago Albano (S. 264) entfernt, liegt ein kleinerer Kratersee, der Lago di Nemi. In der Antike gehörten der See und der ihn umgebende Wald (*Nemus Aricinum* oder *Nemus Dianae*) bis zur *Via Appia* zum Gebiet der Stadt *Aricia* (Ariccia). Seit uralter Zeit bestand hier ein Heiligtum der Göttin Diana. Berühmtheit erlangte der See vor allem durch die ›Schiffe von Nemi‹. Schon in der Renaissance war bekannt, daß zwei römische Schiffe auf dem Grunde des Sees lagen. Seit dem 15. Jahrhundert plante und versuchte man die Hebung der versunkenen Schiffe. Doch erst in unserem Jahrhundert gelang dieses Unternehmen, nachdem bereits Ende des 19. Jahrhunderts zahlreiche Gegenstände der Ausstattung durch Taucher hatten geborgen werden können.
Mit dem Einsatz von Elektropumpen wurde das Wasser durch ein restauriertes antikes Emissar abgelassen und der Wasserspiegel damit soweit gesenkt, daß man die Schiffe an Land ziehen konnte. Das erste wurde im Jahre 1929 geborgen, das zweite zwei Jahre später. Die beiden Schiffe, 67 und 71 m lang, sind breit und flach, wie bei Fluß- und See-Schiffen üblich. Doch waren sie keineswegs für Verkehr und Transport gebaut und benutzt worden, sondern waren als ›schwimmende Paläste‹ im See verankert. Die Inschrift auf einem Bleiwasserrohr von einem der Schiffe trägt den Namen des Kaisers Caligula als des Erbauers und Besitzers der Prachtschiffe. Die Schiffe wurden restauriert und in einem eigens dafür errichteten Museum aufbewahrt, dessen Zwillingsbau im Hintergrund der Luftaufnahme zu erkennen ist. Im 2. Weltkrieg verbrannten die Schiffe und wurden durch Modelle ersetzt.

Weiterführende Literaturhinweise:
G. Ucelli, Le Navi di Nemi, Roma 1950.
G. Moretti, C. Caprino, Il museo delle navi Romane di Nemi, Roma 1959.

▽ Lago di Nemi. Genzano (im Vordergrund) und Nemi (im Hintergrund) am Nemi-See

Campania
S. Maria di Capua Vetere / *Capua*

Das Amphitheater (1) von *Capua* stand dem römischen *Colosseum* in der Größe kaum nach. Die erhaltenen Reste stammen zwar von einem Bau, der in der Kaiserzeit, später als das *Colosseum,* entstanden ist, doch besaß *Capua* – vermutlich an derselben Stelle – schon viel früher eine monumentale Arena. Dieser wahrscheinlich hölzerne Vorgängerbau war das früheste als fester Bau errichtete Amphitheater überhaupt und diente als Vorbild für das erste steinerne Amphitheater, das in Pompeji erbaut wurde.

Traditionell waren die Gladiatorenspiele in Campanien besonders beliebt. Obwohl die Gladiatorenkämpfe sich aus frühen etruskischen Begräbnisriten entwickelt haben dürften, fanden sie doch ihre endgültige Form und die Gestaltung ihres Schauplatzes nicht im etruskischen Kernland, sondern in Campanien.

Die kaiserzeitliche Arena stammt wohl insgesamt aus hadrianischer Zeit, obwohl Hadrian in seiner Bauinschrift nur als derjenige erscheint, der das Amphitheater restauriert habe. In Wirklichkeit hat er den alten Bau völlig ersetzt. Unter Hadrians Nachfolger Antoninus Pius wurde der Bau fertiggestellt und eingeweiht.

Dieser riesige Schauplatz wurde natürlich nicht allein von den Einwohnern der Stadt besucht. Die Zuschauerränge konnten an die 50 000 Besucher fassen, die zum großen Teil aus dem weiteren Einzugsbereich, aus ganz Campanien, in die Hauptstadt strömten.

Capua galt als die älteste Stadt Italiens und soll im Jahre 800 vor Chr. von Etruskern gegründet worden sein, wie die römischen Historiker berichten. Die archäologischen Belege bezeugen, daß die Gegend sogar schon etwas früher besiedelt war und daß die damaligen Einwohner die einheimischen Osker waren, die auch in Pompeji die Urbevölkerung ausmachten. Später erst ließen sich die Etrusker hier nieder und machten *Capua* zur wichtigsten Stadt im Süden ihres Einflußbe-

▽ *Capua.* Amphitheater

reichs. Nach dem Vorbild des klassischen Zwölf-Städte-Bundes in Mittelitalien formierte sich auch im Süden ein ähnlicher politischer Zusammenschluß.
Die Gegend um *Capua* war außerordentlich fruchtbar; und *Capua* war wegen des Reichtums und des verschwenderischen Wohllebens seiner Einwohner berühmt. Intensive Handelsbeziehungen zu den Griechen bezeugen die zahlreichen korinthischen und attischen Vasen. Die enge kulturelle Bindung an Griechenland, gleichzeitig aber auch die eigenständige Produktivität, zeigen sich in der seit dem 4. Jahrhundert vor Chr. intensivierten einheimischen Vasenproduktion.
Die Samniten, ein mit der oskischen Urbevölkerung verwandter Stamm mit derselben Sprache, machten sich, von Osten aus den Bergen kommend, in der campanischen Ebene breit und nahmen schließlich 423 vor Chr. *Capua* ein. Die Osker, die Etrusker und die neu angekommenen Samniten verschmolzen zum Volk der Campaner. In der zweiten Hälfte des 4. Jahrhunderts vor Chr. fühlten sie sich von nachrückenden Samniten bedroht. Sie verbündeten sich mit Rom, das für die nächsten Jahrzehnte in Kriege gegen die vordrängenden Samniten verwickelt war. Aus der Frühzeit stammt ein nahe der Stadt gelegenes Heiligtum einer Muttergottheit, das viele Jahrhunderte hindurch bestand.
Gegen Ende des 3. Jahrhunderts trat das reiche *Capua,* Hauptstadt Campaniens und als wichtiges Zentrum mit Rom durch die *Via Appia* verbunden, in den Mittelpunkt des weltpolitischen Geschehens: im zweiten Punischen Krieg schlug Hannibal hier sein Lager auf. Nachdem er Campanien zum Teil erobert hatte, war *Capua* nämlich von Rom abgefallen und hatte sich auf die Seite der Karthager geschlagen. Die Römer eroberten im Jahre 211 vor Chr. *Capua* zurück und sicherten ihre Herrschaft dort, indem sie das Gebiet vereinnahmten, als römische Staatsdomäne verwalteten und den Städten das Recht der kommunalen Selbstverwaltung entzogen. Nach versuchter Gründung einer Kolonie im Jahre 83 vor Chr., wurde *Capua* erst 58 vor Chr. endgültig Kolonie mit römischem Bürgerrecht für die Einwohner. Reichtum und Bedeutung hatte *Capua* weitgehend verloren, das Land war durch jahrzehntelange Ausbeutung als Heeresquartier ausgelaugt. Im 9. Jahrhundert nach Chr. wurde der Fürstensitz von *Capua* verlegt, und der neue Ort erhielt den Namen der alten Metropole, während das antike *Capua* den Namen S. Maria di Capua Vetere bekam. Das im Stadtbild noch heute sichtbare rechtwinklige Straßensystem ist auf die übliche Anlage der römischen Kolonie zurückzuführen. Das Amphitheater liegt außerhalb der Begrenzung der Kolonie. Innerhalb des Stadtgebiets hat man die Reste des ebenfalls aus dem 2. Jahrhundert nach Chr. stammenden Theaters (2) gefunden, in der Nähe lagen offenbar Thermen (3), und nur wenig entfernt wurden die Reste eines Tempelpodiums entdeckt (4). Daß es sich bei diesem Tempel um das Capitolium gehandelt habe, ist wegen seiner peripheren Lage nicht wahrscheinlich. Ein weiteres bedeutendes Bauwerk aus der römischen Kaiserzeit ist das Heiligtum des Mithras, das zugleich als Versammlungsraum für die Anhänger seines Kults diente.
Rund um die Stadt haben sich Gräber gefunden, die sich auf die Nekropolen der verschiedenen Epochen der Stadt verteilen. Zwei monumentale römische Gräber an der *Via Appia* sind besonders interessant. Das eine (5), Carceri vecchie genannt, ist ein Rundgrab, das im Aufbau dem Mausoleum des Augustus in Rom (S. 187) ähnelt. Doch ist der Tambour hier mit Nischen und Halbsäulen architektonisch gegliedert. Das andere, weiter stadtauswärts gelegen, ist ein mehrstöckiges Turmgrab und wohl später entstanden. Die sog. Conocchia (6) hat die Architektur des Barock beeinflußt.

Weiterführende Literaturhinweise:
J. Beloch, Campanien, Breslau 1890.
J. Heurgon, Recherches sur l'histoire, la religion et la civilisation de Capua préromaine, 1942.
E. Kirsten, Süditalienkunde, Band 1 Campanien, Heidelberg 1975. AS. 551ff.

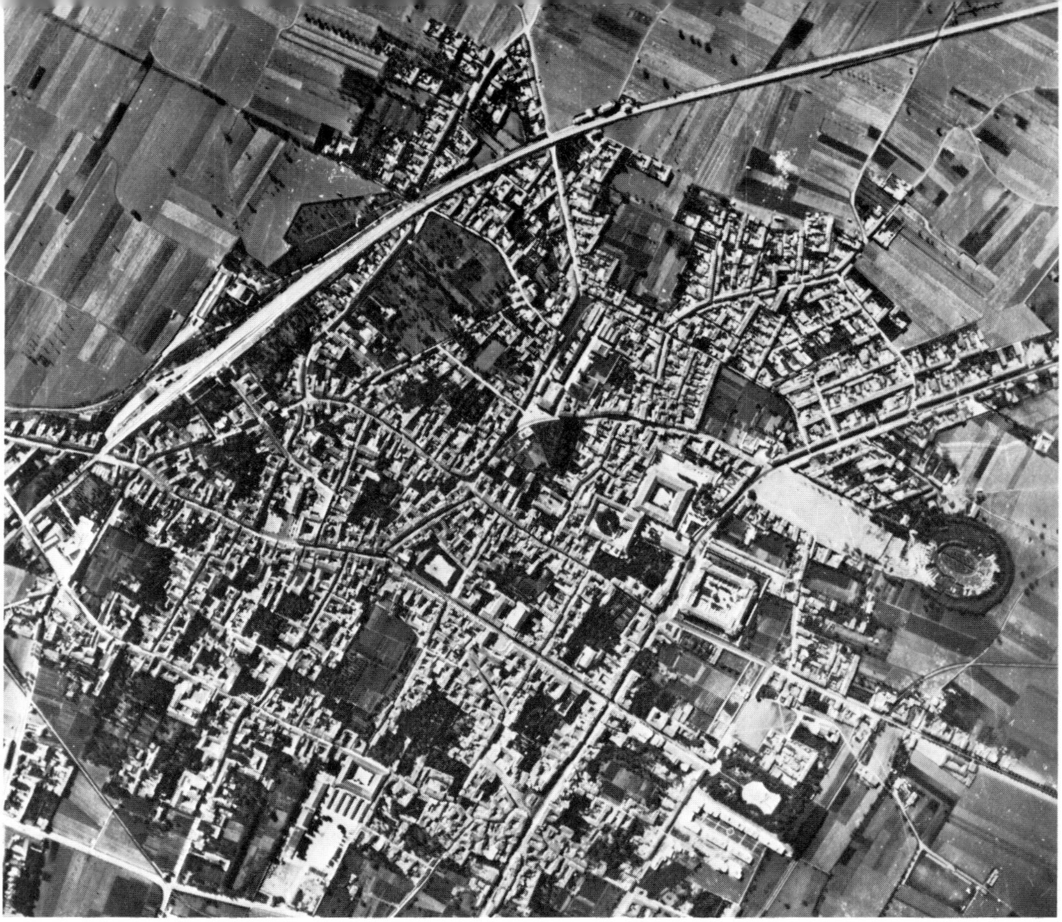

△ *Capua*

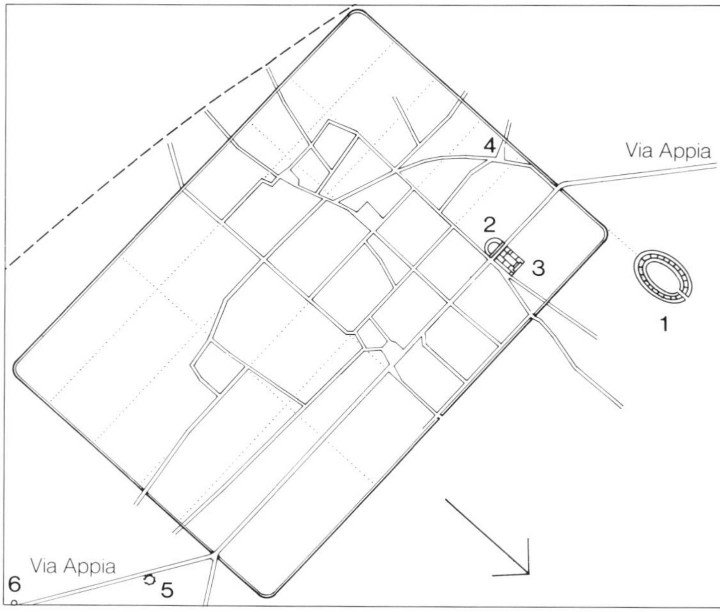

Capua
(nach Castagnoli)
1 Amphitheater
2 Theater
3 Thermen
4 Capitolium (?)
5 ›Carceri Vecchie‹
6 ›Conocchia‹

Capo Miseno / *Misenum* Pozzuoli / *Puteoli*

Die beiden antiken Küstenstädte *Misenum* und *Puteoli* lagen nahe beeinander an der dicht besiedelten Küste des Golfes von Pozzuoli, der nördlichen Bucht am Golf von Neapel. Geschichte und Entwicklung der beiden Hafenstädte verliefen teilweise parallel; vor allem aber ergänzten sie einander in der frühen Kaiserzeit, denn Augustus hatte *Misenum* zum Flottenstützpunkt der *Classis Misenensis* gemacht, womit Misenum zum wichtigsten Militärhafen an der Westküste Italiens wurde; *Puteoli* dagegen war der Handelshafen, über den der gesamte Handel mit den Ostprovinzen und östlichen Verbündeten des römischen Reiches abgewickelt wurde.

Das Kap am äußersten Ende vom Golf von Pozzuoli gehörte zum Gebiet der griechischen Stadt *Kyme* (lateinisch *Cumae*), der ältesten griechischen Kolonie auf dem italischen Festland.

Der Küstenverlauf unterhalb des Kaps von *Misenum* bot einen natürlichen Hafen, wie er günstiger kaum hätte sein können; auch die Griechen nutzten ihn schon. Völlig geschützt und vom Meer getrennt, liegt ein inneres Hafenbecken, das heute den Namen Mare Morto trägt. Davor, durch eine schmale Landverbindung getrennt, öffnet sich ein weiteres Becken zum Meer hin. Unter Augustus wurde dieser Hafen, der für

▽ Capo Miseno und Hafen

eine Flottenbasis ideale Bedingungen bot, in großem Stil ausgebaut. Aus dieser Epoche stammen auch die erhaltenen antiken Bauten des Hafens und der Stadt. Ein Kanal durchschnitt die schmale Landenge zwischen den beiden Becken. Eine Brücke über den Kanal bildete die Landverbindung. Das äußere Hafenbecken wurde dem Meer zu von zwei Molen geschützt; die äußere Mole maß 180 m und bestand aus zwei Reihen gegeneinander versetzter Pfeiler *(pilae)*, weiter innen lag eine kürzere einfache. Von beiden Molen sind noch Reste erhalten.

An der Südseite unterhalb des Kaps, wo heute der Ort Miseno liegt, entstand eine kleine Stadt. Reste des antiken Theaters und der Thermenanlage sind noch gut erhalten. Von den eigentlichen Hafenbauten dagegen ist nichts mehr sichtbar, wohl aber eine Einrichtung, von der Flotte und Hafen ganz wesentlich abhängig waren: die Zisterne, die heute den Namen Piscina Mirabile trägt. Sie liegt an der Nordseite der Hafenbecken in der Nähe des Ortes Bacoli. Aus dieser Zisterne wurde die Flotte mit Frischwasser versorgt. Ein unterirdischer Raum von 70 m × 25,5 m und 15 m Höhe ist durch Pfeiler unterteilt, welche Tonnengewölbe tragen.

Weitere Zisternen lagen in der Umgebung, doch sie erreichten nicht annähernd die Größe und Pracht der Piscina Mirabile.

Aus der antiken Literatur ist bekannt, daß bei *Misenum* zahlreiche Villen vornehmer Römer lagen. Von einer dieser Villen brach Plinius der Ältere, Kommandant der Flotte, beim Ausbruch des Vesuv im Jahre 79 nach Chr. auf, um den Bewohnern der bedrohten Städte zu Hilfe zu kommen. Er fand dabei den Tod.

Das spätere *Puteoli* war im 6. Jahrhundert vor Chr. von Griechen aus Samos gegründet worden, die vor der Willkür des Tyrannen Polykrates aus ihrer Heimat hatten fliehen müssen. Die Neugründung hieß *Dikaiarcheia,* lag wie *Misenum* im Gebiet von *Kyme* und war diesem eng verbunden. In den kriegerischen Auseinandersetzungen mit den Etruskern und Samniten und schließlich mit den Römern teilte sie das Schicksal von *Kyme.* Seit ihrem Sieg bei *Antium* besaßen die Römer die Kontrolle über Campanien. In *Dikaiarcheia* siedelten sie im Jahre 194 vor Chr. eine Kolonie an, die den Namen *Puteoli* trug.

Im Gegensatz zum benachbarten *Neapolis,* das seinen griechischen Charakter zu bewahren suchte, wurde *Puteoli* schon aufgrund der außerordentlichen Bedeutung, die dieser Hafen für Rom besaß, ganz eine Stadt der Römer, wenn auch mit dem internationalen Flair, das einer großen Hafenstadt eigen ist. Erst als unter Kaiser Claudius der Hafen von *Ostia* geplant und gebaut wurde (S. 203 ff.), verlor *Puteoli* seine Vorrangstellung, blieb aber weiterhin nicht nur für Campanien eine wichtige Hafenstadt. Auch der Ausbau des Hafens und der Stadt kam nicht etwa zum Stillstand, wie die Reste von Bauten beweisen, die in der mittleren Kaiserzeit entstanden oder umgebaut sind.

Aus der späteren Zeit stammen die Glasgefäße, auf denen die Gebäude der Stadt *Puteoli* in der Art einer Panoramakarte wiedergegeben sind. Vielleicht waren die Vasen Souvenirs, die Reisende aus Puteoli mitgenommen hatten.

Hafen und Stadtkern lagen an derselben Stelle wie der mittelalterliche und der moderne Ort. Die große Hafenmole baute man zu Beginn unseres Jahrhunderts über den Resten der augusteischen Mole. Diese war 372 m lang und 15 bis 16 m breit. Nach einer Beschädigung wurde sie unter dem Kaiser Antoninus Pius im Jahre 139 nach Chr. wiederhergestellt, wie eine Inschrift besagt. Wahrscheinlich stammt aus jener Zeit der Ehrenbogen am Ende der Mole, der auf der Vase von Odemira neben zwei statuentragenden Säulen und einem Leuchtturm dargestellt ist.

Ein wichtiges Gebäude am Hafen war das Macellum, der Marktbau. Auf dem Farbfoto sieht man einen kleinen Teil davon. Der Bau wurde fälschlich ›*Serapeum*‹ genannt, als man nach dem Fund einer Statue des Serapis bei den frühen Ausgrabungen glaubte, einen

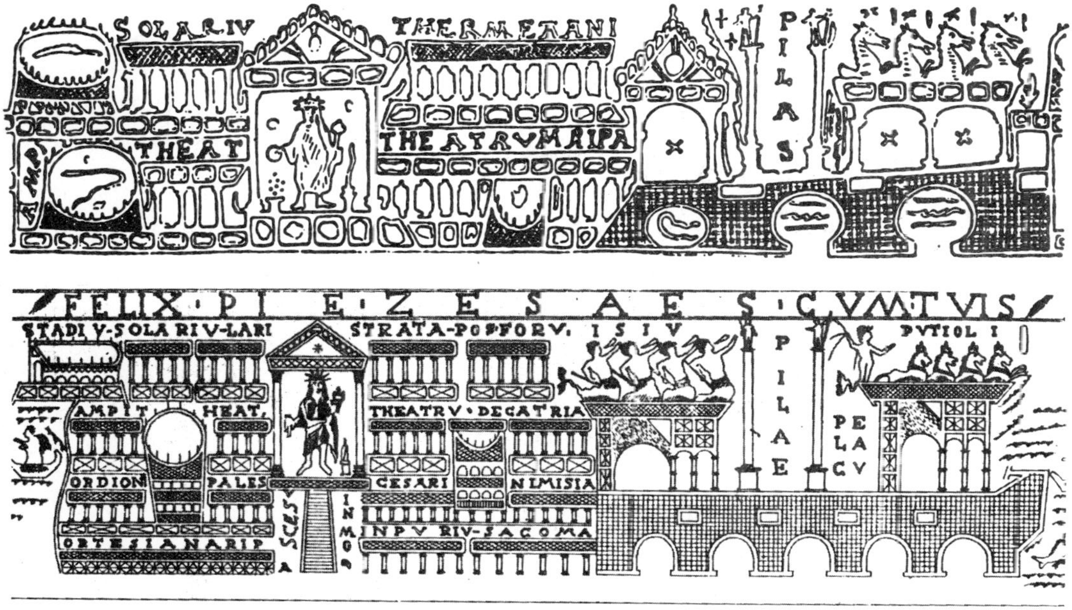

△ *Puteoli.* Vase von Odemira (oben)
Vase in Prag (unten)

Tempel dieses Gottes gefunden zu haben. Doch abgesehen davon, daß bei den Römern alle öffentlichen Gebäude, mochten sie auch noch so profanen Zwecken dienen, dem Schutze einer Gottheit unterstanden, ist das Auftauchen dieses griechisch-ägyptischen Gottes hier bezeichnend, da in den Hafenstädten fremde Kulte früh Eingang fanden und sich verbreiteten. Dieselbe Erscheinung ist auch in *Ostia* (S. 202f.) zu beobachten.
Das Macellum von *Puteoli* besaß einen ähnlichen Grundriß wie das von Pompeji (s. S. 283).
Der heutige Besucher erblickt den Bau unter Wasser, nur die Reste der kleinen und drei der vier großen Frontsäulen vor dem Kultraum ragen heraus. Seit der Antike hatte sich die Erdkruste beträchtlich gesenkt, so daß das ›*Serapeum*‹ unter Wasser stand. Die oberste Grenze des Wasserstandes zeigen die Bohrmuscheln an den großen Säulen. Dann, etwa seit dem 13. Jahrhundert, hob sich der Boden wieder, so daß im 18. Jahrhundert die Räume ausgegraben und untersucht werden konnten. Seit dem Beginn des 19. Jahrhunderts senkt sich der Boden wieder, die Ruinen versinken im Meerwasser, mit dem sich das Wasser der aus dem Boden aufsteigenden mineralhaltigen Quellen mischt.
Diese Erdbewegungen (Bradyseismos) haben natürlich die Untersuchung des Baus erheblich erschwert. Pozzuoli liegt in den Phlegräischen Feldern, den brennenden Feldern, wie schon die Griechen diese Gegend nannten. Vulkanische Erscheinungen, wie z. B. in der bekannten Solfatara, kennzeichnen die Gegend. Zahlreiche mineralhaltige Thermalquellen speisten schon in der Antike prächtige Badeanlagen. Die erhaltenen Thermenbauten im nahegelegenen *Baiae* sind eines unter vielen Beispielen.
Mitten im modernen Stadtgebiet von Pozzuoli liegt das große Amphitheater. Daß es nicht das einzige in der Stadt war, bezeugt nicht nur die Glasvase von Odemira: man hat in jüngerer Zeit auch von dem anderen gleichartigen Bau Reste gefunden. Der kleinere, ältere Bau stammt aus augusteischer Zeit. Offenbar reichte er dann für die Bedürfnisse der internationalen Hafenstadt nicht mehr aus. Der Neubau entstand in fla-

△ Pozzuoli. Amphitheater

vischer Zeit, also etwa gleichzeitig mit dem *Colosseum* in Rom. Er stand diesem in der Größe nur wenig nach und war nach ihm und dem Amphitheater in *Capua* das drittgrößte im antiken Italien.
Ursprünglich war das Amphitheater, wie das *Colosseum* in Rom, auch für die Aufführungen von Seeschlachten *(naumachiae)* eingerichtet. Dazu konnte die Arena unter Wasser gesetzt werden. Die Zuleitung für das Wasser hat sich noch gefunden. Später dann, ebenfalls ähnlich wie im *Colosseum*, wurde das aufgegeben, und man baute statt dessen unter der Arena Gänge, Räume und Hebevorrichtungen ein, die für die beliebten Tierhetzen die Voraussetzungen boten.
Dieser Teil des Baus ist am besten erhalten, denn er war verschüttet und konnte fast unversehrt ausgegraben werden. In zwei Stockwerken übereinander lagen um einen ovalen Gang die Räume, in denen die Bestien in Käfigen gehalten wurden, bis sie mit Aufzügen durch die noch sichtbaren Öffnungen im Boden in die Arena gelassen wurden. Der Boden selbst war während der Spiele natürlich mit Holzplanken abgedeckt; über den Löchern lagen bewegliche Bretter.

Weiterführende Literaturhinweise:
A. Maiuri, Die Altertümer der Phlegräischen Felder, Rom 1967.
J. H. D'Arms, Romans on the Bay of Naples, Cambridge Mass. 1970.
Ch. Thoenes, Neapel und Umgebung, Reclams Kunstführer VI, Stuttgart 1971, 441 ff.

Ercolano / *Herculaneum*

Unter den von der Katastrophe des Jahres 79 nach Chr. betroffenen Orten ist Pompeji (S. 277 ff.) der größte und berühmteste. Der kleine Ort *Herculaneum* tritt dahinter zurück, doch zu Unrecht. Zwar war *Herculaneum* – nach den bisher ausgegrabenen Gebäuden zu urteilen – keine bedeutende Handelsstadt wie Pompeji, auch konnte es bisher nur zu einem kleinen Teil ausgegraben werden – man schätzt das freigelegte Areal auf etwa ein Viertel des gesamten Stadtgebiets –, doch ist *Herculaneum* eine Stadt ganz eigenen Charakters und somit für die archäologische Forschung von speziellem Interesse, und das nicht nur als Ergänzung zu Pompeji.
Auch die Existenz von *Herculaneum* war mit dem Vesuvausbruch beendet, doch trafen seine Folgen die Stadt in anderer Weise, als sie Pompeji in Mitleidenschaft zogen. Während sich dort mindestens zweitausend Menschen vor dem Aschenregen nicht mehr hatten retten können und einen qualvollen Tod fanden, konnten die Herkulaner vor dem Unheil fliehen, denn der Nordwind, der den Aschen- und Bimssteinregen auf Pompeji zutrieb, verschonte den kleineren Ort. Der Strom aus Asche und Wasser, der sich auf die Stadt zuwälzte und sie schließlich unter sich begrub, ließ den Einwohnern nur die Flucht in die entgegengesetzte Richtung, so daß sie vor einer verhängnisvollen Verwirrung und Unklarheit über Herkunft und Grad der Bedrohung wie in Pompeji, vor der Unschlüssigkeit über den aussichtsreichsten Fluchtweg verschont blieben und sich rechtzeitig retten konnten.
Der Schlammstrom wirkte sich auch auf die Erhaltung der Bauten und ihres Inventars anders aus als der Aschenregen. Die Masse drang in jeden Hohlraum, der Strom ließ Wände einstürzen und riß Statuen mit sich fort. Das hohe Gewicht drückte Fußböden ein. Gleichzeitig aber bewirkte die erstarrende Masse fast völligen Luftabschluß, so daß auch leicht vergängliches Material wie Holz nicht vermoderte. Möbelstücke und andere Einrichtungsgegenstände wie Paravents wurden in *Herculaneum* gut erhalten aufgefunden, und sie erweitern unsere Kenntnis von der Einrichtung einer römischen Wohnung ganz beträchtlich.
Durch die Konsistenz des Verschüttungsmaterials waren auch die Ausgrabungen erheblich erschwert und mußten in ganz anderer Technik durchgeführt werden als in Pompeji. Da das Gebiet der antiken Stadt teilweise überbaut und die erstarrte Masse sehr fest war, trieb man in der frühen Phase der Ausgrabungen im 18. Jahrhundert Stollen ins Erdreich, um vor allem die zahlreichen Statuen zu bergen, die im Bereich des Theaters und der sog. Basilika (nordwestlich der modernen Ausgrabungen, 2), in großer Zahl gefunden wurden. Durch ausströmendes Gas waren die Ausgräber aufs höchste gefährdet und die Ausgrabungen behindert. Den modernen Bauten über der verschütteten Stadt aber drohte der Einsturz; die Besitzer stellten Schadenersatzansprüche. Das ohnehin schwierige und gefährliche Verfahren der ›unterirdischen Ausgrabung‹ verursachte also Probleme, die kaum zu bewältigen waren, denn für Ausgrabungen größeren Stils hätten die Behelfsmaßnahmen – Abstützung der modernen Häuser – kaum ausgereicht. So war es dann nicht weiter verwunderlich, daß nach Entdeckung Pompejis und dem Beginn der Ausgrabungen dort sich das Interesse hierauf konzentrierte und die Arbeiten in *Herculaneum* zunächst eingestellt wurden. Die jüngste und noch andauernde Phase der Ausgrabungen begann, nach langen Unterbrechungen, erst im Jahre 1927.
Die ursprüngliche Größe der Stadt und die meisten ihrer öffentlichen Bauten sind bisher unbekannt. Über die frühen Phasen ihrer Geschichte wurde noch kein Aufschluß gewonnen, doch dürfte die historische Ent-

△ Herculaneum

wicklung weitgehend parallel zu der Pompejis verlaufen sein. Die literarische Überlieferung, wie auch der Name, läßt ebenso auf griechischen Einfluß schließen oder sogar an eine griechische Neugründung denken, wie das regelmäßige Straßennetz, das – zumindest im bisher ausgegrabenen Teil, muß man einschränken – nach dem hippodamischen System angelegt ist. Vielleicht wurde es in *Herculaneum* nach dem Vorbild der nahen griechischen Großstadt *Neapolis* gestaltet.
Nach der endgültigen Unterwerfung der aufständischen Bundesgenossen durch Sulla behielt *Herculaneum* als Municipium seine kommunale Selbstverwaltung im römischen Staatsverbund bei. Anders als in Pompeji, gibt es für die Ansiedlung einer Veteranenkolonie keinen Hinweis.

Unter dem Erdbeben des Jahres 62 nach Chr. hatte *Herculaneum* genauso gelitten wie Pompeji. Eine Inschrift besagt, Kaiser Vespasian habe das Heiligtum der Göttin Kybele, der *Magna Mater,* wieder aufgebaut, welches *terrae motu conlapsum* (›durch das Erdbeben eingestürzt‹) war. Im Norden des ausgegrabenen Stadtgebiets liegen die in jüngster Zeit systematisch untersuchten Bauten, unter denen die sog. Basilika (2) zu den schon in den frühesten Phasen der Ausgrabungen entdeckten Gebäuden gehört. In der breiten Straße (1), die hier verläuft, ist vielleicht der Decumanus Maximus zu sehen. Ihr entlang erstreckt sich eine Säulenhalle. Löcher, in die Holzpfähle gesteckt werden konnten, zeigen noch, daß man diese Fußgängerzone mit Sonnensegeln für die Passanten schattig und angenehm machen konnte. Mit der Entdeckung dieser prächti-

◁ *Herculaneum*
(nach Kraus – v. Matt)
1 Decumanus Maximus
2 ›Basilika‹
3 Bogen
4 Zentrums-Thermen
5 Vorstadt-Thermen
6 Palästra
7 Casa d'Argo
8 Casa dell'Albergo
9 Casa dell'Atrio a mosaico
10 Casa dei Cervi
11 Casa del Rilievo di Telefo

gen Straße, an deren Westseite vor der Basilika (2) ein vierseitiger Bogen (3) *(tetrapylon, quadrifrons)* steht, sind die Grabungen jetzt sicher ganz nah am Stadtzentrum, am Forum, angelangt. Möglicherweise gehört schon der noch nicht ausgegrabene prächtige Bau der ›Basilika‹ zu den offiziellen Gebäuden der Stadt: Statuenfunde und Inschriften für Kaiserstatuen weisen darauf hin, ebenso wie der repräsentative Aufbau aus Pfeilern und Arkaden, der Grundriß mit Nischen und Apsis sowie die reiche Ausschmückung des Raumes durch Wandmalerei.
Gegenüber lag ein Versammlungsraum der Augustalen, der Priester des Kaiserkults, sowie ein weiteres öffentliches Gebäude, in dem Statuen von Mitgliedern der Familie der Balbi gefunden wurden, einer Familie, die zu den angesehensten der Stadt gehörte.
Es wurde auch erwogen, ob es sich bei dem breiten Decumanus selbst nicht möglicherweise um den Forumsplatz handeln könnte. In diesem Falle wäre dessen Anlage absolut ungewöhnlich, wie ein Blick auf das Forum von Pompeji (S. 282) zeigt. Doch ist es noch zu früh, diese Frage zu entscheiden. Neue Ausgrabungen werden sie lösen.
Das Grabungsareal umfaßt außer zwei Thermenanlagen (4, 5) und einer besonders großen, mit Nebenräumen und Wasserbecken aufwendig ausgestatteten Palästra (6) überwiegend Privathäuser. Im Süden liegen die prächtigen Häuser der Reichen; am Rand des Lavasporns, auf dem die Stadt errichtet ist, und auf der Stadtmauer, die mit der römischen Eroberung der Stadt ihre Funktion verloren hatte, nutzten sie den Seeblick.
Das Fehlen so ausgedehnter Ladenstraßen, wie sie in Pompeji vorkommen, wurde schon erwähnt. Die Häuser unterscheiden sich von

Herculaneum

den pompejanischen durch die häufige Ausstattung mit Marmor, oft dem prächtigen *opus sectile.* Auch im Aufbau der Häuser gab es Unterschiede. Im Gegensatz zu den nur selten zweistöckigen Häusern in Pompeji kommen in *Herculaneum* relativ häufig Zweifamilienhäuser vor, Bauten mit zwei Wohnungen gleichen Grundrisses übereinander. Ob die Architekten in *Herculaneum* aus Platznot zu dieser Lösung griffen oder ob die Nähe der Großstadt *Neapolis* als Vorbild den moderneren, wenngleich beengteren Wohnungsbau begünstigte, ist noch nicht zu entscheiden. Wahrscheinlich spielten beide Faktoren eine Rolle.

Weiterführende Literaturhinweise:

A. Maiuri, Ercolano – I nuovi scavi 1927–58, Roma 1958.

Th. Kraus, L. v. Matt, Lebendiges Pompeji. Pompeji und Herculaneum, Köln 1973.

M. Grant, Pompeji und Herculaneum, Untergang und Auferstehung der Städte am Vesuv, Berg. Gladbach 1978.

Pompei / *Pompeii*

Kaum eine andere Ausgrabung einer antiken Stadt fasziniert den Besucher so wie Pompeji, kaum eine andere auch vermittelt so ergiebige Informationen und gestattet so tiefen Einblick in das politische, wirtschaftliche und kulturelle Leben der römischen Antike wie Pompeji. Hier ist mit allen Gebäuden und allem Inventar eine ganze Stadt erhalten, die nach und nach ans Licht geholt wird.

Ohne warnende Vorzeichen, welche Vorsichtsmaßnahmen veranlaßt oder die vollständige Evakuierung der Bevölkerung erlaubt hätten, begrub ein Bimsstein- und Aschenregen beim Ausbruch des Vesuvs am 24. August 79 nach Chr. die Stadt. Unmittelbar anschließende Suchgrabungen überlebender Pompejaner oder skrupelloser Schatzgräber brachten nur wenig Erfolg, aber manchem Sucher den Tod. So blieb die Stadt erstarrt, ungestört bis zu ihrer zufälligen Wiederentdeckung im 18. Jahrhundert.

Mit dieser Katastrophe endete das Leben der Stadt Pompeji und ihr verdankt – so makaber das auch in diesem Zusammenhang klingen mag – die archäologische Forschung eine Vielzahl von Erkenntnissen, nicht nur über Pompeji selbst, sondern generell über Urbanistik und Verwaltung einer römischen Stadt, über Kunst und Freizeitgestaltung, über Gebräuche und Gegenstände im Privatleben der Römer.

Zur Zeit seines Untergangs blickte Pompeji auf viele Jahrhunderte wechselvoller Geschichte zurück. Seine Lage auf einem Lavarücken an der Küste mit fruchtbarem Hinterland bot günstige Voraussetzungen für eine Siedlung. Jüngere Ausgrabungen in der Umgebung von Pompeji lassen darauf schließen, daß in der Ebene schon seit dem 8. Jahrhundert vor Chr. Ansiedlungen bestanden, während sich auf dem Plateau selbst die einheimischen Osker erst später ansiedelten, da die hier vorhandenen Wassermengen ohne künstliche Versorgungseinrichtungen für eine menschliche Bewohnung nicht ausreichten. Später übernahmen Zisternen, Grundwasserbrunnen und noch später Wasserleitungen die Versorgung der wachsenden Stadt.

Die verkehrstechnisch günstige Lage am Knotenpunkt wichtiger Straßen von *Nola, Stabiae* und *Cumae* und an der Mündung des Sarno als weiterem Verkehrsweg begünstigte die Entstehung eines Marktes und schließlich einer Siedlung. Im 6. Jahrhundert stand Pompeji unter starkem kulturellen Einfluß der von Griechen bewohnten Küstenstädte. Aus dieser Zeit stammt die ›Neapolis‹ von Pompeji. Die gradlinig verlaufenden Straßenzüge der Neustadt unterscheiden sich deutlich von dem alten Stadtkern um das Forum (2) herum mit seinen teilweise gebogenen Gassen. Die neue großzügige Stadtanlage gründete sich auf umfassende vorausschauende Planung im Hinblick auf die weitere Entwicklung der Stadt, denn der systematisch eingeteilte Bereich umfaßte mehr als das unmittelbar anschließend bebaute Gebiet. Bis zum Untergang Pompejis gab es innerhalb des Stadtgebietes unbebaute, landwirtschaftlich genutzte Flächen (so die Insula nördlich des Amphitheaters). Damals wurde auch der dorische Tempel auf dem Foro Triangolare (Dreiecksforum, 1), erbaut, der zu späterer Zeit wiederhergestellt und umgebaut wurde.

Gegen Ende des 5. Jahrhunderts vor Chr. nahmen die Samniten, ein den einheimischen Oskern verwandter Stamm, Pompeji ein. Sie bildeten für die nächsten Jahrhunderte die Bevölkerung Pompejis und prägten den Charakter seiner Verwaltung, Architektur und Kunst. Die Befestigung der Stadt mit Mauern und Stadttoren geht auf diese Epoche zurück. Damals entstanden auch riesige Stadtpaläste, die oft eine ganze Insula einnahmen. In zähen kriegerischen Auseinandersetzungen (343–290 vor Chr.) gewann Rom schließlich die Oberhand. Im Bundes-

genossenkrieg wurde Pompeji dann von Sulla belagert, erobert und als Municipium dem römischen Staat endgültig einverleibt. Schließlich verlegte Sulla im Jahre 80 vor Chr. eine Anzahl seiner Veteranen hierhin, und die Stadt wurde damit *Colonia Cornelia Veneria Pompeianorum.* Im Namen ist der Familienname Sullas (Cornelius) und der seiner persönlichen Schutzgottheit (Venus) enthalten. Die Veteranen wohnten in einer eigens errichteten Vorstadtsiedlung. Da die Verteidigungsanlagen nun nutzlos geworden waren, entstanden auf den Stadtmauern prächtige Villen.

Im Jahre 62 nach Chr. wurde Pompeji von einer ersten Katastrophe heimgesucht. Ein Erdbeben erschütterte die Stadt und zerstörte zahlreiche Gebäude. Bis zum endgültigen Untergang Pompejis waren die Schäden noch längst nicht behoben. Die öffentlichen Gebäude, von denen das Funktionieren des Gemeinwesens abhing, mußten so schnell wie möglich wieder aufgebaut werden. Private Hausbesitzer mußten ihre Häuser restaurieren lassen; der Wohnraum, die bewohnbaren Häuser in der Stadt wurden knapp. Reiche Pompejaner verließen ihre zerstörten Häuser. Doch wurden keine städtebaulichen Konsequenzen aus der Katastrophe gezogen, man beschränkte sich auf die notwendigsten Maßnahmen der Wiederherstellung. Die in Pompeji häufigen und gut erhaltenen Graffiti (Ritzungen) und gemalten Inschriften an den Häuserwänden, die Wahlpropaganda und Reklame, aber auch persönliche Mitteilungen und Schülerkritzeleien enthalten, stammen zum größten Teil aus dieser letzten Epoche zwischen dem Erdbeben und dem Vesuvausbruch und vermitteln ein anschauliches Bild des Lebens in Pompeji.

Das Zentrum einer antiken Stadt bildete das Forum (2). So war auch in Pompeji das Forum Mittelpunkt des öffentlichen Lebens, auch wenn es nicht in der Stadtmitte lag. Seine Randlage ist darauf zurückzuführen,

◁ Pompeji. Blick von Norden

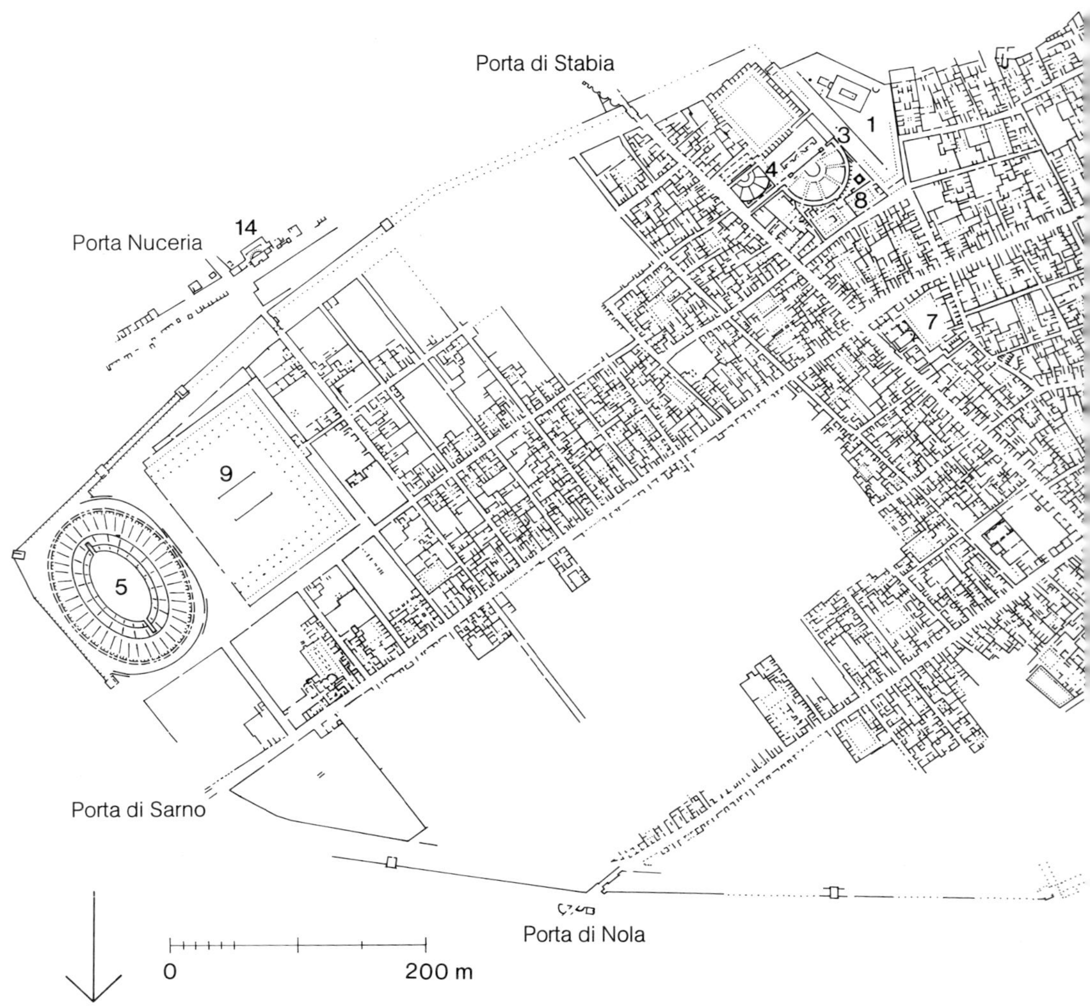

Pompeji (nach Eschebach)

1 Foro Triangolare und dorischer Tempel
2 Forum
3 Theater
4 Odeion
5 Amphitheater
6 Forumsthermen
7 Stabianer Thermen
8 ›samnitische‹ Palästra
9 ›römische‹ Palästra
10 ›Villa des Cicero‹
11 ›Villa des Diomedes‹
12 Mysterienvilla
13, 14 Nekropolen
15 *Tabernae*

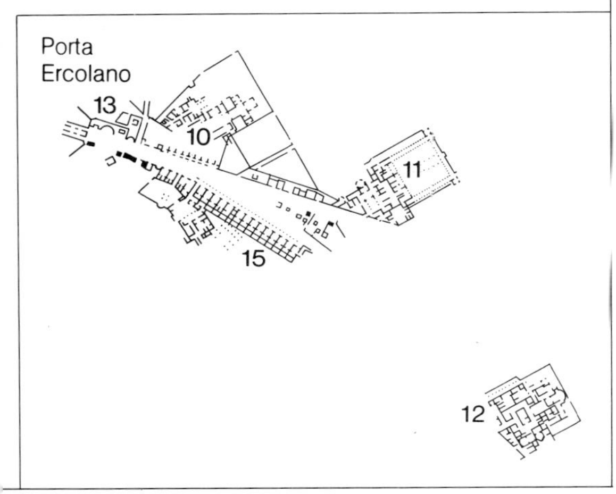

daß das Forum, die Stelle des alten oskischen Marktplatzes, auch nach der Neuanlage der Stadt beibehalten wurde. Das Forum war ursprünglich kleiner gewesen, hatte auch noch nicht die heute sichtbare regelmäßige Form und befand sich noch zur Zeit des Vesuvausbruchs in einer Phase der Umgestaltung, deren Konzept auf einen Entwurf aus julisch-claudischer Zeit zurückging, das einzige städtebauliche Projekt der Kaiserzeit in Pompeji. Doch waren zu dem Zeitpunkt des Unglücks die Regulierung und Neugestaltung des Platzes noch nicht abgeschlossen: mehr noch, auch die Schäden des Erdbebens im Jahre 62 nach Chr., die hier ganz erhebliches Ausmaß hatten, waren noch nicht ganz beseitigt. Kaum ein Gebäude am Forum, dem nicht wenigstens die letzte Feinheit der Ausstattung noch gefehlt hätte.

Das Forum war religiöses, politisches und wirtschaftliches Zentrum der Stadt. Hier standen die Tempel der Staatsgottheiten und Stadtkulte. Hier lagen die Amtsräume der städtischen Verwaltung. Und hier befanden sich Marktgebäude und Läden. Der Platz war eine reine Fußgängerzone, die auf ihn zuführenden Straßen enden außerhalb des ihn umgebenden Portikus. Auf dem weiten Platz selbst, auf dem an Festtagen Veranstaltungen stattfanden, standen Ehrenstatuen und Reiterstandbilder von Mitgliedern des Kaiserhauses und verdienten Bürgern der Stadt. Erhalten sind nur ihre Sockel und Inschriften.

Die Gebäude am Forum dienten also der städtischen Verwaltung, dem Kult und dem wirtschaftlichen Verkehr. An der südlichen Schmalseite stehen drei kleine, einander recht ähnliche Gebäude (F 1–3), welche die Stadtverwaltung, die Amtsgebäude und Versammlungsräume der wichtigsten Beamten der Stadt, und das Stadtarchiv beherbergten. Sie waren nach der Zerstörung durch das Erdbeben besonders rasch wieder hergerichtet worden. Zu den politisch oder verwaltungstechnisch bedeutenden Gebäuden gehörte auch das Comitium (F 4), das Wahllokal. Eine über Treppen zugängliche

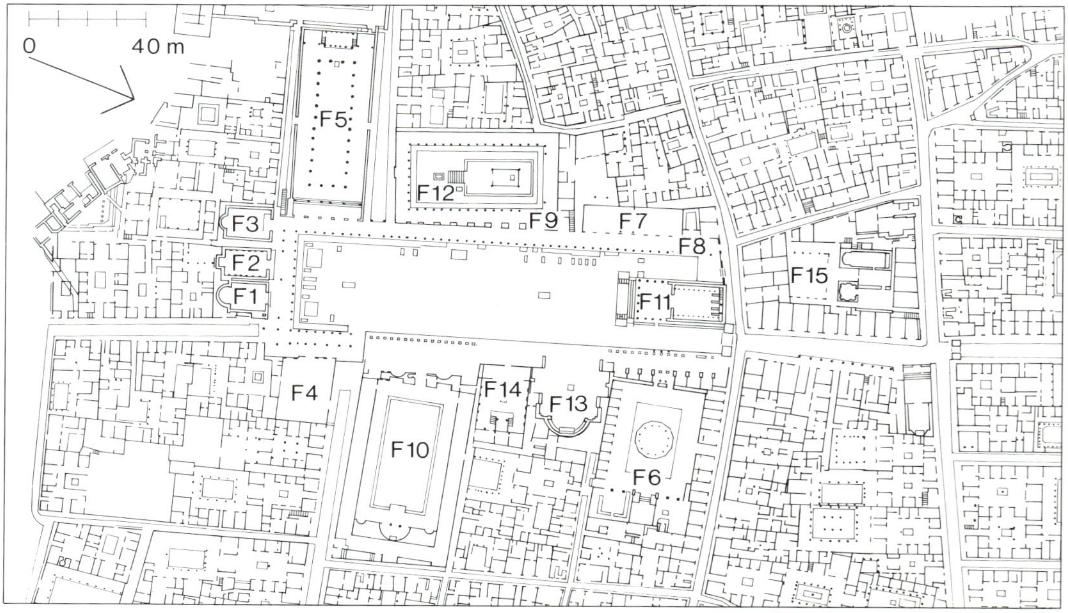
0
40 m
F5
F12
F3
F9
F7
F8
F2
F1
F11
F15
F4
F14
F13
F10
F6

Tribüne an der südlichen Seite des Raumes war für das Wahlkomitee der alle fünf Jahre stattfindenden Wahlen bestimmt. Die gegenüberliegende Basilika (F 5), eines der frühesten Beispiele ihrer Art, stammt aus der zweiten Hälfte des 2. Jahrhunderts vor Chr. und ist damit gleichzeitig mit dem zweistökkigen Tuffportikus entstanden, der seit der frühen Kaiserzeit durch die neue Halle aus Travertinsäulen nach und nach ersetzt wurde.

Inschriften, Graffiti, Amphorenstempel, erhaltene Abrechnungen und andere Quellen erlauben einen Einblick in die wirtschaftliche Struktur der Stadt. Wein- und Ölanbau waren bedeutende Erwerbszweige in Pompeji; die Herstellung von Stoffen machte einen guten Teil ihres Reichtums aus. Ein wichtiger Exportartikel war das *garum*, eine würzige Fischsoße, die zu vielen römischen Rezepten als unerläßlicher Bestandteil gehörte; und das *garum* aus Pompeji war als besonders qualitätvoll bekannt.

An der Nordseite des Forums steht das Macellum (F 6), der eigentliche Marktbau. Charakteristisch ist das Zwölfeck in der Mitte des Platzes; hier fand wohl der Fischverkauf statt. Eine ganz ähnliche Anlage ist in *Puteoli* (S. 207f.) erhalten. Kleine abgeteilte Räume innen wie außen dienten als *tabernae* (Läden). Der langgestreckte einfache Bau dem Macellum gegenüber (F 7) wurde ebenfalls als Markthalle – wohl zum Verkauf von Hülsenfrüchten – benutzt. An ihn schließen sich nördlich eine Latrine (F 8) und weiter südlich, in praktischer Nähe zum Marktgebäude, die *mensa ponderaria* (F 9) an, ein Kalksteintisch mit den Markierungen der gültigen Hohlmaße. Auf der gegenüberliegenden Seite des Forums steht der größte Bau des Zentrums (F 10), auch er diente mit aller Wahrscheinlichkeit wirtschaftlichen Zwecken. Es handelt sich um das Gebäude, welches die Venus-Priesterin Eumachia in ihrem und ihres Sohnes Namen gebaut und der *Concordia Augusta* (dargestellt mit den Gesichtszügen der Livia, der Frau des Augustus und Mutter des Tiberius) und der *Pietas* geweiht hatte. Eumachia stammt aus einer Familie vermutlich griechischer Herkunft, die im Weinanbau und in der Amphorenproduktion engagiert war. Später, als Witwe, betätigte sich Eumachia in der Wollindustrie. Für die Zunft der *fullones* (Walker), die Hersteller von Wollstoffen, stand das Gebäude als ›Gildehaus‹ zur Verfügung.

Zu diesen Verwaltungs- und Handelsgebäuden am Forum gesellen sich mehrere wichtige Bauten religiösen Charakters. Der Tempel des Jupiter (F 11) beherrscht durch seine Lage den Platz. Er entstand in der zweiten Hälfte des 2. Jahrhunderts vor Chr. Zunächst wurde hier Jupiter allein verehrt, später die Kapitolinische Trias, Jupiter, Juno und Minerva.

Der Apollontempel (F 12) grenzt mit seiner Längsseite ans Forum, und der divergierende Verlauf seiner Umfassungsmauer und der äußeren Säulenreihe macht deutlich, daß er bereits vor der Systematisierung des Forums angelegt wurde. Er stammt aus dem 2. Jahrhundert vor Chr. Funde von griechischer und etruskischer Keramik aber beweisen, daß an dieser Stelle schon viel früher ein bedeutendes Apollon-Heiligtum bestanden haben muß.

Die weiteren kultischen Gebäude am Forum entstammen einer wesentlich späteren Epoche. Das Laren-Heiligtum (F 13) entstand in neronischer Zeit oder wurde überhaupt erst nach dem Erdbeben errichtet. Es diente dem Kult der volkstümlichen Schutzgottheiten der Stadt.

Daneben liegt in einem offenen Areal der Tempel des Vespasian (F 14). Seit der Zeit des Augustus wurde den Kaisern göttliche

◁△ Pompeji. Forum

◁ Pompeji. Forum (nach Eschebach und Kraus)

F 1–3 Verwaltungsgebäude	F 9 *Mensa ponderaria*
F 4 Comitium	F 10 Eumachia-Bau
F 5 Basilika	F 11 Jupitertempel
F 6 Macellum	F 12 Apollontempel
F 7 Marktbau	F 13 Laren-Heiligtum
F 8 Latrine	F 14 Vespasiantempel
	F 15 Forumsthermen

Verehrung zuteil. Im Hof steht vor der Treppe zum eigentlichen Tempel ein Altar.
Neben den Bauten am Forum hat man in Pompeji eine Anzahl weiterer großer öffentlicher Gebäude ausgegraben. Außer den Tempeln waren dies vor allem die Bauten für sportliche Betätigung, Badeanlagen und Theatergebäude.
Lange vor dem ersten steinernen Theaterbau in Rom (S. 160ff.), noch im 2. Jahrhundert vor Chr., entstand in Pompeji ein Theater (3), welches seine enge Verwandtschaft zum griechischen Typus in der Hanglage und vor allem mit dem hufeisenförmigen Zuschauerraum, Cavea, beweist. Die wichtigste Restaurierung des Theaters fand in der frühen Kaiserzeit durch Marcus Holconius Rufus, Mitglied einer bedeutenden pompejanischen Familie, und seinen Bruder Celer statt. Schließlich bot das Theater 5000 Zuschauern Platz, wurde aber während des Erdbebens stark zerstört, und der oberste Rang des Zuschauerraums *(summa cavea)* wurde bis zum Vesuvausbruch nicht wiederhergestellt.
Kurz nach der Koloniegründung wurde unter der Ägide der auch für den Bau des Amphitheaters verantwortlichen Beamten neben dem großen Theater ein wesentlich kleinerer ähnlicher Bau errichtet, das *theatrum tectum* (4). Der überdachte Bau diente als Odeion für musikalische und andere Aufführungen vor einem kleineren Zuschauerkreis (ca. 1500 Plätze).
Am äußersten westlichen Ende der Stadt liegt das Amphitheater (5), teilweise an die Stadtmauer gelehnt. Es handelt sich bei dem Amphitheater von Pompeji um das älteste erhaltene Bauwerk seiner Art. Caius Quinctius Valgus und Marcus Porcius hatten es kurz nach der Koloniegründung errichten lassen. Auffallend an dem Bau sind die an einem äußeren Mauerring auf eigenen Rampen ansteigenden zweiläufigen Treppen. Diese Eigentümlichkeit, die dem zu Fuß sich nähernden Besucher eher als ungewöhnliches und charakteristisches Merkmal auffällt als dem Betrachter der Luftaufnahme, ist in der antiken ›Luftaufnahme‹ überdimensional wiedergegeben. Der Künstler des Wandgemäldes hat dieses Detail als wichtig und bezeichnend hervorgehoben, denn er legte offenbar Wert darauf, daß gerade das Amphitheater von Pompeji in dem Bau erkannt werden sollte. Das Ereignis, das er schildert, hat nämlich tatsächlich hier stattgefunden. Der Kampf in der Arena ist nicht der übliche Zweikampf der Gladiatoren. Bei einer Veranstaltung im Jahre 59 nach Chr., zu der auch Besucher aus der Umgebung angereist waren, kam es zu einem Streit zwischen Pompejanern und Leuten aus *Nuceria* (Nocera [Tacitus, *Annales* 14, 17]). Dabei war eine alte Zwietracht erneut entflammt. Vielleicht wurde sie nur durch einen Gladiatorenkampf wieder angefacht, der die Zuschauer stets zu heftiger Parteinahme herausforderte. Während des Bundesgenossenkrieges, nun 150 Jahre her, hatten die Bürger von *Nuceria* Rom zur Seite gestanden. Möglicherweise kann man in diesem Streit noch einen Beleg für die italische, ›antirömische‹ Tradition der Pompejaner sehen. Jedenfalls verbot der damalige Kaiser Nero nach diesem blutigen Zwischenfall die Aufführungen im Amphitheater für die folgenden zehn Jahre. Das Verbot scheint übrigens nicht lange eingehalten worden zu sein. Literarische und andere Quellen lassen darauf schließen, daß das Amphitheater schon bald wieder in Betrieb genommen wurde, und das sogar mit allerhöchster Genehmigung oder wenigstens Duldung. Die besondere Nachsicht des Kaisers läßt sich wohl darauf zurückführen, daß seine zweite Frau, Poppaea Sabina, wahrscheinlich aus Pompeji stammte, jedenfalls hatte sie dort Ländereien geerbt.
Die Thermen nördlich des Forums (6; F 15) waren die einzigen in der Stadt, die nach dem Erdbeben schon wieder soweit hergerichtet waren, daß sie in Betrieb genommen werden konnten. Größer als die Forumsthermen sind

▷ Pompeji. Amphitheater. Foto (unten)
Wandgemälde im Museo Nazionale in Neapel (oben)

die sog. Stabianer Thermen (7). Diese stammen noch aus dem 2. Jahrhundert vor Chr. und wurden in der ersten Hälfte des 1. Jahrhunderts vor Chr. umgebaut und modernisiert.

Der sportlichen Betätigung dienten die Palästren, welche oft den Thermen angeschlossen waren. Zwei unabhängige Sportanlagen dieser Art sind in Pompeji erhalten. Die ältere ›samnitische‹ Palästra (8) am Theater bestand nur aus einem kleinen säulenumstandenen Hof. In der frühen Kaiserzeit wurde dann beim Amphitheater die wesentlich größere ›römische‹ Palästra (9) erbaut, deren aus Ziegelmauerwerk errichtete Säulen noch in wenigen Resten erhalten sind.

Römische Wohnarchitektur und Wohnkultur sind aus keiner anderen Quelle so gut bekannt und nirgends so unmittelbar und eindrucksvoll dokumentiert wie in den Ausgrabungen der Vesuvstädte. Das regelmäßige Straßennetz teilt die Wohnquartiere in Insulae, Wohnblocks. Innerhalb dieser sichtbar gewandelten Formen zeigt sich in Pompeji auch der eigentümliche Charakter seiner Wohnarchitektur, etwa im Vergleich zu anderen Städten, so *Herculaneum* (S. 273ff.). Typisch für Pompeji ist das enge Nebeneinander der prächtigen Häuser der Reichen und der kleinen engen Wohnungen der Ärmeren. Die Häuser der wohlhabenden Pompejaner, der alteingesessenen Familien, waren Einfamilienhäuser. Der übliche Typus des Wohnhauses bestand aus zwei Trakten. Der dem Eingang zu gelegene Trakt folgt in der Anordnung der Räume mehr oder weniger der Tradition des genuin italischen Hauses. Der zentrale Raum war das Atrium, in dessen Mitte ein Wasserbecken, das Impluvium, unbedeckt blieb und das Regenwasser auffing. Um diesen mittleren Raum gruppierten sich Wohn- und Schlafzimmer. Dem Eingang gegenüber lag der wichtigste Raum dieses Teils, das Tablinum, ein repräsentativer Wohnraum, in dem der Hausherr seine Besucher und Klienten empfing. Diesem halböffentlichen Teil des Hauses schloß sich der private Trakt an. Seine Räume gruppierten sich um den Garten, einen offenen, säulenumstandenen Hof (Peristyl). Diese Anlage hat ihre Vorläufer im griechisch-hellenistischen Hausbau. Der wichtigste Raum des hinteren Traktes war das Triclinium, das Eßzimmer. Die Wohnräume waren ebenfalls meist reich verziert. Vor allem die farbigen Wandmalereien sind in großer Zahl erhalten. Da aus Rom und aus anderen Städten des römischen Reiches die Ausbeute um vieles geringer ist, hat die so glänzend erhaltene pompejanische Wandmalerei ihren ganz besonderen Wert. Hier konnte die archäologische Forschung eine Chronologie der römischen Wandmalerei erstellen, die natürlich nur bis zum Zeitpunkt des Vesuvausbruchs reichen kann.

Große, aufwendig gebaute und im Laufe vieler Jahrzehnte immer wieder renovierte und mit neuen Wandmalereien ausgestattete Villen lagen außerhalb der Stadtmauer. Zu ihnen gehören nahe der Nekropole an der Straße nach *Herculaneum* die sog. Villa des Cicero (10), von dem man weiß, daß er auch bei Pompeji einen Landsitz besaß, und die ›Villa des Diomedes‹ (11). Die berühmteste der großen Villen, die Mysterienvilla (12), erhielt ihren Namen nach den Darstellungen auf einem gemalten Fries.

Wenige Gräber innerhalb des Stadtgebietes stammen aus der Zeit vor der griechischen Neuanlage und befanden sich damals außerhalb des Wohnbezirks. Die jüngeren Friedhöfe Pompejis liegen vor den Stadttoren entlang der Ausfallstraßen. Die beiden Nekropolen vor der Porta Ercolano und der Porta Nocera (13, 14) sind die größten und bisher am besten erforschten.

Weiterführende Literaturhinweise:

Th. Kraus – L. v. Matt, Lebendiges Pompeji, Pompeji und Herculaneum, Köln 1973.

R. Etienne, Pompeji, Das Leben in einer antiken Stadt, Stuttgart 1974.

E. La Rocca, M. und A. V. de Vos, F. Coarelli (Hrsg.), Guida archeologica di Pompei, Roma 1976.

M. Grant, Pompeji und Herculaneum, Untergang und Auferstehung der Städte am Vesuv, Berg.Gladbach 1978.

Südregionen

Benevento / *Beneventum*

Benevent war eines der Zentren Samniums, des von dem Volksstamm der Samniten beherrschten Gebiets, die erst nach langwierigen zähen Kämpfen von den Römern besiegt wurden. Die Stadt hieß ursprünglich *Maleventum.* Da dieser Name wie ›schlecht Kommen, schlechte Ankunft‹ klang (obwohl er etymologisch wohl anders abzuleiten ist) und als böses Vorzeichen interpretiert wurde, änderte man im 3. Jahrhundert vor Chr. den Namen in *Beneventum.* In der römischen Epoche erlebte *Beneventum* seine Blütezeit unter Kaiser Trajan, der die Straße nach Brindisi (s. S. 192) ausbauen ließ. Daran erinnert der berühmte Ehrenbogen für Trajan.

Wie aus Inschriften und literarischen Quellen bekannt, wurden unter Hadrian im Jahr 126 nach Chr. Thermen und das Theater erbaut, das unter Septimius Severus und Caracalla 197 nach Chr. erweitert wurde und 10000 Zuschauer faßte. Das Bühnengebäude hatte einen mehrstöckigen Aufbau. Die flachen Stufen unterhalb der Sitzreihen der Cavea dienten zur Aufstellung von Sesseln und Tragsesseln für die Honoratioren der Stadt. Gut zu erkennen sind auch die Zugänge zu den oberen Sitzreihen.

Weiterführende Literaturhinweise:
E. Kirsten, Süditalien-Kunde, Bd. I Campanien, 1975.

▽ Benevento. Theater

Lecce / *Lupiae*

Im Zuge der großen Völkerwanderung an der Wende vom 2. zum 1. vorchristlichen Jahrhundert gelangten die Messerpier, ein illyrischer Volksstamm, in das Gebiet der antiken Region *Calabria.* Eine ihrer Gründungen war die in römischer Zeit *Lupiae* genannte Stadt, 40 km von *Brundisium* (Brindisi) entfernt an der späteren *Via Traiana* (s. S. 192). *Lupiae* wurde nach der Einnahme von Brindisi im Jahre 267 vor Chr. römische Kolonie.

Die wichtigsten ausgegrabenen Gebäude stammen aus dem 1./2. Jahrhundert nach Chr. Es handelt sich vor allem um das zwischen 1904 und 1938 ausgegrabene Amphitheater mitten in der Stadt, das zu etwa einem Drittel sichtbar ist.
Der skulpierte Schmuck des Amphitheaters wurde, wie jüngere Forschungen ergeben haben, wohl von griechischen Bauhandwerkern hergestellt. Reliefs im Inneren der Arena unterhalb der ersten Reihe von Zuschauersitzen zeigen Szenen von Tierhetzen.

Weiterführende Literaturhinweise:
L. Martines, L'Anfiteatro di Lecce, Galatina 1957.
M. Bernardini, Lupiae, Lecce St. Galentini V–VI, 1959.
P. Pensabene, Un' officina greca per gli elementi decorativi architettonici dell' anfiteatro di Lecce, in: Ric. St. Brindisi 6, 1972, 9ff.

▽ Lecce. Amphitheater

Die römischen Kaiser

Die legendären Könige

8.–6. Jahrhundert vor Chr.	Romulus
	Numa Pompilius
	Tullus Hostilius
	Ancus Marcius
	Tarquinius Priscus
	Servius Tullius
	Tarquinius Superbus

Die römischen Kaiser

Augustus	27 v. Chr – 14 n. Chr.
Tiberius	14–37
Caligula	37–41
Claudius	41–54
Nero	54–68
Galba	68–69
Otho	69
Vitellius	69
Vespasian	69–79
Titus	79–81
Domitian	81–96
Nerva	96–98
Trajan	98–117
Hadrian	117–138
Antoninus Pius	138–161
Mark Aurel	161–180
Lucius Verus	161–169
Commodus	177–192
Pertinax	193
Didius Julianus	193
Septimius Severus	193–211
Caracalla	198–217
Geta	209–212
Macrinus	217–218
Elagabal	218–222
Severus Alexander	222–235
Maximinus Thrax	235–238
Gordian I.	238
Gordian II.	238
Balbinus	238
Pupienus	238
Gordian III.	238–244
Philippus Arabs	244–249
Philippus II.	247–249
Decius	249–251
Trebonianus Gallus	251–253
Volusianus	251–253
Aemilianus	253
Valerianus	253–260
Gallienus	253–268
Claudius Gothicus	268–270
Quintillus	270
Aurelian	270–275
Claudius Tacitus	275–276
Florianus	276
Aurelius Probus	276–282
Carus	282–283
Carinus	283–285
Numerian	283–284
Diokletian	284–305
Maximianus Herculius	286–305
Galerius	305–311
Constantius Chlorus	305–306
Flavius Severus	305–307
Maximinus Daia	307–308
Licinius	307–324
Maxentius	307–312
Konstantin I.	306–337
Konstantin II.	337–340
Constans	337–350
Constantius II.	337–361
Julian Apostata	360–363
Jovianus	363–364
Valentinian I.	364–375
Valens	364–378
Gratian	367–383
Valentinian II.	375–392
Theodosius I.	379–395
Teilung des römischen Reiches	383
Untergang des Weströmischen Reiches	476

Glossar

Aedil (lat. aedilis)	röm. Beamter, zuständig für Getreideversorgung und die Ausrichtung von Spielen; außerdem polizeiliche Befugnisse 1)
Aerarium (lat.)	Staatsschatz, Schatz einer Gemeinde oder eines Heiligtums; auch Aufbewahrungsort des Schatzes
Ala, pl. Alae (lat.)	›Flügel‹, offene Räume beiderseits der → Cella eines Tempels
Apodyterium (lat.)	Umkleideraum in röm. → Thermen
Apsis (gr.)	halbkreisförmige, mit einer Halbkuppel überwölbte Nische
Atrium	zentraler offener Raum im röm. Haus
Attika	glattes Geschoß über dem Gesims eines Gebäudes; trägt oft Inschrift
Augustale (lat.)	Priester des röm. Kaiserkults
Balneaticum (lat.)	Empfangsraum in röm. → Thermen
Basilika (lat. basilica)	1. Halle für Gericht, Handel und Geldverkehr an röm. Forum, 2. zentraler Raum röm. Kaiserthermen; → Frigidarium
Bilingue (lat.)	Dokument (Inschrift o. ä.), das denselben Text in zwei verschiedenen Sprachen wiedergibt
Bouleuterion (gr.)	Rathaus der griech. Stadt
Caldarium (lat.)	Heißwasserbad in röm. → Thermen
Capitolium, pl. Capitolia (lat.)	eine der Kuppen des Kapitol. Hügels; trug den Tempel des Kapitol. Jupiter, der Juno und Minerva; nach seinem Vorbild in allen röm. → Kolonien Tempel des Staatskults
Carceres, sg. carcer (lat.)	Startboxen im röm. Circus
Cardo, pl. Cardines (lat.)	Der C. Maximus ist die in N-S-Richtung verlaufende Hauptstraße der etrusk.-röm. Stadt; ihm parallel die anderen Cardines (C. minores); vgl. → Decumanus

1) weitere Beamten der Ämterlaufbahn (cursus honorum) Konsul – Prätor – Quaestor.

Castrum, pl. Castra (lat.)	röm. Militärlager
Cavea (lat.)	Zuschauerränge des antiken Theaters; summa c. oberster Rang
Cella (lat.)	zentraler Kultraum des antiken Tempels
Censor (lat.)	röm. Beamter, meist ehem. Konsul; zuständig für Steuerschätzung und Verwendung der öffentlichen Gelder
Colonia latina, Colonia romana	→ Kolonie
Columbarium (lat.)	›Taubenschlag‹; röm. Gemeinschaftsgrab mit Nischen für Aschenurnen
Comitium (lat.)	röm. Volksversammlung; Platz oder Gebäude, an dem Versammlungen und Wahlen stattfinden
Curia (lat.)	röm. Rathaus, Sitz des Senats
Decumanus, -i (lat.)	Decumanus Maximus ist die W-O-Richtung verlaufende Hauptstraße der etrusk.-röm. Stadt; schneidet im Stadtzentrum den → Cardo Maximus; parallel zum Decumanus Maximus die anderen Decumani
Domus (lat.)	›Haus‹, röm. Stadthaus
Emissar	in Tunnel geführter Kanal zum Ausgleich des Wasserstands in Binnengewässern oder Lagunen
Exedra (gr.-lat.)	große halbrunde Nische, oft in Foren und → Thermen; daher auch: Versammlungsraum
Frigidarium (lat.)	Kaltwasserbad in röm. → Thermen; in den Kaiserthermen deren größter geschlossener Raum (›Basilika‹)
Gymnasium (gr.-lat.)	Sportanlage; vgl. → Palästra
Heroon (gr.)	Kultstätte eines Heroen (Held, Halbgott), oft dessen Grab
Horrea (lat.) (Sing.: horreum)	röm. Lagerhäuser

Hypokaustenheizung	Fußbodenheizung, bei der Heißluft aus einem Heizraum in den Hohlraum unter den von Ziegelstützen *(suspensurae)* getragenen Boden geleitet wird; seit dem 1. Jh. vor Chr.; später ergänzt durch Wand- und Deckenheizung, bei der die Heißluft durch Ziegelröhren streicht
Impluvium (lat.)	Wasserbecken zum Auffangen des Regenwassers im → Atrium
Insula (lat.)	Wohnblock
Joch	Säulenabstand, von Säulenachse zu Säulenachse gemessen
Kanneluren	Längsrillen am Säulenschaft
Katakombe (lat. catacumba)	unterirdischer Begräbnisplatz
Kline (gr.)	Ruhebett, Speisesofa
Kolonie	griech. Kolonie s. S. 16ff. colonia romana, zunächst am Meer und nur im ager Romanus, also bereits zu Rom gehörendem Gebiet; Kolonie röm. Bürger, meist milit. Charakter colonia latina: Siedlung in nicht zum röm. Kernland gehörenden Gebieten, Siedler verlieren röm. Bürgerrecht Veteranenkolonien seit Sulla, unter Augustus systematisch auch in Provinzen vgl. → Municipium
V Konsul	höchster Beamter in Rom (jährlich gewählt)
Koren (gr. Korai)	›Mädchen‹; gebälktragende Mädchenstatuen, z. B. am Erechtheion in Athen; nach einer Interpretation des röm. Architekten Vitruv als Karyatiden Sinnbild Unterworfener
Kryptoportikus (gr.-lat.)	Gang unter einem → Portikus oder im Untergeschoß eines Gebäudes
Laconicum (gr.-lat.)	Schwitzbad in röm. → Thermen
Lararium (lat.)	Kultnische oder -raum für die Laren (lat. Lar, pl. Lares), die Schutzgötter des Hauses und des Besitzes
Macellum (lat.)	Marktgebäude
Metae (sg. Meta, lat.)	Wendemarken an den Enden der → Spina im röm. Circus, in Form je dreier konischer Aufsätze

Metope (gr.)	Platte zwischen zwei → Triglyphen im dorischen Gebälk; oft reliefverziert
Metropolis (gr.)	›Mutterstadt‹ einer griech. Kolonie
Municipium (lat.)	Ort mit kommunaler Selbstverwaltung und Bürgerrecht für die Einwohner (beides teilweise eingeschränkt), die Rom zu Waffenhilfe verpflichtet waren
Natatio (lat.)	Schwimmbad in röm. → Thermen
Naumachia (lat. pl. -ae)	Seeschlacht, eine Variante der Spiele im Amphitheater; auch die speziell für diese Spiele erbauten Seen
Nenfro	Art von → Tuff-Gestein
Nymphäum (gr.-lat.)	Heiligtum einer Quellgöttin; Brunnenanlage
Odeion (gr.), Odeum (lat.)	kleiner überdachter, theaterähnlicher Bau für musische Aufführungen
opus caementicium (lat.)	Gußmauerwerk aus Mörtel und Steinsplittern
opus incertum	Verkleidung des Gußmauerwerks mit geglätteten, in der Form unregelmäßigen kleinen Steinen
opus quasi reticulatum	Verkleidung des Gußmauerwerks mit fast gleichmäßig versetzten, geglätteten kleinen Steinen
opus reticulatum	Verkleidung des Gußmauerwerks mit gleichmäßig versetzten, rautenförmig geglätteten Steinen
opus quadratum	in horizontalem Fugenversatz gefügte Quadernmauer
opus sectile	figürliche oder ornamentale Einlegearbeit mit dünnen Steinplatten in verschiedenen Farben
Orchestra (gr.-lat.)	›Tanzplatz‹, freier Platz zwischen den Sitzen und der Bühne im antiken Theater
Palästra (gr.-lat.)	Sportplatz, Platz für gymnastische Übungen in röm. → Thermen
Peperin	Art von → Tuff-Gestein
Peripteros (gr.)	Tempel, der allseitig von einer Säulenringhalle umgeben ist

Peristase (gr. Peristasis)	Säulen-Ringhalle eines Tempels
Peristyl (gr.)	vierseitige Säulenhalle um einen Hof oder Garten
Pilaster	Halbpfeiler, einer Wand vorgeblendet
Piscina (lat.)	Wasserbecken, Schwimmbad, Fischbecken
Plinthe (gr.)	quadratische Platte unter der Basis einer Säule
Podium (lat.)	erhöhter Unterbau des röm. Tempels; über eine Fronttreppe zugänglich
Polygonalmauer (gr.)	aus ungleichmäßigen (›vieleckigen‹) Blöcken mit glatter Vorderseite gefügte Mauer
Pomerium (lat.)	religiöse und rechtliche Stadtgrenze einer röm. Stadt
Portikus (im lat. fem.)	Säulenhalle; auch: von Säulen umgebener Platz
Posterula (lat.)	Durchlaß in der Stadtmauer
Praetor (lat.)	röm. Beamter; Aufgaben: Gerichtsbarkeit und Statthalterschaft in Provinzen
Pronaon (gr.)	Vorraum vor der → Cella
Proszenium (lat.)	Bühne, erhöhte Spielfläche vor der → Scaenae
Quadrifrons (lat.)	vierseitiger Bogen
Quadriga (lat.)	Viergespann
Quaestor (lat.)	röm. Beamter, zuständig für Finanzen, auch Rechtsprechung
Rostra (lat.)	›Schiffsschnäbel‹, Rednertribüne auf dem Forum Romanum
Scaenae (lat. Umschrift von gr. skene)	s. frons, Bühnenwand des antiken Theaters
Spina (lat.)	niedrige Trennmauer der Rennbahnen im röm. Circus
Tabernae (lat.)	Läden
Tablinum (lat.)	Empfangs- und Wohnraum im röm. Haus

Tambour	glatter zylindrischer Unterbau etrusk. und röm. Gräber
Temenos (gr.)	abgegrenzter Bereich eines Heiligtums
Tepidarium (lat.)	Lauwarmbad in röm. → Thermen
Thermen (gr.-lat.)	Bäder, vor allem die röm. öffentlichen Badeanstalten
Thesmophorien (gr.)	griech. Fest für Demeter und Persephone
Travertin (lat. lapis Tiburtinus)	heller Kalkstein aus der Gegend bei Tivoli/Tibur
Triclinium (lat.)	Speiseraum des röm. Hauses
Triglyphen (lat.)	Platten im dorischen Gebälk (ursprünglich Verkleidung der Balkenköpfe), wechseln mit → Metopen ab.
Tuff	Gesteinsart vulkanischen Ursprungs, in vielen verschiedenen Sorten in Italien verbreitet
Tumulus (lat.)	Erdaufschüttung, Grabhügel
tuskische Ordnung	italische Architekturordnung, ähnelt der dorischen
Venationes (pl. lat.)	Vorführungen von Tierhetzen, z. B. im Amphitheater
Vomitorium (lat.)	überwölbter Zugang zu den Zuschauerrängen im Amphitheater

Fotonachweis

Autorin und Verlag danken der Fototeca Unione in der American Academy für die freundliche Überlassung der folgenden Fotografien:

S. 20 Paestum. Die antike Stadt
S. 45 Cerveteri. Gebiet der etruskischen Stadt, Banditaccia-Nekropole
S. 78 *Spina.* Valle Pega
S. 88 *Cosa.* Forum
S. 108 *Carsulae*
S. 112–113 *Roma*
S. 117 *Roma.* Marsfeld
S. 118 *Roma.* Gesamtansicht
S. 135 *Roma.* Augustusforum. Modell in der Casa dei Cavalieri di Rodi beim Augustusforum
S. 151 *Roma. Circus Maximus.* Oben: Sesterz des Trajan, 104/111 nach Chr., BMC 859. Unten: Fragment der *Forma Urbis*
S. 153 *Roma.* Stadion des Domitian. Aureus des Septimius Severus, 202/210 nach Chr. BMC 319
S. 160 *Roma.* Pompeius-Theater. Fragment der *Forma Urbis*
S. 161 *Roma.* Pompeius-Theater
S. 166 *Roma. Colosseum.* Billon-Münze von G. Cavino, 1500–1570, nach einer Münze des Titus, 80/81 nach Chr., BMC 190, RIC 110
S. 176 *Roma.* Piazza della Repubblica (Piazza d'Esedra)
S. 190–191 *Roma.* Via Appia
S. 198–199 *Ostia.* Die antike Stadt
S. 205 *Portus Romae.* Münze des Nero mit Darstellung des Hafens
S. 268 *Capua*
S. 274 *Herculaneum*

Das Deutsche Archäologische Institut in Rom stellte dankenswerterweise die Vorlagen zu den folgenden Abbildungen zur Verfügung:

S. 114 *Roma. Forma Urbis.* Stich von Piranesi
S. 115 *Roma. Forma Urbis.* Fragment mit dem Marcellus-Theater
S. 116 *Roma.* Stadtplan aus dem 16. Jahrhundert
S. 145 *Roma.* Palatin und Circus Maximus. Oben: Foto. Unten: Modell im Museo della Civiltà Romana, Rom
S. 158 Circusszene. Sarkophag-Relief aus Foligno, 3. Jahrhundert nach Chr.
S. 166 unten *Roma. Colosseum.* Modell im Museo della Civlità Romana, Rom
S. 204 *Portus Romae.* Oben: Modell des Hafens im Museo della Via Ostiense. Unten: Foto des Hafens
S. 206 *Portus Romae.* Relief Torlonia, 3. Jahrhundert nach Chr., Rom, Museo Torlonia
S. 250 Tivoli. *Villa Hadriana.* Modell im Museum der Villa
S. 271 *Puteoli.* Glasvasen. Oben: von Odemira (Portugal), unten: in Prag

Alle anderen Aufnahmen: Fotocielo.

Register

Die Seitenzahlen zu den archäologischen Orten finden sich unter ihrem griechischen oder lateinischen Namen.
Die lateinischen Personennamen werden, soweit es sich nicht um die bekanntesten Persönlichkeiten (z. B. Hadrian, Vergil etc.) handelt, alphabetisch nach dem *Vornamen* aufgeführt (z. B. *Lucius* Naevius Surdinus).

Milano
Verona
Trieste
Spina
Bologna
Marzabotto
Fiesole
Firenze
Arezzo
Orvieto
Carsulae
Terni
Orbetello
Vulci
Ferento
Cosa
Civita Castellana
Sutri
Tarquinia
Soratte
Porto Clementino
Civitavecchia
Lucus Feroniae
Pyrgi
Tivoli
Cerveteri
Roma
Gabii
Palestrina
Ostia
Nemi
Tusculum
Albano